中共中央党校重点科研项目"学位研究生学术训练的内容和形式研究"（批准号：No.2013022）的研究成果

研究生教育史与研究生学术训练

李纪才 著

人民出版社

责任编辑：杨文霞

封面设计：徐　晖

责任校对：张红霞

图书在版编目（CIP）数据

研究生教育史与研究生学术训练／李纪才　著 . — 北京：人民出版社，2020.1

ISBN 978 - 7 - 01 - 021573 - 0

I. ①研…　 II. ①李…　 III. ①研究生教育 - 教育史 - 研究 - 中国②研究生教育 - 学术研究 - 中国　IV. ① G649.29 ② G644

中国版本图书馆 CIP 数据核字（2019）第 275563 号

研究生教育史与研究生学术训练

YANJIUSHENG JIAOYUSHI YU YANJIUSHENG XUESHU XUNLIAN

李纪才　著

人 民 出 版 社 出版发行

（100706　北京市东城区隆福寺街 99 号）

北京盛通印刷股份有限公司印刷　新华书店经销

2020 年 1 月第 1 版　2020 年 1 月北京第 1 次印刷

开本：710 毫米 × 1000 毫米 1/16　印张：24.25

字数：386 千字

ISBN 978 - 7 - 01 - 021573 - 0　定价：79.00 元

邮购地址 100706　北京市东城区隆福寺街 99 号

人民东方图书销售中心　电话：（010）65250042　65289539

序 言

卓泽渊

研究生教育是教育体系的最高层次，是培养高端学术人才的主渠道，其质量直接决定国家的教育水平。尽管学位制度可以追溯到欧洲中世纪，但现代意义上的学位与研究生教育发端于 1810 年成立的德国柏林大学。200 多年来，研究生教育在世界各国得到迅速发展，为各国经济社会发展和综合国力的提升，提供了重要的技术支撑和智力保障。中国的学位与研究生教育尽管在清朝末期就进行了探索，在国民政府时期进行了尝试，但由于种种原因最终没有得到很好的实施。新中国成立后，我国的学位与研究生教育体系才真正建立起来，虽然经历了"文化大革命"时期的冲击和停滞，但 1978 年恢复后得到了迅速发展。今天，我国已经形成了由高校系统、科研院所系统、党校系统、军校系统构成的完备的研究生教育体系。40 多年来，学位与研究生教育迅速发展，为国家培养了一批又一批优秀人才，有力地支撑了我国经济社会的跨越式发展和国际地位的快速跃升。

必须承认，尽管我国学位与研究生教育取得了重大成就，但还存在一些缺点和不足，还有一些需要完善和改进的地方。主要是：重课程教学、轻学术研究的问题，学术道德规范重视不够、研究生及指导老师学术失范易发频发问题，经典著作研读不足、研究生普遍读书不够问题，学科意识淡薄、专业能力不强问题，科学研究方法论教学不受重视、科学思维训练缺乏问题，研究生科学精神培育不足、人文精神培育欠缺问题等。这些问题的存在，影响了研究生教育质量，制约了研究生科研能力水平，同时也说明我国的研究生教育还不够规范，研究生的学术训练有待加强。

培养合格乃至优秀的研究生是研究生教育的目的。研究生是国家科学研究事业的新生力量，其培养质量在某种程度上决定着国家未来的科研水平和学术水准。提高研究生培养质量和科研能力水平的必要途径，就是进行严格而规范的学术训练。尽管经过40多年的探索和实践，各培养单位在研究生学术训练方面进行了有益尝试，但目前全国还没有统一的标准和规范，关于研究生学术训练方面的专著也还不多。本书作者李纪才教授聚焦研究生学术训练进行深入研究，力图提炼出研究生学术训练的一般内容和基本规范，为研究生教育和培养提供必要的参考与指导，的确难能可贵。这对促进我国研究生培养的规范化、科学化，必将起到积极的推动作用。

作者把研究生的职责使命定位于知识再造、文明传承、破解社会发展难题、引领人类发展，为人类知识宝库增添新知识、新理论、新思想，为人类发展开辟新路径、新视野、新前景，而不是单纯的现成知识的传授、既有知识的习得。这就揭示了学位与研究生教育的真谛，明确了研究生的培养目标和努力方向。在知识再造和应用方面，作者把它区分为"知识获取"（长于习得知识，继承文明成果）、"知识发掘"（再现经典思想，重新审视文明）、"知识再造"（探索未知领域，创造高新知识）、"知识管理"（高效调动知识，形成研究能力）、"知识共享"（与人交流新知，促进理论传播）、"知识应用"（运用知识构建新理论体系，付诸实践促进社会文明进步）等，并作了深入分析，颇有见地。

作者在书中探讨的研究生学术训练，不是像一般的教材那样局限于问卷调查、资料整理、实验操作、数据收集、构建模型、文献检索、版本校勘、考古发掘、史料考证或者撰写调研报告、研究综述、学术论文等技术操作层面，而是聚焦于社会调查、社会实验、统计分析、历史考查、比较研究、系统思维、逻辑推理、科学抽象等科学研究方法的掌握和科研能力的养成。特别是对社会科学研究方法论创新的趋势进行了深入探讨，如方法论上的学科交叉与学科融合、自然科学方法向社会科学研究的渗透、电子计算机应用消解了自然科学方法和社会科学方法的传统界限、"大数据"提高了社会科学研究的深度和广度等。作者还对社会科学研究上的几种最新方法进行了分析，如"元分析"方法、发生学方法、数学方法、计算机实验方法、模型方法等，显示了本研究的前沿性和前瞻性。而把科研能力细分为"理论学习和理性思维能力""学说鉴别和学术批判能力""问题发现和课题研究能力""理论表达和学术交流能力""创新思维和创新实践能力"等，也是独到和创新之处。

　　学术失范现象不仅在研究生学术活动中时有发生，而且也是困扰学界的一大顽瘴痼疾。书中对学术规范训练着墨较多，显示了较强的学术责任。在学术道德规范方面，对学术道德规范的内容和学术道德失范的表现、原因、整治，以及学术道德规范训练的方法等，都作了较为深入的分析。在学术技术规范方面，对国际学术技术规范、我国学术技术规范发展的历程和通用标准等，都进行了详细介绍。这对帮助研究生进行严格规范的学术道德规范和学术技术规范训练、整饬学术失范行为，必有裨益。

　　尤其难得的是，本书着眼于培养理论家和思想家的目标，特别强调"科学精神"和"人文精神"的培养。"科学精神"训练方面特别强调"理性精神""探索精神""求真精神""求是精神""实证精神""怀疑精神""批判精神""创新精神"等的淬炼；"人文精神"训练方面特别强调"独立精神和自由思想""文化珍视和文明敬畏""文化素养和人文情怀"等人文素养的养成，及"以人为本和人性关照""人生尊严和人类关怀""人类理想和对美好社会的探求"等人文关怀的培育。这体现了哲学社会科学的精髓和灵魂，体现了作者对科学研究真谛的洞察和对学术事业追求的体悟。对把研究生培养成理论家和思想家寄予了厚望，为研究生的学术成长作了建言。

　　尽管该著作聚焦于研究生学术训练，但其关于科学研究方法、科学研究能力、学术道德规范、学术技术规范、科学精神培养、人文精神培育等的分析，对科学研究具有普适性。因此，本书不仅可用作研究生、导师和研究生培养单位、管理人员、教育主管部门的参考用书，也值得从事科学研究的专家、学者一读。

2019 年 10 月 10 日

于中共中央党校（国家行政学院）

目　录

导　言

一

"为天地立心，为生民立命，为往圣继绝学，为万世开太平"①，这是学者的历史使命，更是作为学术事业新生力量的研究生的时代责任。

人类从荒原走向城邦，从蒙昧走向开化，从原始走向现代，从野蛮走向文明，从亘古走向未来，离不开科技的进步，离不开理论的发展，离不开思想的引领。

各个时代的理论家、科学家、思想家都为社会进步、文明发展奉献了青春，贡献了智慧，甚至牺牲了生命。是什么支撑了科学理论事业的持续发展？是什么铸造了人类社会的文明进步？是孔子"立己达人""修身、齐家、治国、平天下"的济世情怀；是德谟克利特"我宁愿找到一个因果说明，而不愿获得波斯王位"的学者气节；是亚里士多德"我爱我师，但更爱真理"的科学精神；是朱熹"为学以穷天理、明人伦、讲圣言、求世故"的学术执着；是哥白尼"使数百年埋藏在盲目、无耻和嫉妒、愚昧的黑山洞里的古代真正科学的太阳也放射光明"的思想坚毅；是布鲁诺"为真理而斗争是人生最大的乐趣"的精神豪迈和"黑暗即将过去，黎明即将来临，真理终将战胜邪恶"的乐观品格；是马克思"有幸能够致力于科学研究的人，首先应该拿自己的学识为人类服务"的无私追求；是梁启超"不为古人所欺，不为世法所挠""我物我格，我理我穷"的理性自觉；是陈独秀"若因为拥护（德、赛）这两位先生，一切政府的压迫，社会的攻击笑骂，就是断头流血，都不推辞"的无畏精神；是竺可桢倡导的"历险如夷，视死如归，以身殉科学"的

---

① （宋）张载：《横渠语录》。

1

求是精神和雄魂大德。他们敢于向不可撼动的学术权威刨根一问，敢于向失去历史合理性的反动势力迎头一击，敢于为变革不合理的旧制度振臂一呼。他们用理性智慧启蒙心灵的蒙昧，他们用理论勇气劈开利益的藩篱，他们用思想之光照亮认识的迷途，他们以高扬的学术责任和高昂的学术人格为人类昭示美好未来。他们是人类学术探索长路上的一个个里程碑，又仅仅是人类思想大厦上的一个螺丝、一个钢构、一个卯榫；他们是那个时代的伟人，又甘愿做后来者的垫脚石、脚手架、攀引索。他们的科学理论为后来的研究奠定了坚实基石，他们的先进思想为后来的学术指明了前进方向，他们的求真精神为后来的学者树立了光辉榜样。

每个人都在自己的时空里创造着历史。研究生作为科学事业的新生代，作为学术研究的生力军，作为思想理论的传承人，作为未来社会的建设者，不仅承担着探究高深学问、发展学说思想的责任，负有祛除社会丑恶、引领社会方向的义务，而且肩负着解答时代课题、建设美好社会的使命。研究生应该继承先贤，接过历史的接力棒，以前人的思想理论为基础和阶梯，继往圣绝学，穷万世天理，推进人类文明进步。研究生应该立足现实，直面经济社会发展困境，直面人民生存发展诉求，为天地立心，为生民立命，破解人类发展难题。研究生应该面向未来，坚守学者、知识分子应有的学术良知和学术良心，负起思想家的醒世责任和哲学王的治世使命，共人类命运，开万世太平，为人类美好未来开辟广阔前景。

二

要深刻理解研究生所担负的时代责任和历史使命，不能不回顾研究生教育的发展历史。而回望研究生教育的发展，不能不把目光投向大学的发展历程。因为，正是大学的发展孕育了研究生教育。在人类历史上，尽管学园、学宫、图书馆、书院、私塾甚至修道院、大教堂都对文明传承发挥过巨大作用，但正是大学以其系统化、制度化、科学化的特征，发挥了知识创造、科技进步、思想发展的作用，担负起了开化愚昧、启迪智慧、哺育人民、改善社会的历史使命。因此，当我们跋涉于文化苦旅、踏上文明的拓荒征程，在对各个时代的学者、大师、先贤致以崇高敬仰的同时，也应对大学致以应有敬重。

　　尽管有的学者认为古希腊是现代西方教育的发祥地，而且认为像"柏拉图学园"等教育机构已经具有了高等教育的性质，但严格地说，现代西方大学体系发端于中世纪。12 世纪的意大利、法国和英国出现了最早的大学，1158 年成立的意大利博洛尼亚大学和 1215 年由巴黎圣母院大教堂学校发展而来的法国巴黎大学就是其中的典型代表，是中世纪大学的原型。而巴黎大学更成为后来西欧各大学"典范"，被誉为"世界大学之母"，哺育了各国大学，形成了世界知名大学的历史传承：英国在巴黎大学的学者回国后于 1167 年建立了英国第一所大学——牛津大学；牛津学者于 1209 年到剑桥建立了剑桥大学；移居美洲的英国清教徒仿效剑桥大学于 1636 年建立了哈佛大学；哈佛大学毕业生亚伯拉罕·皮尔逊成为 1701 年建立的耶鲁大学的第一任校长；耶鲁大学的毕业生担任了普林斯顿大学、哥伦比亚大学、霍普金斯大学、芝加哥大学、威斯康星大学、加利福尼亚大学等知名大学的第一任校长。耶鲁大学因此被称为美国的"学院之母"。"大学及其活动的直接结果可以说是构成了对中世纪智力领域的伟大贡献……广泛地影响（了）欧洲的进步和智力发展。"[①] 中世纪大学尽管对人类文明做出了卓越贡献，但它始终是教会的"侍女"、神学的附庸。宗教改革促进了世俗大学的建立和发展，促使如法国的日内瓦学院（大学）、瑞士的苏黎世大学、英国的爱丁堡大学、剑桥大学伊曼纽尔学院、美国的哈佛学院等实现了由中世纪大学向现代大学的转换。

　　中国古代发达的教育为人类文明做出了卓越贡献，教育体系由官学和私学构成。官学制度正式确立于夏代。西周建立了国学选士制度，使学校选士制度成为中国古代教育的传统，形成了"学术官守"和"学在官府"现象。战国时期，公元前 374 年建立的"稷下学宫"不仅是一个政治咨询智库、学术交流中心，更是人才培养的学院。它"集政治性和学术性于一体"，又具有大学堂、社会科学院的性质，成为战国时期学术文化的交流中心和诸子百家争鸣的重要场所，促成了中国历史第一次思想、学术、文化、教育大繁荣，成为教育发展史的一座丰碑。东晋时，晋武帝于公元 276 年下诏创办

---

① Hastings Rashdall, *The Universities of Europe in the Middle Ages*（2），edited by F.M.Powicke and A. B. Emden, New York: Oxford University Press Inc., 1936（1），p.3.

"国子学"，成为与"太学"并立的中央最高学府。隋朝实行"士科"选才，创立了"科举制度"，在唐朝发展完善。明朝中央设立"国学"（"国子监"），地方设立"县学"。清朝除在京师设立"国子监"，地方设立州学、府学、县学，教育体系更加完备。"太学"和"国子监"作为中国古代大学，是当时的最高学府，是培养人才的主要机构，对繁荣中国古代学术文化、加强中外文化交流等都起了重要作用。中国古代私学在原始社会末期就已萌芽，但作为一种教育制度兴起于春秋战国时期，到战国中期形成了私学兴盛、百家争鸣的局面。古代私学中最有成效、传承时间最长的是"书院"。书院不仅是教育教学机关，而且是学术研究机构，还是学术交流中心，对提升下层劳动人民文化素质、促进民族文化发展起了不可替代的作用。现代意义上的中国近代大学，最早是由外国传教士创办的教会大学。1594年，天主教耶稣会在澳门创办"圣保禄学院"；1845年，美国基督教北长老会创办宁波"崇信义塾"，发展为"私立之江大学"；1867年，美国基督教公理会在北京创办"潞河书院"，发展为"燕京大学"。其他如上海"私立圣约翰大学"、南京"私立金陵大学"、广州"私立岭南大学"等，前身都是教会大学。与这些外国主导的教会大学相对应，是中国政府按照西方模式创办的大学。"国立武汉大学"前身是1893年创建于武昌的"自强学堂"；"国立北洋大学"（1951年更名"天津大学"）前身是1895年创校的"天津北洋西学学堂"；"国立浙江大学"前身是1897年在杭州成立的"求是书院"；"国立北京大学"前身是1898年创建的"京师大学堂"。这些大学在促进中国教育制度的现代化转向方面，发挥了重要的引领作用。

尽管有学者认为最早的学位教育产生于中国，如中国古代就有"博士"学官称谓，但近、现代意义上的学位制度事实上是发端于欧洲的中世纪大学。而研究生教育则最早只能追溯到1810年成立的德国柏林大学。也就是说，学位制度要比研究生教育制度早得多。近代学位与研究生教育是在中世纪大学的学位教育基础上发展起来的。德国在中世纪孕育的哈勒大学、哥廷根大学，为近代学位与研究生教育的形成奠定了基础。1810年，根据"洪堡原则"创办的柏林大学，标志着近代意义上世界学位与研究生教育的产生，形成具有典范意义的"德国模式"，并被其他国家纷纷仿效。英、法等国都在吸收德国经验基础上，建立了自己的现代学位与研究生教育制度。而美、俄、日、印、中等国则是通过向德、英、法学习，建立起了本国的学位与研究生教育体系。1825 年，哈佛学院创制了美国的研究生教育独特的"专业型模式"，实用性成为其研究生教育的显著特征。1876 年，美国第一个以研究生院为主的大学——约翰·霍普金斯大学成立，形成了科研与高级学位人才培养合二为一的办学体制，对新学科的探索与人才的更新起了很大的促进作用，也有力地助推了美国的经济社会发展和向世界强国的跃进。1963 年通过的《高等教育设施法》、1965 年通过的《高等教育法案》，使美国研究生教育进入大发展、大提高的"黄金时代"，实现了研究生教育大众化，使美国高等教育在全世界享有盛名。

　　尽管中国古代就有"庶吉士"等类似于今天的学位研究生的身份、有"庶常馆"等类似于现代研究生教育管理的机构，但现代意义上学位与研究生教育是"西学东渐"的结果。1898 年的戊戌变法明确要求改书院，推行新学制和"大学院"制。1902 年，清政府颁布的"壬寅学制"，首次确定"大学院"为研究生教育的专门机构；1903 年颁布的"癸卯学制"把"大学院"更名为"通儒院"，并颁行《通儒院章程》，可视为中国最早的有关研究生院的法规。但由于历史原因，"通儒院"并没有真正建立。民国时期，1912 年、1913 年颁行的"壬子·癸丑学制"恢复"通儒院"为"大学院"。1912 年教育部公布的《大学令》《学位令》和 1913 年颁行的《大学规程》，对"大学院"和学位与研究生教育的设计提供了制度依据。1922 年颁行的"壬戌学制"模仿美国的"研究生院制"设置"大学院"。但由于种种原因，这些规章并没有很好地实施。1929 年颁布的《大学组织法》将"大学院"更名为"研究院"。1935 年，颁布《学位授予法》，标志着中国学位制度的正式建立和定型。但因战事等原因，研究生培养和学位授予并未很好施行。我国真正完备的学位与研究生教育还是从新中国成立后才开始建立和发展的。新中国成立后，我国的学位与研究生教育经历了从新中国成立到"文化大革命"前的初创与探索、"文化大革命"中的冲击与中断、改革开放后到 20 世纪 90 年代初的恢复与规范、90 年代初到 2010 年前后的扩展与完善、2010 年以后的优化与内涵式发展 5 个阶段，实现了我国研究生教育从无到有、从弱到强、从数量上扩张到内涵式发展、从国家标准到国际标杆的重大发展，一步步走来，步履坚实，成果丰硕，不仅很好地支撑了我国经济社会的跨越式发展，而且对国民综合素质的提高发挥了根本作用，为到21世纪中叶建成富强民主文明和谐美丽的社会主义现代化强国、为实现中华民族的伟大复兴，提供了强大的智力支撑和一流人才保证。

通过对研究生教育的历史考察可以看出，研究生教育的发展决定了一个国家的经济社会发展水平和国际地位的跃升。这是因为，作为研究生教育的产品的研究生，其学术道德和学术水平在一定程度上决定着国家未来的学术水准，决定着民族的前途命运，甚至决定着人类的未来前程。而要提高研究生教育质量，必须进行扎实的学术训练。

三

学术训练是研究生培养的基本途径，是把研究生培养成好钢的大熔炉，是锻造国之大器的冲压机。学术训练不是仅仅把研究生培养成抄搬贩卖的学术商人或者东拼西凑的科研匠人，而是要培养救人类于哲学贫困的学术巨擘，引人类到美好前途的思想大师。为此，学术训练，不仅是如何进行问卷调查、资料收集、实验操作、数据获取、模型构建、文献检索、版本校勘、考古发掘、史料考证或者如何撰写调研报告、研究综述、学术论文等技术层面的磨砺，也不仅是社会调查、社会实验、统计分析、历史考查、比较研究、系统思维、逻辑推理、科学抽象等研究方法和科研能力的锤炼，更是学术道德的养成、知识再造的实现、科学精神的锻造、人文素养的淬炼等精神、思想层面的修炼。

第一，研究生要强化学术道德训练。学术道德是调节学术活动和学术关系的基本规范，也是从事学术活动应该遵循的学术伦理和学术操守。它是维护学术秩序、净化学术生态、促进学术发展的重要保障。正如德国哲学家费希特所指出的，学者"应当成为他的时代道德最好的人，他应当代表他的时代可能达到的道德发展的最高水平"①。研究生作为进入学术王国的新生代，要想取得学术成就，首先要牢固树立高尚的学术道德。这不仅决定着研究生在学术道路上能够走多远，也深深影响着社会道德水准。这些学术道德包括：勤于探索、勇于创新的学术境界；实事求是、坚持真理的科学精神；献

---

① [德] 费希特:《论学者的使命》，梁志学等译，商务印书馆1984年版，第44页。

身科学、造福社会的学术担当；尊重他人劳动、尊重知识产权的学术品德；公正学术评价、客观学术批评的学术操守等。研究生要通过学术道德规范训练，养成坚守学术底线、坚持学术正义、秉承学术精神、承担学术责任、敬畏学术伦理的学术道德品质。

第二，研究生要强化知识再造训练。研究生的职责不仅在于习得、传承已有知识，而是在于为人类文明增进新知识。要实现知识的再创造，就要以前人学术成就为基础，开拓新的研究领域，探求新的研究路径，取得新的研究成果。为此，研究生要强化以下训练：(1) 知识获取，即长于习得知识、继承文明成果。研究生学会学习，学会获取知识，不仅是进行高深研究的必要前提，也是社会赋予的作为高级知识分子的时代责任。(2) 知识发掘，即再现经典思想、重新审视文明。研究生要通过对各个时代文明遗产的重新研究、重新发掘，来探寻遗失、散落，甚至被封杀的思想、理论，从而修补、丰富人类知识宝库。(3) 知识再造，即探索未知领域、创造新高知识。研究生要通过自己独到的研究，实现知识再造，为人类知识宝库增添新内容，为人类面临的新的时代课题提供新的理性回答。(4) 知识管理，即高效调动知识、形成研究能力。研究生要把自己研究创新的知识进行系统化，形成自己的理论范式，实现理论上的自洽和实践上的有效。(5) 知识共享，即与人交流新知、促进理论传播。研究生要把自己再造的新知识、新思想、新理论通过交流、传播，实现学术共享，变成社会的知识、公认的理论。(6) 知识应用，即运用知识构建新理论体系、付诸实践促进社会文明进步。研究生要把创新的知识应用于实践，应用于经济社会发展，应用于促进社会发展和人类文明进步。

第三，研究生要强化科研能力训练。科研能力是研究生学术生命的根本，也是学术训练的核心内容，学术成就的大小直接取决于科研能力的强弱。研究生要通过学术训练，着力强化以下科研能力：一是理论学习和理性思维能力。包括敏锐的问题意识、完备的知识结构、娴熟的科学研究方法、较强的文献资料处理能力、理论学习能力、独立思考能力、理论创新能力等。二是学说鉴别和学术批判能力。学说鉴别要坚持"知性"和"理性"标准、实证和实用标准、"可否证度"和"支持度"标准、"可信度"和"适合度"标准。学术批判能力包括提出问题和评价结论的能力、区分事实与个人逻辑判断之间差异的能力、发现普遍规律并评价其逻辑严密程度的能力等。三是问题发现和课题研究能力。问题发现能力包括提出问题的能力、解决问题的能力、元认知能力等；课题研究能力包括选题能力、设计论证能力、运用研究方法的能力、研究推进能力、总结提升能力等。四是理论表达和学术交流能力。其中最重要的是文字表达能力，尤其是学术论文的写作能力，也包括口头表达能力。五是创新思维和创新实践能力。创新思维能力包括应变性思维能力、反定势思维能力、发散性思维能力、开放性思维能力、批判性思维能力；创新实践能力包括基础性实践能力、综合性实践能力和创造性实践能力等。

第四，研究生要强化科学精神训练。"科学精神"既包括科学对待客观规律的精神品格，也包括正确对待前人科学理论的精神品格，是对真理的追求精神，也是正确对待真理的科学品质和学术良知。主要包括怀疑和批判精神、实证和理性精神、探究和创新精神、求是和求真精神等。所谓"怀疑精神"，是亚里士多德"思维从疑问和惊奇开始"探寻品质，更是马克思"在前人认为已有答案的地方，他却认为只是问题所在"的批判品格。所谓"批判精神"，是陈寅恪所坚守的"独立之精神，自由之思想"，更是马克思"怀疑一切"的求是品质。所谓"实证精神"，是孔子"好古敏求""每事问"的求索精神，更是荀子"凡以知，人之性也；可以知，物之理也"的求证精神。所谓"理性精神"，是苏格拉底"人的理性是万物的尺度"的理性张扬，更是亚里士多德"人是理性的动物"的理性自觉。所谓"探索精神"，是孔子"朝闻道，夕死可矣"的学术执着和"下学而上达"的思想通透，更是庄子"析万物之理"的不知足精神。所谓"求是精神"，是《中庸》"博学之，审问之，慎思之，明辨之，笃行之"的孜孜以求，更是屈原"天问"、朱熹"穷天理"的使命意识。所谓"创新精神"，是竺可桢"凭自己之良心，甘冒不韪"的开拓精神，更是冯友兰"违千夫之诺诺，作一士之谔谔"的进取品格。所谓"求真精神"，是竺可桢"追求真理，忠于真理，不盲从，不附和，不武断，不专横"的理论清醒，更是陶行知"千教万教，教人求真；千学万学，学做真人"的学术坚守。

第五，研究生要强化人文精神训练。无论是科学研究还是学术探索，都是为了推动社会文明进步，实现人类幸福。所以研究生进行学术训练，重点要提升人文素养、培育人文情怀。所谓"人文素养"，是对人类文化进步和文明成果的深刻洞悉，是推进人类文化发展和文明进步的使命担当，是对人文精神和人文品格的崇尚坚守，是科学研究中坚持以人为对象、以人为中心、以人为尺度的精神修养。这种人文素养，是孟子"天地之性人为贵"的人文精神，是普罗泰戈拉"人是万物的尺度"的人文品格。人文素养包括独立精神和自由思想、文化珍视和文明敬畏、文化素养和人文情怀等精神品质。所谓"人文关怀"，是对生命的尊重、对人性的观照、对人的价值的肯定、对人的尊严的维护、对人的美好生活的追求、对人类前途命运的关怀。这种人文关怀，是孔子"仁者爱人"的思想张扬，是康德"人就是创造的最后目的"的价值追求，是关于人生意义和人类命运的终极关怀。这些由人文素养和人文关怀构成的人文精神，是科学研究的良心，是学术探索的灵魂。

当然，学术训练不可能一蹴而就，研究生必须用一生来坚守。"在科学的入口处，正像在地狱的入口处一样，必须提出这样的要求：'这里必须根绝一切犹豫；这里任何怯懦都无济于事。'"[①]"在科学上没有平坦的大道，只有不畏劳苦沿着陡峭山路攀登的人，才有希望达到光辉的顶点。"[②]

总之，坚持学术训练，坚守学术精神，用整个人类的文明给养去浇灌，借各个时代的思想大师来栽培，用各学科的学术经典来催肥，研究生这棵树苗就必将成长为参天大树，必将开出宏硕的花朵，必将结出累累硕果，必将为世之炎热洒下荫凉，必将成为支撑人类文明大厦的栋梁。

---

① 《马克思恩格斯选集》第 2 卷，人民出版社 2012 年版，第 5 页。
② 《马克思恩格斯全集》第 43 卷，人民出版社 2016 年版，第 13 页。

第一篇　研究生教育的历史

第一章　西方大学沿革及研究生教育发展

今天，通常把"学位与研究生教育"作为一个专有名词使用，但在教育发展演变史上，"学位"与"研究生教育"是两个不同的概念。学位制度是在大学内产生的，研究生教育也是在大学发展到一定阶段才出现的。因此，研究研究生教育，尤其是学位与研究生教育，必须从大学的起源及其历史演进开始。西方大学的形成及其发展过程，对当代高等教育和研究生教育产生了重要影响。

第一节　西方大学的起源和演进

在教育史学界，对西方大学的起源一直有不同意见。尽管从严格意义上来说，欧洲的"大学"诞生于中世纪，然而一些学者们也认为，古希腊是现代西方教育的发源地，一些"学园"具有高等教育的性质，因此，从某种意义上来说也属于"大学"。德国哲学家汉娜·阿伦特认为，大学的起源不是追溯到中世纪，而是追溯到古希腊，"回顾这种传统的草创时期，我们回想起柏拉图学院。"①

一、古希腊的高等教育

公元前 5 世纪中期，随着希腊民主制度的充分发展，通过演讲或辩论表达政见极端重要。于是，语言能力在政治活动中的地位越来越凸显，雄辩术受到了广泛青睐。因此，一些理解力强、逻辑思维能力强、语言能力强、智力超群的"智者"开始教授雄辩术和相关知识。一开始，"智者"的施教

---

① 陈传钊:《阿伦特两论》,《中国图书评论》2007 年第 1 期。

场所并不固定，一般选择人群比较集中的公共场所，如广场、市场、街道、圣林①、体育场②等。随着教学和教育习惯的养成，"智者"们开始办起了专门的教育机构：一些雄辩家开办了修辞学校，一些哲学家开办了"学园"。这些学校或学园以培养演说家和政治家为目的，注重诉讼、辩论和演说的训练与培养。学校或学园往往是由"智者"私人创办的，因此柏拉图在《智者篇》中说："智者是出售可以作为灵魂营养的知识的商人"。这些"智者"成为古希腊第一批职业教师，而智者的讲学也成为古希腊高等教育的开端。其中，对后世高等教育影响最深远的是"学园"，尤为著名的是"柏拉图学园"或称"阿卡德米学园"。

创建于公元前 387 年的柏拉图学园，被看作西方最早的一所具有高等教育性质的哲学学校，也是第一所综合性学校，在欧洲文化史上有着特别重要的地位。柏拉图学园，也称"阿卡德米"（Academy），即"科学园"之意，是西方历史上第一所集高等教育与学术研究为一体的"学院"。这里不仅教授哲学和自然科学，是一座名副其实的学校，同时它也是一所研究机构，一座颇具盛名的研究院。另外，它还有一个最特别的功能，就是提供政治咨询。因此，它不仅吸引着当时众多有志青年到这里深造，而且有很多城邦统治者也慕名而来，就建国、组建政府、立法等进行政治咨询。学园始终洋溢着浓厚的学术气氛、强烈的理想主义色彩和强烈的天下治理的使命感。由于柏拉图非常推崇人文科学，他把哲学关注的领域扩大到了前所未有的范围，如共和国、优生学、自由恋爱、妇女解放、计划生育、道德规范、财产问题、公有制制度等。这些都成为柏拉图学园教学、研究的重要内容。当然，

① 古希腊人崇拜神灵，建起了许多神庙，也把树木视为礼拜对象，相信森林之神。因此在神庙外围植树造林、设置灌溉系统形成神苑，称为"圣林"。圣林既是古希腊人进行祭祀活动的地方，也是进行体育比赛、音乐演奏、戏剧表演、诗歌朗诵、公开演讲等活动的场所，活动之余人们就在圣林中休息、散步、聚会、闲谈、游览等，因此是人群比较集中的地方。于是，"智者"往往选择在圣林中公开聚众讲学。所以圣林被誉为"哲学家之路"，也是大学校园的萌芽。——作者注

② 古希腊人热爱体育运动，因此人们在圣林中建造了体育场。体育场作为人们集中活动的场所，自然成了"智者"们进行演讲和讲学的地方。很多体育场还为了满足讲学和文化交流需要设置了图书室，让人们在运动锻炼的同时接受文化教育。所以，体育场是校园场所的雏形，是西方大学起源的前提和基础。——作者注

学园最主要的还是提供哲学、政治、法律等方面的教育。同时，柏拉图还非常重视自然科学，学园的大门上就赫然写着"不懂几何学者不得入内"。因此，在学园教学当中，数学尤其是几何学地位极高。正因为如此，这里培育出了立体几何的创始人泰阿泰德、数学天文学的奠基人欧多克索、圆锥曲线的发现者美涅克漠等。此外，学园对动物学、植物学、地理学、天文学也进行了初步的系统分类研究。柏拉图学园对人类文明做出了巨大贡献，对后世影响深远。后来人们习惯将高等学术机构，如科学院等都称为"阿卡德米"。它是中世纪大学的前身，开启了学校甚至大学的先河，被称为欧洲第一所大学。

除了柏拉图学园以外，比较有名的还有后来亚里士多德于公元前335年创办的吕克昂（Lyceum）学园（也被称为"亚里士多德学园"）、伊壁鸠鲁于公元前311年创办的伊壁鸠鲁（Epicurus）学园、斯多葛派芝诺于公元前301年开办的斯多噶学派哲学学校等。公元前200年左右，这些具有高等教育机构性质的哲学学校和修辞学校合并成为雅典大学（又称"雅典学院"）。到公元2世纪至3世纪，雅典大学成为欧洲非常著名的学术研究中心和高等教育中心，吸引了各地众多学子前来学习希腊文化和科学知识，从事学术研究。雅典大学存续了数百年，直到公元529年东罗马皇帝查士丁尼下令禁止办学时，学校才被迫停办。它对中世纪大学的形成起了直接的奠基作用，为人类文化繁荣和人类文明进步起了重要的推动作用。另外，公元前5世纪左右，希腊还出现了一些私人创办的专门学校，如医学学校、数学学校等。而始建于托勒密一世（约公元前367年至公元前283年），盛于托勒密二世、托勒密三世的亚历山大图书馆，是集收藏、展示、研究和教学功能于一体的学术共同体，也被史学家称为"亚历山大大学"。这些都是古希腊时期西方高等教育的重要代表，也成为中世纪大学的基石和肇端。

二、中世纪大学

尽管古代埃及、印度、中国等都是高等教育的发源地，古希腊、古罗马、阿拉伯国家也都建立了相当完善和发达的高等教育体制，甚至许多教育史家把这些高等教育机构也称为"大学"，但多数学者认为，作为现代大学源头的真正大学还是欧洲的中世纪大学。

　　在严格意义上的"大学"出现前，西方的高等教育零散地存在于修道院、大教堂等教会机构中。为了培养教职人员，一些教堂办起了学校；单个的教师和讲师开始在这些城市学校中出现；来自各地的学生们聚集在设有大教堂的城市听他们讲课。在巴黎、博洛尼亚和牛津等地，学生人数数以百计，社会广泛形成了尊重知识的风气。一些乡区的修道士还开办了学校和图书馆。与居于修道院内的修道士不同，世俗的牧师担任了管理外部社会的职责，并深入城市生活之中，因而比修道士更有力地发扬光大了教育的首创精神。

　　到 11 世纪，西欧封建制度已经确立，剩余产品逐步增多，手工业得到较快发展，商业活动逐步展开。专职的工商业者聚居在相同的区域，从事生产和贸易，于是逐渐形成了城市。为了保护共同的利益，同类从业者往往组成行业行会和联合组织。在意大利、法国和英国的一些地方，师生们为了保障自己的权利和寻求法律保护，效仿手工艺人行会的方式，组成"教师行会"——"教授会"（facultas）或"学生行会"——"同乡会"（nation）。学生团体和教师团体进一步结合成学习和研究的"组合"（universitas），即最早的大学。因此，拉丁文"大学"（universitas）一词，起初并没有学术或者教育的含义，而是"行会""社团""公会"的意思。到了后来，才专指 12 世纪末出现在欧洲的高等教育机构：即由系和学院组成，开设规定课程，实施正式考试，雇佣稳定的教学人员，颁发被认可的毕业文凭或学位等。而"学院"（collegium），是指一群人生活在一起，从事同一个事业。

　　随着城市的普遍兴起，国际间贸易和文化往来日益频繁，社会需要大量受过高深教育与专业训练的管理者、律师、文书、医生和牧师。十字军东征也使拜占庭文化在欧洲普遍传播，提高了欧洲人的文化和智力水平，促进了欧洲的文化发展。而随着"新亚里士多德"被重新发现和新翻译的古代著作被吸收，随着罗马法研究的复兴，真正的知识爆发出现了。这些社会条件的变化，使原有的僧侣学校和大主教学校再也不能满足社会发展的需要。于是，大学的诞生成了历史发展的必然。

　　12 世纪，在意大利、法国和英国开始出现了一些最早的大学。其中具有代表性、影响较大的是意大利的博洛尼亚大学（Bologna）和法国的巴黎大学（Univergite De Paris）。它们代表了中世纪大学组织的两种形式，成为中世纪大学的原型。1158 年成立的博洛尼亚大学属于"学生大学"，学生主持校务，教授的选聘、学费的数额、学期的时限和授课的时数，均由学生决定。巴黎大学属于"教师大学"，由教师掌管校务。巴黎大学系由巴黎圣母院大教堂学校发展而来的，1215 年正式称大学。它后来成为西欧各大学的"典范"，被誉为"世界大学之母"。到中世纪末，欧洲建立了约 80 所大学，这些大学主要是受巴黎大学和博洛尼亚大学原型的影响而成立的。中世纪大学主要从事纯理论研究，与社会保持一定的距离，因而被称为"象牙塔"。

在世界范围内，知名大学之间有一定的脉络。英国大学出现比法国巴黎大学晚约 20 年。1167 年，英国在巴黎大学的全部学者回国后，成立了牛津大学，成为英国的第一所大学。它是以巴黎大学为榜样的学校。1209 年，牛津学者到剑桥建立了剑桥大学。1636 年，移居美洲的英国清教徒仿效剑桥大学的模式建立了哈佛大学。1701 年建立的耶鲁大学由哈佛大学毕业生亚伯拉罕·皮尔逊（Abraham Pierson）为第一任校长。由耶鲁大学校友担任第一任校长的美国大学有：普林斯顿大学、哥伦比亚大学、威廉姆斯学院、康乃尔大学、霍普金斯大学、芝加哥大学、乔治亚大学、密西西比大学、密苏里大学、威斯康星大学和加利福尼亚大学等。因此，耶鲁大学被称为美国的"学院之母"。

中世纪大学起初都是单科大学。如博洛尼亚大学以法学科著称，巴黎大学以神学科著称，意大利的萨莱诺大学以医学科著称。学习以上学科，须以"七艺"为基础，"七艺"乃文科。"七艺"是以翻译的亚里士多德的《工具》为基础奠定的中世纪大学基础课程。它分为两部分，即与语言相关的文法、修辞、逻辑，称为"三艺"（trivium）；与数字相关的天文、音乐、算术、几何，称为"四艺"（quadrivium）。两者合在一起即所谓的"七门自由艺术"（septemartes liberales），简称"七艺"。后来，一般大学开始分设文、法、医、神四科或四个学院。其中法、医、神三科被认为是"高级"学院，文科则是这三科的准备阶段，隶属于其他三科。学生修完文科后，方能分别进入其他三科学习。由于教会对大学的控制，在四科中神学居于支配地位，被赋予了人文学科的科学性和规范性。到 13 世纪，大学课程逐渐由大学规程或教皇敕令固定下来。于是，大学课程体系的一个最显著特征是各大学课程的高度统一性：文科包括"七艺"及亚里士多德的逻辑学；法科分为民法（罗马法）与教会法两科；医科包括希腊人及阿拉伯人的医学著述；神科包括《圣经》及经院哲学家的神学著作。中世纪大学的教学方法以讲授（lecture）、辩论（disputation）和大量的练习为主。显然，中世纪大学的科目基本上以逻辑和科学为主，逻辑和科学作为所有文科学生高等教育的基础是空前绝后的。一方面，这种教育以其实用性课程为学生的事业成功铺平道路，实现中世纪为数不多的人在社会中的向上流动；另一方面，这种教育"复活"了亚里士多德科学思想并得到了研究、消化、吸收和传播，成为近代科学产生的前提。同时，这种教育以其理性和思辨性，培育了主宰西方文化的专业知识分子层，使受教育的阶层在逻辑思维艺术方面受到严格的和精确的训练，形成了西方那种批判的理性和无休止的探索精神。正如英国现代哲学家和数学家怀特海所指出的，如果西方思想没有经过中世纪几个世纪的理智训练的准备，以便用宇宙理性或人类智力去探索自然的秩序，那么现代科学的诞生将是不可能的。而且，中世纪大学也活跃了当时的思想和文化，促进了城市的发展和繁荣，在一定意义上为文艺复兴和宗教改革作了准备。正因为如此，大学和大教堂（cathedrals）、议会（parliaments）制度一道，被看作中世纪三个最有价值的并对近现代世界产生了深远影响的遗产。而大学是"甚至比大教堂还要伟大和价值永恒"；"大学及其活动的直接结果可以说是构成了对中世纪智力领域的伟大贡献。它们的组织和传统，它们的研究和实践，比任何学校将再次可能做的，都更加强有力，（或许应当说是）更加广泛地影响欧洲的进步和智力发展。"[①]

三、中世纪大学向现代大学的发展

中世纪大学尽管对人类文明做出了卓越的贡献，但其自身也存在不可克服的问题。如大学宗教色彩浓厚，是教会的"侍女"、神学的附庸；占垄断地位的经院主义课程几个世纪一成不变，与世隔绝，落后于时代；仅仅满足于极少数人的需要，而且除个别例外，其教育对象只限于男性等。特

---

① Hastings Rashdall, *The Universities of Europe in the Middle Ages* (2), edited by F. M. Pow-icke and A. B. Emden, New York: Oxford University Press Inc., 1936 (1), p.3.

别是，到中世纪后期，欧洲大学日趋保守，由经院哲学把持的大学课堂几乎拒绝一切新知识，大学严重滞后于时代发展的要求，大学的变革势在必行。而文艺复兴和宗教改革对中世纪大学向现代大学的发展起到了巨大的推动作用。

14 世纪初，随着文艺复兴运动的兴起，在人文主义思想的冲击下，各国大学先后进行了相应的变革。由于文艺复兴最早起源于意大利，因而意大利的大学最先感受到了新风气和新变化。当然，人文主义思想进入大学的过程并不是一帆风顺的。仅从时间上看，文艺复兴运动起源于 14 世纪初，但直到 15 世纪后半期，人文主义学说才开始渗透到大学之中。由于中世纪大学主要是一种培训机构，大学的科目以形而上学、神学、法学和医学等传统的科目为特色，旨在培养未来的神职人员、医生、政府官员和律师，因此无论是普通公众还是城市的领导阶层，都没有想到在大学里进行人文主义教育。实际上，最具特色的人文主义研究，都是在大学之外发展起来的，而且长期受到大学的抵制和敌视，在德国如此，在法国如此，在文艺复兴的发祥地意大利也是如此。尽管人文主义在大学遭到了抵制，但它最终还是对大学产生了明显的影响。随着形势的发展，一些大学渐渐开设了希腊文、拉丁文、希伯来文、法文、哲学、东方研究等讲座或课程，以"人"为中心的新的学科如希腊文学、修辞学、诗歌、历史、柏拉图哲学等逐渐与旧的经院主义的课程并列，在大学里有了自己的位置。在大学里，人文主义教学吸引了越来越多的听众，越来越多的新学科的阐述者被任命为大学教授。越来越多的青年教师开始抛弃经院哲学而开始研究优秀的文学，他们对经院主义的教学方法嗤之以鼻。1575 年创办的荷兰王国的莱顿大学被称为欧洲"新知识"的重要中心。1511 年，英国的剑桥大学校长费希尔创办圣约翰学院，以"新知识"作为课程的核心；1540 年，剑桥大学成立三一学院，以人文主义精神为宗旨。这些都说明，文艺复兴宣传的人文主义最终在大学里站稳了脚跟。经过文艺复兴，欧洲大学引入了人文主义的"新知识"，文科课程发生了根本性的变化，并导致了教学内容和教学方法的彻底变革，冲破了经院主义神学和哲学独霸大学讲堂的局面。尽管这种影响主要限于文学院，但正是大学文学院后来领导了欧洲大学的现代化运动，带动了整个大学的变革。尽管文艺复兴时期大学课程尚没有自然科学的地位，大学对科学知识的贡献不大，但正是文艺复兴将千余年来沦为神学婢女的科学解放了出来，导致了近代科学的诞生，为大学最终引入自然科学和确立科学研究的职能创造了条件。而且，通过进行古典主义的教育，人文主义者采纳了一种更自由、不以传授基本教义为中心的知识形式。从此，大学一直致力于普通教育，统一了许多专业化的课程，服务于人类生活和社会发展的需要。

与文艺复兴起源于大学之外不同，宗教改革运动则起源于大学。它是1517年由德国维滕贝格大学教授马丁·路德所引燃的。马丁·路德十分仇视经院主义和神学，首先，他谴责大学是教皇的危险使者，是死心塌地拥护罗马教皇的重要机构，是异教的亚里士多德信徒们的中心，因此必须加以脱胎换骨地改革。而首要的，是要涤荡尽文学院中已使人"忍无可忍"的经院哲学风气，取消作为经院哲学基础的亚里士多德的各类著作。他认为，花那么长的时间学习亚里士多德对人理解《圣经》和坚定信仰徒劳无功。因此，大学应把亚里士多德的伦理学、形而上学、心理学等从课堂上驱逐出去，但可保留其对布道和演说练习有用的诗学、逻辑学、修辞学著作等。其次，要在法院废除教会法的讲授。马丁·路德把大学作为宣传新宗教的特殊工具。这也是由大学的性质和地位所决定的。因为教会和大学几个世纪以来的紧密关系，在任何地方都不存在纯世俗的大学，教会的改革不可避免地也会引起大学相应的变化。因此，宗教改革运动从一开始就与大学密切相关。而且，在整个欧洲，大学人士在宗教改革中都发挥了领导作用。如约翰·加尔文是在法国和瑞士最具影响力的宗教改革家，其《基督教原理》被认为是16世纪改革家的著作中最有学术价值和最为严谨的一部著作。他对宗教改革的神学人文化做出了重要贡献。由于宗教改革比文艺复兴运动更具群众性和革命性，对社会各方面的影响也更为强烈，因而比文艺复兴更为迅猛地影响了欧洲大学。这种影响表现在以下几个方面：第一，冲击了中世纪大学占垄断地位的经院主义课程，新的学科如希腊文、修辞学、诗歌、历史等被正式纳入大学课程，自然科学和实验方法进入了大学。第二，宗教改革改变了大学沦为教会侍女和附庸的命运，实现了大学的世俗化。宗教改革一方面使现有大学以地方世俗政府的智力权威取代天主教会的权威，另一方面催生了许多新型大学。宗教改革派极力建议世俗政府建立大学，于是大学普遍地发展了起来。如法国的日内瓦学院（大学）、瑞士的苏黎世大学、英国的爱丁堡大学、剑桥大学伊曼纽尔学院和北美大陆的哈佛学院等，都完全处于城市地方行政官和地方议会的控制之下。这意味着高等教育机构较之以往更加成为政府的工具。第三，宗教改革增进了学术自由。尽管政府的高压控制和宗教迫害极大地损害了大学学术自由的风气，但正是这种高压或迫害催生出了学术自由的种子。第四，宗教改革一方面促进了大学人文学科的发展，另一方面促进了自然科学的发展。如维滕贝格大学成了自由教育的中心，吸引了许多外国学生，其中包括意大利哲学家布鲁诺（Giordano Bruno）。1540 年出版哥白尼"日心说"（《天体运行论》）的，就是维滕贝格大学数学教授、奥地利天文学家哥白尼的学生雷蒂库斯（Rheticus，George Joachim）。

总之，正如德国学者鲍尔生所指出的，"没有文艺复兴运动就不会有宗教改革运动的产生，也不会有后来的思想与学术的发展；因为哲学与自然科学，以及史学和人文科学，无一不是在文艺复兴运动的雨露滋润下成长起来的。……从中世纪末叶到现代历史时期的开始，这 150 年间，文化与科学在广度方面的迅速发展，学术与教育在推行的范围方面的不断扩大，都应毫无疑义地归功于宗教改革运动。"① 因此，虽然近代大学改革最终完成于 19 世纪初，但近代大学于文艺复兴和宗教改革时期已具雏形。正是由于在大学管理体制上实现了由教会向世俗政府的转变，教学内容上实现了由经院主义课程、神学课程向人文主义、科学主义课程的转变，大学也就实现了由中世纪大学向现代大学的转换和发展。

第二节 西方学位与研究生教育的产生

研究生教育往往与学位制度密切相关，而无论现代研究生教育还是学位制度都是在欧洲大学体制内部形成的，而且二者的产生并不是同步的。

一、西方学位制度的演进

尽管有的学者认为，最早的学位教育产生于中国，但近代和现代意义上

---

① ［德］弗·鲍尔生：《德国教育史》，滕大春等译，人民教育出版社 1986 年版，第 36 页。

的学位制度事实上是发端于欧洲的中世纪大学。中世纪大学出现后就设有"学士""硕士""博士"等学位名称，用来指称具备相应文化程度的毕业生。而研究生教育则最早只能追溯到1810年的德国柏林大学。也就是说，学位制度要比研究生教育制度早得多。

1.欧洲中世纪大学的学位制度。欧洲中世纪的学位制度可以称为古代学位制度，有"博士""硕士"和"学士"三种学位。"学位"最初的含义是任教执照或行医、做律师的资格证书，是教师称号、开业授徒的营业执照，和手工业行会中的"师傅"称号相当。在后来的演化中，才成为高低级学科的毕业标准，最终成为兼具执教、营业资格和学术标准的双重资质证明。

拉丁文中的"硕士"（magister）和"博士"（doctor）意思相同，都是指教师。因为最初所有获得许可证的都被称为"硕士"，到后来也被称作"博士"或"教授"。所以，在中世纪，有的大学教师被称为"博士"（如意大利的博洛尼亚大学），有的大学教师则被称为"硕士"（如法国的巴黎大学），"硕士""博士"和"教授"这三个头衔在中世纪是同义语。这一现象，一直持续到15世纪进行高低级科分化时。1158年，波伦亚大学获得罗马教皇弗雷德里克一世颁发的世界上第一张博士学位授权许可证，授予第一批法学博士和医学博士；1170年至1175年间，巴黎大学授予了世界上第一批硕士学位。"学士学位"的产生晚于硕士和博士学位，直到13世纪才出现。"学士"（bacca-1aureate）本是行会中的术语，原意指"新手"，即师傅的帮工。学生在大学中学习5年至6年后，经学校允许才可以试讲、试教，从而成为教授的助手，也就是"学士"。

中世纪的大学教育即以获得教师称号为目的的博士或硕士教育，和行会组织中"艺徒教育"的做法是一致的。一般学生在导师的指导下学习几年后，才可参加考试。考试主要考查学生在拉丁文释义、释句和有关语法方面的知识，及修辞、逻辑、阅读等能力。考试通过者，地位相当于由学徒升到帮工，可以帮助导师进行初步的教学，当教师的助手。这相当于"学士"。在当助手的同时，还要继续学习。学完大学规定的课程后，可以申请参加取得教学开业证书的考试。考试通过后，就被授予"博士"学位或"硕士"学位称号，即成为教师行会中的一员。标志着完成了博士或硕士教育。

2.高级学位制度。中世纪的高级学位教育是由艺徒教育式的学位教育演变而来的。15世纪后，大学四科即文科、法科、医科、神科有了高低级之分。其中法、医、神三科被认为是"高级学科"，文科是这三科的准备并隶属于它们。在三科高级科中，神学又居于最高和支配地位。于是，学位的等级性、层次性也随之相继出现，并形成了三级学位层次即学士、硕士和博士，出现了高级学位教育和低级学位教育。博士和硕士教育属于高级学位教育，学士教育则是初级学位教育或第一学位教育。学士学位授予在艺科学习完三艺(文法、修辞和辩证法)的毕业生，表示学士既是硕士学位的候选人，又是教授的助手，即助教。而高级学位教育又区分为硕士教育和博士教育两个层次。

在高级学位教育中，硕士学位教育属于基础科教育。它具有双重特性：一方面，它是博士学位教育的预科，为法、医、神三科培养合格的后备人才；另一方面，它又是结业性教育，培养社会政治、经济和宗教、文化生活中所需要的各类高层次人才，主要包括教师、祭师和公职人员等。因此，从性质上来说，硕士教育还属于艺科教育，学科广泛性使得其适合各种人才的培养，是一种"通才教育"。这与博士教育属于"专才或专业教育"是不同的。作为高级学位教育，硕士的培养方式采取了高层次人才培养机制，主要体现在学位课程的教学、考试、学位授予等培养流程中。第一，学位课程教学。由于当时大学里只有为数不多教师的科研活动，科研还没有作为培养人才的途径，因此学位课程的教学是硕士教育中的主要环节。从现有史料能看到的第一个较完整地规定艺科硕士所学课程的文献，是1512年由教皇使节罗伯·柯松（Robea Curzon）制定的。该培养方案规定，逻辑、亚里士多德的新辩证法、修辞、哲学（含算术、几何、音乐、天文）、拉丁语等为硕士教育的必修课程。第二，教学方式、方法。由于印刷术发明前图书很少，学生知识的来源主要是教师的讲授，当时最常见的教学方法是演讲和辩论。教师的讲授包括读课文、讲解、评论若干段落和提出问题讨论四个阶段；学生的学习方法主要是背诵。把教与学连接起来的途径是辩论。辩论气氛一般都活跃、激烈，有利于培养学生敏捷的思维、敏锐的理智。第三，考试。考试在硕士教育中至关重要，是中世纪欧洲大学的特色。它是对艺科学生所学课程的最终考核，是获取教师资格证书和硕士学位的重要依据。因此，考试非常严格，仪式也非常隆重。考生应达到两个必要条件才能参加考试：一是在艺科学习了5年至6年，学完了规定的课程和教材；二是年龄达到19岁至20岁。考试一般由教务长与另外四名考官主持。这种考试主要为口试，口试后考官进行秘密投票，决定考生是否有资格获得教师证书和硕士学位称号。这种硕士学位考试类似于现在的硕士论文答辩，只不过答辩内容是所学学位课程而不是学位论文。第四，学位授予。学位授予被称为"公考"或"授衔式"，表示学位候选人已通过了考试，可以获得作为任教或从业资格称号的硕士学位。通常是学位候选人作一次演讲，主持人致颂词，即授予学位。"授衔式"上，新硕士佩戴学衔徽章，手持一本书，头戴学位方帽，手戴金戒指。这种隆重、庄严的"授衔式"在形成西方尊重学术、尊重高层次人才的氛围方面起到了很好的作用，因此这一传统一直延续至今。

博士教育是在神、医、法三个高级科进行的，因此具有很强的学科性和专业性，是以培养"专才"为目标的专业性教育，主要培养祭师、医师和律师，即培养社会三个部门的从业人员。另一方面，作为中世纪大学教育系统中最高层次的教育，博士教育又是一种终结性教育。在教育形式或培养方式上，博士教育与硕士教育基本类似，包括课程学习、参加辩论、考试和学位授予等环节。只不过，博士教育阶段的辩论时间更长、更激烈、更常见，学位授予的仪式也更隆重和庄严，在主教处举行。另外，在管理体制上，博士教育也与硕士教育一样，都是导师制或称为学徒制的教育形式。

二、西方研究生教育的发展过程

尽管学位制度是远早于研究生教育而产生的，但研究生教育从一开始就是和学位制度结合在一起的。因为，近代学位与研究生教育是在中世纪大学的学位教育的基础上发展起来的，中世纪大学的学位制度、高级学位教育与近代研究生教育有着内在的逻辑联系，是研究生教育发生、发展的基础。欧洲的大学从12世纪就已经创立，但当时的大学只是进行经院主义的训练，并没有研究的职能。直到18世纪末，欧洲大多数国家的研究工作还是在一些类似科学院的机构的主持下进行。在这之前，大学只是进行教学与培训的机构，研究工作只是辅助的部分。最早的研究生教育源于 1810 年创建的德国柏林大学。

德国在中世纪时期孕育而生的大学，如哈勒大学、哥廷根大学等，经过几百年的发展，也有了较为成型的学位制度与相应的学位教育体系，为近代学位与研究生教育的产生奠定了基础。宗教改革后，各地的大学陆续转变成了新教的大学，新教大学的典范是魏丁堡大学（1504 年设立）。起源于法国的理性主义在 17 世纪末流传到德国，在 18 世纪成为德国教育的指导思想。理性主义的核心理念是肯定科学而否定神学，肯定现世而否定来世，肯定客观规律而否定教会教义，肯定人的认识和论证能力而否定虚无缥缈、超现世的冥想，肯定人的信仰自由而否定宗教信条。"当时数学被看成是一切真正自然科学的典型形式，按照这种典型建立其他一切科学的形式，遂被看成是时代的伟大任务。"[①] 按照理性主义理念建立的大学典型是哈勒大学（1694 年设立）和哥廷根大学（1737 年设立）。它们的主要特点是采纳了现代哲学和现代科学，倾尽全力支持真正的科学研究，以思想自由和教学自由为基本原则。哈勒大学因此成为德国大学中实施学术自由的第一个发祥地，也成为进行创造性科学研究的第一个基地。到 18 世纪末，所有的德国大学都按照这一模式进行了改革。大学改革的成果表现在以下几个方面：第一，现代哲学和现代科学精神已渗透所有学院的教学领域，一直被视为"低级学院"的哲学院（或文学院）取得了主导地位；第二，研究自由和教学自由成为人们公认的原则，也被政府认可为大学的基本法权；第三，教学方法发生了根本转变，教师照本宣科的讲授方法被宣讲有创见性的科研成果的学术报告所取代；第四，添设了任教资格博士的学位，在"教授"和"博士"间有了既相互区别又相互联系的形式；第五，大学设立了专门从事科研的研究所，奠定了高于其他学术团体和科研机构的地位，成为各邦国的学术和科研中心。总之，这时的德国大学，已经具有了现代意义上的学位与研究生教育所应具备的各种要素，为 19 世纪初德国真正现代意义上的学位与研究生教育的诞生，奠定了坚实的基础。

---

① ［德］弗·鲍尔生：《德国教育史》，滕大春等译，人民教育出版社 1986 年版，第 65 页。

　　1810 年，根据"洪堡三原则"①创办的柏林大学，标志着近代意义上世界学位与研究生教育的产生。这所由德国著名教育家威廉·冯·洪堡（Wilhelm von Humboldt）和著名哲学家约翰·戈特利布·费希特（Johann Gottlieb Fichte）创办的高等学府，确立了"教学和科研统一"以及"学术自由"的原则，尤其注重科学知识的创造与探索。因之，大学的功能也随之有所改变，由侧重于知识保存与传播演变到知识传授与科学创造并重。柏林大学建校之初就十分重视研究工作，讨论班、专题讲座、实验室、专题研究成为训练学者必不可少的途径。"柏林大学模式"的特点有：第一，大学根本的办学原则是"学术自由"和"教学与科研统一"，基本目标是"培养创造性的学术科研人才"。第二，哲学院取得了主导地位，要求学生获得追求纯粹学术、至高真理的哲学博士学位。而中世纪以来的低级学位如文学院学士、硕士逐渐被取消，大学只设置博士学位一级。第三，任教资格博士比一般博士的考试要求严格，实际上成为一种高于一般博士学位的学位。第四，教学方法上以师生共同参与的科研研讨班为主，以教师讲授为辅。第五，培养形式上采取"教学—科研研讨班"方式和"教学—科研实验室"方式，注重高深学问的探究。第六，各学院设立专门从事学术研究的研究所。第七，大学形成纯学术研究的倾向，注重基础科学研究而忽视

① "洪堡三原则"是指"德国教育之父"、德国著名教育家威廉·冯·洪堡关于大学教育改革提出的著名的三条原则，即"独立性、自由与合作二者统一的原则"；"教育与研究统一的原则"；"科学统一的原则"。他作为柏林大学的创办人之一，于 1810 年 9 月 29 日宣告了柏林大学的诞生。另外，他还提出了现代世界中的科学定义，即著名的"洪堡五原则"：第一，科学是某种还没有完全得出结论，没有被完全发现、找到的东西，它取决于对真理和知识永无止境的探求过程，取决于研究、创造性以及自我行动原则上的不断反思。第二，科学是一个整体，每个专业都是对生活现实的反思，对世界的反思，对人行为准则的反思，唯有通过研究、综合与反思，科学才能与苍白的手工业真正区别开来。第三，科学首先有它的自我目的，至于它的实用性，其重要意义仅仅是第二位的。当然，对真理的探求，恰恰可能导致最重要的实用性知识，并能服务于社会。第四，科学是与高等学校联系在一起的，唯有通过对学术的研究，对整体世界的反思，才能培养出最优秀的人才。大学生要学的不仅是科学本身，而是对科学的理解。唯有这样，才能形成其独立的判断力以及个性，然后，才能达到自由、技艺、力量的境界。第五，高校的生存条件是"孤寂"与"自由"，也就是"坐冷板凳"与"学术自由"，国家必须保护科学的自由，在科学中永无权威可言。——作者注

应用科学研究，注重陶冶心灵的普通教育而忽视训练具体技能。柏林大学设立的哲学博士学位，是世界上第一个研究型学位，奠定了学位与研究生教育发展的基础，标志着近代学位与研究生教育的建立。柏林大学这种培养高级人才的有效制度遂成为德国所有大学的样板，德国的学位与研究生教育获得了迅速发展。需要特别指出的是，19世纪，随着科技在人类生活中的作用日益显著，国家发展对实用性科研人才的需求日益迫切，出现科学"从有闲和富裕的个人的消遣到正规的职业追求"的转化，德国的"教学—科研实验室"因此应运而生并普遍建立。"教学—科研实验室"也被用来给学生进行讲课，但主要是通过科研活动在"教给现有知识的同时贡献新知识"。实验室成为教授、科学家的唯一组织工具，在实验室内，训练的程序得到开发和实施。这样，学生从通过讲课掌握科学基本原理转变为通过实际经验学习科学的语言。[①] 于是，"教学—科研实验室"和"教学—科研研讨班"一起，成为德国大学实施研究生教育的基本培养方式。另外，作为培养清一色博士教育的补充，德国还随着工业、农业、商业、运输业等部门中科技工艺的进步，建立起各类实用性专门学院，填补了当时大学所忽视的实用性科研人才培养的空白。专业学院的地位比起大学还是稍逊一筹，表现在不是实行纯粹的博士教育而是实行了文凭（硕士）和博士两种层次的教育。总之，经过19世纪的发展，德国的学位与研究生教育体系已经完全成型，形成了学位与研究生教育史上具有典范意义的"德国模式"。这一模式被其他国家纷纷仿效，传播到世界各地，对世界其他国家和地区的学位与研究生教育产生了重要影响。英、法等国都在吸收德国先进经验的基础上，对本国古代学位与研究生教育制度加以改造和发展，形成了适合本国特色的现代学位与研究生教育制度。而美、俄、日、印、中等国家则是通过向德、英、法学习，借鉴他国的先进经验，建立起了本国的学位与研究生教育制度。

　　1789年资产阶级大革命成为法国近代高等教育发展的开端。而法国近代学位与研究生教育开始于拿破仑统治的第一帝国时期（1804—1814）。拿

---

① 　参见［美］伯顿·克拉克：《探究的场所——现代大学的科研和研究生教育》，王承绪译，浙江教育出版社2001年版，第25—27页。

破仑颁布了《帝国大学令》，规定在各大学区建立法学院、医学院、神学院、文学院和理学院五类学院。各学院可以组织考试，有权授予学位。学位分三个等级：业士、学士和博士。这样，法国才真正出现了近现代意义上的"大学"，也真正产生了近代意义上的法国学位与研究生教育。第一帝国建立了统一的学位制度，规定只有国家授权的公立教育机构才能颁发大学学位文凭，1810 年还建立了国家博士这一最高学位。这就使得学位制度终于打上了国家的"烙印"，结束了几个世纪以来博士培养中的行会行为，显示出这一时期的学位与研究生教育逐渐摆脱了中世纪学位制度的影响而开始具备近现代特征。第二帝国(1852—1870) 时期，拿破仑三世又设立了一些新学院，并在自然科学院系中设立了实验室。高等实验科研学校的建立，不仅将分散的从事科研的机构合为一体，而且促进了科研的发展。1896 年 7 月 10 日，法国颁布了一项影响深远的重要法律——《高等教育法》，规定每个学区的各所学院可以联合组建成一所新大学，增加教育经费并纳入国家预算。《教育法》要求大学开展科学研究，改变以往只在大学以外的机构进行科学研究的传统。

英国学位与研究生教育是在学习借鉴德国、法国经验的基础上建立起来的。英国是最早开始工业革命的国家，但其大学科技水平却发展迟缓。在英国，大学和研究院的界限泾渭分明，教学与科研互不相干，大学里排斥科研活动。它们认为大学是从事教学、传授知识和培养人才的场所，而从事科学研究、发展科学并非大学的职能与任务，这些任务是在大学之外的科学院或其他科学共同体中进行和完成的。然而，18 世纪后半期英国工业革命的兴起，促进了资本主义经济的大发展，同时也对大学改革提出了一些新要求。首先，资产阶级要求其子弟同贵族子弟享有同等的受高等教育的权利和机会，大学招收新生和授予学位不受宗教教义的限制。其次，开设技术学院，培养技术人才，彻底改革保守的课程设置。最后，大学实行宗教限制，不许非国教徒的学生入学。在工业革命、功利主义和非国教徒的共同影响下，19 世纪英国掀起了一场"新大学运动"，运动的主要目的是力图建立一种符合资产阶级各方面利益的新大学。1828 年伦敦大学学院的建立标志着这个运动的开端。近代英国学位与研究生教育正是在工业革命和新大学运动的推动下产生和发展起来的。1828 年伦敦大学学院开学，成为英国教育史上第一所完全世俗化的高等教育机构。学院毫无限制地招收非国教徒甚至自由思想者入学，课程强调科学、历史和其他世俗学科。1836 年，大学学院和国王学院合并为伦敦大学，并获得举办证书考试和授予学位的权利，可视为英国近代学位与研究生教育的起点。伦敦大学创办之初，大学考试十分强调科学科目。1858 年伦敦大学开始建立理学部并授予理学学士和科学博士，1868 年又设立了文学博士。这两种新型的博士学位为其他大学所仿效。伦敦大学还是英国最早开始工程研究生教育的学校。其工程学实验室在肯尼迪教授（A.W.B.Kennedy）的领导下，创立了一套完整的通过工程学实验室从事教学的体系。他认为，实验室有三个作用：一是让学生取得日后可能用得着的实验室工作经验；二是教学生如何进行实验；三是提供从事创造性研究的机会和工具，从而为增进知识做出贡献。正如阿什比（Eric Ashby）所指出的，"伦敦大学的建立标志着科学革命最终开始进入英国高等教育之中"。[①] 在"新大学运动"的推动下，长期以来以训练国教会牧师为职责的古老的牛津大学、剑桥大学也经过不断改革，从中世纪的学位教育脱胎出来，从而建立起了近代意义上的学位与研究生教育制度，并发挥着举足轻重的作用。此外，19 世纪后半叶，随着英国成为世界上最强大的工业国和"世界工厂"，英国还涌现出一大批城市学院（大学）。这些城市学院把近代自然科学列入教学计划，特别重视数学、物理学、机械学、天文学的教学，确立了教学与研究的学术自由的原则，倡导学生进行独立研究，让学生充分发挥自己的才能。许多城市学院发展成了具有当地特色的工业研究中心。

　　19 世纪六七十年代以前，美国推行英国学位制度，以古典课程为主，培养的学位人才以宗教与教学为目的。1781 年独立战争后，美国走上了独立自主的资本主义共和国的道路，这对美国高等教育提出了新的要求。法国的公立大学与德国的研究型大学模式成为新生美国的重要学习楷模。对法国公立大学的学习，使美国在 19 世纪上半期掀起了由州政府资助的"州立大学运动"，奠定了美国高等教育本土化的基础。而对德国研究型大学的推

---

① 　Erie Ashby, *Technology and the Academics*: *An Essay on Universities and the Scientific Revolution*, London：New York：MacMillan，1958，p.50.

崇，则在美国高等教育内部产生了全新的改革，形象地说是对美国"大学魂"的塑造。美国大学对学术水平的重视、对研究生教育的重视，以及研究型大学的建立，无不发端于此。1825 年，哈佛学院实行分系制度并适当增加了一些新的学科，奠定了美国的研究生教育独特的"专业型模式"的基础；1826 年，该院推出"学士后教育"，成为美国研究生教育的开端；1851 年，哈佛学院首次授予理学学士学位，表明美国高等教育已突破传统的经院式的古典教育的束缚。随着美国逐步成为世界上最发达的国家，和对精英人才的需求，美国的学位与研究生教育形成了自己特有的发展与培养方向，实用性成为美国高等教育所表现出的一个显著特征。1876 年，美国历史上第一个以研究生院为主的大学——约翰·霍普金斯大学正式成立。研究生院的主要任务，是进行科研与培养研究生。这标志着研究生教育和科研工作在大学的确立，对美国研究生教育的发展和科研工作在大学的确立，以及美国研究生培养制度的建立产生了巨大的影响。之后，哈佛大学、耶鲁大学、哥伦比亚大学、普林斯顿大学等知名高校，也仿效成立了各自的专门研究生教育机构，以加强研究生教育与科学研究。于是，研究生教育开始在美国迅速发展起来。1862 年通过的《莫雷尔法案》要求资助各州开办农工学院，即所谓的"赠地学院"，成为美国高等教育领域里的一支重要力量。威斯康星州立大学是其重要代表。学院同样承担了发展科研、培养高级科技人才的任务。各学院开设了各种实用技术学科课程，并设立硕士、博士学位修业计划，以加强实用技术领域的科学研究，注重应用学科与技术的研究、推广，并很快占据了重要的地位。这些都加强了高级应用型科研队伍的培养与建设，也使实用型技术知识在美国得到强化。可以说，以霍普金斯大学为代表的研究型大学和以威斯康星州立大学为代表的赠地学院的发展，都顺应了美国当时的社会经济、政治、文化发展的需要，保障了科技人才的培养。研究性与实用性对美国教育产生了重要的影响，对美国的学位制度和研究生教育的内容、方向、特点均产生了巨大影响，并形成"学术并重"的美国学位制度。在学位与研究生教育发展过程中，美国还设立了专业学科高级学位，即非研究性的专业应用型硕士学位和专业型博士学位。这些专业学位覆盖到工程、教育、农业、管理、商业等。如 1920 年，哈佛大学就设立教育博士学位，1930 年又设立了商业博士学位等。总之，经过 19 世纪末的形成与 20 世纪初的规范，美国在学位制度的各个环节都日益规范与健全。美国大学在对研究生的培养上，实行学分制。由于没有全国性的科研系统，科研与高级学位人才的培养全部集中在大学。这也使美国高校将研究生的培养与科研直接联系起来，对新学科的探索与人才的更新都起了很大的促进作用。

第三节　现代西方学位与研究生教育的发展

学位与研究生教育既有一般规律又有各国特点，往往适应各国教育文化传统表现出本国特色。同时，一国的学位与研究生教育也不是一成不变的，而是随着经济社会的发展而不断发展的。

一、美国的学位与研究生教育

进入 20 世纪，特别是第二次世界大战以来，美国在学位与研究生教育方面取得了重大发展，并逐步走上了领先地位，成为世界各国学习和借鉴的榜样。

1. 美国学位于研究生教育的特点：研究生教育大众化。第二次世界大战后，特别是 1944 年《军人权利法案》出台后，美国的高等教育对象扩大，联邦政府大幅度地增加对高等教育的投入。1953 年至 1954 年间，美国高等教育开始步入大众化阶段，这是世界高等教育发展史上的划时代变革。鉴于研究生教育在培养高级科学人才中的重要作用，1958 年，美国国会通过了《国防教育法》，规定设立奖学金项目，加大对研究生的资助。这使研究生教育实现了快速增长。在 20 世纪 50 年代的 10 年内，所授予的博士学位人数比以前所有年份所授予的还要多，而且在 60 年代博士学位数又戏剧性地增长了 3 倍，真正实现了突飞猛进的增长。在此基础上，1963年通过了《高等教育设施法》，1964 年通过了《公民权利法》，1965 年通过了《高等教育法案》，使研究生教育进入大发展、大提高的阶段，也使美国高等教育步入"黄金时代"。在主要研究型大学，研究生数量已接近和超过本科生。美国学者卜西甚至认为，研究生院已经超过本科学院而成为美国高等教育的主要机构，美国高等教育在全世界享有盛名也主要是由于研究生教育的进一步发展所促成的。① 到 20 世纪 70 年代，美国的高等教育已基本普及。80 年代，美国明显进入研究生教育大众化阶段，研究生教育几乎不再属于精英式教育，在高等教育系统中占据了很大比例和重要地位。

2. 美国教育体系的内容：五级学位制度。自 1966 年以来，美国正式统计的学位是四级：副学士、学士、硕士、博士。但实际上广泛存在的是五级，即再加上博士后资格这一非正式学位。其一，"副学士学位"（Associate's Degree）。是指完成了二年制初级学院或技术学院的修业，或者四年制院校前 2 年的修业所给予的高等教育资格。一般说来，按照培养目标和课程计划侧重点的不同，分为职业型与学术型两种类型。前者直接就业，后者毕业后可转入四年制学院继续深造，以取得学士学位。其二，"学士学位"（Bachelor's Degree）。既是终结性资格学位，也是获得硕士学位和博士学位的必备学位，可划分为学术型和专业型两种类型。它可作为攻读硕士学位或专业学位的资格，也可以作为参加某种职业资格考试的资格。由于美国大学实行通才教育，专业教育较弱，一般取得学士学位后还必须进行专业学习。其三，"硕士学位"（Master's Degree）。美国的硕士学位并不是攻读博士学位的必要资格，它是学士与博士之间的一个中间学位，在有些高等学校不设硕士学位，有学士学位的可以直接攻读博士学位，不过修业年限要长些。硕士学位的培养目标主要是：提供研究生阶段的基础教育；对本科阶段的欠缺实施补偿性教育；作为终结性专业教育。硕士学位也分为两类：即学术型和教学型的硕士，以及专业硕士。目前，专业硕士地位在美国日益提高。对硕士学位是否要求提交论文，没有统一规定，但一般趋势是取消论文。根据教学计划也可以把硕士分为论文硕士和课程硕士。前者须呈交学位论文；后者须比前者多修 6 个学分，并要完成调查报告。其四，博士学位（Doctor's Degree）。是美国大学正式授予的最高学位，尤其是哲学博士一直是最受尊敬的最高学位。美国学者 L. 威尔逊曾把哲学博士的标准概括为三条：彻底掌握本学科某一专门化方向的知识；广泛通晓

---

① 参见周洪宇主编：《学位与研究生教育史》，高等教育出版社 2004 年版，第 127 页。

本学科知识，熟悉相关领域；有对本学科发展做出个人贡献的能力。①而美国研究生院协会则将哲学博士论文归结为三个作用：它是一种创造性的研究或学术工作，能丰富人类知识宝库；它是一种教育体验，可表明学位申请人熟悉专业领域的研究方法和掌握工具的技能；它可表明学生有能力针对一个重要的学术问题进行研究，并得出有用的结论。攻读哲学博士学位的过程可分为三个阶段：（1）硕士阶段：1年至2年。取得硕士学位后或取得学士学位但修完2年至3年硕士学位课程；（2）中间阶段：1年左右。完成博士学位所要求的全部课程计划，通过了博士学位资格考试，成为博士学位候选人，才能进入论文阶段。资格考试淘汰率一般为30%以上。（3）论文阶段：1年以上。从事学位论文的研究和撰写，并准备最后考试和答辩。此外，美国很早就开始了专业博士学位的培养，专业博士学位数目繁多，名称依专业而定，不统一。专业博士学位属于应用型学位，是专为不搞学术理论研究但又有创造能力、在实践探索方面有创新性的人而设。获得本学位者大多从事实际工作或开发研究工作。美国的博士培养采取导师与博士生指导委员会相结合的制度。学生自己选择导师和指导委员会。其五，"博士后资格"（Post-doctoral Recognition）。美国博士后资格从20世纪30年代获得认可后，发展很快。这虽然还不是国家教育体系中的一个正式阶段，也不是比博士学位更高的学位，但事实上是培养最尖端的科研人才和大学教授的一个更高层次，有发展成为更高一级学位的趋势。博士后人员又分为两类：取得博士学位五年以下者为一般博士后研究人员；取得博士学位五年以上者为高级博士后研究人员。按学科分，博士后研究分为自然科学和社会科学两大类。美国博士后人员主要集中于少数著名大学。由于博士后研究有利于人才培养，能出科研成果，因此受到联邦政府和各基金会的大力资助。总体而言，美国的学位与研究生教育不仅推动了美国社会各方面的发展，也为全世界的教育制度提供了一个可以借鉴的典范。

①　参见符娟明主编：《比较高等教育》，北京师范大学出版社1987年版，第57页。

二、德国的学位与研究生教育

德国经过两次世界大战，尤其是经过纳粹时期的"焚书事件"[①]和整个教育制度的纳粹化，不少一流学者和科学家纷纷逃亡国外。学术萎缩、质量低下、人才短缺成为当时高等教育的真实写照，可以说是有高等学校而无高等教育。这时，"洪堡原则"已经荡然无存，学位与研究生教育也形同虚设。因此战后一段时间内，西德实行的是以"恢复"为主要特点的大学教育政策。1957 年西德成立了"科学审议会"，标志着大学教育恢复期的结束和在恢复的基础上改革、完善高等教育的开始。20 世纪 60 年代，西德出现了高等专科学校。这样，高等教育就不再只有大学一个层次，而是有了学术性高校和非学术高校的区别，有了大学和高等专科学校两个层次。表现在研究生教育方面，是研究生教育体系不再只有"博士"一个学位层次，而是有了互相衔接的两个学位教育层次，即硕士学位与博士学位教育。通过 1976 年西德颁布第一部跨州的高等教育法规《高等学校总纲法》和 1985 年修订的第二部联邦德国《高等学校总纲法》，西德高等学校在制度上更加规范、一致了。《总纲法》具体规定了德国的学位制度：其一，高专学位。高专毕业生的学位实际低于大学毕业生的学位。虽然高专学位也允许直接进入博士学习，但这只是极其例外的情况。其二，硕士学位。硕士学位是德国大学的第一级学位或者说本科学位。但由于历史的原因，这两种学位的学术水平一般认为高过其

---

① 德国纳粹焚书事件也称"柏林焚书事件"。1933 年 1 月，希特勒在德国大资产阶级和民族沙文主义的支持下上台执政，推行法西斯专政。他一手制造了国会大厦纵火案，公然取缔共产党和各种进步党派团体，全面查禁一切进步报刊，残酷镇压一切反对他们倒行逆施的革命群众。他利用御用组织和宣传工具，极力宣传"国家至上""领袖英明""绝对服从和效忠"观念，极力宣传"日耳曼民族最优秀、雅利安人种最优越"的思想，把一切与其相抵触的思想视为离经叛道，把一切主张民主自由的人类文化统统视为异端。在这种狂热宣传下，为了牵制思想，消除异己观念，纳粹集团在德国全国范围内尤其是大学里掀起了大规模的焚书活动，大量焚烧"可能瓦解民族运动的'非德意志'的书和文件"。焚书的火堆遍布德国各大学，且越烧越大，世界著名、诺贝尔获奖作品和其他一切作品都被判了火刑。社会主义和共产主义作者的书籍是主要焚烧目标，马克思、恩格斯、列宁、斯大林、拉萨尔、倍倍尔、李卜克内西、伯恩斯坦、希尔夫、季诺维也夫、卢那查尔斯基、布哈林等人的作品都被当作"非德意志"的东西而烧成灰烬。德国焚书事件既是教育发展史上的闹剧，也是人类文明史上的悲剧。——作者注

他国家的本科学位，即学士，所以现在一般都被译为硕士。硕士学位按不同的专业有两种称呼：一种称为"Diplom"，即理工科硕士学位；另一种称为"Magister"，即人文及社会科学硕士学位。其三，"博士学位"。博士学位是大学的第二级学位或说研究生学位。在德国不论何种专业一律称为 Doktor，这个学位也起源于中世纪大学，历来作为大学各专业的最高学位。其四，"授课博士学位"。这个学位在德国称作 Dr.Habil。在德国博士学位获得者并不能直接参与高校教学工作，如欲获得高校教职必须参加相应的考试。不过由于这种学位只针对想在高校任教的人，所以有人认为它不能算作真正意义上的高过哲学博士的学位，在德国有时也被称为"第二博士"。其他还有"荣誉博士"（Dr.e.h）和"名誉博士"（Dr.h.c），专门授予在学术上做出特殊贡献的科学家和学者。这类博士不必经过相应的培养过程，一般可看作学衔而不看作学位。

博士的培养过程和培养方式包括以下几个方面：（1）入学资格与录取。在学术型大学学习至少 8 个学期并获得硕士学位者即具有攻读博士学位的基本资格。无须专门的入学考试，导师认为适合当自己的助手，同意接受，申请者便算被录取。但导师在招收博士生时非常严格，会要求申请者出示代表自己学术水平和科研能力的证明。（2）学习过程。博士生在 4 年至 5 年的学习里没有必修课，学习和工作是以博士论文为中心而进行的。一般入学时就已选定论文题目，随后当助教、听课、科研都围绕论文，博士论文是博士生最主要的学习成果和研究成果。德国高校对博士论文的要求是：必须是独立完成的科研成果，具有一定的学术价值，有自己的创见或对某一领域学术发展做出一定的贡献。（3）授予程序。包括提出申请、审核论文、口试和答辩、发表论文、授予博士学位证书。德国规定，博士论文必须发表，发表前要得到院系主任的批准。论文发表时，必须注明是某校某院系某导师的博士毕业生的论文以及博士生参加口试的日期。博士论文的发表形式有多种，如在正规的出版社发表、在杂志上以论文形式发表、将原稿印刷内部稿、以微缩胶片形式发表等。博士学位获得者如欲在大学任教则必须参加授课博士学位考试，亦称教授备选资格考试（Habiltation），提交一篇考试论文或一系列小型论文，并参加答辩会。总之，与传统的博士教育相比，德国的培养方式变化较大，传统上博士生培养基本上是导师个人的事情。20 世纪 80 年代以后，德国仿效美国建立了研究生院，加入了集体培养。

三、英国的学位与研究生教育

英国产业革命后，1870 年前后达勒姆大学率先提出建立研究生院以培养科学人才的设想，但由于传统势力的影响未能实现。1880 年创办的曼彻斯特大学从建校之初就制定了正规的文理科教育条款，有力地促进了现代英国学位与研究生教育制度的形成。第一次世界大战爆发后，由于不能再到德国学习，各国学者纷纷把目光转向英国，从而促进了英国学位与研究生教育的完善和进一步发展。为了吸引外国留学生，1917 年，英国大学协会制定了正规的哲学博士学位条例。1919 年，通过了现行的英国研究生院制度，规定：大学成立研究生院；大学本科毕业后通过一年以上的学习和研究，取得硕士学位；通过二年以上的学习和研究，考试合格后获哲学博士学位。哲学博士学位的引进和研究生院的建立，推动了英国学位与研究生教育的快速发展。从 1951 年至 1968 年，研究生增加了近 13 倍。1963 年，作为英国大学拨款委员会的罗宾斯委员会在《罗宾斯报告》中提出了关于高等教育发展的主要建议，要求大力加强研究生工作。《罗宾斯报告》的发表，揭开了第二次世界大战以后英国高等教育大发展的序幕，很多由国家创办的有学位授予权的正规大学由此相继建立。20 世纪六七十年代后，英国研究生教育的发展呈现出以下特点：一是多科技术学院也开始培养研究生，打破了大学对研究生教育的垄断；二是修课式研究生得到了迅速发展；三是兼读制研究生也获得了较快发展。

英国研究生教育经过长期的发展，形成了一套较为严格的学位制度。现代英国的学位形式基本上分为：学士学位、硕士学位和博士学位三级。硕士及以上的学位统称高级学位，包括文科硕士或理科硕士、哲学硕士、哲学博士等。具体来说，（1）学士学位。在英国，学士学位是高等教育的第一学位，或叫初级学位，主要包括文学学士和理学学士。学士学位分为两种：第一种是荣誉或专门学位。这是英国高等教育的基本学位，要取得第二、第三级学位都得以第一级学位为基础。第二种是普通或及格学位。它在深度和专门化程度上均低于专门学位，它只起证明大学学历的作用。（2）硕士学位。在英国，硕士学位一般来说是获得学士学位后再攻读一两年，完成高级科学研究后的主要学位，也是一种高等教育学位。但各校要求不同，有的只需经过一次笔试或口试合格，即授予硕士学位；有的需提交论文才能获硕士学位。英国的文科硕士和理科硕士是研究生院的主要研究学位，其他硕士学位与美国一样，是授予那些希望取得哲学博士学位但又不够条件的研究生。需要指出的是，英国的哲学硕士学位是硕士学位和哲学博士学位之间的学位。大多数学生把它作为继续攻读哲学博士学位的过渡阶段。(3)哲学博士学位。是已经获得学士学位和硕士学位之后授予的高等教育学位。这是英国研究生教育中的最高学位。哲学博士的培养计划要对创造性研究有所贡献，要为大学及其他高等院校和工业界的深入研究提供教学。在英国，高级学位很难获得，因为它要求学生长期从事独立研究。如要获得伦敦大学教育哲学博士学位，需要在获得第一级学位后再进行6年的全日制研究或10年的部分时间制研究。因此，即使在大学教师中，博士学位也仍然是真正的荣誉标志。而哲学博士学位更是卓越的学术成就的标志，并不是到大学执教的基本证书。文学博士或科学博士是更高的荣誉，只授予那些发表过重要著作的学者。(4)高级博士学位。申请高级博士学位的人可以是哲学博士学位的持有者，也可以是获得学士学位后在大学工作多年且具有卓越学术水平的学者。申请者必须提交本人已出版的著作，经专家委员会审核同意后授予这种学位。高级博士学位在英国学位结构中占有重要地位，它不仅是对已取得哲学博士学位的学者继续从事学术活动的鼓励，也是为那些未修过哲学博士课程但又取得卓越学术成就的人提供认可其博士水平的机会。高级博士学位除了表明学术水平外，在很大程度上还是一个学术荣誉。

四、法国的学位与研究生教育

1896年是法国学位与研究生教育进行重大改革的一年。法国学习和借鉴德国研究生教育及大学教育的经验，把高等教育分为三个阶段，即基础教育阶段、专门化阶段以及加深理论和科研阶段。第一阶段授予大学普通学习文凭，第二阶段授予学士学位和硕士学位及文凭，第三阶段则授予博士学位和工程师学位及文凭。至此，法国的学位与研究生教育已形成一个比较完整的体系，并且这种形式一直延续到第二次世界大战后。1968年以前，法国高等教育基本上保持着近代以来的传统模式。如1951年，文、理学院的大学预科（1年）被改为大学第一阶段，结业时，取得普通学习证书者，可以申请进入大学第二阶段攻读文学学士或理学学士学位。第二阶段实行证书制，要求文科学士取得文学、哲学、历史和现代语言四种证书；要求理科学士取得普通数学、物理学业证书和数理化学业证书（或物理化学、自然科学学业证书）。1954年法令规定，大学设立理科第三阶段作为博士生培养阶段，其文凭称为"大学第三阶段博士文凭"。1968年11月，教育部部长埃德加·富尔提出改革高等教育的建议，并以《高等教育方向指导法》的形式公布，确定了大学"自治自主""民主参与"和"多科性结构"的办学原则。法国大学教育进行了重大改革，取消了传统的院系机构，代之以"教学研究单位"（unité d'enseignement et de recherché-UER）——一种将教学与科研相结合的基层教学单位。这是法国自19世纪末大学重建以来影响最大的一次改革，其办学原则到现在仍然具有指导作用。1976年，法国统一了大学第二阶段的学位，即第一年授了学士学位，第二年授予硕士学位，1984年，通过了新的《高等教育法》，统一研究生教育阶段的学位名称和学制，建立博士后制度。为了建立高等学校的竞争机制和便于学位的国际交流，法国取消了国家博士文凭、第三阶段博士文凭和工程师博士文凭，统一设置"某某大学博士学位"。在博士学位之上，设立"指导研究资格"（habilitation a diriger des recherehes），这是大学制度当中最高级的文凭。

三个阶段的具体培养情况是：（1）第一节段。综合大学第一阶段的两年，是全面展示各学科教学内容、供学生选择专业定向和打基础的阶段。进入综合大学学习，一般不需要进行入学考试，只要持有中学毕业会考文凭（业士文凭）即可。两年的学习主要让学生接触全面的学科，让学生发现自己的强项或喜爱的专业，决定今后自己的攻读方向。第一阶段的淘汰率很高，一般为50%到60%，文科在个别情况下淘汰率曾达到80%以上，法律和医学专业更甚。（2）第二个阶段。即"深入学习阶段"，是第一阶段教育的继续和发展。期限两年，凡持有大学学习文凭者均可升入第二阶段继续学习。目的是进行较高水平的科学教育，培养学生具备必要的知识和能力，以便胜任未来的工作。本阶段教育有两个学位：第一年学习合格者可以得到学士学位（Licence），第二年学习合格者可以得到硕士学位（Maitrise）。后者是在第一年的基础上对学生进行专业理论教育，教学更加严格。除了课堂教学以外，学生应进行个人研究，并将其研究成果以论文形式加以总结，最后进行答辩。硕士学位教学的主要目标是培养学生将来从事教学或科研工作。法国目前有两种硕士学位：一种是基础教育与研究硕士学位；另一种是专业教育硕士学位。第二阶段的淘汰率一般为30%至40%。（3）第三阶段。法国大学第三阶段大致相当于其他国家的研究生阶段，为专业深造和研究阶段，目的是培养水平较高的研究人员和师资。进入第三阶段学习，须持有硕士学位证书。第三阶段的学位文凭有两种：其一，"高等专业学习文凭"（DESS）。主要学习高水平、实用的专业知识，毕业后进入职业社会工作，学制一年。其二，第三阶段博士学位文凭。主要是培养从事科学研究的人才。一般需要二年至四年。学生参加个人或集体的研究项目，对研究成果以论文形式加以总结，经论文答辩，合格者获得博士学位。传统上，法国博士生教育的目标主要是为大学培养师资力量，为科研机构培养研究人员。20世纪80年，大学教育的逐渐职业化成为法国高等教育改革的重点之一。1984年的《高等教育法》和1989年颁布的《教育方向指导法》都增加了职业教育的内容。于是，法国博士生传统的培养目标发生了改变，即由过去培养单一的研究性博士生转变为既培养学术研究型的博士生又培养应用研究型博士生。

五、苏联、俄罗斯的学位与研究生教育

1.苏联时期。从1945年到1954年，是苏联学位与研究生教育的恢复和稳步发展阶段。1947年，苏联通过《关于培养高等学校的高度熟练干部》的决议，规定在重点高等学校和科研机构设立"博士预备部"，以加速培养博士学位人才。1959年，苏联设立一种新的培养方式——"特设研究生部"。1975年，批准了《学位学衔授予条例》，对博士、副博士论文均提出了更高的理论和实践要求，只接受具有科学价值和实际价值的学位论文参加答辩。1987年公布了《关于改革我国高等和中等专业教育的基本方针》，规定：设立博士研究生部，作为统一的继续教育体系的最高层次；修改现有的进研究生部的选拔制度等来改革培养副博士的研究生部工作；确立培养高级学位人才的新形式，即"教育—生产—科研"一体化。

2.俄罗斯时期。1991 年苏联解体后，俄罗斯秉承了苏联高等教育结构和学位制度。从 1992 年开始，一批高等学校开始向多层次的高等教育结构过渡。俄罗斯学位制度和研究生教育随之发生了重大的变化。主要是确定大学后教育包括进修、攻读副博士和博士学位等。1993 年出台《关于俄联邦多级高等教育制度中硕士生培养的规定》，明确学历和学位制度分为 4 个等级，即本科 4 年毕业授予学士学位；本科 6 年毕业授予硕士学位；三年研究生毕业授予副博士学位；博士学位是具有副博士学位的候选人在攻读 2 年后，通过论文答辩后授予。对于副博士应考者来说，只要本人具有高等教育学历，能够在所规定的副博士考试和学位论文的答辩中获得通过，就可以取得副博士学位，并不是非进研究生部不可。但科学副博士的培养实行严格的考核和鉴定制度。在规定期限内没有完成个人计划，没有表现出对科学工作和教育工作具有能力的人，则从研究生部除名。与此同时，对研究生的学位论文和学位的授予也规定了严格的标准与程序。学位论文应是一篇完整的科学著作，论文中应体现出在科学和实践方面的新结论与新建议，并能看出研究生独立进行科学研究的才能。副博士研究生的学位论文必须是在公开发表 4 个月后才能申请答辩。比"副博士学位"更高的科学博士学位的授予不是根据正式的培训计划，而是根据对高深的有创造性的著作的承认，或者根据研究论文答辩的结果，或者是两者兼而有之。科学博士学位的授予，首先要经过论文答辩委员会的公开答辩，最后报国家最高学位评定委员会审核批准，方能正式生效。正是由于科学博士学位的标准比较高，批准程序比较严格，因而苏联科学博士的总数量不是很多，每年获得者也只不过几百人。博士学位论文标准高，审核程序严格，论文必须是独创的科学著作，是在科学技术上有新的发明、发现或发展，对科技发展做出新贡献的重要课题。论文答辩前，（1）要完成论文成果或基本内容，并在正式出版刊物上发表半年以上；（2）论文在《苏联最高学位评定委员会公报》上公布；（3）论文提要分送给有关方面征求意见，并由专门委员会指定 3 名评论员对论文进行评定。论文答辩通过后，要有专门委员会上报最高学位评定委员会，经审批，最后由最高学位评定委员会主席团成员在隆重场合颁发博士学位证书。

通过以上分析可以看出，尽管各国的学位制度和研究生培养的模式、机制、学制、标准、要求等不尽相同，但作为学位与研究生教育的一般规范，各国在强调研究生独立研究能力的培养，强调对人类社会增添新知识、新理论、新思想等方面，却是相同的。实践也证明，各国学位与研究生教育的发展，对促进各国学术水平和科研能力的提升，实现科学技术、思想文化和经济社会发展，促进人类文明进步方面，起了不可估量的基础作用、支撑作用和推动作用。

第二章 中国教育体系沿革及研究生教育的产生

尽管现代学位与研究生制度发端于西方近代高等教育，但要深入研究和透彻理解中国的学位与研究生教育，还必须了解中国古代的教育体系和教育制度。况且，在清末刚开始引进西方学位与研究生教育制度时，实行的"给出身制"还是按照中国传统的"进士""翰林"等来标识学位的。而且，在翻译西方"学位"时，也是借用了中国古代就有的"博士"学官称谓。这说明，我国在引进西方学位与研究生教育制度时，打上了"中国"印记，体现了中国传统和中国特色。

第一节 中国古代教育体系

文化传承和传播是一个全民的事情，教书育人是一个全社会的行为。中国古代文化的师承和有学之士的培养，就是由官方和民间共同完成的，官学和私学构成了中国古代的教育体系。

一、中国古代官学

早在虞舜时期，以养老为目的的学校已经萌芽。以教学人员社会地位的高下为标准，学校有"大学"和"小学"之分。然而，官学制度正式确立于夏代。据《古今图书集成·学校部》记载，"夏后氏设东序为大学，西序为小学"。周人尊礼，远神近人，所以西周时学校比前代更为发达，已形成较完备的学制系统——官学系统。其大体上可分"国学"和"乡学"两类。"国学"又分"大学""小学"两级；地方"乡学"又有"闾塾""州序""党庠"之别。其教育以礼、乐、射、御、书、数"六艺"为内容。西周官学制的主要功能是"选士"，史称"国学选士"。这种选士制度以奴隶主世袭制度为基础，以

"大成"为标准。所谓"大成"，按《礼记·学记》的说法是，"九年知类通达，强立而不返，谓之大成。夫然后足以化民成俗，近者悦服而远者怀之"。可见，西周大学学制九年，以国学考核和"大成"为毕业标准，以选士与育士、举士与举官为目的，形成了西周国学选士制度。这不仅极大地促进了选士制度的发展，更使学校选士制度成为中国古代教育的一种传统。也因此造成中国古代"学术官守"和"学在官府"的现象，也就是说贵族垄断了文化教育。

在中国古代教育发展史上，战国时期的稷下学宫具有突出的地位。稷下学宫始建于公元前374年。田齐桓公田午为了招揽天下有识之士，达到"有智为寡人所用"的目的，为文人们提供了丰厚的物质生活基础和民主宽松的政治氛围，吸引了一大批人才到此居住、著书讲学。首先，稷下学宫是一个政治咨询的智库。它脱胎于当时的养士制度，并始终保存着养士用士的痕迹。建立学宫的目的是为了给执政者"招致贤人"，给齐国君主服务，承担了当时齐国君主政治智囊团的重任。所以学者们大多时候本着一种务实的态度，强调"经世致用"，目的只有一个，就是为当时的君主所接受和采纳。稷下先生们受政府资助，是享有俸禄和官职的"客卿""大夫""上大夫"。如孟子和荀子都被列为卿。而且在这里，自由民主，说错说坏，政府都不追究，在这里人才独立且受到尊重。这就为学术交流、文化传播、百家争鸣创造了优越的政治环境和宽松的学术氛围。文人们也采取"不治而议论"的原则，专心致志于国策、理论和学术的探讨，对古代治国理政理论的发展起了重要的推动作用。其次，稷下学宫是一个学术交流的中心。稷下学宫有文士上千，他们相互辩论，推崇各自的思想门派，促进了学术研究的发展和思想文化的繁荣。各国的文学游士经常定期相聚于此，或是短期访问，或是聚会辩论，各家平等，言论自由，来去无阻。学宫既有固定的学者队伍，又有很多外来学者讲学，自由讲会，盛况空前。这些学术交流让这里成为战国时期中国最大的学术交流中心，对后世书院的自由讲学以及群众性学术团体产生了深远的影响。最后，稷下学宫是一个培养人才的学院。稷下学者突破传统"六经"的教学框框，破旧论立新说，从事教学活动的同时，开展丰富的科研活动，在哲学、教育、军事、逻辑等方面为后人留下丰厚的文化财富。稷下学者的教研活动将理论与实践紧密结合，肩负起培养人才、服务政治的重任。"游学"是稷下学宫独特的教学方式之一。学生可以自由来稷下寻师求学，教师也可以在稷下招生讲学，"学"与"教"两方面都有充分的自由。这使学士们开阔了眼界，打破了私学界限，思想兼容并蓄，促进了各种学说的发展和新学说的创立，大大促进了人才的培养和成长，因而成为人才教育的中心。一方面，稷下学宫的治学极具特色，言论自由、百家争鸣、来去自由、待遇优厚、兼容并包、管理规范，这些办学特色令后世叹为观止，即使当今高度发展的大学教育也难以企及；另一方面，学宫遵循尊师重教的办学指导思想，设立了规范严明的师生管理制度，规定了学生学习、生活和纪律的规则。另外，稷下学宫还开创了我国教育史上的学衔制——"博士"制，影响深远。总之，稷下学宫"集政治性与学术性于一体"，又具有大学堂、社会科学院的性质，成为战国时期学术文化的交流中心和诸子百家争鸣的重要场所，是当时最大的学术基地。它在中国教育发展史上树起了一座丰碑，形成了先秦百家争鸣的高峰，促成了中国历史第一次思想、学术、文化教育大繁荣，对后世影响深远。

两汉实行"独尊儒术"的文化教育政策，以"太学"为代表的官学迅猛发展，建立了一整套比较完善的中央和地方学校制度。董仲舒认为，"养士之大者，莫大乎太学。太学者，贤士之所关也，教化之本原也。"[①] 公元前124年，汉武帝采纳了董仲舒"兴太学，置明师，以养天下之士"的建议，开始创办太学。太学由"大学"一词衍生而来，是汉朝研究学问和传授知识的最高学府，也是国家的考试机关。汉代太学学生人数最多时达到30000多人，规模非常宏大。概括地讲，太学的特点有以下几个方面：第一，在组织管理上，太学设"五经博士"为教官，每一经为一个博士；"仆射"为博士之首，是太学的主管人员，到东汉时改称为"祭酒"。西汉采用荐举或征拜的方式选择博士，东汉则采用考试的方式来选择，还要书写"保举状"。博士升迁需经"博士三科"。太学学生称"博士弟子"。太学的一个重要特色是极为重视"师法"和"家法"，要求学生以老师的学说为准绳，且不得擅自更改门户。这虽然对维持学术稳定和统一有一定的作用，但也禁锢了学生的思维，束缚了思想文化的发展。第二，在教学内容上，主要是"诗""书""礼""易""春秋"等儒家经典，标志着以儒家经籍为教学内容

---

① 转引自孟宪承：《中国古代教育文选》，人民教育出版 1996 年版，第 140 页。

的官方教育的开始。由于太学教育的主要目标之一是推行"教化"，因而重视言志的"诗"的教学。这不仅可以提高太学学生的文化涵养，更重要的是使其在仕途生涯中可以引用诗文，发言立论，增强论说效果。"书"是中国最早的历史文献汇集，比较全面地记载了春秋前期的史料，是用来借鉴治国之道的。"礼"的内容是关于春秋前的旧礼仪，是维护统治必不可少的程序。"易"的核心内容是阴阳变化，用于指导言、动、制器和卜筮。"春秋"的目的在于"道往而知来者也"。太学生精通一经且通过考核后就能步入仕途，以书本知识为主的学习成为太学的最基本形式。太学生们以上述五种儒家经典著作为主要学习内容，建立在大一统儒家思想的架构内。由于教化的内容贯穿学习的整个过程，知识变成道德教化载体，某种程度上失去了在社会发展中应有的生命力。太学不授予学位，教学的价值取向建立在"内圣外王"的基础之上。第三，在教学方法上，以教师的讲授与学生的自学为主，"说经"、互相"问难"、讨论"经义"是重要的教学形式。但"问难"、讨论的内容是不能脱离儒家思想范围的。以儒家经典为考试内容和评判标准，使得教学过程中教师与学生只注重对儒学经典的讲解与记诵。学生将各类儒家经典烂熟于胸，成为进入官僚阶层的先决条件。这种过分注重书本知识的传授和思想定于一尊的做法，对后世产生了不良的影响。而且，在专制思想下，怀疑精神不容许存在。这种缺乏怀疑精神的学习方式使得太学的教师、学生的思维具有去逻辑性和非理性化的现象。而逻辑思维生长是从怀疑开始的，怀疑恰恰是学术创新的原动力。这一传统，使中国学术某种程度上是在缺乏怀疑精神的环境下运行的，制约了中国数千年学术进展。第四，在考核上，太学制定了一系列考试规章，考试方法有"口试""策试"（特重章句诗法）。太学博士弟子入仕考试，称作"射策"；通过考试后可以毕业，并且按照成绩授予官职。汉代太学"射策选士"在中国古代官学选士制度发展上具有极其重大的意义。它继承了周代"国学选士"的传统，又为后世形成了选士与学校教育相结合的惯例，是继"国学选士"之后又一官学选士形态。正因为太学各种制度规范，管理严格，所以学界一般视它为中国高等教育的发端，也标志着中国古代大学制度与封建官学选士制度的初步建立。太学选士，一方面为统治者培养、选拔了一些治理人才，也使政府直接控制了受教育者的政治前途。这种"学而优则仕"的选人制度，使我国古代高等教育机构长期依附于政治。由于统治者需要的是维持现有政治秩序和社会秩序的知识，从而使知识不可避免地带有守旧性和滞后性，限制了知识的更新和文化的发展。东汉末年，经学地位动摇，太学废止，代之以"鸿都门学"。"鸿都门学"创办于公元178年，在性质上属于一种研究文学艺术的专门学校，以辞赋、小说、尺牍、字画为学习内容。学生考核及格后，大多数可获得高官厚禄，官职高于太学学生。首先，"鸿都门学"的建立，意在对抗太学的经学，打破了儒学独尊的教育传统。它以社会生活所需要的诗、赋、书画作为教育内容，极大地丰富了封建官学的学科内容。这种"辞赋取士"模式对唐代科举进士科以诗赋与杂文（箴、铭、论、表）作为科考内容，产生了深刻影响。其次，"鸿都门学"是一种专门学校，作为一种办学的新形式，为后代的专门学校的发展开了先河。

东晋时，太学在很长的时期内徒有虚名。公元276年，晋武帝下诏创办"国子学"。国子学是专门为高级贵族子弟提供教育的学校，目的是将高级贵族子弟培养成为将来的统治者。自此开始，我国封建社会历朝历代都设立国子学，并且使之成为与太学并立的中央最高学府。西晋时，国子学设"博士"一人，"祭酒"一人，"助教"15人。国子学的"博士"出身于高级贵族阶层，要通过严格的考试后才能担任。南北朝时，宋国于公元438年开设"儒学馆""文学馆""玄学馆"与"史学馆"四个有单科大学性质的学馆，分别讲授儒学、词章、佛老之学与历史，并称"四学馆"。四学馆本质上是我国早期的分科专门学院，是汉朝"鸿都门学"进一步发展的产物。也为唐朝的"书学""律学""算学"等专科大学的设置开了先例。除了"四学馆"外，公元470年，宋政府还设立了"总明观"。"总明观"设"祭酒"一人、"学士"十人，分设"儒学""玄学""文学""史学"，是我国古代最早的进行社会科学研究的机构。

隋朝年代较短，但在两个方面对后世教育产生了重要影响：其一，公元606年设立"士科"选拔人才，标志着我国"科举制度"的开始；其二，隋文帝设立"祭酒"专门管理的"国子寺"，607年改为"国子监"。"国子寺"下设立"太学""国子学""四门学""书学""算学"这"五学"，"律学"属于大理寺。这标志着设置专门的教育行政长官和教育行政部门的开始，学校教育更加兴旺。

唐朝时，"科举制度"已经比较完善。参加礼部省试的科目包括"秀才""进士""明经""三传""道举""童子科"等。考试的主要内容是儒家经典，考试方法有"墨义""帖经""口试""策问""诗赋"五种。同时，唐朝还大举兴办学校，官学发展已趋完备，有专修儒经的学校、专科学校和特殊学校三大类。对各级各类学校的招生对象、入学资格、师生名额、学习内容、课程设置、修业年限、教育行政机构、教师管理、学生管理等都有详尽的规定，已经走上了制度化，形成了相当完备的教育制度。在国子监管理下，分设"太学""国子学""四门学""书学""算学""律学"这"六学"，在"门下省"设置"弘文馆"，在"东宫"设置"崇文馆"。"六学二馆"构成了唐代较为完备的教育体系。"崇文馆"和"弘文馆"是宫廷高等教育机构，兼有议政与讲学功能。"太学"还接收了日本、朝鲜等邻国派遣来的留学生，成为古代学生规模超过万人的国际寄宿学校。当然，随着科举制度的推行与发展，一方面实现了选士制度与学校教育的高度结合，另一方面，又使得唐代官学的选士功能趋于弱化。如尽管唐代官学系统中设"律""书""算""医""天文"等学，但此类官学生徒出仕，只能任"伎术官"，即所谓"伎术入流"。

宋朝的中央官学基本沿用唐朝的教育制度。除"太学""国子学""律学""算学""书学""医学"外，1043年和1104年，还分别设立了"画学"与"武学"，又增加了两种分科学校。宋朝政府还为贵族子弟设立了"宗学"。为适应社会的发展，实科教育也开始成为官学教育制度的一部分。和唐朝相似，宋初重视科举取士，虽设官学，但未受到重视。但"熙宁兴学"太学"三舍法"的创立意义重大。因为，以"三舍法"为主体的学校考试成为与科举制度并行的入仕途径，且一度曾取代科举。主要是将太学按程度分为外、内、上"三舍"，升舍考试分为"私试"（月考与季考）和"公试"（岁考）。后来"三舍法"取士虽然失去了独立的官学取士功能，但它既是学校教育与科举制度相结合的集中反映，也是以后明清两代科举与学校合为一途的前兆，在中国古代选士制度发展史上占有重要地位。

明朝倡导理学，中央设立"国学"，地方设立"县学"。国学也称为"国子监"，严格管理，制定监规，以教授"四书五经"为主，培养了大量的封建地主子弟。除了科举考试之外，出钱捐买国子监生的资格也是允许的。地方县学除了学经之外，还设立"礼""乐""射""御""书""数"等科。明代推行"教化以学校为本"与"科举必由学校"的文教政策。一方面，官学特别是地方官学空前发展，另一方面，地方府州县学完全被纳入科举轨道，地方学校与科举合流。国子监为明代国立最高学府，分南北两监；洪武年间设南京国子监，永乐年间设北京国子监。国子监分"六堂"三级："正义""崇志""广业"三堂为初级；"修道""诚心"二堂为中级；"率性"一堂为高级。学生称"监生"，按程度进入各堂肄业，然后逐级递升。升至"率性堂"，便采用积分法管理，岁内积八分者为及格，便可以直接出仕或参加科举考试。"监生"出仕任职前须经类似于现代大学毕业实习的阶段，称为"监生历事"。"历事"类别包括行政、财政、军政、司法、民政、监察、土木工程等单位部门，此为"正历"，之外还有"杂历"。"监生历事"注重职前的能力历练，把监内学习和监外实践统一起来，是中国古代选士制度发展史上的一大亮点，对当代学校教育发展亦有借鉴意义。明朝后期，科举制度得到了进一步重视，分为小考、乡试、会试与殿试四个阶段，考试的格式是八股文。随着科举地位的日趋强化，"监生出仕"渐见衰微。

清朝在京师设立"国子监"，在地方设立州学、府学、县学。国子监设"修道""率性""正义""减心""广业""崇志"六个学堂，由"司业""祭酒"负责管理。教师的级别为"学录""学正""助教""博士"。国子监的教学内容为四书、五经、性理、习字等。州、府、县学要经过入学考试，通过考试后能取得相应的身份与资格。清朝还为皇族子弟设立"觉罗官学"和"宗学"，为八旗旗民设立"八旗官学"。另外，还设置了算学、阴阳学、医学等方面的学校。清朝同样重视科举考试制度，有生员入学、乡试和会试三项主要考试，每三年一科，会试合格的学生称为"贡士"，殿试合格者称为"进士"。科举制度一直实行到清朝末年，在1905年被彻底废除。

"太学"和"国子监"作为中国古代大学，是中国封建国家的最高学府，是封建王朝培养人才的主要机构。太学和国子监在加强学校管理、办学育人、繁荣中国古代学术文化、加强中外文化交流等方面都积累了宝贵的经验，在中国和世界教育史上占有重要的地位。然而，太学和国子监的学业以"礼""乐""经""义"为主体，又具有"治术"属性，有治民术的性质。这体现为三个层次：最高层次是文章、诗赋、音乐、射御之类，这是统治阶级的"雅致"课程，是高等身份的标志，是贵胄自矜于百姓、让文盲百姓崇敬信服的资本；中间层次是礼仪、礼义、经史、性理、经济之道等，这是对百姓进行统治管理和教化的基本策略技术；最低层次是律学、书学、算学、医学、阴阳学之类，这是社会治理所需要的各类专业技术。而且，官办学校一般分为贵族专校、普通官校、专门技术官校三种，平民与贵族身份不能随意僭越。而科举制度，更是起到了钳制文化、统摄思想、巩固统治地位的作用。尽管如此，太学、国子监等官办学校对传承和传播中国文化与中华文明，对于培养后生、哺育民族、陶冶民族性情、凝聚民族精神，对于促进人类文化发展、繁荣和促进人类文明进步，都起了不可替代的桥梁、熔炉和引擎作用。

二、中国古代私学

我国古代私学在原始社会末期即已萌芽，一般包括家传和师授两种形式。但作为一种教育制度，私学是在春秋战国时期兴起的。初创时期著名的有儒家、墨家两大学派。战国中期私学兴盛，各家都立学设教，出现了百家争鸣的局面。其中影响最大的是儒家、墨家、道家、法家四家。秦代实行"以吏为师"、"以法为教"、禁办私学的文教政策。但私学以其顽强的生命力，从没消失过。

汉武帝兴办官学后，还允许私人办学，没有担任"博士"和从政机会的名儒便开门收徒讲学，私学因此繁荣起来，成为官学的重要补充。私立学校的学生有"及门弟子"和"著录弟子"两种：前者指亲自接受名儒本人的传授的学生；后者只需在名儒门下登记备案即可。就学业层次来说，私立学校可分为"蒙养教学"与"经师经学"两级，类似于今天的普通教育与高等教育之分。"蒙学"的主要教本有《三字经》《百家姓》《千字文》《千家诗》。教学内容上除了识字习字、写诗作对外，还增加了博物和历史常识。汉代的"蒙学"称作"书馆"，教师叫"书师"。"书馆"的教学分为两级：初级以识字习字为主；高级以《孝经》《论语》等的学习为主，是"经学"教育的入门阶段。"蒙学"结业后，可以参加官吏选任考试，也可以进一步攻读"经学"。私学里讲授的经学与太学里有一定差异，主要讲习古文经学，并且非常注重考试的作用，这对当时的学习风气有着积极的影响。两汉盛行"经师"讲学之风在私学门下出了不少如董仲舒、李膺等著名学者，吸引了众多学子，形成了远道寻师的"游学"之风。

两晋时期，名儒兴办的具有高等教育性质的私学比较繁荣，教学的主要内容主要是儒家经典，为统治阶级培养了大量人才。南朝时私学长盛不衰，培养了大量的儒学家、文学家、科学家和艺术家。唐宋时期，私学发达，尤其是宋朝"书院"盛行。著名讲学者有韩愈、柳宗元、张载、程颢、程颐等人。元、明、清私学继续存在，著名学者有许谦、黄宗羲、王夫之、顾炎武等人。

中国古代私人办学中，最有成效、传承时间最长的是"书院"。"书院"是我国古代与封建社会占垄断地位的官学不同的教育组织形式，也是私学文化的高级形式。作为积聚大量图书的教学活动与学术研究相结合的高等教育机构，书院以其独立、自由学术精神，对中国封建文化与士人人格塑造产生了深远影响。真正具有聚徒讲学性质的书院，起源于五代南唐的"庐山国学"。但"书院"的名称最早见于唐代，有官办和私办两类。不过这些"书院"只是官方藏书校书和私人读书治学的场所，还不是真正的教育机构，只能看作书院的雏形。宋朝书院盛行，在北宋时已发展得较为完备。著名的有"白鹿洞书院"（江西庐山）、"岳麓书院"（湖南长沙）、"应天府书院"（河南商丘）、"嵩阳书院"（河南登封）、"茅山书院"（江苏江宁）、"石鼓书院"（湖南衡阳）6大书院。南宋时书院发展到极盛时期，书院数量多、规模大，组织严密，制度严格，成为当时教育的主渠道。元代由于官方严加控制，书院数目虽多，但特色不突出。明代书院由衰而兴，影响最大的是无锡"东林书院"。从元代开始，书院逐渐走上了官学化的倾向，清代书院的官学化达到顶点，书院完全失去了独立性和自主权。

书院不仅是教育教学机关，而且是学术研究机构，还是学术交流中心。其特点和作用是：第一，强调自主办学，致力于教育的普及和社会化。书院作为一种私学教育，是与官学相区别的独立教育组织形态。其目的是"聚英才以教之，以乐吾志"。与专以官家子弟为教育对象、把教育限制在上层社会的官学不同，创办书院的士人遵循孔子"有教无类"的教育思想，"捐产以奉之，举硕学以诲之"。书院力求打破文化垄断，把教育普及民间，坚持独立学术精神。与官学教学内容的僵化与保守不同，书院虽也讲授儒家知识，但注重激励和鼓舞学子的士气与精神，以教师的言传身教提升学生的道德境界。书院蔑视传授知识只为谋取科举仕进的官学，致力于以传授学问来传播文化，强化学术研究价值，培养弘"道"学术精神。第二，实行自由讲学，坚持开放办学和学术交流。书院里师生相互选择，有较大自由度。教学方法上，以学生个人读书钻研为主。而自由讲学是书院区别于官学的主要特征。书院辩论会，以"鹅湖之会"① 著称。书院讲学，始于 1181 年，朱熹邀请陆九渊到白鹿洞书院讲《论语》"君子喻于义，小人喻于利"一章。虽然二人学术观点不同，但朱仍邀陆讲学，说明书院学术环境开放、宽容。这也促使了"讲会制"在书院的盛行。这种定期与多方联合的"讲会"，提倡争辩，百家争鸣，既丰富了教学内容，也扩大了学术影响，促进了学术交流与传播，活跃了士人的思想精神。第三，强调学术独立，促进学派联合和学术发展。各书院祭祀不同的先贤名儒和尊奉学术流派的代表人物，目的也是标榜学术独立和师承精神。历代书院亦因各种学派的传承而发展，并以各学派的学术思想为书院发展的指导思想。由于书院崇道崇教，标榜学派学风，激励后学继承发扬学术思想，这就改变了以往高深学问的探求仅靠个人努力的现象，促进了学术思潮与流派的出现和学术发展。再加上书院宽松的文化氛围和自由的学术环境，因此成为孕育、滋润与培养学术思潮的摇篮和发源地。如宋明理学家周敦颐、程颐、朱熹、陆九渊、王守仁等人的学术思想形成、著作完成、理学派别的产生和学术活动都离不开书院的教学活动与自由学术氛围。明末清初反对"空谈心性"，提倡"经世致用"实学思潮的黄宗羲、顾炎武、颜元等也都是以私学书院为活动基地的。这些优良传统和宝贵经验，已成为我国古代教育史上的一份珍贵遗产。总之，中国古代书院，不仅是古代私学发展的重要成就，而且成为连接官学精英文化与私学民俗文化的桥梁，对中华民族文化的传承和社会学术思潮的推动，对于中国文化的发展，做出了重要贡献。

① "鹅湖之会"，指南宋淳熙二年（1175 年）在信州（今江西上饶市铅山县鹅湖镇）鹅湖寺举行的一次著名的哲学辩论会。由吕祖谦邀集，意图调和朱熹和陆九渊两派争执。实质上是朱熹的客观唯心主义和陆九渊的主观唯心主义的一场争论。它是中国哲学史上一次堪称典范的学术讨论会，首开书院会讲之先河。——作者注

第二节　中国近代学位与研究生教育的诞生

有的学者认为，从中国古代文化和教育史上可以找到学位与研究生教育的迹象，而且认为"庶吉士类同现今的在读硕士研究生"，"翰林大体可视为硕士学位"；中国古代书院和明清翰林院中的"庶常馆"类似于现代研究生教育。[①] 然而事实上，中国现代学位与研究生教育同中国古代教育制度并无太大关联，主要是近代史上引进西方教育制度即所谓"西学东渐"的结果。

一、中国近代大学的建立和西方学位与研究生教育的传入

近代史上，西方学位与研究生教育传入中国是以近代大学的建立为载体的。这些近代大学多为教会大学。关于哪所学校是中国近代大学，学界和大学间有一定的分歧。[②] 对此，本文不予评价，而是按时间顺序概述一下这些学校，因为它们毕竟是近代中国建立现代意义上的大学的肇端。

16 世纪后期，澳门被葡萄牙强占，成为西方文化进入中国的最早基地。还在明朝末年，1594 年，天主教耶稣会就在澳门创办了"圣保禄学院"。它虽是一所传教士学校，但又是一所西式大学。因为在课程结构、考试方法、学校建筑、设施条件、人才培养等方面已经具备了大学性质。该学院 1762 年关闭，历时 168 年。"私立之江大学"前身是 1845 年由美国基督教北长老会创办于浙江宁波的"崇信义塾"，初为小学制度。1867 年迁至杭州，制订创设高等学校的计划，改组为"育英书院"，1914 年又改名为"之江大学"。"燕京大学"前身是 1867 年美国基督教公理会在北京创办的"潞河书院"。1912

---

① 参见周洪宇主编：《学位与研究生教育史》，高等教育出版社 2004 年版，第 259、262 页。

② 如天津大学认为，其前身北洋大学是近代中国第一所大学；北京大学则认为自己是第一所国立综合性大学。近年有学者（如胡兆量、杨林生、李向玉）论证说，1594 年天主教耶稣会在澳门创办的"圣保禄学院"才是中国第一所近代意义上的大学。又有学者认为，从大学的结构与特点来看，1879 年美国圣公会在上海创办的"圣约翰大学"才是中国第一所名实相符的"真正"大学。——作者注

年改为"华北协和大学"，1916 年与"北京汇文大学"①等校合并，改为"燕京大学"。燕京大学是近代中国规模最大、质量最好、环境最优美的大学。司徒雷登曾任校长，曾与美国哈佛大学合作成立"哈佛—燕京学社"，在国内外名声大噪。"私立圣约翰大学"是 1879 年由美国圣公会主教施雷许斯基在上海创办的"圣约翰书院"发展而来。学院改用中文上课，分"国文""神学"两部，以后又增设"医科""英文部""科学部""文理学院""医学院"等。1905 年改名为"圣约翰大学"，1913 年开设"研究院"。"私立金陵大学"是美国基督教会美以美会创办的教会大学，前身是 1888 年在南京成立的"汇文书院"。1910 年，"宏育书院"并入"汇文书院"，成立"私立金陵大学"。"私立岭南大学"前身是 1888 年美国基督教人士在广州创设的"格致书院"，1900 年迁澳门后更名"岭南学堂"。1927 年收归中国人士办理后，改名为"私立岭南大学"。以上大学均在 1952 年院系调整时合并撤销。如燕京大学的文科、理科多并入北京大学，工科并入清华大学，法科、社会学系并入北京政法学院（现中国政法大学）。燕京大学被撤销，校舍由北京大学接收。国民政府迁台后，燕京大学在香港被并入香港中文大学，金陵大学并入南京大学。

　　与这些外国主导的教会大学对应的，是由中国政府按照西方大学的模式创办的大学。"国立武汉大学"前身是 1893 年创建于武昌的"自强学堂"。1912 年改为武昌军官学校，1923 年改名为国立武昌师范大学，1924 年秋又改为国立武昌大学，1926 年秋国民革命军进抵武汉，将武汉 7 校合并为国立武昌中山大学。1928 年，又改建为国立武汉大学，设社会科学院、理工学院及文学院 3 个学院。"国立北洋大学"前身是 1895 年创校的"天津北洋西学学堂"，1896 年改名为"北洋大学堂"。它分为头等、二等学堂（即本科、预科），二等学堂四年毕业后升入头等学堂。1914 年更名为"国立北洋大学"。1951 年与津沽大学工学院、南开大学工学院等合并，成立"天津大学"，原校名撤销。"国立交通大学"前身是 1896 年在上海创立的"南洋公

---

① 汇文大学（Peking University）：1889 年由美国美以美会创办，初名"崇内怀理书院"，校长刘海澜博士（Hiram Harrison Lowry）。位于崇文门船板胡同（今汇文中学）。——作者注

学"，先设师范科，后设外语学院。1921 年与唐山工业专门学校、北京邮电学校和交通传习所合并，总称"交通大学"，1928 年又将唐山、北京、上海三校合并为交通大学。"国立浙江大学"的前身是 1897 年在杭州成立的"求是书院"，中间几经更名。1928 年改名为"国立浙江大学"，并创设文理学院。"国立北京大学"的前身是 1898 年创建的"京师大学堂"。1900 年八国联军侵占校舍，停办。1902 年恢复后设"速成科""预备科"两科，"速成科"分"仕学""师范"两馆，"预备科"分"政""艺"两科。后增设医学馆、译学馆和进士馆，同时分经、法、文、格致、农、工、商 7 科，各科下设门。1912 年京师大学堂改名为"北京大学"。到 1919 年，学校设有数学、物理、化学、地质、哲学、中文、史学、英文、法文、德文、俄文、经济、政治、法律 14 个系，是当时全国规模最大的一所高等学府。

由上可知，从中国早期大学创办的主体上来看，可分为教会大学、公立大学与私立大学。其中，教会大学是中国高等教育近代化的示范，国立大学在高等教育中起了主导作用，私立大学起了重要的辅助作用。

在西方于中国开办教会大学和中国自己按照西方近代大学的模式创办国立、私立大学的同时，西方的学位授予制度也开始同步引入中国。由于授予学位必须有学位授权，刚成立的大学一般还没有取得授权资格，所以早期教会大学大多在派遣国注册，也是出于授予学位之考虑。如上海圣约翰大学，即在美注册为"圣约翰大学"，设文理科、医科、神学科，可以授予美国大学毕业同等学位。1907 年，周诒春等人即在上海圣约翰大学获得文科学士学位；1908 年，谭以礼、刁信德、喻庆恩等获医科博士学位。后来，该校进一步规范，严格执行美国三级学位制度，即大学毕业后授予学士学位；继续攻读一到两年，通过论文答辩后，授予硕士学位；再攻读一到两年，通过更严格、更高要求的论文答辩后，授予博士学位。当然，在清末民初，除圣约翰大学授予过博士学位、上海震旦大学授予过硕士学位外，大多数教会大学只能授予学士学位，且都是由立案注册国相应的大学颁发文凭及学位证书。当时，中国学生获得学位除了在这些国内的大学获得外，到国外留学也是获得学位的一种途径。如容闳 1854 年在耶鲁大学获文学学士学位，即中国留学生国外获得学位的第一人。后来，在他的倡导下，清朝政府从 1872 年开始"官费"派遣留学生，其中很多人都获得了学位。这批获得学位并归国服务的人士，很快在政治、经济、外交、教育等领域崭露头角，使国人对学位价值的认识大大提升。

二、清政府被迫接受学位与研究生教育的举措

1898 年戊戌变法时，文化教育方面的主要诉求是开办新式学堂，废除八股文，翻译西方书籍，派人出国留学等。变法失败后，虽然一切照旧，但也极大地动摇了中国原有教育体系的根基。经过 1900 年义和团运动和八国联军侵略的打击后，清政府于 1901 年被迫重又下诏"变法"，并将教育作为切入点，开启了中国教育近代化的进程。其中，在与西方学位与研究生教育接轨方面，采取了一系列措施。

一是改制书院。自宋代以来发展起来的书院制度，到清代由官方控制，实际上变成了科举制的附庸，引起了广大士子的不满。自引入西方教育制度开办洋务学堂后，书院改制便在民间酝酿并试行。1874 年，在上海开办的"格致书院"，专门研习自然科学技术，成为近代第一所新式书院。此后陆续又有新式书院开办。戊戌变法期间，康有为上书力倡改革书院，书院改制也成为维新运动中教育改革的重要内容。1901 年新政后，清政府重申书院改制。之后，书院陆续改办为新式学堂。当时，具有高等教育性质的知名学堂包括：由杭州"求是书院"改办的"浙江大学堂"、由福州"正谊书院"改办的"福建大学堂"、由广州"广雅书院"改办的"广东大学堂"等。尽管这些学堂在教学和研究方面与现代大学还有天壤之别，但它们以中西兼学为宗旨，不以科举功名为办学目标，因而成为新式高等教育的起点。

二是废止科举制度。科举制度是历朝政府选拔官吏的基本制度，尽管从隋朝以来历史久远，但其弊端早已暴露无遗。尤其是自明代"八股"取士后，更是严重窒息了教育应有的启蒙、开化、提升功能。因此，可以说，科举不除，新学难兴。鸦片战争失败后，腐朽的封建王朝在西方工业革命的历史车轮碾压下毫无招架之力。尤其是西学传入后，人们开始认识到，靠以儒家经史为全部内容的科举教育制度不可能实现强国富民，而自然科学才是富国强兵的利器。因此，洋务学堂开始开设天文、算学、格致、化学、舆图、机器、枪炮、造船等科目。所以，清末在改制书院的同时，开始把改革指向科举制度。其一，科考内容的变更。在原来"四书五经"等科考内容的基础上，

逐步增加算学、艺科、经济科等，科考内容逐渐丰富。其二，科考方式的变更。明清以前，科考多采取"策论"取士的方式。明代以后到清代一直延续"八股取士"的考试方式。"八股取士"严重束缚了人的思维，牵制了思想。正如顾炎武所说，"八股之害，等于焚书"。戊戌变法时，光绪皇帝采纳康有为的意见，改八股为"一律改试策论"。1901 年新政后，再次明令废除八股，改试策论，八股取士制度才最终退出历史舞台。1905 年湖广总督张之洞等联名会奏《请废科举折》，光绪帝批准，于是，施行了 1300 多年的科举制终于被废止。抛弃了科举的功名后，"学历""学位"成为中国士子的追求，也为西方学位制度的建立打下了坚实的基础。

三是推行新学制和"大学院"制。我国自西周开始便基本确立了"两类两级"①的学制。清政府和西方学位与研究生教育对接具有实质意义的举措，正是新学制的建立，也就是仿照西方（包括日本）依制设学，采用"三段三类"的教育模式。这集中体现在颁布的"壬寅学制"和"癸卯学制"中。1902 年清政府颁布"壬寅学制"。该学制首次依照"三段三类"学制模式设学，即纵向分列初等、中等、高等"三段"，横向类分普通、实业、师范"三类"。各段年限的"10—4—6"，即小学 10 年，中学 4 年，大学 6 年。而且，该学制首次确定以"大学院"作为研究生教育的专门设施，大学院"不立课程"，"主研不主讲授"，旨在探讨"学问极则"。②该制是中国教育史上第一次颁布的具有法律效力的学制，彻底动摇了旧式学堂的根基，虽未真正全面付诸实施，但指导了京师大学堂和一些书院的改办，也为学位与研究生教育的开展指明了方向。

1903 年，清政府又颁布了"癸卯学制"。该制也是遵循"三段三类"模式设学，各段学习年限调整为"9—5—6（或 7）"。并增设了学前教育机构"蒙养院"，把"大学院"更名为"通儒院"。《通儒院章程》规定：通儒院学员根据其研究学术所属"学科大学"（相当于院系）进行分科，由分科大学监督管理，由该学科教员指导；学员的学习年限为 5 年，有发明的新理论、著有成书、能够制造新器物且有利用价值，才能毕业；学员研究学术，必须亲

---

① "两类"，即国学和乡学两类；"两级"，即官学又分为中央和地方两级。——作者注
② 参见舒新城编：《中国近代教育史资料》中册，人民教育出版社 1981 年版，第 545 页。

自进行实地考察；学员在院研究学满 2 年后，如果分科大学认为对研究学术没有影响，可以兼职工作或者迁居校外；学员在第五年末，可提交论著，由本分科大学监督交教员会议审核，合格者即可毕业。该章程可视为中国最早制定的有关研究生院的法规。虽然在"癸卯学制"实施中，"通儒院"并没有真正建立，但改制完善了各级各类教育的规章制度，成为首次付诸全面实施的学制系统。

四是兴办京师大学堂。1898 年戊戌变法时，光绪帝批准了由梁启超代拟的《京师大学堂章程》，同意兴办"京师大学堂"，任命管理官书局大臣孙家鼐为管学大臣，具体负责大学堂的筹办。《章程》规定，学堂功课分"普通""专门"两类；学堂组织相应分为"二班""头班"两级，即分为预科和本科。大学堂还设立"师范斋"，附设中小学。1900 年，慈禧太后下令停办京师大学堂，校舍被八国联军毁坏并占领。新政后，清廷于 1902 年任命吏部尚书张百熙为管学大臣，主持复办事宜。张百熙主张，鉴于中国实际，大学堂先设"预备科"，3 年预备科毕业后再设本科。预备科下又设"政科""艺科"两科。"政科"分经史、政治、法律、通商、理财等科；"艺科"分声、光、电、化、工、医、算等科。"预科"之外另设"速成科"，即"仕学馆"和"师范馆"。张百熙将京师大学堂原聘的外国教习一律辞退，另聘一批卓有学识且获学位者担任教职。中国教员聘请了严复、林纾等知名学者。教师质量的提升，对京师大学堂的正规办理起了至关重要的作用。复办后的京师大学堂，开始具有新型综合性大学的特点。中国的学位制度及研究生教育，至此才真正开始培育。

五是实行"给出身制"与学位制度初步接轨。科举制度废止后，清政府为了激励新式学堂发展，对毕业于新式学堂的学子的学业有一个认定和承认，实行了"奖励学堂出身制"，简称"奖励出身制"或"给出身制"，实为变通之举。"给出身制"首先在京师大学堂得以实施。1896 年，还在运筹建立京师大学堂阶段，孙家鼐就强调开办京师大学堂的要事之一即为"出身宜推广"。他认为："不宽予以出身之路，终不能鼓舞人才。"他建议学堂学子毕业后有"三途"，即三种前途：其一，"立科"，毕业时参加科举考试增加"时务"一科，通过者即为进士。其二，"派差"。科考"时务"不中的，由学堂进行考试，"仿西例奖给金牌文凭"，即发给文凭派到衙门任职。其三，"分教"。应举不中、任官不宜的，考试后"仿泰西例奖给牌凭，任为教习"，即发给文凭任教。这是为学堂毕业"给出身"的最初设计。1898年梁启超代拟《京师大学堂章程》专门规定了"学成出身例"，明确提出学堂毕业无须经过科举："由大学卒业、领有文凭者作为进士，引见授官。"[①] 这就是"奖励学堂出身制"的开始。1902年京师大学堂依照《钦定京师大学堂章程》复办，《章程》也专列"学生出身"章，规定"进士出身"获得的条件是："大学堂分科卒业生，由本学堂教习考过后，再由管学大臣复考如格，带领引见，候旨赏给进士。"[②] 这种由京师大学堂请准授予的"进士"头衔，大体相当于西方的"学士"学位，是用中国方式接轨西方学位的具体化。

"给出身制"在京师大学堂实行后，逐步成为一种定制。"癸卯学制"中便配套制定了"各学堂奖励章程"。1904年该制颁行，1905年废止了科举。该章程完全代替了科举的"给出身"。章程规定，"通儒院"毕业奖励，"……大学院毕业者，予以翰林升阶"，相当于西方的"硕士"或"博士"学位。大学堂毕业，"考试分最优等、优等、中等、下等、最下等五级。"具体而言，大学堂分科大学毕业，"考试最优等者，作为进士出身，用翰林院编修、检讨，升入通儒院"；"考列优等者，作为进士出身，用翰林院庶吉士，升入通儒院"；"考列中等者，作为进士出身，以各部主事分部尽先补用，升入通儒院"；"考列下等者，作为同进士出身，留堂补习一年，再行考试分等录用"；"考列最下等者，但给考试分数单，不留学"。[③]可见，从大学堂毕业除成绩"最下等"者外，都可获得"进士"出身，获得学位身份。其他与高等学堂（大学预科或高中性质）程度类同的毕业生，考列中等以上者，均可授予"举人"出身。与中学堂（初等性质）程度类同的毕业生，中等以上者分别奖给"拔贡""优贡""岁贡"出身。高等小学堂毕业生，分别作为"廪生""增生""附生"。

此外，清政府还给归国留学生以"奖励出身"。如1903年颁发的《约束

---

① 朱有瓛主编：《中国近代学制史料》第2辑上册，华东师范大学出版社1987年版，第660页。

② 朱有瓛主编：《中国近代学制史料》第2辑上册，华东师范大学出版社1987年版，第764页。

③ 朱有瓛主编：《中国近代学制史料》第2辑上册，华东师范大学出版社1987年版，第118—126页。

鼓励游学生章程》规定，毕业于日本文部省直辖三年制高等学堂且有优等文凭者，给予"举人"出身；毕业于大学堂有毕业文凭者，给予"进士"出身；在国立大学堂 3 年毕业有学士文凭者，给予"翰林"出身；在国立大学院 5 年毕业，得有博士文凭者，除给予"翰林"出身外，还给予"翰林升阶"。[①]1906 年颁布的《考验游学毕业生章程》规定，每年对留学生考验一次，最优等者给予"进士"出身，优、中等者给予"举人"出身。此后，考验归国留学生并"给出身"就成了一种制度。严复、詹天佑等都是由此获得"洋进士"学衔的。

由上可知，尽管清政府为了同西方学位与研究生教育接轨作了一些努力，但清末的学位制度和研究生教育制度还处于草创阶段，离现代学位与研究生教育还有很大距离。然而，这对废止科举制起了决定性的作用，而且彻底改变了中国教育制度的价值观和培养目标。更为重要的是，仿照西方近代大学设立的以"京师大学堂"为代表的各种新学堂和仿照西方的"研究院"设计的"大学院"与"通儒院"，为中国发展学位与研究生教育指明了努力方向。

三、民国时期学位与研究生教育的建立与发展

民国时期的学位与研究生教育可以划分为两个阶段：前期从 1912 年到 1927 年，为确立阶段；后期从 1927 年到 1949 年，为定型阶段。

1. 前期的主要成效

一是制定了新学制。1912 年，国民政府颁行了"壬子学制"。该制仍然遵循"三类三段"学制系统，只是把各段时间调整为"7—4—7"，并删除了"癸卯学制"规定的作为学前教育的蒙养院和作为研究生教育的通儒院。1913 年教育部又对该学制进行修改，恢复蒙养院为"蒙养园"，恢复通儒院为"大学院"。本学制称为"壬子·癸丑学制"。1922 年又颁行了"壬戌学制"，同样是"三类三段"模式，只不过把各段时间调整为"6—6—4"。该制在大学本科之上依旧设"大学院"，规定"大学院为大学毕业及具有同等程度者研究之所，年限无定"[②]。这明显是模仿美国的"研究生院制"，而且重视

---

① 参见顾明远主编：《教育大辞典》第 10 卷，上海教育出版社 1991 年版，第 35—36 页。

② 朱有瓛主编：《中国近代学制史料》第 3 辑上册，华东师范大学出版社 1990 年版，第 24 页。

职业教育，明显有美国色彩。该制对于高等教育的影响，主要表现在对于综合性大学的升格改办上，有利于大学的学术化，从而为研究生教育的施行提供了可能。

二是通过《大学令》及《大学规程》，对"大学院"进行了规划设计。1912年，教育部公布的《大学令》，对"大学院"作了如下规定："大学为研究学术之蕴奥，设大学院"；"大学院生入院之资格，为各科毕业生或试验有同等学力者"；"大学各科之修业年限三年或四年，预科三年，大学院不设年限"；"大学院生在院研究，有新发明之学理或重要之著述，经大学评议会及该生所属某科之教授会认为合格者，得遵照《学位令》授以学位"。[①]1913年，教育部又配套颁行了《大学规程》，对"大学院"作了更明确的规定："大学院为大学教授与学生极深研究之所"；"大学院不设讲座，由导师分任各类，于每学期之始提出条目，令学生分条研究，定期讲演讨论"；"大学院生自认研究完毕欲受学位者，得就其研究事项提出论文，请求院长及导师审定，由教授会议决，遵照《学位令》授以学位"；"大学院生如有新发明之学理或重要之著述，得由大学评议会议决，遵照《学位令》授以学位"。[②]可见，民国前期对学位与研究生教育的设计已相当完备，但由于种种原因，这些规章并没有很好地实施。

在民国时期的前期，大学教育获得了长足的进步，与之配套的学士学位授予制度也开始逐步定型。但是，由于研究生教育仍处于起步或试行阶段，尽管高级学位（博士）制度的设计已日渐清晰，但并无真正意义上的硕士、博士学位授予。

2. 后期的定型化

民国后期，学位与研究生教育发展到其定型阶段。1927年国民党另立南京政府后，继续推进教育体制的调整，并陆续颁布了各级各类"学校法规"和"学校规程"，使教育办理获得了立法保障。

一是通过制定相关法律，使研究生教育制度趋于定型。1929年，国民政府颁布了《大学组织法》，规定："大学得设研究院"，并重申了将"大学院"

---

① 舒新城编：《中国近代教育史资料》中册，人民教育出版社1981年版，第640—641页。

② 舒新城编：《中国近代教育史资料》中册，人民教育出版社1981年版，第658—659页。

更名为"研究院"。1934 年，教育部颁发《大学研究院暂行组织规程》，规定："研究院分文、理、法、教育、农、工、商、医各研究所……凡具备三研究所以上者，始得称研究院"；"各研究所依其本科所设各系分若干部，称某研究所某部"；"招收研究生时，以国立、省立及立案之私立大学与独立学院毕业生经公开考试及格者为限"；"各研究生研究期限暂定为至少二年"。①1948 年颁布的《大学法》将"研究院"制降格为"研究所"制，研究生教育制度得以定型。

二是通过学位授予相关法律，使三级学位制度正式定型。1935 年，国民政府颁布《学位授予法》，主要内容有："学位分学士、硕士、博士三级。但特种学科得仅设两级或一级"；"凡曾在公立或立案之私立大学或独立学院修业期满，考试合格，并经教育部复核无异者，由大学或独立学院授予学士学位"；"依本法受有学士学位，曾在公立或立案私立大学或独立学院之研究院或研究所继续研究两年以上，经该院、所考核成绩合格者，得由该院、所提出硕士学位候选人。硕士学位候选人考试合格，并经教育部复核无异者，由大学或独立学院授予硕士学位"；"依本法受有硕士学位，在前条所定研究院或研究所继续研究两年以上，经该院、所考核成绩合格，提出于教育部审查许可者，得为博士学位候选人。博士学位候选人，经博士学位评定会考试合格者，由国家授予博士学位"；"硕士学位及博士学位之候选人，均须提出研究论文"。② 本法规的颁行，标志了中国学位制度的正式建立和定型。随后又颁布了《学位分级细则》《硕士学位考试细则》。此外，还讨论并通过了《博士学位评定组织法》和《博士学位考试细则》。但因战事等原因，到 1945 年抗日战争胜利后才得以颁行，使博士的授予制度趋于健全。但博士的培养和学位的授予并未真正施行。

民国后期的三级学位制度得以正式确立，并正式开始了硕士研究生的培养。与之配套的"研究所制"及相关的研究生培养规定也趋于完善。从此，中国开始利用自己的力量培养高级学术和技术人才。博士学位尽管没来得及

①　顾明远主编：《中国教育大系·历代教育制度考》（下），湖北教育出版社 1994 年版，第 2321 页。

②　顾明远主编：《中国教育大系·历代教育制度考》（下），湖北教育出版社 1994 年版，第 2329—2330 页。

授予，但也作好了必要的法规和制度准备。所以，本期成为学位与研究生教育的正式定制期，也为新中国成立后我国学位与研究生教育的发展打下了坚实的基础。

3. 大学的学位与研究生教育实施情况

法规制定得再好，如果没有大学的实施，也等于一纸空文。要了解民国时期学位与研究生教育的发展情况，必须透过当时知名大学的办学情况来考察。

中华民国成立后，京师大学堂更名为北京大学，成为当时中国唯一的国立大学。蔡元培 1916 年接任该校校长后，进行了大刀阔斧的改革，使北京大学成为真正意义上的中国最高学府。其改革主要在以下几个方面：一是确立"研究高深学问"的办学宗旨。蔡元培要求学生"抱定宗旨"——"大学者，研究高深学问者也"。[1] 他认为，中国近代化缓慢的原因，是不敢同孔孟儒学彻底决裂，不能本着"思想自由，兼容并包"的精神致力于真正的学术。为此，必须创立规范的学术研究制度。同时他还强调，"学必借术以应用，术必以学为基本，两者并进始可。"[2] 也就是理论联系实际的原则。二是聘请"纯粹之学问家"任教。蔡元培排除一切干扰顶住压力整顿教师队伍，坚持以"学诣"作为去留标准，淘汰了一批滥竽充数者，包括外籍教师和兼职的政府官吏。接着延聘了陈独秀、李大钊、胡适、钱玄同、刘半农、周作人、李四光等一批新派知名学者来校任教，使教师队伍年轻化、具有活力并富有开拓精神。三是成立学术社团和筹创"学术演讲会"。蔡元培深受德国洪堡的思想影响，认为大学必须教学与研究并重。教学实践旨在提高学生的科研能力和独立思考精神，因此必须充分保障学术自由和学术独立。他要求，教师与学生要在发展科学的基础上互相结合，以此来营造办学所必需的学术氛围。除课堂上的讲授、实验室的演示、课余的讨论外，还由师生共组了一批有影响的学术社团。这有力地促进了正规学术研究制度的创立。同时，蔡元培还联络北京其他国立高校的校长吴家驹等，联名发起成立"学术讲演会"，由各校知名学者轮流举办学术讲演，学生自由选听，并向社会开放，以提振

---

[1] 高平叔编：《蔡元培教育论集》，湖南教育出版社 1987 年版，第 152—153 页。

[2] 高平叔编：《蔡元培全集》第 4 卷，中华书局 1984 年版，第 42 页。

学术。四是创办"北京大学研究所"。蔡元培依据《北京大学研究所总章》，于1918年秋在北京大学创设了文、理、法三科研究所。1920年，北京大学评议会通过《研究所简章》明确规定："研究所仿德、美两国大学之Seminar办法，为专攻一种知识之所"；"三年级以上学生及毕业生均得择习研究课"；"由教员指导学生研究之"。[①]1921年，北京大学又出台了《国立北京大学研究所组织大纲》，使研究生教育转向正规化迈出了重要一步。1922年1月，"北京大学研究所国学门"正式挂牌设立。同时成立"研究所国学门委员会"[②]作为领导机构。蔡元培以校长兼任该委员会委员长，委员有李大钊、胡适、钱玄同、周作人等，先后聘请王国维、陈寅恪等为导师，使中国规范的研究生教育正式起步。除进行"师徒制"的个别培养外，研究所国学门还尝试了"研究班"的培养形式。如林语堂开设"中国比较发音学"研究班等。此外，"研究所国学门"还开辟了"月讲"——每月5日定期举行学术讲演，由导师轮流报告研究所得，全校学生均可自由选听。1932年，《国立北京大学组织大纲》颁布，将"研究所"升格为"研究院"，改"国学门"为"文史部"，另增自然科学部和社会科学部。

　　其他大学在学位与研究生教育发展中也取得了突出成绩。如"北京高师"前身是1902年开设的"京师大学堂师范馆"，1923年升格为"北京师范大学"。该校创办了中国第一所心理实验室，使该校的学术水准迅速提升。1920年，北京高师"教育研究科"开班。聘请了蔡元培、胡适、美国哲学家约翰·杜威（John Dewey）、杜威夫人等国内外知名学者为教师。"清华学校"前身是1911年开办的"清华学堂"。1912年改称"清华学校"，完全依照美国模式办学。1925年始设大学部，并成立"研究院国学门"（通称国学研究院）。这样，清华学校便由留学预备部、大学部、国学研究院三部分合组，研究生教育成为其金字塔的塔尖。清华国学研究院旨在培养国学研究人才，并"以著述为毕生事业"，采用中国旧式书院与美国研究院培养模式相结合的导师制进行研究，即以自修读书为主，教师随时予以指导。王国维、梁启超、赵元任和陈寅恪，是其著名的"四大导师"。1928年，清华学校更名为国立清

①　北京大学：《北京大学研究所简章》，《北京大学日刊》（673号），1930年7月30日。

②　这类似于今天的学位委员会。——作者注

华大学。清华大学在中国研究生教育史上占有重要地位。其他还有中央大学、中山大学、武汉大学、浙江大学、四川大学、东北大学等，都对中国学位与研究生教育的发展作出了不懈努力，并取得了良好成绩。这些大学不仅通过艰辛努力使学位与研究生教育在中国生根开花，而且探索出了具有中国特色的学位与研究生培养道路，为新中国成立后的学位与研究生教育发展积累了丰富的办学经验，奠定了坚实的基础。

第三章　新中国成立后研究生教育的发展历程

新中国成立后，我国的学位与研究生教育的发展并不是一帆风顺的，经历了探索与规范、规制与扩展、改革与完善的过程，甚至在"文化大革命"中还出现了中断、停办等曲折。而不论是成功的经验，还是失误的教训，都为今天学位与研究生教育的健康发展奠定了基础，开辟了道路，提供了镜鉴。

第一节　新中国成立后到 90 年代初：探索中完善

从新中国成立到 20 世纪 90 年代初期，我国的学位与研究生教育经历了在探索中尝试构建自主的研究生教育体系、在实践中推进研究生教育制度化、规范化的过程。这是在探索中不断规范和完善的过程。这个过程又可划分为新中国成立到"文化大革命"前的探索阶段、改革开放后到 20 世纪 90 年代初的恢复与完善阶段两个时期。

一、新中国成立到"文化大革命"前：探索阶段

新中国成立初期，我国奉行"以苏为师"的对外政策，摒弃了欧美研究生教育模式，采择了苏联的研究生教育模式。在接管遗留下来的国民党和教会高等学校时进行了改造和院系调整。1959 年后，随着中苏关系恶化，中国基本上不再依靠苏联研究生教育模式，开始尝试独立自主地培养研究生。因此，研究生教育模式经历了改造、模仿向探索、规范化转轨的过程。

1950 年，高等教育部（当时名称，以下简称"教育部"）颁布的《高等学校暂行规程》规定："大学及专门学院为培养及提高师资，加强研究工作，

经中央教育部批准，得设研究部或研究所，其规程另定之。"①这里明确规定大学应当设立培养研究生的组织机构。1951 年，政务院颁布的《关于改革学制的决定》，这是中华人民共和国成立后颁布的第一个学制。新学制把"研究部"列为大学的最高层次，确立了研究生教育在整个教育系统的最高地位，并对研究生教育的培养目标、管理机构、招生条件和修业年限都作了规定，奠定了研究生教育的基本制度。同年，中国科学院、教育部联合发出《1951年暑假招收研究实习员、研究生办法》，共招收研究生 1273 名。这些，成为中国研究生教育制度的开端。

1953 年，教育部发布了《高等学校培养研究生暂行办法（草案）》，对研究生培养作出了具体规定：目的是"培养高等学校的师资和科学研究人才"；学制 2 年至 3 年；研究生的毕业标准是能讲授所学专业的 1 门至 2 门课程，并具有一定的科学研究能力。它是新中国成立后第一个有关研究生培养的法令性文件，使研究生培养工作有了法律依据，标志着新中国研究生教育基本模式的确立。

新中国成立之初，为了尽快解决高层次人才缺乏问题，我国开始试行招收"师资班研究生"和"副博士研究生"。1953 年，教育部发出了《关于选拔高中优秀教师至大学研究部学习的通知》；1954 年，人事部、教育部发出《高等师范学校培养研究生暂行办法（草案）的通知》；1956 年，教育部颁发了《1956 年高等学校招收副博士研究生暂行办法》。师资研究生，是修业年限为 2 年至 3 年的研究生，主要是为高等学校培养较高专业水平的师资。副博士研究生，是四年制研究生，是借鉴苏联而采用的一个暂用称谓，后来改称"四年制研究生"。

从新中国成立后到"文化大革命"前，曾对建立学位制度作过 3 次尝试与努力。第一次是在 1954 年至 1957 年间。中国科学院和教育部组成了 1 个专门委员会，酝酿建立符合自己国情的学位制度。中央批准了报告，并责成中国科学院和教育部提出建立学位制度的办法。1956 年 6 月，学位起草委员会拟定了《中华人民共和国学位条例（草案）》和《中华人民共和国国务院学位和学衔委员会组织条例（草案）》等，规定我国学位分为硕士和博

---

① 《中国教育年鉴（1949—1981）》，中国大百科全书出版社 1984 年版，第 777 页。

士两级。1957 年的反右运动，使两个草案没有实施。第二次是在 1961 年至
1964 年间。国务院副总理、国家科委主任聂荣臻主持，由学位、学衔和研
究生条例起草小组起草了《中华人民共和国学位授予条例（草案）》，我国的
学位称谓层次定为"博士"和"副博士"两级。明确指出高等学校和科学研
究机构受理学位申请。但由于当时"左"的思想认为学位制度属于资产阶级
法权的范畴，是非无产阶级的东西，因而被搁置。第三次是在 1966 年，这
是同国际学位制度接轨的一次尝试。周恩来总理指示教育部，对在中国学习
的外国留学生毕业时要颁发毕业证书和学位证明。1966 年，教育部拟订了
《关于授予外国留学生学位试行办法》。但由于"文化大革命"的发动，也没
能实施。尽管如此，几次努力所形成的几个草案，为 1980 年《中华人民共
和国学位条例（草案）》的制定，提供了基本框架和蓝本。

　　除了草拟和尝试建立自己的学位制度外，我国也在总结转型时期的研究
生教育经验的基础上，开始摆脱苏联的影响，尝试建立适合我国国情的研
究生教育模式，研究生教育初步走上了规范化的轨道。1961 年，国民经济
进入调整阶段。为了进行教育调整，9 月颁布了《中华人民共和国教育部直
属高等学校暂行工作条例（草案）》（简称"高教六十条"）。《条例》规定研
究生教育的培养目标，是旨在培养科学专门人才和高等学校师资；招生对象
是，高校应届毕业生及高校青年教师；学习年限为，教师进修型研究生一般
为 3 年，在职研究生一般为 5 年；培养方式是采取指导教师负责制即导师制。
研究生在导师的指导下学习课程，一半时间进行科学研究工作，科研成果写
成论文，进行答辩。《条例》的颁行，标志着中国的高等教育制度开始朝着
逐步完善的道路迈进。

　　1963 年 1 月 14 日至 21 日，教育部召开了"高等学校研究生工作会
议"，讨论了《高等学校培养研究生工作暂行条例（草案）》等，并在会后印
发、颁行。《暂行条例》对研究生培养的各个环节和要素作了详细规定。其
一，在培养目标上，除政治上的要求外，在专业（业务）素养上的要求是：
"在大学本科毕业的基础上，更巩固深入地掌握本专业的基础理论、专门知
识和基本技能，熟悉本专业主要的科学发展趋向；掌握两门外国语；具有独
立地进行科学研究工作和相应的教学工作能力。"其二，在培养机制上，实
行指导教师负责制，即"导师制"。导师同教研室共同制订研究生的培养计

划，注重课程学习和科学研究，以自学为主，参加一定的生产劳动。其三，在学习年限上，规定全日制研究生学习年限一般为3年；在职研究生学习年限一般为4年。课程学习与科学研究工作时间大体上各占二分之一，在职研究生每年可用四分之一至三分之一的时间进行学习。其四，在科学研究上，规定研究生在导师指导下，确立毕业论文选题，进行科学研究。毕业论文应该具有一定的个人创见。论文经过评阅通过后，进行答辩。答辩合格，准予毕业。其五，在管理体制上，规定实行国家统一领导和校、系分级管理相结合的管理体制。《暂行条例》还规定，"少数高等学校科学研究基础较好，具有较多的教授、副教授，经中央教育部报请国务院批准，可以试办研究院……"总之，《暂行条例》对高等学校研究生的培养目标、培养原则、培养方式及学习年限、招生工作、培养工作、领导和管理以及待遇与分配工作等都作出了明确规定，是我国研究生培养模式探索的一个里程碑，是研究生教育发展史上的一部纲领性文件，标志着我国研究生教育基本模式的确立。

此外，1964年，教育部还下发了《关于高等学校制订研究生培养方案的几项原则规定（草案)》，对研究生的培养目标、培养原则、研究生的课程学习、科学研究、教育管理都作出了详细的规定，对于确保研究生教育的学术水准起到了规范作用。

然而，由于"文化大革命"的爆发，这些草案都没有能够实施，刚刚建立起来的比较规范性的研究生教育模式被迫中断。然而，它们为改革开放初期学位制度的设立开辟了道路，为健全、发展新中国研究生培养制度奠定了基础。

二、改革开放后到20世纪90年代初：恢复与完善阶段

"文化大革命"结束后，中国教育的首要任务是对中断了十余年的教育制度予以恢复，当然也包括学位与研究生教育。1977年，教育部《关于高等学校招收研究生的意见》的出台，标志着中国研究生教育的恢复。从此，我国研究生教育不再像"文化大革命"前那样，只有文件制定却没有落到实处，而是使各项学位制度、研究生教育制度得以落实，并在落实中逐步完善，不断发展。

1980年2月12日，全国人民代表大会常务委员会讨论通过了《中华人

民共和国学位条例》。其宗旨是促进科学专门人才的成长，促进各门学科学术水平的提高和教育、科学事业的发展。《条例》规定，学位分学士、硕士、博士3级。学士学位授予标准是："高等学校本科毕业生，成绩优良，达到下述学术水平者，授予学士学位：（1）较好地掌握本门学科的基础理论、专门知识和基本技能；（2）具有从事科学研究工作或担负专门技术工作的初步能力。"硕士学位授予标准是："高等学校和科研机构的研究生，或具有研究生毕业同等学力的人员，通过硕士学位的课程考试和论文答辩，成绩合格，达到下属学术水平者，授予硕士学位：（1）在本门学科上掌握坚实的基础理论和系统的专门知识；（2）具有从事科学研究工作或独立担负专门技术工作的能力。"博士学位授予标准是："高等学校和科研机构的研究生，或具有研究生毕业同等学力的人员，通过博士学位课程考试和论文答辩，成绩合格，达到下述学术水平者，授予博士学位：（1）在本学科上掌握坚实宽广的基础理论和系统深入的专门知识；（2）具有独立从事科学研究的能力；（3）在科学或专门技术上做出了创造性的成果。"《条例》还规定了学位授予的管理方式：国务院设立学位委员会，负责领导全国的学位授予工作。学士学位，由国务院授权的高等学校授予；硕士学位、博士学位由国务院授权的高等学校和科研机构授予。对于学位授予单位以及可以授予学位的学科名单，由国务院学位委员会提出，经国务院批准后公布。《条例》还规定，对于国内外卓越的学者和社会活动家，经学位授予单位提名，国务院学位委员会批准，可授予名誉博士学位。在我国学习的外国留学生和从事研究工作的外国学者，可以申请学位，依其学术水平，授予相应学位。这样，《条例》的颁行，确立了中国三级学位制度，是中国学位与研究生教育和国际学位与研究生教育的正式接轨，也是我国学位与研究生教育走向规范化、制度化的体现。1981年5月20日，国务院又批准实施《中华人民共和国学位条例暂行实施办法》，对学士学位、硕士学位、博士学位、名誉博士学位等授予的标准和要求作出了详细的规定，还对学位评定委员会的职责作出了规定。《中华人民共和国学位条例》的颁行及其配套文件法规的制定和出台，为中国学位与研究生教育的开展和健康发展，提供了法制保证和可操作性的实施依据，标志着中国学位与研究生教育走上了法制化的健康轨道。而1985年，中央作出的《关于教育体制改革的决定》，使中国教育进入了新的发展时期。

在恢复和完善的过程中，我国的学位与研究生教育确立了统一领导下的三级学位管理体制，即"国务院—地方—授予单位"三级学位管理体系。国务院的学位管理机构构架是：国务院学位委员会，是国务院领导下的全国学位工作的领导和决策机构；国务院学位委员会学科评议组，是国务院学位委员会领导下的学术性工作组织；国务院学位委员会办公室，是国务院学位委员会的日常办事机构。地方学位管理机构方面，最早国务院学位工作领导机构在有关部委和省、自治区、直辖市也成立了办事机构，后来各省也成立了学位委员会、学科评议组和学位办。授权单位主要是指有学位授予权的高校、科研院所。其学位管理机构包括学位评定委员会、答辩委员会、学位办等。三级学位管理体制的建立，使各个职能层级和主管部门功能清晰、分工明确、运转高效，保障了博士、硕士和学士学位授予工作的正常运转与业务开展。另外，1985年7月，国家教委还下达了《关于申请试办博士后科研流动站的通知》，经博士后科研流动站管理协调委员会批准，确定在全国73个单位建立102个博士后科研流动站。其中高等学校36所，建站66个。这拓展了研究生教育的发展空间，使我国的学位与研究生教育体系更加完备、体制更加完善。

在推进我国学位与研究生教育的过程中，国务院和教育主管部门不断采取有效措施，不时出台有关政策，进一步规范了学位、研究生培养的各项工作。如1980年12月，国务院学位委员会审议通过了《中华人民共和国学位条例暂行实施办法》和《国务院学位委员会关于审定学位授予单位的原则和办法》；1981年6月，通过了《国务院学位委员会学科评议组织章程》；1982年7月，教育部颁布了《关于招收攻读博士学位研究生的暂行规定》；1983年3月，国务院学位委员会公布试行《高等学校和科研机构授予博士和硕士学位的学科、专业目录》；1985年2月，通过了《关于做好第三批博士、硕士学位授予单位审核工作的几点意见》等。在采取措施方面，其一，审核学位授予单位。1981年4月，国务院学位领导小组对高等学校和科研机构申报的博士和硕士学位授予单位及其学科、专业进行了初审。7月至8月，国务院学位委员会召开了学科评议组第一次会议，对其进行复审和评议。10月，学科评议组第三次会议讨论通过了首批博士和硕士学位授予单位名单。1981年12月，国务院学位委员会对具有首批学士学位授予权的高等学校进行了审定。这些都进一步明确了高校的学位授予权限，规范了全国的学位授予工作。其二，确定指导教师，评选重点学科。1981 年 11 月，国务院批准了首批博士学位授予单位及其学科、专业和指导教师名单，以及首批硕士学位授予单位及其学科专业名单。1987 年 8 月，国家教育委员会制定了《关于评选高等学校重点学科的暂行规定》，并在高等学校中有权授予博士学位的学科、专业点中，评选出 416 个重点学科点，进行重点建设。其三，明确名誉博士授予和来华留学生学位授予。1983 年 3 月，国务院学位委员会决定从 1983 年起开展名誉博士的授予工作。1984 年，中国政府正式批准了《亚太地区互相承认高等教育学历、文凭和学位公约》，成为正式缔约国。1988 年 9 月，国家教育委员会作出了《关于招收和培养外国来华留学研究生的暂行规定》。1989 年 2 月，国务院学位委员会颁布了《关于授予国外有关人士名誉博士学位暂行规定》，标志着中国按照国际惯例对国外有关人士依法授予名誉博士学位工作规范化的开始。1991 年国务院学位委员会印发了《关于普通高等学校授予来华留学生我国学位试行办法》，使我国的学位与研究生教育工作的国际化、正规化水平进一步提高。其四，创办研究生院。1984 年，经国务院批准，教育部决定在北京大学等 22 所具备条件的高等学校试办研究生院。1985 年 11 月，国家教委、国家计委、财政部颁布《关于高等学校招收委托培养硕士生的暂行规定》。其五，研究生招生中实行一定比例的推荐免试。1985 年，开始推荐优秀本科毕业生免试攻读硕士学位。其六，完善学位授予体系。1990 年 10 月，中国首次建立了军事学硕士学位授予体系，标志着军事学科发展到了一个新阶段。

正是由于这些措施的实施，使我国的学位与研究生教育不仅得到了很好的恢复，而且得到了迅速发展。从 1978 年至 1984 年，共招收研究生128271 人，相当于"文化大革命"前 17 年招生总和（2.5 万人）的 5 倍多。在校研究生有 278124 人，相当于"文化大革命"前在校最多年份（6100 人）的 4.5 倍多。不仅研究生招生、培养数量有了大幅度提高，研究生授予学位的质量也得到了有效保证，受到了国内外专家的好评。通过实施这些措施，初步形成了学科门类基本齐全、导师力量较强、科研基础比较扎实的研究生培养体制。中国已基本上立足于国内进行硕士生的培养，也为逐步立足于国内培养博士研究生打下了基础，并在研究生教育制度和学位授予等方面积累了较丰富的实践经验。研究生教育已成为中国高等教育的重要组成部分，为中国经济社会发展和腾飞作好了高素质专业人才储备与准备。

第二节　90年代初到2010年前后：扩展中创新

从20世纪90年代初到2010年前后，是我国学位与研究生教育不断扩大招生、培养规模，实现研究生教育大发展的阶段，也是实现研究生教育体制机制创新，在数量扩大中实现质量提升的阶段。

一、扩大招生规模和培养模式创新

20世纪80年代后，通过各种学位法规和研究生教育制度的陆续出台与实施，我国建立起了适合本国国情的学位与研究生教育体系。进入90年代，一方面开始对包括学位与研究生教育在内的整个教育体制进行了改革，以便进一步提高培养质量，完善学位制度；另一方面，在改革、调整的同时，开始学位研究生教育在规模上的扩展，也就是扩招，从而使我国的学位与研究生教育迈上了一个大台阶。本期的关键词，一是扩招，二是创新。

本阶段学位与研究生教育最主要的特点，是增加研究生招生数量，扩大培养规模，实现学位研究生教育的规模效应。经过80年代的恢复、调整、规范，我国的学位与研究生教育已经实现了正规化、规范化。90年代的主要任务就是实现学位研究生教育的规模化、效益化。1992年，国务院学位委员会、国家教委讨论了《关于学位与研究生教育改革和发展的若干意见》，并于1993年2月联合发布实施。《关于学位与研究生教育改革和发展的若干意见》规定，"九十年代研究生教育，在保证必要办学条件与质量和效益的前提下要有一个较大的发展。2000年在学研究生规模力争比1992年翻一番，其中博士生数量要有更大的发展。""学位工作和研究生教育的发展，要着力于提高研究生培养单位的规模效益、培养质量和办学水平，基本稳定现有学位授予单位数量，进一步加强研究生院的建设。"1993年2月，中共中央、国务院印发了《中国教育改革和发展纲要》，确立了教育事业发展的基本目标、战略任务和指导方针，要求继续深化教育体制改革，成为建设中国特色社会主义教育体系的纲领性文件。关于学位与研究生教育，该《纲要》强调，一要"努力扩大研究生的培养数量"；二要"完善研究生培养和学位制度。通过试点，改进硕士学位授权点和博士生导师的审核办法，同时加强质量监督和评估制度。……鼓励有实践经验的优秀在职人员采用多种形式攻读硕士、博士学位"。1995 年 11 月，国家教委发出《关于进一步改进和加强研究生工作的若干意见》，对"九五"期间研究生教育的改革与发展作了部署。《关于进一步改进和加强研究生工作的若干意见》指出，"根据综合国力的增长，以及国家经济建设、科技进步和社会发展对高层次人才的需求，研究生教育应当保持一个适当的规模和发展速度。要在 1995 年招生规模的基础上，逐年增加招生数，到 2000 年时在校研究生达到 20 万人左右。"并强调，"博士生的培养质量是我国学位与研究生教育水平的重要标志"；要"建立和完善研究生教育质量监督和评估制度，加强和改进评估工作"。可见，这些改革措施的着力点体现在两个方面：一是扩大"数量"，即通过扩招扩大研究生培养的规模，加快研究生教育发展速度；二是强调"质量"，即在扩大招生、培养规模的同时，强化培养质量监督，实行评估制度，保证研究生培养质量。这就为我国学位与研究生教育的改革指明了方向。

正是 1992 年的《关于学位与研究生教育改革和发展的若干意见》、1993 年的《纲要》和 1995 年的《关于进一步改进和加强研究生工作的若干意见》，成为本期研究生扩招的政策支撑，使我国研究生招生从 1993 年进入扩招阶段，学位与研究生教育进入扩大规模的发展阶段。当然，本阶段的扩招可以分为两个阶段，即从 1993 年到 1998 年为温和扩招阶段，从 1999 年开始进入大幅度扩招阶段。这可以从表 3–1、图 3–1 中看出：从 1978 年研究生招生 10700 人，到 1992 年招生 33711 人，增加了 23011 人，年均增长率为 8.54%。其中 1978 年到 1984 年为恢复期，1984 年招生 23580 人，比 1978 年的 10700 人多招了 12880 人，6 年内平均增长率为 14.06%；1985 年到 1992 年为巩固期，1985 年招生 39768 人，1992 年招生 33711 人，不仅没有扩招，还少招了 6057 人。而进入扩招阶段后，1993 年研究生招生 41767 人，2010 年招生 538177 人，增加了 496410 人，17 年内平均增长率为 16.22%（是 1978 年至 1992 年 8.54% 年均增长率的近两倍）。其中温和扩招阶段：1993 年招生 41767 人，1998 年招生 70106 人，增加了 28339 人，5 年内年均增长率为 10.91%；大幅扩招阶段：1999 年招生 88432 人，2010 年招生 538177 人，增加了 449745 人，11 年内年均增长率为 17.84%。可见这是一个发展非常迅速的阶段。而从表 3-2、表 3-3 中可以看出，硕士的扩招规模和速度明显高于博士。2010 年招收研究生 538177 人，是 1978 年 10700 人的 50.3 倍，表明我国的研究生招生规模实现了巨大的扩展。研究生招生数量的大幅增加，使我国研究生教育规模与速度得到了进一步的提升，缩小了与发达国家的研究生教育的差距，也基本满足了我国综合国力增长下的国家经济建设、科技进步和社会发展对高层次人才不断增长的需求。

表 3-1　1978 年—2018 年全国研究生招生人数情况统计①

年份	1978	1979	1980	1981	1982	1983	1984	1985
人数（个）	10700	8300	3600	10003	12295	15855	23580	39768
年份	1986	1987	1988	1989	1990	1991	1992	1993
人数（个）	37498	36598	34230	27999	29928	30164	33711	41767
年份	1994	1995	1996	1997	1998	1999	2000	2001
人数（个）	50488	50457	58368	61921	70106	88432	120791	162088
年份	2002	2003	2004	2005	2006	2007	2008	2009
人数（个）	200775	268925	326286	364831	397925	418612	446422	510953
年份	2010	2011	2012	2013	2014	2015	2016	2017
人数（个）	538177	560168	589673	611381	621323	645055	667064	806103
年份	2018							
人数（个）	857966							

① 1978 年至 2002 年数据，参见中华人民共和国教育部学生司：《1996—2002 年全国研究生招生统计年鉴》，北京航空航天大学出版社 2003 年版，第 686—693 页。2003 年至 2018 年数据，参见国家统计局网站公布的数据：http://data.stats.gov.cn/easyquery.htm?cn=C01。——作者注

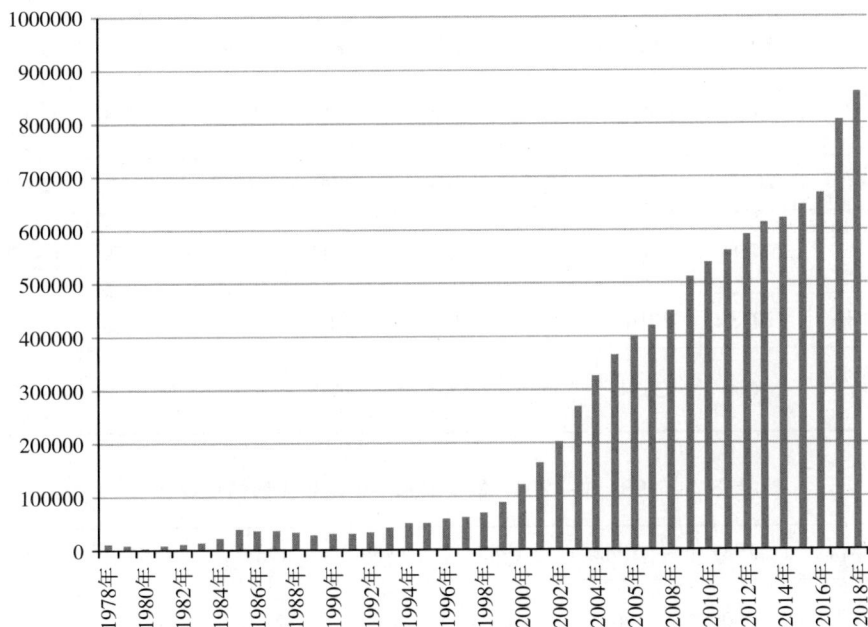

图 3-1　1978—2018 全国研究生录取情况示意图

表 3-2　1981 年—2017 年全国博士生招生人数情况统计[①]

年份	1981	1982	1983	1984	1985	1986	1987	1988
人数（个）	403	281	315	1926	2361	2678	3509	3440
年份	1989	1990	1991	1992	1993	1994	1995	1996
人数（个）	2942	3623	4632	5580	6373	9333	11021	12590

① 1978 年至 2002 年数据，参见中华人民共和国教育部学生司：《1996—2002 年全国研究生招生统计年鉴》，北京航空航天大学出版社 2003 年版，第 694—697 页。2003 年数据，参见《教育部　国家计委关于下达 2003 年全国研究生招生计划的通知》，第 6 页。2004 年至 2017 年数据，参见国家统计局网站公布的数据：http://data.stats.gov.cn/easyquery.htm?cn=C01。——作者注

续表

年份	1997	1998	1999	2000	2001	2002	2003	2004
人数（个）	12654	14932	19704	25081	32055	38077	49201	53284
年份	2005	2006	2007	2008	2009	2010	2011	2012
人数（个）	54794	55955	58022	59764	61911	63762	65559	68370
年份	2013	2014	2015	2016	2017			
人数（个）	69000	72634	74416	77252	83878			

表 3-3　1981 年—2017 年全国硕士生招生人数情况统计[①]

年份	1981	1982	1983	1984	1985	1986	1987
人数（个）	9600	12014	15540	21654	37407	34811	33090
年份	1988	1989	1990	1991	1992	1993	1994
人数（个）	30790	25057	26305	25532	28131	35394	41155
年份	1995	1996	1997	1998	1999	2000	2001
人数（个）	39436	45796	49267	55174	68728	95710	130033
年份	2002	2003	2004	2005	2006	2007	2008
人数（个）	162698	217799	273002	310037	341970	360590	386658

---

① 1978 年至 2002 年数据，参见中华人民共和国教育部学生司：《1996—2002 年全国研究生招生统计年鉴》，北京航空航天大学出版社 2003 年版，第 694—697 页。2003 年数据，参见《教育部　国家计委关于下达 2003 年全国研究生招生计划的通知》，第 6 页。2004 年至 2017 年数据，参见国家统计局网站公布的数据：http://data.stats.gov.cn/easyquery.htm?cn=C01。其中，学术型和专业型学位人数，见教育部、国家发展改革委下达的当年全国研究生招生计划。——作者注

续表

年份	2009	2010		2011		2012	
人数 (个)	449022	472000		4995230		517200	
		学术型	专业型	学术型	专业型	学术型	专业型
		361990	110010	346500	148730	329709	187491
年份		2013		2014		2015	
人数 (个)		539000		548689（计 划560000）		570639（计 划574300）	
		学术型	专业型	学术型	专业型	学术型	专业型
		321650	217350	322763	237237	322028	252272
年份		2016		2017			
人数 (个)		589812		722225			
		学术型	专业型	学术型	专业型		
		309800	280000	320000	402000		

　　本阶段的另一个重要特征，是强调"创新"，这是对培养质量提出的更高要求，也是提升我国学位与研究生教育水平的内涵深化。本期所要求的创新，包括学位与研究生教育体制的创新，也包括研究生创新能力的培养。具体规定有：2000年1月，教育部发出的《关于加强和改进研究生培养工作的几点意见》要求，"深化研究生教学和科研环节的改革，突出创新能力的培养"。"研究生教育创新计划"于2002年酝酿并提出。2003年教育部启动该计划，并列入2004年制订的《2003—2007年教育振兴行动计划》。2004年，教育部批准了北京大学、中国人民大学等31家培养单位的"研究生创新计划"立项，同意上海市学位办建设"上海研究生联合培养基地"项目计划。2005年，教育部又专门下发《关于实施研究生教育创新计划加强研究生创新能力培养进一步提高培养质量的若干意见》。该《意见》指出，"实施研究生教育创新计划的目的，是要深入探索新形势下研究生教育规律，更新观念，深化改革，推进创新，建立与社会主义市场经济体制相适应的研究生教育体制和运行机制……建立研究生科研创新激励机制，营造创新氛围，强

化创新意识、创新精神和创新能力的培养"。《意见》强调,"实施研究生教育创新计划,加强研究生创新能力培养,提高研究生培养质量,是我国研究生教育战线共同的重要任务",要"形成多层次、多类型、全方位的研究生教育创新体系",要"深入研究,建立新型培养模式"。《意见》要求,实施研究生教育创新计划,加强研究生创新能力培养,一般采取立项的方式进行,教育部对全国性的研究生教育创新计划项目进行立项并给予资助。《意见》尤其强调,要"加强博士生科研创新能力培养",为此要"资助优秀博士生科研创新",主要是建立博士生访学制度、设立"博士生学术论坛"、评选优秀学位论文等。该《意见》最后强调,"实施研究生教育创新计划,加强研究生创新能力培养,要成为今后一个时期各单位研究生教育的重要工作。"2005年,教育部创建了"中国研究生教育创新网",为研究生教育创新计划项目的实施、交流、参与提供便利的信息服务。2006年5月,教育部下发《关于加强研究生教育创新计划区域合作的意见》,要求加强区域合作,推进研究生教育创新计划的整合与资源共享。该《意见》指出,当前,我国已经成为世界上研究生教育大国,研究生教育进入了新的历史发展阶段,研究生教育必须积极适应加快建设创新型国家的战略需要,把大力培养拔尖创新人才、增强自主创新能力、全面提高研究生的培养质量和创新能力作为研究生教育改革和发展的重要任务,切实抓紧抓好。加强研究生教育创新计划区域合作,就是积极倡导各研究生培养单位以着力提高研究生创新能力为重点,发挥区域优势,在较大范围内实现研究生教育优质资源共享。各研究生培养单位间的交流与合作是研究生教育创新计划区域合作的重要内容,是优质教育资源共享的重要方式,要加强区域内研究生培养单位间的课程互选、学分互认、导师互聘、联合培养、资源共享等。12月,教育部、财政部联合下发《关于试点建设"优势学科创新平台项目"的意见》,启动"优势学科创新平台项目"。2009年3月,教育部批准了本年度"研究生教育创新计划项目"259个。通过实施"研究生教育创新计划",研究生培养取得了重要成果,主要是:(1)全国博士生学术论坛已成为品牌项目;(2)坚持并扩大研究生暑期学校;(3)研究生创新中心成为改革培养模式、推动自主创新的重要基地;(4)培养改革及课程改革取得了一批好的成果;(5)研究生国内访学促进了优质教育资源共享;(6)地方主管部门有力推动了本地区研究生教育创新计划的开展等。2010 年 9 月，国务院学位委员会、教育部批准 2010 年度"博士研究生学术新人奖"获奖者名单。北京大学等 43 所研究生培养单位评选出的 695 名博士研究生获得 2010 年度"博士研究生学术新人奖"。强调研究生培养中的创新，是对研究生教育性质的深刻揭示，也是对研究生教育规律的深刻把握。

二、规范学位制度和完善办学体系

在规范学位制度、提升研究生教育质量、完善办学体系、促进学位与研究生教育创新发展方面，这一时期采取了一系列措施。

1. 理顺学位管理关系，优化学科专业设置，推进研究生培养机制改革。第一，理顺学位管理关系方面。从 1991 年起，国务院学位委员会就先后批复同意江苏、北京等 16 个省市试行建立省级学位委员会，并于 1995 年 5 月下发了《关于加强省级学位委员会建设的几点意见》，明确了省级学位委员会的主要职责和授权范围。1995 年 2 月，国家教委颁发了《研究生学籍管理规定》；1995 年 10 月，国家教委制定了《研究生院设置暂行规定》；1996 年 1 月，国家教委批准了清华大学、北京大学等 11 所大学正式建立研究生院；1996 年 11 月，国家教委印发了《关于招收攻读硕士学位研究生管理规定及其实施细则》；1997 年 3 月，又发布了《关于加强省级人民政府对学位与研究生教育工作统筹权的意见》。这些规定的出台，有效理顺了中央和地方在研究生教育管理方面的职能权限、分工合作及相互关系，保证了我国研究生教育的顺利发展和质量提升。第二，优化学科专业设置方面。1993 年 7 月，国家教育委员会印发了《关于重点建设一批高等学校和重点学科点的若干意见》；1996 年 7 月，国务院学位委员会印发了《专业学位设置审批暂行办法》；1997 年 3 月，国务院学位委员会、国家教委颁布了修订后的《授予博士、硕士和培养研究生的学科、专业目录》；2002 年 10 月，国务院学位委员会、教育部下发了《关于做好博士学位授权一级学科范围内自主设置学科、专业工作的几点意见》，推进在博士学位授权一级学科内自主设置学科、专业的改革试点工作。2005 年 12 月，国务院学位委员会、教育部下发了《关于调整增设马克思主义理论一级学科及所属二级学科的通知》，决定在《授予博士、硕士学位和培养研究生的学科、专业目录》中增设马克思主义理论一级学科及所属二级学科。2006 年 10 月，教育部下发了《关于加强国家重点学科建设的意见》，随后又印发了《国家重点学科建设与管理暂行办法》。这些文件的出台，进一步优化了我国研究生教育的学科专业设置，完善了学科体系，推动了学位点建设，使学位与研究生教育迈上了一个新台阶。第三，推进培养机制改革方面。2005 年 8 月，教育部、国家发改委、财政部联合提请国务院批准《关于进行研究生培养机制改革试点的通知》，决定从 2006 年起在北京大学、清华大学等 9 所高校进行研究生培养机制改革的试点。2007 年，西安交通大学、哈尔滨工业大学、华中科技大学率先成为第一批试点高校。这标志着研究生培养机制改革正式启动。2009 年 9 月 4 日，教育部办公厅又下发了《关于进一步做好研究生培养机制改革试点工作的通知》，决定 2009 年改革试点范围扩大至所有中央部（委）属培养研究生的高等院校，并鼓励各省、自治区、直辖市选择所属培养研究生的高等学校进行改革试点，研究生培养机制改革全面提速。研究生培养机制改革，内容涉及落实导师资助责任制、教育成本分担、取消公费自费区别、提高助学金标准等，主要是建立以科学研究为主导的导师负责制，构建科学的研究生奖助体系，形成研究生教育质量长效保障机制和激励机制，以提高研究生培养质量，产生更多创新成果。

2. 加强学位工作制度建设，建立健全学科评估机制，强化学术道德规范。第一，学位制度建设方面。从 1998 年起，国务院学位办就启动了将《中华人民共和国学位条例》修订为《中华人民共和国学位法》的工作，并于 1998 年 7 月由国务院学位办发出《关于征求对〈中华人民共和国学位法〉（征求意见稿）意见的函》。学位立法，使我国的学位与研究生教育进入了法制化轨道，促进了研究生教育的规范化、制度化，保证了学位研究生教育的健康发展。第二，学科评估方面。1996 年 4 月，国务院学位办颁行了修订后的《国务院学位委员会学科评议组组织章程》。2000 年 1 月，教育部下发《关于加强和改进研究生培养工作的几点意见》，强调，"建立健全研究生教育的质量保证体系，确保并进一步提高研究生培养质量"，"建立健全研究生教育评估制度，不断完善质量保证体系，形成有效的激励机制。"2006 年 11 月，国务院学位办下发《关于对定期评估博士学位授权点的学位论文进行抽查的通知》，委托教育部学位与研究生教育发展中心组织专家对第八批博士学位授权点学位论文进行抽查。这些举措，实现了我国学位研究生教育从数量扩大到质量提升的迈进，实现了研究生教育理念的转换，也使我国的研究生培养质量上了一个新台阶。第三，学术道德建设方面。2002年2月，教育部印发《关于加强学术道德建设的若干意见》。2010年2月，国务院学位办下发《国务院学位委员会关于在学位授予工作中加强学术道德和学术规范建设的意见》。2012年11月，教育部又发布了《学位论文作假行为处理办法》。这些文件的出台，有力地规制了学术行为失范现象，清明了学术环境，使研究生和导师的学术道德得到明显提升。

3. 发展专业学位，加强应用型人才培养，建立多元学位制度。第一，发展专业学位方面。1996年7月，国务院学位委员会出台《专业学位设置审批暂行办法》，明确专业学位分为学士、硕士和博士三级，一般只设硕士一级，与现行的各级学位属于同一层次，名称为"××（职业领域）硕士（学士、博士）专业学位"。2000年1月，教育部下发《关于加强和改进研究生培养工作的几点意见》，要求"加大应用性人才培养的比重"，"积极发展专业学位研究生教育"，"推进专业学位研究生教育的改革与发展"。同时要求"改革研究生培养方式"，强调，"研究生培养可采取全日制和非全日制两种培养方式。应逐步将通过同等学力申请学位和在职攻读专业学位的人才培养方式纳入非全日制研究生培养方式。"2002年1月，国务院学位委员会、教育部下发《关于加强和改进专业学位教育工作的若干意见》。《意见》对发展专业学位的重要性作了详细的阐述，指出，"专业学位"或称"职业学位"，是相对于学术性学位而言的学位类型，主要培养适应社会特定职业或岗位的实际工作需要的应用型高层次专门人才。我国自1991年开始实行专业学位教育制度以来，基本形成了以硕士学位为主，博士、硕士、学士三个层次并存的专业学位教育体系，初步建立了具有中国特色的专业学位教育制度。发展专业学位教育，是我国学位与研究生教育改革和发展的需要，也是经济社会发展对研究生教育提出的要求，因此要进一步调整和优化学科结构，大力发展专业学位教育。为此，要统筹规划专业学位教育，积极、主动适应社会经济发展需要；深化专业学位教育制度改革，提高培养质量。第二，建立多元学位制度方面。1994年12月，国务院学位办发出了《关于在职人员以同等学力申请硕士学位外国语课程水平统一考试的通知》；1995年7月，国务院学位办下发了《在职人员以同等学力申请硕士学位外国语课程水平全国统一考试管理规则》；1997年9月，国务院学位委员会下发《关于调整在职人员以研究生毕业同等学力申请学位工作有关政策的通知》；1998年6月，国务院学位委员会通过了《国务院学位委员会关于授予具有研究生毕业同等学力人员硕士、博士学位的规定》等。包括1995年国家教委下发的《关于进一步改进和加强研究生工作的若干意见》、1998年国务院学位委员会通过的《国务院学位委员会关于授予具有研究生毕业同等学力人员硕士、博士学位的规定》在内的一系列文件的出台，使多渠道培养研究生的体制逐步建立：如从培养经费的来源上，可分为计划招收、委托培养和自筹经费研究生；从学习方式上，可分为全日制和在职研究生；从就业趋向上，可分为自主择业、定向培养和委托培养研究生；从培养单位上，可分为高等学校培养的研究生、科研机构培养的研究生、军队院校培养的研究生、党校系统培养的研究生；从合作培养上，可分为高校与企业联合培养、高校与科研机构联合培养、国内培养单位与国外培养单位联合培养，等等。总之，这些规定使研究生培养方式更灵活，培养渠道更畅通，培养路径更多样，对集中社会一切积极力量培养高层次人才、构建终生学习的学习型社会，发挥了重要的推动作用。

4. 支持中西部研究生教育发展，促进研究生教育布局区域协调，强化中外研究生教育合作。第一，支援西部学位教育方面。2005年，下发《教育部等五部委关于印发〈培养少数民族高层次骨干人才培养计划的实施方案〉的通知》；4月，教育部决定实施"援疆学科建设计划"，并下发《教育部关于实施"援疆学科建设计划"的通知》。2008年，下发《教育部办公厅关于下达2009年"少数民族高层次骨干人才"研究生招生计划的通知》。这对促进边境地区、少数民族地区研究生教育的发展，实现教育资源的平衡，发挥了重要作用。第二，对外合作办学方面。1996年，国务院学位办出台了《关于加强中外合作办学活动中学位授予管理的通知》；2002年4月，《中华人民共和国政府与德意志联邦共和国政府关于互相承认高等教育等值的协议》在德国柏林签署；5月，"北京大学—莫斯科大学联合研究生院"成立；2003年2月，中华人民共和国政府与大不列颠及北爱尔兰联合王国政府及托管政府签署关于相互承认高等教育学位证书的协议；2006年2月，教育部研究生司和国家留学基金委联合发出《关于积极组织推荐优秀博士研究生赴国外联合培养的通知》；2007 年 4 月，《教育部关于进一步规范中外合作办学秩序的通知》下发；2009 年，《教育部办公厅关于开展中外合作办学评估工作的通知》发出；2010 年 3 月，国务院学位委员会下发《关于授予境外人士名誉博士学位暂行规定》；等等。这对开阔我国研究生教育的国际视野，推动我国学位与研究生教育的国际化，按照国际标准规范我国研究生培养工作，提升研究生培养的质量，都具有重要意义。

此外，为了改善学位工作环境，国务院学位委员会、国家教委（教育部）还通过实施一系列的"计划"为载体，提升我国学位与研究生教育的整体水平。首先，实施"211 工程"。1993 年 1 月，国务院批转了国家教委《关于改革和积极发展普通高等教育的意见》，文件明确了实施"211 工程"的建设目标；1995 年 11 月，国家计委、国家教委、财政部联合印发了《"211 工程"总体建设规划》；1997 年 2 月，国家教委、国家计委、财政部又印发了《"211 工程"专项资金管理暂行办法》；1998 年 1 月，"211 工程"部际协调小组办公室印发《"211 工程"建设实施管理暂行办法》；2002 年 9 月，国家计委、教育部、财政部印发《关于"十五"期间加强"211 工程"项目建设的若干意见》的通知；2003 年 8 月，"211 工程"部际协调小组办公室印发《"211工程"建设实施管理办法》；2008 年 8 月，印发了《关于"211 工程"三期建设项目评审和建设等有关问题的通知》；2009 年 8 月，教育部、国家发展改革委、财政部印发了《高等教育"211 工程"三期建设规划》等。这些文件，有力地推动了"211 工程"的实施，以此为平台，学位研究生教育培养经费得到充分保障，学科建设得到总体提升，研究生培养质量得到很大提高。其次，实施"985 工程"。1999 年 1 月，教育部在《面向 21 世纪教育振兴行动计划》中提出，重点支持北京大学、清华大学等创建世界一流大学和高水平大学，并以江泽民同志在北京大学 100 周年校庆的讲话时间（1998 年 5 月）命名为"985 工程"。2004 年 3 月，为加快对"世界一流大学建设项目"的统一领导和协调，中央下发了《教育部财政部关于成立"985 工程"领导小组、工作小组及办公室的通知》；2004 年 6 月，为确保"985 工程"二期建设的顺利启动和实施，教育部、财政部又下发了《关于继续实施"985 工程"建设项目的意见》；2005 年 9 月，教育部、财政部"985 工程"办公室发出通知，决定将"高等学校学科创新引智计划"与"985 工程"建设紧密结合，把引进人才纳入"985 工程"人才建设的规划之中。这一计划的实施，使我国的研究生教育在全面提升整体质量的同时，瞄准"世界一流"和"高水平"，确立了我国研究生教育的高标准、严要求，显示了问鼎世界研究生教育顶峰的雄心。最后，实施各种"计划"。除以上"工程"外，中央有关部门还设立了科技攻关计划、"863 计划"、"火炬计划"、"星火计划"、"燎原计划"以及国家工程研究中心建设计划、国家重点工业实验计划等一系列重大科技行动计划，为研究生教育的提升提供了有效平台和政策支持，奠定了坚实的物质基础和科技支撑。

第三节　2010 年前后至今：战略性转变

2010 年前后是我国学位与研究生教育发展的一个重要节点，表现在：一是实现了从外延扩张发展向内涵式发展的战略性转变；二是实现了侧重于学术型学位发展向学术型学位与专业型学位平衡发展的战略性转变；三是实现了学位与研究生教育强调国家标准向强调"世界一流大学、一流学科"国际标准的战略性转变。

一、由外延扩张发展转向内涵式发展

如第二节中的表 3-1、图 3-1、表 3-3 所显示，尽管 2010 年以后我国的研究生招生规模继续保持持续扩张的势头，但从学位结构上可以看出，从 2010 年以后，学术型硕士招生开始逐年压缩，而专业型硕士开始迅速增加。具体说来，尽管从 2010 年硕士招生 538177 人到 2018 年招生 857966 人，每年以平均 6.0% 的增速扩招，但这一增长主要来自专业型硕士。学术型研究生不仅没有增长，反而还逐年压缩。如 2011 年学术型硕士招生 346500 人，比 2010 年的 361990 人压缩了 15490 人；2012 年招生 329709 人，比 2011 年压缩了 16791 人；2013 年招生 321650 人，比 2012 年压缩了 8059 人；2014 年招生 322763 人，只比 2013 年增加 1113 人；2015 年招生 322028 人，比 2014 年压缩了 735 人；2016 年招生 309800 人，比 2015 年压缩了 12228 人。而且，压缩的名额，全部用来招收专业型硕士。与此相对比，专业型硕士却逐年增加：2011 年专业型硕士招生 148730 人，比 2010 年的 110010 人扩招了 38720 人；2012 年招生 187491 人，比 2011 年扩招了 38761 人；2013 年招生 217350 人，比 2012 年扩招了 29859 人；2014 年招生 237237 人，比 2013 年扩招了 19887 人；2015 年招生 252272 人，比 2014 年扩招了 15035 人；2016 年招生 280000 人，比 2015 年扩招了 27728 人；2017 年招生 402000 人，比 2016 年扩招了 122000 人。从 2010 年到 2017 年，17 年间专业型硕士平均以每年 7.92% 的速度扩招。学术型学位与专业型学位的比例从 2010 年的 3.3∶1 下降为 0.8∶1，专业型硕士在全部硕士招生中的比例也从 2010 年的 23% 提高到 2017 年的 55.66%。可见，自 2010 年起，国家大力发展专业学位研究生教育，研究生招生结构得到调整优化，专业学位研究生招生比例继续扩大，专业学位类型逐步增加。因此，本阶段学位与研究生教育的主要特征，是适应经济社会发展的需求调整学位结构，实现专业型研究生与学术型研究生的平衡发展，在此基础上深化研究生教育改革，实现了我国学位与研究生教育从扩张式发展向内涵式发展的战略性转变。

2010 年 7 月 29 日，中央下发了中国进入 21 世纪之后的第一个教育规划和指导全国教育改革和发展的纲领性文件——《国家中长期教育改革和发展规划纲要（2010—2020 年）》。《纲要》以教育改革为主线，强调把育人为本作为教育工作的根本要求，把改革创新作为教育发展的强大动力，把提高质量作为教育改革发展的核心任务，创新人才培养体制、办学体制、教育管理体制，改革质量评价和考试招生制度，改革教学内容、方法、手段，建设现代学校制度。《纲要》坚持德育为先、能力为重、全面发展，要求大力推进研究生培养机制改革，着力提高学生服务国家服务人民的社会责任感、勇于探索的创新精神和善于解决问题的实践能力，不断提高研究生特别是博士生培养质量。《纲要》要求推进人才培养体制改革。一是更新人才培养观念，树立全面发展观念、人人成才观念、多样化人才观念、终生学习观念、系统培养观念。二是创新人才培养模式，注重学思结合、知行统一、因材施教，适应国家和社会发展需要，遵循教育规律和人才成长规律，探索多种培养方式，形成各类人才辈出、拔尖创新人才不断涌现的局面。三是改革教育质量评价和人才评价制度，根据培养目标和人才理念，建立科学、多样的评价标准，强化人才选拔使用中对实践能力的考查，克服单纯追求学历的倾向。《纲要》要求推进考试招生制度改革。要求强化素质教育和创新人才培养，按照有利于科学选拔人才，形成分类考试、综合评价、多元录取的考试招生制度。《纲要》充分体现了我国教育实现内涵式发展的基本要求和精神实质。为了在学位与研究生教育中贯彻《纲要》要求，实现研究生教育的内涵式发展，中央教育主管部门采取了一系列有效措施。

1. 改革研究生招生选拔制度和培养模式，切实体现内涵式发展理念。实现研究生教育内涵式发展，改革势在必行。2009 年 9 月，教育部下发《关于进一步做培养机制改革试点工作的通知》指出，自 2006 年开始，教育部就支持和推动部分高等学校开展了研究生培养机制改革的试点工作，并决定从 2009 年开始，将改革试点范围扩大至所有中央部（委）属培养研究生的高等学校。改革的根本目的在于优化结构，提高质量，选拔培养拔尖创新人才。为此，一要贯彻研究生培养的科学研究导向原则；二要充分调动研究生创新的积极性；三要大力调整研究生培养类型结构，加大应用型人才的培养力度。2013 年 3 月 29 日，教育部、国家发展改革委、财政部联合下发《关于深化研究生教育改革的意见》，要求把立德树人作为研究生教育的根本任务，坚持走内涵式发展道路，以服务需求、提高质量为主线，以分类推进培养模式改革、统筹构建质量保障体系为着力点，更加突出服务经济社会发展，更加突出创新精神和实践能力培养，更加突出科教结合和产学结合，为提高国家创新力和国际竞争力提供有力支撑，为建设人才强国和人力资源强国提供坚强保证。总体要求是：优化类型结构，建立与培养目标相适应的招生选拔制度；鼓励特色发展，构建以研究生成长成才为中心的培养机制；提升指导能力，健全以导师为第一责任人的责权机制；改革评价机制，建立以培养单位为主体的质量保证体系。《意见》明确，通过改革，实现发展方式、类型结构、培养模式和评价机制的根本转变。目标是到 2020 年，基本建成规模结构适应需要、培养模式各具特色、整体质量不断提升、拔尖创新人才不断涌现的研究生教育体系。具体说来，一是改革招生选拔制度：优化人才培养类型结构，进一步突出学科特色和优势；深化招生计划管理改革，建立研究生教育规模、结构、布局与经济社会发展相适应的动态调整机制；完善招生选拔办法，推进学术学位与专业学位硕士研究生分类考试。二是创新人才培养模式：拓展思想政治教育的有效途径，把科学道德和学风教育纳入研究生培养各环节；完善以提高创新能力为目标的学术学位研究生培养模式，促进课程学习和科学研究有机结合；建立以提升职业能力为导向的专业学位研究生培养模式，培养适应专业岗位的综合素质；建立创新激励机制，发掘研究生创新潜能。三是改革评价监督机制：改革质量评价机制，学术学位注重学术创新能力评价，专业学位注重职业胜任能力评价；完善外部质量监督体系，加强研究生教育质量评估；建立质量信息平台，健全研究生教育质量信息分析和预警机制。

2. 对学位论文定期进行抽检，切实保证学位与研究生教育的质量。2014年1月29日，国务院学位委员会、教育部下发了关于《博士硕士学位论文抽检办法》的通知。《办法》明确，学位论文抽检每年进行1次，抽检范围为上1学年度授予博士、硕士学位的论文，博士学位论文的抽检比例为10%左右，硕士学位论文的抽检比例为5%左右。《办法》规定，对连续2年均有"存在问题学位论文"，且比例较高或篇数较多的学位授予单位，进行质量约谈。在学位授权点合格评估中，将学位论文抽检结果作为重要指标，对"存在问题学位论文"比例较高或篇数较多的学位授权点，责令限期整改。经整改仍无法达到要求者，将撤销学位授权。学位论文抽检成为督促各培养单位重视研究生培养质量的一项强制措施，对保证研究生教育质量、实现内涵式发展意义重大。

3. 对学位授权点定期进行合格评估，切实做到学位授权点优胜劣汰。2014年1月29日，国务院学位委员会、教育部发出《学位授权点合格评估办法》的通知。《评估办法》明确，学位授权点合格评估是我国学位授权审核制度的重要组成部分，每6年进行一轮，获得学位授权满6年的学术学位授权点和专业学位授权点均须进行合格评估。《评估办法》规定，在随机抽评中，1/3（含1/3）至1/2（不含1/2）的参评专家认为"不合格"的属于限期整改的学位授权点，1/2（含1/2）以上的参评专家认为"不合格"的属于不合格学位授权点，对其分别作出限期整改或撤销学位授权的处理决定。撤销授权的学位授权点，5年内不得申请学位授权。学位授权点合格评估是保证研究生培养质量和研究生教育内涵式发展的又一重要法宝，是悬在研究生培养单位头上的一把达摩克利斯之剑。

4. 建立学位与研究生教育质量保证和监督体系，形成研究生教育内涵式发展的管理合力。2014年1月29日，国务院学位委员会、教育部下发了《关于加强学位与研究生教育质量保证和监督体系建设的意见》。《意见》要求推进管、办、评分离，树立科学的质量观，以研究生和导师为核心，以学位授予单位为重心，明确各质量主体职责，保证研究生教育质量，提高人才培养水平；构建以学位授予单位质量保证为基础，教育行政部门监管为引导，学术组织、行业部门和社会机构积极参与的内部质量保证和外部质量监督体系。《意见》明确，学位授予单位是研究生教育质量保证的主体，要充分发挥学位评定委员会、学术委员会等学术组织在质量保证方面的作用，开展质量评价；要建立研究生教育质量自我评估制度，组织专家定期对本单位学位授权点和研究生培养质量进行诊断式评估，不断提高研究生教育质量。《意见》强调，要加强教育行政部门对研究生培养质量监管；国务院学位委员会学科评议组要为学位授予单位实施研究生培养提供基本依据；要建立学位授权点合格评估制度和评估标准，定期开展教育质量评估；要开展博士、硕士学位论文抽检，加强学位授予管理，保证学位授予质量；要建立全国研究生教育质量信息平台，促进学位授予单位质量自律，加强质量预警，营造良好的质量环境。

5. 规范学位授予和学科目录设置管理，强化重点学科建设。2009 年 2 月，国务院学位委员会、教育部印发了《学位授予和人才培养学科目录设置与管理办法》，对研究生培养的学科设置进行规范，确定了学位授予的国家标准。9 月，教育部、财政部印发了《关于实施"特色重点学科项目"的意见》，对"特色重点学科项目"的总体思路、建设任务、建设范围、建设资金和实施与管理等方面提出了指导性意见。2010 年 6 月，教育部印发了《关于对加强建设的国家重点学科进行评估工作的通知》和《关于对试点建设的"优势学科创新平台项目"进行总结工作的通知》，建立了国家重点学科建设和过程管理、定期评估的长效机制。11 月，教育部下发《授予博士、硕士学位和培养研究生的二级学科自主设置实施细则》，进一步规范了研究生培养单位的学科自主设置，既体现了研究生培养的自主性，又坚持了国家标准的规范性。2011 年 1 月，教育部下发《关于加强建设的国家重点学科保留资格的通知》，进一步严格国家重点学科的资格标准。3 月，国务院学位委员会、教育部发布了新修订的《学位授予和人才培养学科目录（2011年）》，对已有学位授权点进行对应调整，使我国的学位授予体系更加完善。

6月，教育部、财政部印发《关于继续实施"优势学科创新平台"建设的意见》，为优势学科的建设提供了技术平台和政策、资金支持。学科设置的规范化和重点学科、优势学科建设，有力推动了我国学位与研究生教育的内涵式发展。

6.继续推进行之有效的"计划""工程"建设，筑牢研究生教育内涵式发展的平台。2010年1月，教育部、国家发展改革委、财政部3部委联合印发《关于补充高等教育"211工程"三期建设规划的通知》，补充规划的重点学科建设项目共计29项，创新人才培养和队伍建设项目共计10项。7月，出台的《国家中长期教育改革和发展规划纲要（2010—2020年)》再次强调，围绕教育改革发展战略目标，着眼于提高教育质量，以加强关键领域和薄弱环节为重点，组织实施一批重大项目；继续实施"985工程"和优势学科创新平台建设，继续实施"211工程"和启动特色重点学科项目；继续实施"研究生教育创新计划""高等学校哲学社会科学繁荣计划"和"高等学校高层次创新人才计划"。12月，教育部、财政部等又印发了《关于进一步修改完善"985工程"总体规划（2010—2020年）和改革方案的通知》，对各学校进一步修改完善改革方案提出了具体要求。2011年1月，教育部制定了《全国教育人才发展中长期规划（2010—2020年)》，要求努力培养集聚具有国际影响的学科领军人才，为此积极实施"千人计划""长江学者奖励计划""创新团队发展计划"，以及马克思主义理论研究和建设工程、"文化名家工程"、"四个一批"人才培养工程等。同时，要求大力培育青年学术英才。为此积极实施国家杰出青年科学基金、"青年千人计划"、"青年英才开发计划"、"新世纪优秀人才支持计划"、"高等学校青年骨干教师培养计划"等。6月，教育部、财政部又印发了《教育部、财政部关于同意学校"985工程"总体规划（2010—2020年）和改革方案的批复》，同意有关单位报送的方案，并对实施提出了具体要求。这些"计划""工程"成为推动学位与研究生教育实现内涵式发展、提高研究生培养质量的重要抓手。

为进一步规范和加强研究生培养管理，促进学位与研究生教育内涵式发展，保证教育质量，2019年2月26日，《教育部办公厅关于进一步规范和加强研究生培养管理的通知》又作了明确规定，要求：（1）切实落实质量保证主体责任；（2）突出立德树人根本任务和要求，严格执行培养制度；

（3）狠抓学位论文和学位授予管理；（4）切实加强导师队伍建设；（5）健全预防和处置学术不端的机制；（6）切实增强教育行政部门督导监管责任；（7）强化学位论文抽检结果使用；（8）加大评估和问题单位惩戒力度。

二、发展专业学位，优化学位布局

发展专业学位教育是经济社会发展对研究生教育提出的时代要求，也是我国学位与研究生教育发展的必然趋势，更是研究生教育内涵式发展的题中应有之义。尽管我国自 1991 年就开始实行专业学位教育制度，以后又陆续出台关于发展专业学位的文件、规定，如 1996 年 7 月，国务院学位委员会出台了《专业学位设置审批暂行办法》，2002 年 1 月，国务院学位委员会、教育部下发了《关于加强和改进专业学位教育工作的若干意见》等，但在很长的时期内专业学位研究生招生量很少，招生比例很小。制定大力发展专业学位教育的政策是从 2009 年开始的，而真正付诸实施始于 2010 年。这可以从第二节的表 3—3 中看出来。正如前面所分析，从 2010 年以后，学术型硕士招生开始逐年压缩，而专业型硕士的招生却以每年平均 7.92% 的速度不断扩张。这说明，从 2010 年开始，我国的专业学位进入了实质性大发展阶段。2017 年 1 月 17 日，教育部、国务院学位委员会下发的《学位与研究生教育发展"十三五"规划》更是明确提出，到 2020 年，"专业学位硕士招生占比达到 60% 左右"。实现专业型学位与学术型学位平衡发展，也是我国学位与研究生教育布局实现战略性转变的一个重要内容。

2009 年 3 月 19 日，教育部下发了《关于做好全日制硕士专业学位研究生培养工作的若干意见》。《意见》指出，长期以来，我国硕士研究生教育主要是培养具有独立从事科学研究或教学工作能力的教学科研人才。但随着研究生规模的不断扩大和社会需求的不断变化，硕士研究生的就业去向已更多地从教学、科研岗位转向实际工作部门。因此，必须重新审视和定位我国硕士研究生的培养目标，进一步调整和优化硕士研究生的类型结构，逐渐将硕士研究生教育从以培养学术型人才为主向以培养应用型人才为主转变，实现研究生教育在规模、质量、结构、效益等方面的协调、可持续发展。作为学位与研究生教育的重要组成部分，专业学位教育既要培养具有一定工作经历的在职人员，满足他们在职提高、在岗学习的需要，也要培养应届本科毕业生，满足他们适应社会发展、提高专业水平、增强就业竞争力的需要。因此，为更好地适应国家经济建设和社会发展对高层次应用型人才的迫切需要，积极发展具有中国特色的专业学位教育，教育部决定自 2009 年起，扩大招收以应届本科毕业生为主的全日制硕士专业学位范围。《意见》要求充分认识开展全日制硕士专业学位研究生教育的重要性，认为这是学位与研究生教育积极主动适应经济社会发展对多样化人才需求和高层次应用型专门人才的需要，是创新学位研究生教育的培养模式、实现研究生教育改革与发展的需要，也是进一步完善专业学位教育制度、增强专业学位研究生的培养能力的需要。9 月，教育部又下发《关于编制 2010 年硕士研究生招生专业目录的通知》，明确要求"各招生单位要从以往安排的学术型研究生招生计划中划出 5% 到 10% 的比例安排到专业学位研究生招生计划之中。"以后各年，都要求招收一定比例的专业学位研究生。2009 年 5 月，国务院学位办下发了《全日制硕士专业学位（分类别）研究生指导性培养方案》，对全日制硕士专业学位研究生的培养提供了指导性培养方案。

2010 年是中央主管部门密集出台关于专业学位研究生发展政策的一年，也是专业学位研究生扩招落地的一年。4 月 26 日，教育部下发的《关于开展研究生专业学位教育综合改革试点工作的通知》指出，要进一步推进研究生教育改革与发展，鼓励专业学位研究生培养单位积极探索和创新符合专业学位教育特点、具有鲜明特色的研究生专业学位教育培养模式和管理体制，促进研究生专业学位教育更好地适应经济社会发展和满足人民群众的多样化需要，并逐步健全具有中国特色的研究生专业学位教育制度。基本精神是要在研究生专业学位教育培养模式创新和管理体制改革方面实现较大突破，重点在硕士专业学位研究生教育的招生结构调整、与行业和企业共建合作、教学科研考核与评价机制、奖助贷体系建立、教育管理机构完善等方面有突破性的改革。10 月 13 日，教育部又下发了《关于批准有关高等学校开展专业学位研究生教育综合改革试点工作的通知》，使专业学位研究生教育改革稳步推开。9 月 18 日，国务院学位委员会下达了《关于印发〈硕士、博士专业学位研究生教育发展总体方案〉、〈硕士、博士专业学位设置与授权审核办法〉的通知》，对专业硕士和专业博士的发展提供了进一步的政策支持。《总体方案》确定的专业学位研究生教育发展的近期目标和中期目标是：到 2015

年，实现硕士研究生教育从以培养学术型人才为主向以培养应用型人才为主的战略性转变，硕士层次的专业学位类别增加一倍左右；稳步发展博士层次专业学位教育，本着"成熟一个、发展一个"的精神，深入论证，有序推进；到 2020 年，实现我国研究生教育从以培养学术型人才为主转变为学术型人才和应用型人才培养并重，专业学位教育体系基本完善，研究生教育结构和布局进一步优化。为了实现这个目标，《方案》提出了 5 点要求：一要积极引导、鼓励行业、企业及社会力量支持、参与专业学位教育；二要从改革招生计划分配方式和改革入学考试方式两方面入手，加大专业学位研究生人才选拔改革力度；三要加快完善专业学位设置与授权审核制度；四要大力推进专业学位教育与职业资格考试的衔接；五要建立健全硕士、博士专业学位教育宏观管理与质量保障体系。对专业学位培养方面的要求是：一要转变办学观念，建立专业学位研究生教育办学新模式；二要构建"双师型"的师资队伍，大力引进既有理论水平又有实践经验的优秀人才从事专业学位教育工作；三要探索专业学位研究生教育管理新机制。《总体方案》和《审核办法》的制定，明确了我国硕士、博士专业学位研究生教育的发展方向，对进一步优化研究生教育结构和布局、推动研究生教育战略性转变具有重大意义。

2013 年，是又一个密集出台专业学位政策、实现研究生教育战略转变的年份。3 月 29 日，《教育部、国家发展改革委、财政部关于深化研究生教育改革的意见》明确提出，要积极发展硕士专业学位研究生教育，稳步发展博士专业学位研究生教育；推进学术学位与专业学位硕士研究生分类考试；完善专业学位研究生考试办法；建立以提升职业能力为导向的专业学位研究生培养模式。9 月 30 日，国务院学位委员会、教育部、国家发展改革委又联合下发了《关于进一步加强在职人员攻读硕士专业学位和授予同等学力人员硕士、博士学位管理工作的意见》，对在职攻读专业学位进行进一步规范。11 月 4 日，教育部、人力资源社会保障部下发的《关于深入推进专业学位研究生培养模式改革的意见》指出，以职业需求为导向，以实践能力培养为重点，以产学结合为途径，建立与经济社会发展相适应、具有中国特色的专业学位研究生培养模式。为此，一要改革招生制度。要积极推进专业学位与学术学位硕士研究生分类考试、分类招生。二要完善培养方案。专业学位研究生的培养目标是掌握某一特定职业领域相关理论知识、具有较强解决实际问题的能力、能够承担专业技术或管理工作、具有良好职业素养的高层次应用型专门人才。三要改进课程教学。要突出课程实用性和综合性，增强理论与实际的联系；要完善课程教学评价标准，转变课程考核方式，着重考察研究生运用所学基本知识和技能解决实际问题的能力与水平。四要加强实践基地建设。要建立稳定的专业学位研究生培养实践基地，明确研究生实践内容和要求，加强实践考核评价，保证实践质量，注重在实践中培养研究生解决实际问题的意识和能力。五要强化学位论文应用导向。专业学位论文应反映研究生综合运用知识技能解决实际问题的能力和水平。六要推进与职业资格衔接。推进专业学位研究生培养内容与特定职业人才工作实际有效衔接，推进专业学位授予与获得相应职业资格有效衔接。11月18日，国务院学位委员会又下发了《关于开展增列硕士专业学位授权点审核工作的通知》。这些文件的下发和提供的政策支持，有力地促进了专业学位研究生教育的发展，有效地实现了我国学位与研究生教育的合理布局和平衡发展，实现了研究生教育培养模式和培育目标的战略性转变。

三、以建设世界一流大学、一流学科为契机，打造国际一流研究生培养基地

自2010年以来，我国学位与研究生教育实现战略性转变的又一个重要表现，是提出了"建设世界一流大学和一流学科"和打造"国际一流研究生培养基地"的重要目标，实现了我国研究生教育从强调国家标准向强调国际标准的重大转变。

2010年7月29日发布的《国家中长期教育改革和发展规划纲要(2010—2020年)》明确提出，要"加快建设一流大学和一流学科"。要求以重点学科建设为基础，继续实施"985工程"和优势学科创新平台建设，继续实施"211工程"和启动特色重点学科项目。改进管理模式，引入竞争机制，实行绩效评估，进行动态管理。鼓励学校优势学科面向世界，支持参与和设立国际学术合作组织、国际科学计划，支持与境外高水平教育、科研机构建立联合研发基地。加快创建世界一流大学和高水平大学的步伐，培养一批拔尖创新人才，形成一批世界一流学科，产生一批国际领先的原创性成果，为提升我国综合国力贡献力量。"双一流"目标的提出，进一步开阔了我国学位

与研究生教育的国际视野。

2015 年 10 月 24 日，国务院下发了关于《统筹推进世界一流大学和一流学科建设总体方案》的通知。《方案》指出，建设世界一流大学和一流学科，是党中央、国务院作出的重大战略决策，对于提升我国教育发展水平、增强国家核心竞争力、奠定长远发展基础具有十分重要的意义。《方案》强调要坚持以中国特色、世界一流为核心，以立德树人为根本，以支撑创新驱动发展战略、服务经济社会发展为导向，加快建成一批世界一流大学和一流学科，提升我国高等教育综合实力和国际竞争力，为实现"两个一百年"奋斗目标和中华民族伟大复兴的中国梦提供有力支撑。为此，要积极探索中国特色的世界一流大学和一流学科建设之路，努力成为世界高等教育改革发展的参与者和推动者。建设"双一流"的"基本原则"是：坚持以一流为目标，以学科为基础，以绩效为杠杆，以改革为动力，引导和支持具备一定实力的高水平大学和高水平学科瞄准世界一流，汇聚优质资源，培养一流人才，产出一流成果，加快走向世界一流，构建完善中国特色的世界一流大学和一流学科评价体系。"总体目标"是：到 2020 年，若干所大学和一批学科进入世界一流行列，若干学科进入世界一流学科前列；到 2030 年，更多的大学和学科进入世界一流行列，若干所大学进入世界一流大学前列，一批学科进入世界一流学科前列，高等教育整体实力显著提升；到本世纪中叶，一流大学和一流学科的数量和实力进入世界前列，基本建成高等教育强国。"建设任务"是：建设一流师资队伍；培养拔尖创新人才；提升科学研究水平；传承创新优秀文化；着力推进成果转化。"改革任务"是：加强和改进党对高校的领导；完善内部治理结构；实现关键环节突破；构建社会参与机制；推进国际交流合作。《方案》规定，要面向经济社会发展需要，立足高等教育发展现状，对世界一流大学和一流学科建设加强总体规划，鼓励和支持不同类型的高水平大学和学科差别化发展，加快进入世界一流行列或前列。每 5 年 1 个周期，2016 年开始新一轮建设。《方案》要求：拥有多个国内领先、国际前沿高水平学科的大学，要在多领域建设一流学科，形成一批相互支撑、协同发展的一流学科，全面提升综合实力和国际竞争力，进入世界一流大学行列或前列；拥有若干处于国内前列、在国际同类院校中居于优势地位的高水平学科的大学，要围绕主干学科，强化办学特色，建设若干一流学科，扩大国际影响力，带动学校进入世界同类高校前列；拥有某一高水平学科的大学，要突出学科优势，提升学科水平，进入该学科领域世界一流行列或前列。《方案》提出的"双一流"目标既指明了我国学位与研究生教育发展的方向，也确立了我国研究生教育发展的国际标准。

2017 年 1 月 17 日，教育部、国务院学位委员会下发了《关于印发〈学位与研究生教育发展"十三五"规划〉的通知》。《规划》明确，要"统筹建设世界一流大学和一流学科，若干所大学和一批学科进入世界一流行列，若干学科进入世界一流学科前列。建成一批中国特色、国际一流的研究生培养基地"。为此，要全面推进内涵式发展，全面深化研究生教育综合改革，更加突出培养模式转变，更加突出体制机制创新，更加突出结构调整优化，更加突出调动各方资源参与研究生教育的积极性，更加突出对外开放，统筹推进世界一流大学和一流学科建设，为建设创新型国家和人力资本强国、全面建成小康社会发挥关键支撑作用。为了落实"双一流"建设要求，"建成一批中国特色、国际一流的研究生培养基地"，《规划》确定了明确的发展改革任务，即主动适应需求，动态调整优化结构；改革培养模式，提升创新和实践能力；健全质量评价，完善监督保障体系；扩大国际合作，提升国际影响力；统筹推进"双一流"建设，提升研究生教育整体实力；拓展育人途径，推动培养单位体制机制创新。《"十三五"规划》把"建成一批中国特色、国际一流的研究生培养基地"确定为"双一流"建设的核心内容，既确立了我国学位与研究生教育发展的高标准，也为研究生教育的发展奠定了更高的平台。

为了落实国务院《统筹推进世界一流大学和一流学科建设总体方案》和《学位与研究生教育发展"十三五"规划》要求，把"双一流"建设和"国际一流研究生培养基地"建设落到实处，2017 年 1 月 24 日，教育部、财政部、国家发展改革委下发了《关于印发了〈统筹推进世界一流大学和一流学科建设实施办法（暂行）〉的通知》。《办法》规定，按照"一流大学"和"一流学科"两类布局建设高校，坚持以学科为基础，支持建设 100 个左右学科，着力打造学科领域高峰。2017 年 9 月 20 日，教育部、财政部、国家发展改革委又联合下发了《关于公布世界一流大学和一流学科建设高校及建设学科名单的通知》，对世界一流大学和一流学科建设高校及建设学科名单予以确认。2018 年 8 月 8 日，教育部、财政部、国家发展改革委又下发了《关于高等学校加快"双一流"建设的指导意见》的通知，要求坚持"特色一流、内涵式发展、改革驱动、高校主体"的基本原则，全面深化改革，探索一流大学建设之路，强化内涵建设，打造一流学科高峰，加强协同，形成"双一流"建设合力。这些文件的下发及政策出台，保证了"双一流"建设的落地，也为"国际一流研究生培养基地"的建设创造了有利条件。

本阶段学位与研究生教育以强化研究生教育改革为抓手，以调整学位布局为内容，以实现研究生教育内涵式发展为牵引，以创建国际一流研究生培养基地为目标，切实实现了我国学位与研究生教育的 4 个战略性转变：一是发展方式转变，即从注重规模发展切实转变为注重质量提升；二是类型结构转变，即从以学术学位为主切实转变为学术学位与专业学位协调发展；三是培养模式转变，即从注重知识学习切实转变为知识学习和能力培养并重；四是质量评价转变，即从注重在学培养质量切实转变为在学培养质量与职业发展质量并重。相应地，在招生选拔制度、创新人才培养模式、健全导师权责机制、改革评价监督机制、深化国际交流合作、完善投入机制等方面都采取了一系列措施，使研究生教育综合改革不断得到深化，研究生培养质量明显得到提高，学位与研究生教育切实实现了内涵式发展和战略性转变。

总之，新中国成立 70 年来，我国的学位与研究生教育从无到有，从弱到强，从数量上扩张到内涵式发展，从国家标准到国际标杆，一步一个脚印走来，步履坚实，成果丰硕。"总体上看，各研究生培养单位质量保证和监督体系不断完善，培养机制、质量监督保障制度建设取得了很大进展，形成了国务院学位委员会、省级学位委员会、学位授予单位三级质量管理保障体制，构建了研究生培养单位质量保证为基础，教育行政部门监管为引导，学术组织、行业部门与社会机构积极参与的内部质量保证和外部质量监督体系。人才培养规模稳步提升、结构不断优化，形成了学术型与应用型人才并重的培养格局，培养了大批服务于国家和地方经济社会发展、科学技术进步、文化传承创新的优秀人才，国际影响不断扩大。"[①]我国的学

[①] 《教育部办公厅关于进一步规范和加强研究生培养管理的通知》（教研厅〔2019〕1 号），2019 年 2 月 26 日。

位与研究生教育的巨大发展，不仅很好地支撑了我国经济社会的跨越式发展，而且对国民文化水平的提升和科学素质的培育、对民族综合素质的提高发挥了根本作用，为到 21 世纪中叶建成富强民主文明和谐美丽的社会主义现代化强国、实现中华民族伟大复兴提供了强大的智力支持和高精尖的人才保证。

第二篇　研究生学术训练

第四章　学术规范训练

经过历代思想家、理论家的长期探索和积淀，科学研究和学术活动逐步成为一种规范、严谨的科学活动，有着自己特有的准则和操守，也就是学术规范。

学术规范是保障学术研究活动有序开展、被学术界公认的行为操守，包括行为准则、规则、制度，也包括约定俗成的价值取向、道德规范、伦理准则，和普遍采用的研究方法、理论框架、概念范畴体系等。广义的"学术规范"包括"学术道德规范""学术技术规范"，也包括"学科规范""学术评价规范"。狭义的"学术规范"仅指与"学术道德规范"并列的"学术技术规范"。教育部2004年出台的被称为规范整个学术共同体学术行为的第一部"学术宪章"的《高等学校哲学社会科学研究学术规范（试行）》，就是在狭义上使用"学术规范"范畴的。它把"学术规范"区分为学术引文规范、学术成果规范、学术评价规范和学术批评规范，因此是从与"道德规范"相对应的"技术规范"上使用"学术规范"的。

本书是在广义上使用"学术规范"概念的。但因主要研究研究生学术训练问题，所以只讨论"学术道德规范"和"学术技术规范"，不涉及"学科规范""学术评价规范"等。不论是学术技术规范还是学术道德规范，都是需要长期的学术训练才能形成的，也是研究生学术训练的重要内容。

第一节　学术道德规范

学术活动是创造精神财富的活动，同时，学术活动又是在社会中进行的，涉及学术活动中的人与人关系问题，即学术道德关系问题。学术道德是调节学术活动和学术关系的基本规范，也是从事学术活动理应遵循的学术伦理和道德戒律。它对学术生态的净化、学术活动的正常开展和学术的发展，都具有重要的规制作用。研究生作为进入学术王国的新生代，在从事学术事业之初就树立起良好的学术道德，对个人学术成长、对学术生态的健康清明，都至关重要。因此，学术道德规范是研究生学术训练的前阶和基石。

一、学术道德规范的内容

恩格斯指出："每一个阶级，甚至每一个行业，都各有各的道德"。[①] 从事学术活动的学者也必须遵守学术道德规则。正如教育部《关于树立社会主义荣誉观，进一步加强学术道德建设的意见》所指出的，学术道德是和学风、校风紧密结合、相辅相成的。学术道德规范对保证正常学术秩序和学术事业健康发展，保证科学研究的严肃性和社会公信力，都具有极其重要的作用，也是整个社会风气和民族精神状态的重要方面。

对于学术道德规范的内容，不同的学者有不同的理解。根据马克思主义的道德理论，只有符合社会发展规律和最广大人民群众利益的道德原则和规范才是判断行为善恶的客观的、科学的标准。美国著名社会学家罗伯特·默顿（Robert King Merton）认为，学术道德规范应体现"普遍主义、公有主义、不谋私利精神和有条件的怀疑精神"，"无私利性要求科学家最好地为科学而作研究，进行创新，而不是为自己；有组织的怀疑主义要求科学家的工作受到仔细的评价与考究；普遍性要求这种评价与考究与贡献者的社会归属无涉；公有主义要求科学家公开其发现，其他人运用这些发现需要鸣谢继承人即发现优先权的荣誉。"[②] 美国著名教育家克拉克·克尔（Clark kerr）教授则认为，学者在研究过程中应遵循的基本学术道德规则是：仔细地收集和使用证据；仔细地使用他人的思想和成果；对于未经充分证明的事情应持怀疑态度；虚心对待可供选择的解释；学术争论主要靠说服而不是压制；对他人学术绩效的评价仅凭其学术价值；在科学研究活动中以小心谨慎的态度对待人与动物；除非决策已经考虑到全部的可能性，对政策引发的行动以及行动的可能反应均应详细地研究，要避免提出政策的制

---

① 《马克思恩格斯全集》第 28 卷，人民出版社 2018 年版，第 348 页。

② 转引自张华夏：《现代科学与伦理世界》，湖南出版社 1999 年版，第 196 页。

定与运用；把建立在政治观与道德观基础上的个人评价与证据的提出和分析分离开来；遵循"公正分担"原则，要以自己的行动回报自己从大学获得的发展的机会和利益；拒绝利用自己发现和传播知识的地位与方便，谋求与学术活动无关的金钱或政治利益；忠实履行教育、指导、评价学生的学术义务，且不得以任何方式剥削他们；承担帮助、指导学术同事（尤其是年轻同事）的义务。[①] 而美国高等教育学者约翰·S. 布鲁贝克（John S. Brubacher）则把学术道德责任概括为：献身自己的学科领域是最重要的，它要求理智上的彻底性和精细的正确性；要承担把发现公之于众的责任；不应推卸对研究所产生的意外的不良社会后果的责任；要负责地行使学术自由；在学者教授的个人利益与学生或学校的利益发生冲突时，学生和大学的利益高于个人利益；为了维护自身的利益在采取制裁和惩罚措施时，要遵守职业道德准则等。[②]

尽管学者们对学术道德的理解仁者见仁、智者见智，但总体来讲，学术道德规范应包括如下基本内容。

1. 勤于探索、勇于创新的学术境界。学术道德首先表现为开拓精神，要有为人类前途大胆探索、不断创新的进取品质。正如马克思所指出的："在科学上没有平坦的大道，只有不畏劳苦沿着陡峭山路攀登的人，才有希望达到光辉的顶点。"[③] 学术活动是一项极其艰苦的创造性工作，哪怕一个小小的进步，都要付出艰辛的努力。这是因为，在学术研究中，无论是问题的提出还是问题的解决，都需要反复钻研、反复求证、反复斟酌、反复推敲。因此，没有辛勤劳动的品格、自强不息的精神、一丝不苟的韧劲、精益求精的执着，是不可能取得成功的。同时，学术活动又是探索性的活动，也就是要对未知世界、未知领域进行开创性的探索，在探索中不断发现新现象、揭示新规律、提出新理论、提炼新方法。学术活动的探索性决定了它的创造性。学术的生命在于创新，学术的本质在于创新，学术的价值也在于创新。进行

---

① 参见［美］克拉克·克尔：《高等教育不能回避历史——21 世纪的问题》，王承绪译，浙江教育出版社 2001 年版，第 169 页。

② 参见［美］约翰·S. 布鲁贝克：《高等教育学哲学》，王承绪等译，浙江教育出版社 2002 年版。

③ 《马克思恩格斯全集》第 43 卷，人民出版社 2016 年版，第 13 页。

学术活动，一方面要在改变旧世界、创造新世界中不断地获得新发明、呈现新发现、总结新理论；另一方面又要对已有的认识进行新修正、对已有的理论实现新发展、对已有的方法作出新改进，即以新的论据、新的材料、新的结论、新的论点、新的视角、新的论证方法，对前人的研究成果和思想理论进行质疑或更正、坚持与发展，从而推进学术创新、社会发展、文明进步。因此，勤于探索、勇于创新，是学术大德。

2. 实事求是、坚持真理的科学精神。学术活动是探求真理的科学活动，对真理的坚守，是最高学术道德原则。客观世界是不以人的意志为转移的，它按照自身的发生规律，遵循自己的实践逻辑，呈现自己的运行轨迹。通过科学研究，探究客观事物的内在规律，认识、利用其为人类服务，只能尊重这些规律，而不能无视、改变、消灭这些规律。由此决定了学术是实实在在的学问，学术研究需要实事求是的精神和严格的科学态度，才能探索规律、发现真理。学术活动是发现真理的过程，又是坚持真理的过程。发现真理难，坚持真理更难。发现真理难，是因为客观规律深藏于事物背后，需要进行深入、艰辛、长期的探索才能发现。这是人与客观世界的交互活动。坚持真理更难，主要因为这是人与人之间的交互运动，涉及人们的认识水平的差异，特别是利益关系的冲突。历史上许多重大的学术成果、思想理论一开始并不为大多数人所接受，相反或因人们受传统习惯、认识水平等的限制而被怀疑、反对、攻击，或受到传统势力、反动势力、既得利益集团的阻挠、反对、压制。在这种情况下，如果没有科学精神和坚持真理的勇气，没有维护学术尊严的道德责任感、正义感，没有忠于真理的诚实品格和坚持真理的道德意志，费尽千辛万苦得来的学术成果也会付诸东流。这不仅是个人的不幸，也是人类文明的损失。此外，坚持真理还意味着敢于修正错误。这不仅表现在敢于修正前人甚至学术权威的错误，而且表现在修正自己理论的不足。前者不易，后者更难。学术进步、真理发展就是不断修正错误的过程，没有修正错误就没有学术进步。阿尔伯特·爱因斯坦（Albert Einstein）取得巨大成功的秘密就在于：毫不疲倦的"坚持性"和随时准备抛弃为之花费了许多时间和劳动的任何东西。所以，敢于改正错误不仅是坚持真理的科学精神，更是忠于学术的高尚道德品质。正如英国科学家利斯特（Joseph Lister）所指出的，"我能想象到的人的最高尚的行为，除了传播真理外，就是公开放弃错误。"①

3. 献身科学、造福社会的学术担当。学术活动的本质和目的是服务社会、造福人类、改善人们的生活、实现社会进步。由此决定了从事学术研究的活动和从事学术研究的人，必须以增益社会公益为目的，敢于担当，甘于奉献。正如德国哲学家 J.G. 费希特所指出的："学者的使命主要是为社会服务，因为他是学者，所以他比任何一个阶层都更能真正通过社会而存在，为社会而存在。"② 其一，造福社会、献身科学需要有坚忍不拔的学术精神。科学史上的任何一个重大突破、任何一项思想理论的问世，都是科研工作者呕心沥血的结果。没有献身科学的学术精神、没有献身社会的学术担当，是不可能有所成就的。其二，造福社会、献身科学需要坚持趋利避害的学术正义。学术理论或科学成果往往具有两面性：可以为人类造福，也可能给人类带来灾难。因此，学术研究者必须坚守学术道德责任，坚守社会责任，进行有利于公众利益的研究，杜绝危害社会公益的学术。爱因斯坦早就指出："如果你们想使你们一生的工作有益于人类，那么你们只懂得应用科学本身是不够的，关心人的本身应当始终成为一切技术奋斗的首要目标……保证我们科学思想的成果会造福人类，而不致成为祸害。"③1949 年 9 月，国际科学学会制定的《科学家宪章》也明确提出：科学家要严格检查自己所从事工作的意义和目的，用最有益于全人类的方法促进科学的发展，并尽可能防止其被误用。其三，造福社会、献身科学需要有淡泊名利的学术品格。学术既然以造福社会为目的，在个人利益与社会利益冲突时，个人利益要服从社会利益，而不能把学术活动变成谋取私利的手段、控制别人的权力。

4. 尊重他人劳动、尊重知识产权的学术品德。学术活动作为一项继承性活动，都是以现有成果为起点，在前人劳动的基础上推进的，这就有一个正确使用前人劳动成果的问题。尊重前人学术劳动和学术权益是学术活动的根本原则，也是进行学术研究的重要操守。因为，现有学术成果是前人长期辛勤劳动的结果，它们凝结着前人的辛勤汗水、独特创造和独到贡献，也是他

---

① 童信平：《在哥德巴赫猜想的研究中，1+5~1+2 的失败与华罗庚的成功》，见 https://www.docin.com/p-659314603.html。

② ［德］费希特：《论学者的使命》，梁志学等译，商务印书馆 1984 年版，第 44 页。

③ ［美］爱因斯坦：《要使科学造福人类，而不成为祸害》，《纽约时报》1931 年 2 月 17 日。

们的学术权益和学术存在。这种权益和作为学术地位的存在理应受到尊重与保护，是学术道德规范的核心内容和根本遵循。正确使用前人劳动成果所要遵循的基本学术规则和学术正义原则，就是不抄袭、剽窃他人学术成果，不把别人学术成果据为己有；引用他人的学术观点要注明出处；参考、利用别人成果，对研究提供过帮助的人，要给予肯定和感谢。同时，学术活动又往往是一种学术团队的活动，因此要有良好的协作意识和合作精神，要尊重他人的学术劳动与正当权益。只有都遵守学术道德，才能构建良好的学术团队关系，与他人愉快合作，共同推进学术进步。

5. 公正学术评价、客观学术批评的学术操守。学术活动不是个体行为，而是一种社会性活动。由于个人所处时空的限制和个人有限认知水平的制约，任何人的思想认识、学术成果都只能是某一问题某一方面的相对真理，有时甚至还有错误包含其中。而且人天生具有一种"自负"，即倾向于相信自己，很难发现或承认自身错误。正如宋人吕祖谦所指出的："明于观人，暗于观己，此天下之公患也。见秋毫之末者，不能自见其睫；举千斤之重者，不能自举其身。甚矣，己之难观也。"[①] 个人的这种限制和制约，可以由许多人构成的学术团队、学术共同体、学术界以更宽的学术视野得到弥补。同时，由于每一项学术成果的真实性程度都会对以后的学术研究和社会生活产生重大影响，就更需要采取慎重的态度，需要相关领域的专家进行鉴定和同行评议。所以，学术评价、学术批评就成了学术活动的重要组成部分。可以说，学术评价是一项学术成果的"放行证"，而学术批评则是纠正学术错误的"消毒水"。学术评价不仅要对学术成果的真理性、学术性、创新性、合理性作科学评判，以确定其学术价值，确定该项学术成果可不可以面世，可不可以传播。同时，学术评价还要对学术成果中可能存在的错误、不正确的认识，作出适当判断。这对避免错误造成更大的消极影响，对帮助学者纠正错误、回归正途，对共同促进学术发展，都是非常必要的。这就要求在进行学术评价时要客观、公正，坚持实事求是，以学术性、真理性作为评价的唯一标准。也就是说，学术评价要以事实为依据，对成果的科学性、创造性、思想性、学术价值等作出客观公正的评判，既不夸大，也不缩小，肯定

---

① 吕祖谦：《左氏博议》卷十三。

成绩，指出不足，客观公允，恰如其分；要严格学术标准，摒除个人利益、人情因素、政治因素等外界影响；要忠于职守，认真负责，严谨审慎，结论恰当。这是学术评价必须坚持的高尚的道德操守。既然学术成果中可能存在错误或不足，理论可能不完备、不完整，学术批评就成为必要。因此，学术批评是学术评价的重要内容和重要环节，是学术评价的题中应有之义。正如法国哲学家维克托·库辛（Victor Cousin）所说："批判是科学的生命。"[①] 学术批评也是学术的生命，是避免错误学术思想蔓延、保证学术健康发展的重要举措。学术批评要有事实根据，坚持真理标准，遵循学术规范，按照逻辑规则，坚持正确思想取向和意识形态标准，既对学术观点体察入微，对缺陷不足洞若观火，对学术价值作严肃审查，也要对学术失范、学术不端、学术造假等学术腐败现象进行揭露批判，促进学术自律。总之，通过学术批评促进学术规范，维护学术尊严，促进学术发展，这是学术道德的基本要求。

二、学术道德失范的表现

学术道德规范是学术活动的要求、追求，是应然。然而现实中，违反学术道德规范的现象却不同程度地存在，即学术道德失范，这是实然。所谓"学术道德失范"，是指学术活动中违反学界公认的技术规范、学科规范、学术评价规范、学术道德规范等，不诚实对待他人学术成果或不正当获取学术荣誉或利益的行为。根据学术道德失范的程度，可以区分为学术不当、学术不端、学术腐败等。所谓"学术不当"，是指虽然没有违反学界公认的学术技术与学术道德原则，但为学界所不倡导、不鼓励的行为。如一稿多投、在没有参与的研究成果上署名等。学术不当的基本特征是：以明确不违反科学共同体规约为前提，更不是一种违法行为；虽然不是科学共同体规约所明确禁止的，但它是不合理的、不公正的、不合乎科学道德的。关于"学术不端"，国家自然科学基金会 2005 年颁布的《对科学基金资助工作中不端行为的处理办法（试行）》界定为：违背科学道德或违反科学基金管理规章的行为；科技部颁布 2006 年的《国家科技计划实施中科研不端行为处理办法（试行）》的界定是：违反科学共同体公认的科研行为准则的行为；中国科学院

---

① 转引自 [美] 卡尔皮尔逊：《科学的规范》，李醒民译，华夏出版社 1999 年版，扉页。

2007 年发布的《关于加强科研行为规范建设的意见》的界定是：研究和学术领域内的各种编造、作假、剽窃和其他违背科学共同体公认道德的行为；滥用和骗取科研资源等科研活动中违背社会道德的行为。2000 年，美国制定的《科研不端行为的联邦政策》将"科研不端行为"定义为：在建议、评议、研究，或在报告研究结果时发生的捏造、篡改或剽窃行为。基于以上认识，我们认为，所谓"学术不端"，是指学术活动或学术成果中明确违反学界公认的技术、学科、评价、道德规范的不诚实行为，以不直接非法获取经济利益或学术荣誉为限。"学术不端"主要特征是：违反科学界通行的道德标准，或严重背离相关研究领域的学科规范；不端行为是蓄意的、明知故犯的或是肆无忌惮的；不端行为不包括诚实的错误或者观点的分歧。① 所谓"学术腐败"，是指直接为了学术资源、学术荣誉、学术地位、经济利益或其他与学术有关的利益而公然违反学术技术道德原则、学术制度规定、学术法律的学术行为。

在学术活动中，大量存在的是学术不端行为，学术不当、学术腐败相对较少。2007 年，中国科学院发布的《关于加强科研行为规范建设的意见》，将"学术不端行为"分为以下几类：第一类，在研究和学术领域内有意作出虚假陈述，包括编造数据，篡改数据，改动原始文字记录和图片，在项目申请、成果申报以及职位申请中作虚假陈述。第二类，损害他人著作权，包括侵犯他人的署名权，如未经本人同意将其列入作者名单；剽窃他人学术成果，将他人材料上的文字或概念作为自己的进行发表，故意省略引用他人成果的事实，使人产生为其新发现、新发明的印象，或引用时故意篡改内容、断章取义。第三类，违反职业道德，私自利用他人重要的学术认识、假设、学说或者研究计划。第四类，研究成果发表或出版中的不端行为，包括一稿多投，或者重复发表等。第五类，故意干扰或妨碍他人的研究活动，包括故意损坏、强占或扣压他人研究活动中必需的仪器设备、文献资料、数据、软件或其他与科研有关的物品。第六类，在科研活动过程中违背社会道德，包

---

① 参见 Department of Health and Human Services, United States Public Health Service 1989. Responsibilities of Awardee and Applicant Institutions for Dealing with and Reporting Possible Misconduct in Scince: Final Rule, 42 CFR Part 50, Subpart. Federal Register, 54（8 August），32446–51。

括骗取经费、装备和其他支持条件等科研资源；滥用科研资源；个人履历表、资助申请表、职位申请表以及声明中故意包含不准确或会引起误解的信息，隐瞒重要信息等。2009年教育部《关于严肃处理高等学校学术不端行为的通知》列举的"学术不端行为"主要有：抄袭、剽窃、侵吞他人学术成果；篡改他人学术成果；伪造或者篡改数据、文献，捏造事实；伪造注释；未参加创作，在他人学术成果上署名；未经他人许可，不当使用他人署名等。

具体说来，可以把学术失范行为作如下区分。

1. 学术不当行为包括：使用数据没有经过多次、严格实验、检验；定量分析不精确；定性分析不真实；低水平发表作品；一稿多投；重复发表或变相重复发表研究成果；引文不规范；伪造注释；杜撰参考文献；不根据研究成果贡献大小排名、随意署名；未参加研究或创作而在研究成果上署名；未经他人许可而不当使用他人署名，虚构合作者共同署名，或者多人共同完成研究而在成果中未注明他人工作、贡献；让研究生承担明显超出学术指导以外的事务或脑力、体力劳动；把师生之间的指导关系变成雇佣关系等。

2. 学术不端行为包括：伪造科研数据、资料、文献、注释，或者捏造事实、编造虚假研究成果；夸大或缩小科研数据，改动原始文字记录和图片；剽窃、抄袭、侵占他人学术成果；篡改他人研究成果；不加注明地使用别人研究成果；未经同意私自将团队研究成果公开或发表；故意藏匿、隐瞒重要科研成果或科学发现；伪造或涂改专家推荐信、评阅书、鉴定书；伪造、虚开发表文章录用通知；在研究和学术领域内有意作虚假陈述；学术成果发表中的关系稿、权力稿、收费稿；故意干扰、妨碍他人的学术活动或强占、破坏他人的学术设备、学术资源；骗取经费、装备及其他条件等学术资源；浪费、滥用科研资源等。

3. 学术腐败行为包括：在申报课题、成果、奖励和职务评审评定、申请学位等过程中提供虚假学术信息，或学历、职称、学术成果等造假，或提供虚假信息影响学术评价结果；买卖论文、由他人代写或者为他人代写论文；学术评定、答辩、评阅时行贿受贿、权钱交易、权色交易、不正当竞争、利益输送或者利益交换；对举报人进行打击报复；多次实施学术不端行为；收取超高版面费发表学术成果；假借基金资助名义捞取学术荣誉、学术资源、学术权利、学术地位；凭借权力或领导、工作便利而不是凭借学术成就获取学术地位、学术权利、学术头衔、学术荣誉等。

学术失范是科学研究肌体上的毒瘤，严重影响正常的学术秩序和学术风气、学术生态，严重破坏了学术事业的健康发展，玷污了学术活动的神圣性，是学术道德所坚决摒弃的，必将受到学术制度、学术法律的严厉制裁，也是研究生踏上学术道路必须上好的学术第一课。

三、学术道德失范的原因

研究生学术失范行为既受外部社会大环境的影响，又受研究生培养单位内部小环境的影响，同时还有研究生培养体制机制、导师作用发挥和研究生自身原因等，是社会外部因素、培养单位内部因素及研究生自身因素交互作用的结果。

1.社会根源。学术研究虽然有自己的领域和相对独立的边界，但学术活动从来都是在社会中进行的，学术环境必然受到社会环境的影响，因此学术失范有深刻的经济社会根源。

第一，经济利益的驱使与市场经济等价交换原则的渗透。在市场经济条件下，市场经济的资本驱动原则、利益激励原则、等价交换原则等不同程度地渗透到学术机构、学术活动中。在利益驱动下，有的学术机构为了单位社会声望、学术地位，用利益激励方式鼓励本单位的学者尽可能多地"生产"学术成果、争取科研课题、捞取科研经费。利益驱动的方式是将职称、津贴、奖金及其他物质待遇与"学术成果"挂钩，使学术变为市场规则的附庸。利益驱动的后果是，学者们把科研、学术变成了实现个人利益的手段和工具。为了尽快获得利益回报，学者们不愿做周期长、回报低的基础研究、纯理论研究，而是把主要精力投入"短、平、快"的"学术快餐"和学术"批量生产"中，甚至不惜投机取巧、弄虚作假、欺诈行骗，造成学术浮躁和学术虚假、学术失范和学术行为扭曲。

第二，行政权力介入与学术机构行政化的影响。现实中，行政机关对学术机构的行政管理和业务指导有时变成了权力介入或学术控制，把学术变成了依附于政治和权力的"婢女"，使学术机构失去了应有的自主性和独立性，无法一贯地坚持学术规范和学术标准。一些身为行政领导的非学术研究人员混迹于学术圈，降低了学术水准，破坏了学术规范。在学术评价和学术能力、学术身份评定中，有时出现行政领导评学术人才、外行评内行的现象，学术标准、学术规范往往成了空话。由于一些学术机构的负责人由行政官员来担任，往往用行政方式管理学术人员、学术活动，用行政手段干预职称晋升、学术资源分配。一些行政领导还通过权力影响，给自己冠上各种学术头衔，把自己变成"学术型领导"，有的甚至成为"学霸""学阀"。在官僚领导专家、行政干预学术的情况下，往往造成学术规范虚设、学术行为扭曲、学术资源浪费。

第三，社会不良风气的侵蚀与落后文化的浸透。人际关系中的不良社会现象影响了校风学风，社会中的不正之风、腐败行为往往会不同程度地浸透到学术单位中，影响着研究生的学术价值取向。如在学位授权点的设立、学科评估、课题项目立项、学术奖项评定、职称评审中，个别地方、某些时候、有些人存在利益交换、行贿受贿的问题，不仅严重违反了学术公正和学术道德，甚至违反了学术制度和有关法律。同时，社会上的"圈子文化""山头主义"也往往在学界有所表现，譬如师门关系、学术圈子、学术门派等。一些学者利用人民赋予的学术权力、利用政府给予的学术地位，或壮大自己的学术圈子、排挤异己学术派别，或进行学术利益交换、学术机会均沾、学术资源垄断等。这往往形成学术界的逆淘汰，不仅严重地损伤了少数严谨学者的尊严，玷污了学术的神圣性，也严重毒化了学术风气，破坏了学术生态，枯竭了学术动力。

总之，研究生学术研究中的功利主义、讨巧取巧、心浮气躁、粗制滥造行为泛滥，科学精神、学术品格、学术道德、学术自律追求式微，很大程度上是社会不正之风的折射和浸染。

2.研究生管理部门、培养单位原因。由于社会不良风气的影响，有的培养单位功能异化，"官本位""研而优则仕""弃学从政"现象大量存在；学风不正、学术不当、学术不端、学术腐败行为屡禁不止。这对研究生产生了直接的导向作用。同时，研究生学术道德失范还有研究生培养的体制机制原因。

第一，研究生培养目标单一，学术评价机制不科学。我国1978年恢复研究生教育之初，培养目标定位于"培养具有科学研究能力"的学术型人才，这在当时是合理的。但随着社会经济的发展，社会对实践应用型人才的需求越来越大，而研究生教育中重理论研究、轻实践应用的培养模式却没有根本改变。单一的培养目标使研究生多样化的个性、能力、兴趣、志向受到压抑，因而对科学研究失去兴趣。特别是学业评估和毕业条件不加区别地对各类型研究生一概要求学分标准、发表论文数量，迫使一些研究生为了按时毕业不择手段拼凑、发表论文，甚至不惜违反学术规范来完成培养计划。一篇毕业论文定胜负的体制和"圈子文化"的存在，论文评审、答辩环节的评委"放水"等，降低了学术标准，掩盖了学术不端。同时，研究生学术评价重"智"轻"德"、重学术成果轻学术道德问题突出，也是造成研究生学术道德意识不强的原因。学业评价中往往只要求达到规定学分、发表规定数量的论文、学位论文评审答辩通过等，对研究生的学术发展潜质、学术道德素质等却没有明确的标准，也很少予以考量。这就很难养成研究生健全的学术人格、高尚的学术品行和严格的学术道德自律。

第二，科学研究训练不严，学术道德教育不全面。严格的科学精神、科学素养、科学操守训练是学术道德确立的前提。多数研究生培养单位虽然重视研究生学术研究能力的培养，但真正科学、规范的学术训练并不到位，以至于相当一部分研究生不了解学科规范、学理框架、学术规范，更谈不上科学精神、科学素质、科学操守了。这就往往使有的研究生"玩弄"学术，对学术研究缺乏正确的态度和应有的敬畏。同时，高校等培养单位很少开设专门的学术道德规范课程和进行专门的学术道德训练。研究生对学术道德和学术规范不了解或理解不深，很难在学术实践中内化为学术道德自觉、外化为学术行为自律。即使有些培养单位开设了学术道德教育的相关课程，也往往变成了学术道德知识课，重教育形式轻教育效果，很少考核研究生学术道德的养成情况。研究生在修学术道德课时也往往只看重获取学分，对学术道德规范要求则语焉不详，学术道德、学术品德的建立更是难以企及，以至于有的研究生违反了学术规范都不知道错在哪里。学术道德教育薄弱，使研究生学术道德意识模糊、学术道德观念淡薄、学术道德操守缺失，一定程度上造成了学术不端行为的滋长。

第三，导师"第一责任人"意识不强，学术道德指导不到位。研究生导师是研究生培养的第一责任人，不仅对研究生的学业指导、学术训练、学术习惯养成负有直接责任，而且对研究生学术规范、学术操守和学术道德修养的培育也义不容辞。但在现实研究生培养中，导师往往重知识不重人格、重学术不重道德、重学业不重学养，使研究生培养中缺乏道德戒律和学术戒尺。特别是在研究生招生规模不断扩大情况下，导师指导的研究生越来越多，没有足够的时间和精力指导学生，对研究生过问不多，要求不严，有的甚至迁就纵容，包庇护短。更有甚者，有的导师本身就学风不正，学术道德水准不高。有的把著述作为获取研究经费、晋升职称或学术权利的手段，甚至跌入追逐金钱、名誉、地位与权力的深潭。这容易造成上行下效，把研究生带离学术道德的正确轨道。此外，个别身为行政领导的"兼职"导师，既无学术能力来指导研究生学术训练，又无道德水准以正研究生心灵，成为研究生学术失范的病灶。

第四，学术失范惩治不力，学术监管机制不健全。学术活动既要靠学术道德自律，也要靠学术监督审查，二者缺一不可。但现实研究生培养中管理机制不完备，研究生院等管理部门往往停留在行政管理和流程管理，对研究生学术活动管理缺失；学术审查机制不健全，无法对学术成果进行专业公正的评价与鉴别；学术监督制度不完善，往往流于形式，不能真正对研究生学术研究过程及后期成果进行严格的监管。尽管培养单位大都制定了研究生培养的学术制度和规范，但缺乏对研究生学术道德失范行为的监控、监察机制。一些学术道德失范行为往往靠群众举报或论文检测，这只能是事后末端处理，不能起到事先预防、制止的作用。同时，国家层面处罚学术道德失范行为的专门法律不健全，主管部门也缺乏对学术道德失范行为的有效整治和惩罚制度。惩罚制度不健全，使一些学术失范行为惩治无制度依据，仅仅受到一般意义上的劝诫，没有震慑力。而且，由于学术失范行为的处罚往往是培养单位而不是行政主管部门、司法机关，因此在处理时，往往从维护学校声誉和社会形象出发，尽量内部消化、避免外传。有的甚至采取姑息、袒护、隐瞒的做法，大事化小、小事化了，不了了之，没有应有的惩戒效果和社会压力。对研究生学术不端行为缺乏有效的处罚措施、处罚力度不够，使学术道德失范风险低、成本低，远远低于失范行为所带来的实际利益，无形之中助长了学术不端风气，成为学术失范现象屡禁不止的重要原因。

3.研究生个人因素。外因要通过内因起作用。尽管研究生学术道德失范可以从社会、学校、导师方面找到原因，但归根结底，还是研究生自身因素起决定作用。研究生培养的一个重要问题是，研究生学术规范意识薄弱，学术道德自律意识不强。由于近些年我国研究生招生处于规模扩大阶段，一些培养单位为了完成招生任务降低招录门槛，致使一些研究生学术能力偏低、知识积累不够、理论储备不足、创新意识欠缺、创新能力薄弱。这些学生为了达到毕业要求的学业条件，只能勉强为之，发表文章低水平重复，学位论文东拼西凑。所以，研究生自身学术能力偏低是造成学术道德失范的重要原因。由于学术能力偏低、学术训练不够，所以科学意识、科学精神、科学操守不强，学术道德自律意识和自律能力不足。道德自律意识和自律能力低的研究生往往不会主动去学习、掌握学术道德规范，通过自身努力实现学术道德养成更是勉为其难。所以，一些研究生不了解学术道德的内涵、内容，不了解学术道德规范与自己学习、研究的关系，不了解学术道德失范的后果和危害，往往在不知不觉中就违反了学术道德。更有甚者，一些研究生在外界诱惑或学业压力下，由于道德自律意识差，放松了对自己学术行为的管束，主动走不劳而获、少劳多获的道路，甚至抄袭、剽窃别人的学术成果，造成学术道德失范和学术环境失序。

四、学术道德建设的国际借鉴

学术失范是具有一定普遍性的国际性社会问题，世界各国在整饬学术失范现象、强化学术道德建设方面采取了一系列有效措施。一些发达国家在长期治理中积累了不少可供借鉴的经验。

20 世纪 80 年代，美国学术界科学不端行为日益增多。于是，从联邦政府到高校采取了一系列措施，强化学术道德和学术失范防范体系建设。政府方面采取的措施主要有：(1) 出台法律法规，成立组织机构，进行学术行为约束和监管。为了遏制科学不端行为加剧的态势，1983 年，美国联邦政府在"廉洁与效益总统委员会"下设立了"科研不端行为工作组"。同年，美国公共卫生局颁布实施了首部应对"科研欺骗行为"的管理规定，界定了"科学不端行为"，规定了政府机构应对科学不端行为的目标和处理原则，成为以后政策法规的基础。2000 年，美国白宫科技政策办公室发布了《科研不端行为的联邦政策》，对联邦机构和研究机构在处理不端行为中的责任、程序、行政措施等作了具体规定。同时，还成立了国家科学技术委员会部门间的"不正当研究政策实施小组"，以保证政策的一致性。在联邦政府以下的政府部门也根据《科研不端行为的联邦政策》制定了相应学术政策，设立了专门机构，来处理科研不端事项。（2）实施高等教育认证制度，强化高校学术质量意识和学术责任。美国从 20 世纪初就开始实行高等教育认证制度，并成为美国教育的一个特色。高等教育认证制度是政府、社会中介组织在相互促进、相互制衡的关系中，保证并不断提高高等教育质量的重要措施。美国高等教育认证委员会要求各认证机构重视学术质量和学术责任心，对高校和各研究生培养单位的学术质量与学术规范进行认证、提供保障。（3）充分发挥社会评估对高校的压力传导和质量引导作用，强化学术规范和学术道德建设。美国大学排名是促使高校提高教研质量的重要机制。从 1980 年起，美国加州大学北岭分校的杰克·哥曼（Jack Gourman）教授开始出版关于研究生教育的评估报告，《哥曼报告》的影响日渐扩大。《美国新闻与世界报道》从 1983 年开始对美国大学及其院系进行排名，从 1990 年起每年对全美研究生教育进行一次评估，依托同行专家、知名教授、学者，从学术声誉、课程声誉、教师和研究生的质量等方面进行评价，成为公认度很高的教育质量排行榜。这些社会评估对各高校研究生教育的学术质量提升和学术道德建设，起了很大的督促、引导作用。

作为研究生培养单位的高校也在学术道德构建和学术规范建设方面采取了有力措施，建立了行之有效的研究生学术道德教育体制、机制。（1）建立学术荣誉制度，增强研究生学术道德自觉感。为了整治日益严重的高校学术欺骗，20 世纪 90 年代，各大学相继建立了"荣誉制度"（Honor System），强调学术诚信的重要性，以学术自律增强荣誉感。"荣誉制度"主要包括：制定荣誉守则，把"学术诚信"确立为基本学术价值观；让学生入学前签署荣誉誓言或诚信保证书，激发学生的学术道德自觉；日常考试或提交论文要作出学术诚信承诺，维护学术活动的严肃性。（2）建立学术道德制度和设立管理部门，严格学术失范治理。在《科研不端行为的联邦政策》的指导下，各大学普遍制定了严格的学术道德政策和条例，对学术不端行为的具体表现形式和处罚措施作出了详尽规定，要求研究生在学术科研活动中必须严格遵守。同时，研究生院还建立了科研诚信办公室等学术监督机构，专门负责全校学术道德教育与学术不端查处工作。（3）抓好研究生新生入学第一课，唤起学术道德意识。各大学普遍把学术道德条例印入新生生活指南或学习生活守则，让研究生入学第一时间就学到学术道德要求。学校还要求研究生在学术道德条例上签名，表明已经学习、知晓了学术道德规定，并作学术诚信保证。如《哈佛学习生活指南》、斯坦福大学的关于研究生学术政策和过程的《新学生手册》等，都具有一定的代表性。除了发放《手册》外，大学还举办入学教育、各种专题讲座等。总之，通过多种措施，给研究生系好学术生涯的第一粒纽扣。（4）开设学术道德课程，强化学术道德理性认知和学术规范训练。大学普遍为研究生开设了学术道德和学术规范课程，由专门从事学术道德和学术规范教育的师资进行教学。如有"美国最好的研究生院"之誉的布兰迪斯大学研究生院，就开设有大量方法论和学术道德课程。同时，每个学科专业领域的教授也在课堂教学中专门讲授本专业特有的学术道德要求和学术规范规定。这样就涵盖一般学术道德、学术规范普遍教育和不同学科不同专业的特殊要求。而且，课堂教学不是灌输式的教育，而是通过案例分析、研讨会等，坚持以学生为中心，使研究生达成学术道德认同和共识。此外，高校还配发研究生学术道德与学术规范教育的经典教材——美国科学院1989年出版的《怎样当好一名科学家——科学研究中的负责行为》等，保持了学术道德教育的规范性。（5）坚守研究生学术道德规范标准，严厉惩罚学术不端行为。大学对研究生学术研究中出现的学术不端行为会严肃地根据情节轻重予以处罚，对情节特别严重的直接开除学籍。高校在处理学术不端行为时，有严谨而复杂的程序，既保障涉事人员的知情权和辩护权，又起到了惩罚不端、以儆效尤的震慑作用。（6）注重营造学术诚信氛围，形成良好校风学风。大学除注重通过教学和科研主渠道开展学术道德与学术规范教育外，还利用学校网站、图书馆、多种多样活动开展学术道德宣传，注重校园整体学术诚信氛围的构建。如很多高校会定期举办"学术诚信周"、集中研讨会、学术诚信主题教育等，促进良好校风学风的形成。（7）切实发挥导师积极作用，加强对研究生学术道德规范示范、引领。导师在研究生培养中扮演着主导角色，除了进行学术指导外，还十分重视率先垂范、培养研究生的学术道德，并及时发现、制止、纠正研究生学术不端行为，矫正方向，促进健全学术人格的形成。①

　　其他国家在研究生学术道德构建中也有一些可以借鉴的经验。如法国建立起了一整套学术法律体系，为学术道德教育提供制度保障。早在1971年3月，法国教育部就颁布了第71—216号法令，反对高等教育中出现的学术舞弊现象，并将其定义为犯罪，对注册大学生的学术违规行为实施纪律惩罚。为了加强学风建设和树立良好的道德规范，法国克莱蒙费朗（Clermont-Ferrand）学区不仅制定了多方面的教育规章制度，还特别颁布了《因特网使用者章程》，制定了伦理章程、信息舞弊、知识保护等相关规定，通过法律手段来规范学术行为。日本高校在学术管理方面也颇具特色。早在1913年，京都大学就实现了"在世界上也是没有先例的教授会决定教授的任免制度"。日本高校普遍形成了依靠教授治学的学术管理模式，其基层组织是讲座和学部，讲座主持人既是学术带头人，也是行政负责人，学术权力得到空前强化，形成了以学术管理为中心的校内运行机制，学术道德和学术规范教育也得到加强。在日本研究生学术规范教育中，导师发挥着至关重要的作用。导师会对学生提出严格的学术规范要求，培养学术道德意识。② 这些做法有效地遏制了学术不端行为，这些经验是值得学习和借鉴的。

五、学术道德失范的整饬

　　学界对学术失范问题的关注从20世纪80年代末就开始了，到了90年代，由于学术腐败现象不断出现，这一问题成了学术界讨论的热点。进入21世纪后，一些学术单位开始陆续出台有关学术规范的规章制度。如2001年，中国科学院制定了《中国科学院院士科学道德自律准则》，从"科学态度""学术民主""成果署名""科学协作""科学精神"等10个方面明确了院士的学术行为规范，开了学术道德建设先河。

　　与此同时，教育主管部门也开始相继出台相关政策规定来规范学术道德，整治学术失范。为加强研究生学术道德建设，教育部2002年首次出台

---

① 参见吴宇：《中美研究生学术道德教育制度比较研究》，《西南民族大学学报》（人文社会科学版）2014年第7期。

② 参见吴宇：《论建立研究生学术道德和学术规范教育的长效机制》，《中国研究生》2012年第3期。

《关于加强学术道德建设的若干意见》。《意见》对"学术风气不正""学术道德失范"的主要表现作了界定，主要是：研究工作中违背基本学术道德，侵占他人劳动成果、抄袭剽窃、请他人代写文章、署名不实；粗制滥造论文，甚至篡改、伪造研究数据；在研究成果鉴定、项目评审以及学校评估、学位授权审核等工作中弄虚作假，或试图以不正当手段影响评审结果；利用权力为自己谋取学位、文凭，降低标准乱发文凭等。《意见》强调指出，如果任其发展下去，将会严重污染学术环境，影响学术声誉，阻碍学术进步，进而影响社会发展和民族创新能力。因此，端正学术风气，加强学术道德建设是高校一项刻不容缓的重要任务。要求加强对广大教师、教育工作者和学生的学术道德教育，培养求真务实、勇于创新、坚韧不拔、严谨自律的治学态度和学术精神，努力使他们成为良好学术风气的维护者、严谨治学的力行者、优良学术道德的传承者。具体要求是：（1）各级教育行政部门、高等学校和有关单位要高度重视学术道德建设工作；（2）广泛深入地开展端正学术风气、加强学术道德建设教育；（3）加大人事制度改革力度，完善人事考核制度；（4）建立和完善科学的学术发展与评价机制，鼓励学术创新；（5）建立学术惩戒处罚制度；（6）加强学历文凭、学位证书的管理工作等。《意见》对我国教育系统学术道德建设和学术失范整治发挥了重要的作用，成为后来政策的基础。2004 年，教育部又出台了《高等学校哲学社会科学研究学术规范（试行）》，对学术基本规范、学术引文规范、学术成果规范、学术评价规范以及学术批评规范等作了科学界定，成为高校师生及相关科研人员在学术活动中的自律准则，对学术规范建设起了重要作用，被学界称为"学术宪章"。2006 年，教育部发布了《关于树立社会主义荣辱观进一步加强学术道德建设的意见》，强调："学术道德是科学研究的基本伦理规范，是提高学术水平和研究能力的重要保证……学术道德是人才培养的重要内容，与学风、教风、校风建设相互促进、相辅相成。"2009 年，《教育部关于严肃处理高等学校学术不端行为的通知》详细列举了"学术道德失范行为"：论文撰写过程中抄袭、剽窃他人论文；篡改他人学术成果；在学术成果中伪造、捏造实验数据，随意添加参考文献；伪造注释；在自己撰写的论文中，未经他人同意随意添加他人署名等。2010 年，国务院学位委员会发布了《关于在学位授予工作中加强学术道德和学术规范建设的意见》。2012 年，教育部出台了《学位论文作假行为处理办法》，明确规定了学位申请人员、指导教师、培养单位、学位授予单位及相关人员的责任。2013年，《教育部　国家发展改革委　财政部关于深化研究生教育改革的意见》明确要求"把科学道德和学风教育纳入研究生培养各环节"，强调导师是研究生培养的第一责任人，导师应对研究生发生学术不端行为承担相应责任。2016年，教育部关于《高等学校预防与处理学术不端行为办法》颁布，强调"高等学校是学术不端行为预防与处理的主体"。要求高等学校建设集教育、预防、监督、惩治于一体的学术诚信体系，建立由主要负责人领导的学风建设工作机制；完善本校学术不端行为预防与处理的规则和程序。《办法》对教育与预防、受理与调查、认定与处理、复核与监督等都作了明确规定，成为处理学术不端行为的重要依据。2019年，《教育部办公厅关于进一步规范和加强研究生培养管理的通知》也强调健全预防和处置学术不端的机制。要求培养单位突出学术诚信审核把关，加大对学术不端、学位论文作假行为的查处力度；做到露头即查、一查到底、有责必究、绝不姑息，坚持"零容忍"、依法依规从快从严查处。对当事人视情节给予纪律处分和学术惩戒，违反法律法规的移送司法部门查办。这些规章制度，对研究生培养单位打击学术失范行为发挥了重大作用。

树立研究生学术道德规范、治理学术道德失范是一项系统工程，需要从国家、社会到研究生培养单位再到研究生本人的共同努力，切实采取有效措施，形成政策合力，从根本上解决问题。

1. 坚持"政学分开"，制定学术道德规范和失范治理法规。在树立学术道德和治理学术道德失范方面，既要加强国家有关部门对学术活动的领导和管理，完善规章制度，加强学术管理；又要坚持政学分开，坚持百花齐放，坚持学术活动在遵纪守法前提下的独立自主和学术自由。此外，要在国家层面上加强学术道德和学术失范治理立法，实现学术失范惩治有法可依。

2. 坚守高校"学术本位"定位，为研究生学术规范养成营造良好环境。瑞士心理学家让·皮亚杰（Jean Piaget）认为，教育环境的潜移默化功能远大于知识传授的功能。高校和其他研究生培养单位是研究生生活于斯、成长于斯的环境，对研究生学术习惯和学术道德的养成具有重要作用。学校要构建以人文精神和科学精神为核心的校园文化，让研究生沐浴在追求学术、敬畏学术、献身学术的浓厚氛围中，从而形成勇于探索、追求原创、繁荣学术的科学品质，和拒绝低劣、反对剽窃、担当责任的学术道德。

3. 规范研究生教育管理，建立以学术为中心的管理体制。研究生院等研究生教育管理部门的管理要围绕学术活动展开，规范学术活动，建立"学术本位"的管理体制和学术训练、学术监督的体制机制。为此，要建立研究生学术道德委员会，以指导研究生学术活动，监督研究生学术行为，承担学术道德规范教学任务，制定学术道德政策和处罚条例，处罚学术不端行为；要建立研究生学术成果公示制度，接受群众监督、同行监督、社会监督，保证学术成果认定的透明度和公正性；要建立同行专家评审制度，发挥校外专家的监督作用；要充分利用现代互联网技术，广泛接受社会监督、公众监督。

4. 根据社会发展需要确立多元化人才培养目标，完善研究生学术评价体系。要优化研究生学术能力评价体系和评价机制，使不同类型的研究生各行其道，各得其所。要合理定位研究生培养目标，从单一学术研究型人才培养，向学术型、复合型、应用型等多元化人才培养转变。要建立与多元化培养目标相适应的多元学术评价标准和评估体系。要根据学科特点、个性差异、个人特长及行业特性，采用不同培养模式，因材施教。学术评价要重学术成果质量，不以数量定优劣。

5. 强化研究生学术道德监管，加大学术失范惩治力度。国家层面应尽快出台惩治学术腐败、学术犯罪的法律法规，设立专门的学术不端行为的处理、审查、监督机构和惩治学术犯罪的专门机构。各省学术研究主管部门也应该根据本地情况，制定相应的制度规定，设立相应的学术失范处理受理机构。研究生培养单位要制定学术道德建设和学术失范惩治实施细则，设立专门的学术行为监管、处理机构，严惩学术不端行为，净化学校学术环境，构建良好学术生态。

六、研究生学术道德规范训练

学者应当成为所处时代道德最好的人、代表当时可能达到的道德发展最高水平。研究生作为科研新手，其学术道德水平不仅决定着自己在学术道路上能走多远，也深深影响着社会道德水准。研究生只有通过有组织、有计划的学术道德训练，才能逐步掌握学术道德知识、陶冶学术道德情怀、培养学术道德良知、锻炼学术道德意志、坚定学术道德信念、养成学术道德习惯。要把学术活动中应遵循的道德规范内化为自己的学术自觉，把外在的道德命令转化为个人的自我要求，从而在科研道路上行稳致远，并促成良好的社会学术道德风尚。

学术道德规范训练中要强化以下学术道德品质的培养：第一，坚守学术底线。研究生要牢固树立学术底线不可触碰的理念。这些底线包括论文抄袭、成果剽窃、虚假署名、编造数据、杜撰结果，等等。第二，坚持学术正义。要不断培养学术科研中"是与非"的价值判断，增强抵制学术不端行为的勇气，扫清学术道路上的顽瘴痼疾，促进清明学术道德环境的形成。第三，秉承学术精神。研究生要牢固树立学术理想，坚定学术信念，陶冶学术情操，努力锤炼锲而不舍的求真精神、独立不羁的自由精神、勇于进取的献身精神、敢于批评的无畏精神和服务人民的奉献精神。第四，担当学术责任。正如斯坦福大学原校长唐纳德·肯尼迪（Donald Kennedy）在《学术责任》中所指出的，学术责任已成为学者从事学术活动所必须信守的一种职业道德。[①] 学术责任包括文明传承的责任、研究发现的责任、公布研究成果的责任、技术转让的责任、思想传播的责任、服务民众的责任、改善社会的责任、促进经济社会发展的责任、为人类开辟美好未来的责任等。即北宋思想家张载所说的，"为天地立心，为生民立命，为往圣继绝学，为万世开太平"[②]。第五，敬畏学术伦理。学术伦理即在学术活动中与前人或同行的学术关系。研究生在科学研究中要严格遵守学术成果的承接关系，吸收、借鉴别人的学术成果时要尊重前人的优先权，并予以说明或注释；要及时公开自己的研究成果，并允许其他研究者正当使用和合理借鉴；对别人的研究成果进行评价时，应该客观公正，既不夸大也不缩小；进行学术批评时，要按照罗伯特·默顿提出的"无私利性"和"有条理的怀疑主义"原则，客观评价别人思想理论的学术贡献和缺点不足。第六，实现道德自觉。研究生在学术训练中强化学术道德修炼，把外在的学术道德要求内化为学术道德自觉和学术行为自律。为此要通过自我学习、自我教育，培养学术自觉精神、自律品

---

① ［美］唐纳德·肯尼迪：《学术责任》，阎凤桥等译，新华出版社 2002 年版，第 257 页。

② 张载：《横渠语录》。

质，实现自我规范、自我约束，切实维护学术活动的自律性、严肃性。

研究生学术道德规范训练既是学校的责任，也是导师的职责，更是研究生个人的学术义务，因此要充分发挥三者的积极作用。

1. 强化学术道德教育，重视研究生学术道德品质培养。研究生学术道德意识和道德行为的养成，离不开教育。要使研究生从入学之初就接受学术道德教育，并贯穿整个学习、培养过程始终。一是上好研究生入学第一课，启蒙学术道德规范意识。入学阶段是研究生转变学术思维、树立学术诚信意识的关键阶段，对其未来科研工作会产生深远影响，因此开学第一课进行学术道德教育至关重要。要把学术道德规范教育作为开学典礼、入学教育的重要内容。二是编发学术道德规范手册口袋书，便于随时查阅。可把国家和学校有关学术道德建设的法律法规、制度规范及处罚条例等编成《研究生科学研究手册》，尤其是手机版、电子版学术道德手册或学术道德 APP，便于研究生随时查阅，时时遵守。三是发挥课堂教学主渠道作用，系统讲授学术道德规范规则。应将学术道德与学术规范的课程纳入研究生的必修课程体系，系统讲授学术道德基本规范和防止学术失范的具体方法，特别是要进行学术诚信、学术责任、科学精神、人文精神教育。学术道德教育课程要多采用讨论法、案例式教学，避免死记硬背，避免知识化、碎片化，而是要促进学术道德品质养成。同时，要结合各学科专业特点，有针对性地开展学术规范训练和学术道德教学，并把学术道德教育融入专业课教学中。四是加大国家、学校学术规范文件宣传教育力度，明确学术活动戒尺。包括《中华人民共和国著作权法》《中华人民共和国专利法》《中华人民共和国合同法》等相关法律、教育部《关于树立社会主义荣辱观进一步加强学术道德建设的意见》《关于加强学术道德建设的若干意见》《高等学校哲学社会科学研究学术规范（试行)》等规章制度，和学校制定的有关实施办法等。五是积极利用其他教育形式，构建多渠道、立体式学术道德规范教育体系。可采用学术道德与学术规范课程教学经验交流会、专题讲座、案例警示、网络教育、广播电视、报刊、海报等多种教育途径，多种渠道训练研究生学术道德品质。

2. 发挥导师教书育人作用，强化研究生学术道德培养职责。研究生学术道德品质的形成，导师至关重要。英国牛津大学和剑桥大学人才培养上的导师制世界闻名。苏联教育家康斯坦丁·德米特里耶维奇·乌申斯基

（Константин Дмитриевич Ушинский）指出："在教育工作中一切都建立在教师的人格基础上，因为只有从教师的人格的活的源泉中才能涌现出教育的力量。任何规章、任何教学大纲、任何人为的机构，不论设计得如何，都不能在教育工作中代替人格的作用。"[①] 因此，导师在研究生学术道德形成和学术品德养成中具有不可替代的作用和不可推卸的责任。导师要以严谨治学、脚踏实地和信守学术规范的作风，为研究生作出表率。要以身作则，以德治学，率先垂范，以老实、严谨、敬业、创新的精神感召他们，用自己高尚的品德和人格力量教育和感染他们，帮助研究生养成信守学术规范的习惯、树立良好的学术道德风尚。要把学术规范融入指导研究生培养的每一个环节，让研究生学会什么是真正的科学研究，应遵守什么样的科学道德规范，养成严谨的治学态度、高尚的学术品德和强烈的学术使命感。

3. 重视研究生学术道德自我修养，强化学术活动中的道德自律。学术训练是把外在的学术道德要求内化为研究生学术道德自觉、由他律转化为自律的过程。完备的学术道德规则、完善的学术道德教育、完美的导师示范监管，都代替不了研究生个人的学术道德修养、学术自觉自律。也就是说，研究生学术诚信与学术道德养成是以研究生自律养成为核心的，只有真正形成了学术道德诚信意识，在内心成为一种绝对的学术道德律令，实现了学术道德自律，才能达到学术规范自觉。研究生只有有意识地将外在的学术规范、学术制度、学术诚信原则、学术道德要求转化为自身内在的学术道德素质，才会在学术活动中身体力行，变为自觉的行动，并不断在学术实践中自我强化。研究生作为科学研究和学术活动的新人，不仅肩负着发展学说理论、创新思想理念的历史使命，而且肩负着净化学术环境、整饬社会风气的时代责任。因此，研究生要充分认识个人学术行为对他人、对学术共同体乃至对整个社会造成的影响，要通过学术道德的提升，不断强化遵循学术道德规范的责任感和使命感。这就要求研究生在科学研究中不仅要始终坚持科学精神，努力提升人文素养，而且要不断强化学术道德修养，切实体现科学研究的求实、守诚本质，履行学术事业的醒世、治世使命。

---

① 转引自边亚敏：《教师人格魅力在教学中的作用》，《基础教育论坛》2012 年第 1 期。

第二节 学术技术规范

进行学术研究要恪守学术道德规范，也要遵循学术发展过程中积淀形成的学术技术规范。学术技术规范包括图书和期刊出版规范（如稿件编辑、排版、插图、表格等）、格式与用法规范（包括语法和用法、标点符号、拼写、词汇、数字等）和文献资料规范（包括注释、参考文献、索引的编制等）。而且，在科学研究过程中，科学实验设计和操作、问卷调查的设计和开展、文献资料的检索和整理等，都有严密的技术规范。由于本书研究的是研究生学术训练，所以本节探讨的"学术技术规范"，主要集中在学术论文的写作中的引文、注释、参考文献等的通行格式和一般规范。遵循这些技术规范是学术著述规范、严密的必然要求，也是学术成果检索、交流的客观需要，更是避免学术剽窃、抵制学术失范行为、实现科学研究健康发展的重要保证，所以是研究生学术训练的重要内容。

一、国际学术技术规范

在学术技术规范方面，"国际标准化组织文献工作技术委员会（ISO/TC46）"[①] 制定的标准，为世界各国广泛接受和使用。

在科学研究和学术事业的长期发展过程中，以美国为代表的西方发达国家，在学术著作等科研成果撰写方面，逐步形成了一套比较完善、被广泛接受的规范体系。比较有代表性的有《芝加哥手册——写作、编辑和出版指南》《APA 格式：国际社会科学学术写作规范手册》《（MLA）学术论文写作者手册》等。这些规范手册在上百年的推广、使用中不断得到修订、完善，成为

---

① 国际标准化组织（International Standardization Organization）简称 ISO，是一个全球性的非政府组织，是国际标准化领域中一个十分重要的组织。该组织成立于 1946 年，总部设于瑞士日内瓦，成员包括 162 个会员国。其宗旨是"在世界上促进标准化及其相关活动的发展，以便于商品和服务的国际交换，在智力、科学、技术和经济领域开展合作。"ISO 技术工作由 2700 多个技术委员会（TC）、分技术委员会（SC）和工作组（WG）承担。有关情报、文献工作的国际标准由 ISO 中的第 46 技术委员会（ISO/TC46）制定。ISO/TC46 在国际范围内制定情报、文献工作、图书馆及有关信息处理领域的标准。该委员会制定的情报文献工作标准被世界各国广泛采用。——作者注

国际社会学术研究广为借鉴的学术技术规范。

1.《芝加哥手册——写作、编辑和出版指南》(The Chicago Manual of Style: The Essential Guide for Writers，Editors & Publishers，简称《芝加哥手册》)。《芝加哥手册》第一版是芝加哥大学出版社(The University of Chicago Press，UCP)的一批资深编辑于1906年编撰的，之后经过不同年代的补充、修订，目前已出了16版。《芝加哥手册》详细规范了学术写作和出版编辑的技术细节，成为出版社和杂志对稿件要求的常用标准与经典范式。随着《芝加哥手册》的不断完善，其规范性逐步为学界广泛接受，成为英语世界从事学术写作、编辑、出版工作的一般标准和权威规范，被誉为西方学界学术写作和学术出版的"圣经"，有很高的权威性。新版《芝加哥手册》还开发了电子版、网络版，体现了时代性。

《芝加哥手册》的主要内容分为3个部分。第一部分是"出版流程"，包括4章，分别是"图书和期刊""原稿准备、原稿编辑和校对""插图和表格""权利、许可和版权管理"。第二部分是"格式与用法"，包括9章，即"语法和用法""标点符号""拼写、词汇的特殊处理与复合词""名称和术语""数字""缩写""外语""数学排版""引用和对话"。第三部分是"文献资料"，包括3章，即"文献资料：注释和参考文献编制""作者—出版年制""索引"。这些详细规定，规范了学术论文、著作的撰写，也为编辑、出版提供了一般遵循。

《芝加哥手册》文献引用的常用格式是：

(1) 引用书籍格式。

姓，名 . *书名* . 出版社所在地：出版社，发行年份 .

示例：

Townsend, Robert. *The Medieval Village Economy*. Princeton: Princeton University Press，1993.

(2) 引用期刊格式。

姓，名 ."文章名" . *期刊名*，卷 (期) (发行年)：页码 .

示例：

Yeh，Michelle."The 'Cult of Poetry' in Contemporary China." *Journal of Asian Studies* 55 (1996) : 51–80.

（3）引用网页格式。

姓，名．"文章名"．*文章来源*与日期：页码．Database on-line．提供者．URL．

示例：

Lanken, Dane."When the Earth Moves."*Canadian Geographic* March-April 1996: 66–73. Database on-line. Available from EBSCOhost, Academic Search Premier http://www.epnet.com/ehost/login.html.

2.《APA 格式：国际社会科学学术写作规范手册》（Publication Manual of the American Psychological Association）。"APA 格式"是美国心理学会（American Psychological Association）出版的《美国心理协会刊物准则》。"APA 格式"最早版本于 1929 年问世，现已出版 6 版，是一个被广泛接受的研究论文撰写格式。它之所以被广泛采用，一个重要原因是采用哈佛大学的文章引用格式。"APA 格式"主要用于心理学、教育学、社会科学领域的论文写作，但由于其严谨性和科学性，也被广泛应用于社会科学论文和学术著作写作中，是撰写外国文章（尤其是北美）需要遵循的一种既定的写作规则和格式。

"APA 格式"特别针对社会科学领域的研究，是关于"如何准备稿件"到"如何投稿"的操作说明。其内容是按照人们撰写稿件时考虑问题的通常顺序——从最初的概念到最后的论文出版发表——安排的。第 1 章是"行为科学和社会科学写作"，包括文章类型、出版发表中的伦理和法律标准、知识产权保护等；第 2 章是"稿件的结构和内容"，包括学刊文章报告标准、稿件的组成元素等；第 3 章是怎样"使文章意义清楚、语言简练"，包括组织结构、写作风格、减少偏见、语法与用法等；第 4 章是"APA 格式中的硬规则"，包括标点符号、拼写、数目、公制化、统计内容和数学内容等；第 5 章是"展示结果"，包括图、表的使用；第 6 章是"援引资料"，包括引用、转述、文本中援引文献和参考文献等；第 7 章是"参考文献单中文献的分类例解"；第 8 章是"出版发表过程"，包括编辑过程、作者的责任等。

"APA 格式"文献引用的常用格式是：

（1）引用书籍格式。

姓，名．（发行年份）．*书名*．出版地：出版社．

示例：

Highmore，B．（2001）．*Every life and cultural theory*．New York，NY: Routledge.

（2）引用期刊格式。

姓，名．（发行年）．文章名．*期刊名*，卷（期），页码．

示例：

Smith，S．（2003）．Government and nonprofits in the modern age．*Society*，40（4），36–45.

（3）引用网页格式。

姓，名．（年，月日）．文章名．Retrieved from URL.

示例：

Cain，A.，& Burris，M．（1999，April）．Investigation of the use of mobile phones while driving．Retrieved from http://www.cutr.eng.usf.edu/its/mobile_phone_text.htm.

"APA 格式"的特点，是强调出版物的年代而不大注重原文作者的姓名，引文时常将出版年代置于作者缩写的名之前，因此其最显著的特征是"作者和日期"的引用方式和"括号内引用法"。在文中格式一般为"（非首字母作者姓氏，发表年份）"；在文后参考文献为"（作者，年份，页数）"。

随着国际的学术交流日益频繁，越来越多的社会科学学术著作采用了这一范式，日本在心理学、社会科学等领域一般都使用 APA 格式，成为日本学术著作出版的普遍规范。中国的外语类期刊（语言学刊物为主）、出版的一些国外优秀学术著作的翻译版本也大多保留了 APA 格式，心理学、教育学界的学术期刊、杂志及自然科学类的学术刊物也喜欢用 APA 格式。

3. MLA 格式。"MLA 格式"（The MLA Style Manual）是美国现代语言学会(Modern Language Association) 编撰的《MLA 研究论文作者手册》(MLA Handbook for Writers of Research Papers) 规定的论文编写格式，主要被应用于人文学科，如文学、文学批评和文化研究中。"MLA 格式"是美国英文论文写作中最常用的一种参考文献格式，在书写英语论文时一般使用 MLA 格式来保证学术著作的完整性。与 APA、CMS 等格式相比，MLA 论文格式更加严谨，更加规范，也更加常用。

"MLA"文献引用的常用格式是：

（1）引用书籍格式。

姓，名 *. 书名 *. 出版社所在地：出版社名，出版年份 .Print.

示例：

Burk，Kenneth. *Language as Symbolic Action: Essays on Life*，*Literature and Method*. Berkeley: U of California，1966. Print.

（2）引用期刊格式。

姓，名 *.* "文章名" *. 期刊名*，卷 *.* 期（年份）：页码 .Print.

示例：

Galtskill，Mary."Conflicting Nationalisms"．*Mississippi Review* 27.3 （1999）:129–150.Print.

（3）引用网页格式。

姓，名 ."文章名". 网站名（附属机构）.Web. 浏览日期（日月 . 年）.（加上 Web 即可，可不必添加具体网址）

示例：

Garcia，Elizabeth，"Herzog: a Life." Online Film Critics Corner. Web.8 Jan.2009.

由上可知，各种格式的标注方式不尽相同，不同领域的学术著作撰写和出版也有不同的选用偏好。

二、我国学术技术规范发展的历程

我国学术论文、学术著作撰写和图书出版、报刊发行的规范化，经历了由不完善到完善的发展过程。特别是改革开放以来，我国大力借鉴国际学术技术标准，尤其是"国际标准化组织文献工作技术委员会"（ISO/TC46）制定的标准规范，结合我国实际和民族语言特点，制定了一系列坚持国际标准、体现中国特色的学术技术规范标准，有效推动了我国学术研究和学术出版的规范化、科学化、制度化，有力整饬了学术失范问题。

1982 年，我国根据国际标准化组织文献工作技术委员会制定的 ISO 8-1977《文献工作——期刊的编排格式》（Documentation: Presentation of periodicals），制定了《科学技术期刊编排格式》（中华人民共和国国家标准 GB3179–82），对学术期刊编排的国际标准、引用标准、刊物样式、版面编排、参考文献等都作了明确规定，对规范我国期刊编辑、出版发行起了很好的作用。1992 年，制定了《科学技术期刊编排格式》（GB/T 3179–92），替代了 GB3179–82 标准；2009 年，国家标准化管理委员会又制定了《期刊编排格式》（GB/T 3179–2009），替代了 GB/T 3179–1992。新的格式对适用范围、引用文件、术语和定义、刊名、封面、卷（期）、目次页、版面和页码编排、文章编排、参考文献、版权标志、总目次和索引、特殊情形等都作了详细规定，使我国的学术期刊出版、发行更加规范、科学。

1987 年，国家标准化管理委员会出台了《科学技术报告、学位论文和学术论文的编写格式》（GB/T 7713–1987），并于 2004 年进行了复审确认，是学术报告、学术论文撰写的规范性文件。《格式》对科学技术报告、学位论文、学术论文的定义、编写要求、编写格式、前置要件（封面、封二、题名页、变异体、题名、序或前言、摘要、关键词、目次页、插图和附表清单、符号等）、主体部分（格式、序号、引言或绪论、正文、结论、致谢、参考文献）、附录、结尾等，都进行了规范。1987 年，国家标准化管理委员会还出台了《文后参考文献著录规则》（GB/T 7714–1987），并于 2004 年进行了复审确认，由 GB/T 7714–2005 规则替代。2015 年，国家标准化管理委员会又根据国际标准组织颁布的新标准 ISO 690：2010（E）《信息和文献　参考文献和信息资源引用指南》（Information and documentation-Rules for bibliographic references and citations to information resources），将《文后参考文献著录规则》修改更名为《信息与文献　参考文献著录规则》（GB/T 7714–2015）。《规则》对适用范围、规范性引用文件、术语和定义、著录项目与著录格式、著录信息源、著录用文字和符号、著录细则、参考文献等，作了全面规定，使文献著录有了更加完备的规范遵循。

1988 年，中国高校自然科学学报研究会印发了《中国高等学校自然科学学报编排规范（试行稿）》，并于 1989 年进行了修订，要求各高校自然科学学报编辑部参照执行。1998 年，国家教委颁行了《中国高等学校自然科学学报编排规范（修订版）》。1990 年，国家教委又出台了《中国高等学校社会科学学报编排规范（试行）》；2000 年，教育部下发了《中国高等学校社会科学学报编排规范（修订版）》。《规范》对学报的引用标准及参考规范文件、基本版式、封面、目次页、页码与刊眉、篇名、作者署名及工作单位、摘要、关键词、分类号、文献标识码、文章编号、基金项目、作者简介、正文、致谢、注释、参考文献、总目次、期刊基本参数、电子邮件与网络地址等，都作了明确要求，使高校学报编辑更加规范。

1990 年，全国人大会常委会批准了《中华人民共和国著作权法》，2001年进行了第一次修正，2012 年进行了第二次修正。《著作权法》对著作权、著作权人及其权利、著作权归属、权利的保护期和限制、著作权许可使用和转让合同，以及著作的出版、表演、录音录像、播放、法律责任和执法措施等作了明确规定，对保护作者权益、规范学术秩序发挥了重要作用。

1997 年，国务院发布了《出版管理条例》；2001 年发布了新《条例》，2011 年进行了第一次修订，2013 年进行了第二次修订，2014 年进行了第三次修订，2016 年进行了第四次修订。《条例》涵盖报纸、期刊、图书、音像制品、电子出版物等，对出版单位的设立与管理和出版物的出版、印刷、复制、发行、进口，以及监督与管理、保障与奖励、法律责任等，都作了明确规定，有效规范了出版活动。1997 年，新闻出版总署根据《出版管理条例》制定了《图书质量管理规定》，2004 年作了修订。《规定》对图书的内容、编校、设计、印制等方面的质量指标作了详细规定，并明确了图书质量检查、处罚细则。同年，新闻出版总署还出台了《图书质量保障体系》，明确了编辑出版责任机制、出版管理宏观调控机制、社会监督机制等。2007 年，又出台《图书出版管理规定》，进一步规定了图书出版单位的设立、图书的出版、监督管理、法律责任等。这些规定，使我国的出版事业不断走向规范，出版质量不断得以提升。

1999 年，国家新闻出版署发布《中国学术期刊（光盘版）检索与评价数据规范》（CAJ–CD B/T 1–1998）。这是我国第一部以电子期刊方式连续出版的大型集成化学术期刊集成化数据库，对包括社会科学类期刊和科学技术类期刊的重要检索与统计评价数据格式提出了规范化要求。2006 年，新闻出版署又进行了修订，推出 CAJ–CD B/T 1–2006 版本。《规范》对引用标准及参考规范文件、刊名与刊号、目次与栏目、文章编号、题名、作者及其工作单位、作者简介、摘要、关键词、中图分类号与文献标志码、收稿日期、基金项目、参考文献、基本参数、电讯地址等都作了规定，进一步规范了学术期刊的技术标准，大大提高了期刊数据化信息处理、检索、评价和利用的速度。

2004 年，教育部出台《高等学校哲学社会科学研究学术规范（试行)》。《规范》对基本学术规范、学术引文规范、学术成果规范、学术评价规范、学术批评规范等，都作了明确规定，对规范高校哲学社会科学研究工作、加强学风建设和职业道德建设都发挥了重要作用，也为保障学术自由，促进学术交流、学术积累与学术创新，繁荣高校哲学社会科学事业提供了有力保障，成为高校师生及相关科研人员学术活动的规范准则。

2012 年，新闻出版总署下发了《关于进一步加强学术著作出版规范的通知》，要求各出版管理部门、出版公司严格遵守《出版管理条例》《图书出版管理规定》《图书质量管理规定》和国家相关法律、法规、规章和标准。《通知》明确："引文、注释、参考文献、索引等是学术著作不可或缺的重要组成部分，体现了学术研究的真实性、科学性与传承性，体现了对他人成果和读者的尊重，是反映学术著作出版水平和质量的重要内容，必须加强出版规范，严格执行国家相关标准。"

从以上发展历程可以看出，我国在推进学术技术规范方面做了大量工作，取得了重大成绩，有效推动了科学研究和学术活动的规范化、严格化与科学化，有力促进了我国学术事业的健康发展。

三、我国学术技术规范的通用标准

我国学术技术规范主要是采用"国际标准化组织 ISO"标准规范并结合我国实际制定的技术标准。当前我国学术论著中的文献引用，主要采用《中华人民共和国著作权法》、国家标准化管理委员会制定的《信息与文献参考文献著录规则》（GB/T 7714–2015）、《期刊编排格式》（GB/T 3179–2009）和国家新闻出版署的《中国学术期刊（光盘版）检索与评价数据规范》（CAJ–CD B/T 1–2006）等标准。

《中华人民共和国著作权法》规定："改编、翻译、注释、整理已有作品而产生的作品，其著作权由改编、翻译、注释、整理人享有，但行使著作权时不得侵犯原作品的著作权"；"应当取得改编、翻译、注释、整理、汇编作品的著作权人和原作品的著作权人许可，并支付报酬。"这就规定了引用别人成果的行为规范，为保护原著作者的权益提供了法律依据。

　　《信息与文献　参考文献著录规则》（GB/T 7714–2015）根据国际标准组织制定的 ISO 690∶2010（E）（《信息和文献　参考文献和信息资源引用指南》），编制了各个学科、各种类型信息资源的参考文献的著录项目、著录顺序、著录用符号和文字、各个著录项目的著录方法以及参考文献在正文中的标注法，是适用于著者和编辑著录参考文献的一般规则，也是我国学界最广泛采用的学术技术规范。《规则》对以下内容作了详细规定。

　　1. 专著文献（普通图书）

　　著录项目包括：主要责任者、题名项、版本项、出版项和获取电子资源必备的访问路径、数字对象唯一标识符等。

　　著录格式为：

　　主要责任者 . 题名∶其他题名信息［文献类型标识／文献载体标识］. 其他责任者 . 版本项 . 出版地∶出版者，出版年∶引文页码［引用日期］. 获取和访问路径（电子资源必备）. 数字对象唯一标识符（电子资源必备）.

　　示例：

[1] 陈登原 . 国史旧闻∶第 1 卷［M］. 北京∶中华书局，2000∶29.

[2] 哈里森，沃尔德伦 . 经济数学与金融数学［M］. 谢远涛，译 . 北京∶中国人民大学出版社，2012∶235–236.

[3] 北京市政协民族和宗教委员会，北京联合大学民族与宗教研究所 . 历代王朝与民族宗教［M］. 北京∶民族出版社，2012∶112.

[4] 全国信息与文献标准化技术委员会 . 信息与文献都柏林核心元数据元素集∶GR/T 25100—2010［S］. 北京∶中国标准出版社，2010∶2–3.

[5] 牛志明，斯温兰德，雷光春 . 综合湿地管理国际研讨会论文集［C］. 北京∶海洋出版社，2012.

[6] 杨保军 . 新闻道德论［D/OL］. 北京∶中国人民大学出版社，2010［2012–11–01］. http://apabi.lib.pku.edu.cn/usp/pku/pub.mvc?pid= book. detail & metaid=m.20101104-BPO-8891023& cult=CN.

[7] PEEBLES P Z, Jr. Probability, random variable, and random signal principles［M］. 4th ed. New York: McGraw Hill，2001.

　　图书中的析出文献著录格式为：

　　析出文献主要责任者 . 析出文献题名［文献类型标识／文献载体标识］. 析

出文献其他责任者 // 专著主要责任者 . 专著题名：其他题名信息 . 版本项 . 出版地：出版者，出版年：析出文献的页码［引用日期］. 获取和访问路径（电子资源必备）. 数字对象唯一标识符（电子资源必备）.

示例：

［1］陈晋镶，张惠民，朱士兴，等 . 蓟县震旦亚界研究［M］// 中国地质科学院天津地质矿产研究所 . 中国震旦亚界 . 天津：天津科学技术出版社，1980：56–114.

［2］马克思 . 政治经济学批判［M］// 马克思，恩格斯 . 马克思恩格斯全集：第 35 卷 . 北京：人民出版社，2013:302.

［3］WEINSTEIN L，SWERTZ M N. Pathogenic properties of invading microorganism［M］//SODEMAN W A, Jr., SODEMAN W A. Pathologic physiology: mechanisms of disease. Philadelphia: Saunders，1974:745–772.

2. 论文集、会议录

［1］中国职工教育研究会 . 职工教育研究论文集［C］. 北京：人民教育出版社，1985.

［2］ROSENTHALL E M. Proceedings of the Fifth Canadian Mathematical Congress，University of Montreal，1961［C］. Toronto: University of Toronto Press，1963.

3. 报告

［1］中华人民共和国国务院新闻办公室 . 国防白皮书：中国武装力量的多样化运用［R/OL］.（2013-04-16）［2014-06-11］. http://www.mod.gov.cn/affair/2013-04/16/ content_4442839.htm.

［2］World Health Organization. Factors regulating the immune response: report of WHO Scientific Group［R］. Geneva: WHO，1970.

4. 学位论文

［1］吴云芳 . 面向中文信息处理的现代汉语并列结构研究［D/OL］. 北京：北京大学，2003［2013-10-14］. http://thesis.lib.pku.edu.cn/dlib/List. asp? lang=gb & type=Reader & DocGroupID=4& DocID=6328.

［2］CALMS R B. Infrared spectroscopic studies on solid oxygen［D］. Berkeley: Univ. of California，1965.

5. 专利文献

著录项目包括：专利申请者或所有者、题名项、出版项、获取和访问路径、数字对象唯一标识符。

著录格式为：

专利申请者或所有者 . 专利题名：专利号［文献类型标志］. 公告日期或公开日期［引用日期］. 获取和访问路径（电子资源必备）. 数字对象唯一标识符（电子资源必备）.

示例：

[1] 邓一刚 . 全智能节电器：200610171314.3［P］. 2006-12-13.

[2] 西安电子科技大学 . 光折变自适应光外差探测方法：01128777.2［P/OL］. 2002-03-06［2002-05-28］. http://211.152.9.47/sipoasp/zljs/hyjs-yx-new. asp?recid=01128777.2& leixin=0.

[3] TACHIBANA R, SHIMIZU S, KOBAYSHI S, et al. Electronic watermarking method and system: US6915001［P/OL］. 2005-07-05［2013-11-11］.http:// www.google.co.in/ patents/ US6915001.

6. 期刊文献

[1] 李炳穆 . 韩国图书馆法［J］. 图书情报工作，2008，52（6）：6-21.

[2] DES MARAIS D J, STRAUSS H, SUMMONS R E, et al. Carbon isotope evidence for the stepwise oxidation of the Proterozoic environment［J］. Nature，1992，359: 605–609.

7. 报纸文献

[1] 丁文祥 . 数字革命与竞争国际化［N］. 中国青年报，2000-11-20（15）.

[2] 刘裕国，杨柳，张洋，等 . 雾霾来袭，如何突围［N/OL］. 人民日报，2013-01-12［2013-11-06］. http://paper.people. com. Cn/rmrb/html/2013-01/12/nw. D110000renmrh_20130112_2-04. htm.

8. 电子资源

著录项目包括：主要责任者、题名项、出版项、获取和访问路径、数字对象唯一标识符等。

著录格式为：

主要责任者 . 题名：其他题名信息［文献类型标志 / 文献载体标志］. 出

版地：出版者，出版年：引文页码（更新或修改日期）［引用日期］．获取和访问路径．数字对象唯一标识符．

示例：

[1] 北京市人民政府办公厅．关于转发北京市企业投资项目核准暂行实施办法的通知：京政办发［2005］37 号［A/OL］．（2005-07-12）［2011-07-12］．http://china.findlaw. cn/fagui/p_1/39934.html．

[2] Online Computer Library Center，Inc. About OCLC: history of cooperation [EB/OL]．[2012-03-27]．http:// www. oclc.org/about/cooperation.en.html.

[3] HOPKINSON A. UNIMARC and metadata: Dublin Core [EB/OL]．（2009-04-22）[2013-03-27]．http:// archive.ifla.org/IV/ifla64/138-161e.htm.

9. 参考文献表

参考文献表可以按"顺序编码制"组织，也可以按"著者—出版年制"组织。引文参考文献既可以集中著录在文后或书末，也可以分散著录在页下端。阅读型参考文献著录在文后、书的各章节后或书末。

其一，顺序编码制：上面"示例"均为顺序编码制，示例从略。

其二，著者—出版年制：

示例：

汪冰，1997.电子图书馆理论与实践研究 ［M］．北京：北京图书馆出版社．

杨宗英，1996.电子图书馆的现实模型 ［J］．中国图书馆学报（2）：24-29.

BAKER S K，JACKSON M E，1995. The future of resource sharing[M]．New York: The Haworth Press.

10. 参考文献标注法

正文中引用文献的标注方法可以采用"顺序编码制"，也可以采用"著者—出版年制"。顺序编码制是按正文中引用的文献出现的先后顺序连续编码，将序号置于方括号中。如果顺序编码制用脚注方式时，序号可由计算机自动生成圈码。正文引用的文献采用"著者—出版年制"时，各篇文献的标注内容由著者姓氏与出版年构成，并置于（　）内。倘若只标注著者姓氏无法识别该人名时，可标注著者姓名，例如中国人著者、韩国人、日本人用汉字书写的姓名。集体著者著述的文献可标注机关团体名称。倘若正文中已提及著者姓名，则在其后的（　）内只需著录出版年。

示例（引用单篇文献）：

The notion of an invisible college has been explored in the sciences（Crane，1972）. Its absence among historians was noted by Stieg（1981）...

参考文献：

CRANE D，1972. Invisible college [M] . Chicago: Univ. of Chicago Press.

STIEG M F.1981. The information needs of historians [J] . College and research libraries，42（6）：549–560.

国家新闻出版署出台的《中国学术期刊（光盘版）检索与评价数据规范》（CAJ–CD B/T 1–2006）明确，它的"文后参考文献著录规则"采用 GB/T 7714 格式，也就是说，其关于普通图书、会议论文集、资料汇编、学位论文、报告、参考工具书等的著录格式，是采用上面国家标准化管理委员会制定的《信息与文献参考文献著录规则》（GB/T 7714–2015），因此同上面的示例一样，从略。

当然，作为研究生，除了遵循以上学术技术规范外，还要遵守教育部制定的《中国高等学校社会科学学报编排规范》《中国高等学校自然科学学报编排规范》和《高等学校哲学社会科学研究学术规范》等。《社会科学学报编排规范》和《自然科学学报编排规范》明确其遵循《参考文献著录规则》GB 7714 和《中国学术期刊（光盘版）检索与评价数据规范》CAJ–CD B/T1，因此，其参考文献著录格式也与上面示例相同。而《高等学校哲学社会科学研究学术规范》则明确规定："引文应以原始文献和第一手资料为原则。凡引用他人观点、方案、资料、数据等，无论曾否发表，无论是纸质或电子版，均应详加注释。凡转引文献资料，应如实说明。""对已有学术成果的介绍、评论、引用和注释，应力求客观、公允、准确。""伪注，伪造、篡改文献和数据等，均属学术不端行为。"这就不仅提出了研究生应遵循的学术技术规范问题，而且上升到了学术道德规范的高度，是研究生进行学术活动必须遵守的技术规范和道德铁律。

第五章 知识创造与应用训练

研究生是有特定内涵和要求的人才层次。《中华人民共和国学位条例》对硕士学位和博士学位的学术水平有明确的规定。硕士学位的标准是：在本门学科上掌握坚实的基础理论和系统的专门知识；具有从事科学研究工作或独立担负专门技术工作的能力。博士学位的标准是：在本门学科上掌握坚实宽广的基础理论和系统深入的专门知识；具有独立从事科学研究工作的能力；在科学或专门技术上做出创造性的成果。L.威尔逊也将美国哲学博士学位的标准概括为：彻底掌握本学科某一专门化方向的知识；广泛通晓本学科知识，熟悉相关领域；有对本学科发展做出个人贡献的能力。[①] 为了达到这样的要求和目标，研究生进行学术训练的内容主要包括"知识"和"能力"两个方面，当然也包括科学精神和人文精神的培养。而知识是能力形成的前提，更是科学精神、人文精神的载体。因此，研究生学术训练，首要的是知识获取、创造和应用的训练。

第一节 知识的传承与再造

研究生教育和本科阶段大学教育的根本区别就在于，不仅教授、传承已有知识，而且为人类文明增进新知识。而要增进新知识，就必须进行研究和探索，进行知识的再创造。因此，研究生教育的本质特征，就在于"研究"。"研究"是遵循一定方法的科学探索活动。所以，如何通过开创性的研究探索新领域，创造新知识，和如何掌握前人积淀下来的基本科学研究方法，探求新的研究路径，就成为研究生学术训练的基本内容。知识是人类文明得以

---

① 参见郭玉贵：《美国和苏联学位制度的比较研究》，复旦大学出版社 1991 年版，第 65 页。

传承的链条，是人类社会得以发展的燃剂。知识是各个时代人们认识世界、改造世界的理性经验总结；各个时代的人们通过自己的生产实践、社会实践、科学实践不断在前人的基础上增进了人类知识。先进、科学的知识一旦被应用，就在一定程度上促进了经济社会的发展。更何况，在当今的知识经济时代，知识成为个人、组织、国家最重要的战略资源。正如知识管理大师彼得·德鲁克（Peter F. Drucker）所指出："在这个社会中，知识成为个体和经济整体最基本的资源。土地，劳动力和资本——经济学家重视的传统生产因素——并没有消失，但是却成为次要的因素。"[①] 研究生的社会身份定位决定了不仅要传承已有知识，创造新的知识，还把知识应用于社会，助益社会发展和人类文明进步。

一、知识获取——长于习得知识，继承文明成果

个人进行研究的第一个前提是拥有必要的公共知识和必需的专业知识，这些知识都是通过后天的学习获得的。研究生学会学习，学会获取知识，不仅是进行研究的必要前提条件，也是社会赋予作为高级知识分子的研究生的时代责任。中国古代就把"为往圣继绝学"列为知识分子的使命之一。因此，研究生学术训练的第一项内容，就是学会获取知识。

什么是知识？古代智者如柏拉图认为知识和认识都是对固有"理念"的回忆；毕达哥拉斯认为，知识就是逻辑、语言和修辞。现代学者如英国德·朗特里认为，知识是个人经过生活经验和经过教育所获得的见闻与认识的总体。美国现代管理学之父彼得·德鲁克则认为，知识是一种能够改变某些人或某些事物的信息——这既包括使信息成为行动的基础的方式，也包括通过对信息的运用使某个个体（或机构）有能力进行改变或进行更为有效的行为的方式。而中国国家科技领导小组办公室1998年3月在《关于知识经济与国家知识基础设施的研究报告》中把"知识"定义为：经过人的思维整理过的信息、数据、形象、意象、价值标准以及社会的其他符号化产物，不仅包括科学技术知识、人文社会科学的知识，也包括日常生活工作中的经验和知识。

一般来说，从内容来说，知识有事实、规范、概念、规律、原理、技能

---

① Drucker, *The New Society of Organizations*, Havard Business Review, 1992（70），p.95.

等多种类型；从层次上，可分为基础知识、专业知识、应用知识。其中专业知识包括本学科的发展史、专业理论基础知识、专业核心理论知识和学科前沿知识等。如果从维度上来看，研究生知识包括纵向、横向、轴向三个维度的知识结构。纵向知识是与本学科专业直接相关的知识，以精深性为特征；横向知识是指相关学科的知识，以广博性为特征；轴向知识是指方法论知识，以通达性为特征。三者相互联系，相互融合，相互渗透，相互补充，从而构成个人的知识整体。英国的物理学家、哲学家迈克尔·波兰尼（Michael Polanyi）则把知识区分为"隐性知识"（tacit knowledge）（也译作"默会知识"或"缄默知识"）和"显性知识"（explicit knowledge）（也译作"明确知识"）。他在1958年出版的《个人知识》一书中进行了阐述，并在1966年出版的《意会层次》一书中对二者作了区分。波兰尼的著名命题是，"我们知晓的比我们说出的多"（We know more than we can tell）。他认为，这种"知晓"又不能"说出"的知识，也就是"只可意会不可言传"的知识，就是"隐性知识"。具体说来，他认为，"显性知识""是以书面文字、图表和数学公式加以表达的知识"；而"隐性知识"是指不能或很难用言语、文字或符号的方式表达的知识，"比如我们在做某件事情的行动中所掌握的知识"①，是"尚未言明的""难以言传的"，尚处于"缄默"状态的知识，通常以个人经验、印象、感悟、团队的默契、技术诀窍、心智模式、价值观、组织文化、风俗等形式存在。波兰尼还认为，"隐性知识（默会知识）"本质上是一种"理解"（understanding），是一种领会经验、把握经验、重组经验，从而达到对它理智控制的能力。并认为，"隐性知识（默会知识）"的存在在逻辑上先于"显性知识（明确知识）"；"默会知识是自足的，而明确知识则必须依赖于被默会地理解和运用。因此，所有的知识不是默会知识就是根植于默会知识的。一种完全明确的知识是不可思议的。"②

　　知识获取就是对已有"显性知识"的整理、对"隐性知识"的显性化以及对外界知识的归纳、整理、内化。这需要大脑对获得的信息进行整理、重

---

① ［英］迈克尔·波兰尼：《个人知识——迈向后现代知识》，许泽民译，贵州人民出版社2000年版，第95页。

② Michael Polanyi, *Knowing and Being*, Routledge，1969，p.144.

构、编程、存储。实现符号化、信息化，从而和原有的知识联结在一起，建立个人知识库。以便在需要的时候查询、提取、应用。总之，知识获取的过程就是知识"内化"的过程。"知识内化理论"的代表人物、法国社会学者埃米尔·杜尔凯姆（Émile Durkheim）认为，"内化"是社会意识向个体意识的转化。"知识内化"指外部新知识经过主体，通过一系列智力活动，重新组合，转变成其内部知识的过程。这个过程涉及"认知结构""同化和顺应""元认知"3个因素。"认知结构"是在学生心里已经形成的内部知识结构；"元认知"的知识内容主要指学生的内在理解力、判断力和内省能力；"同化"和"顺应"是外部知识内化成学生内部知识的两种机制。"知识内化"的过程是，学生用"元认知"判断新知识与自己已有的"认知结构"的关系。如果新知识是认知结构的下位，则通过"同化"来内化；如果是上位，则通过"顺应"来内化。这样，研究生用自己的"认知结构"和"元认知能力"通过持续的"同化"和"顺应"方式，将外部知识内化为内部知识，在原有的知识基础上不断打破、更新、扩展、重建认知结构，构建更新的认知结构的过程，就实现了知识的累积性增长，即知识获取。[①]

显然，这种知识的获取、内化、增长，是需要研究生在学习过程中不断地归纳、总结，通过累积得以实现。研究生的学习既可以是通过学位课程的课堂教学，也可以是通过导师的指导，抑或是自己通过研读理论著作、参加学术活动、从事研究活动进行。当然，在现代社会中，知识是到处存在的海量信息，研究生只能在有限的时间内收集和积累所需要的知识。这就要求研究生首先要确定获取知识的短期目标。即在一个阶段或时期内，确定一个研究或学习的主题，根据该主题系统而专注地收集、研究相关知识。然后根据事先确定的主题目标，对所获取的知识进行整理、分析、评价、取舍。这种鉴别知识、取舍知识的能力，也是需要研究生经过长期的知识积累、训练才能形成的。

研究生教育的主要内容包括两部分：一是课程学习，即学习前人总结的经验和知识；二是科学研究，即在实践中直接创新知识。而知识结构的构建

---

① 参见辛全萍：《基于导师制的研究生隐性知识获取策略研究》，硕士学位论文，吉林大学，2009年，第7—11页。

和优化，是培养科研能力的关键。一般说来，人的能力的发展是以掌握知识为前提的。知识越渊博，科研能力就越强。世界上许多著名科学家、思想家的成功经验告诉我们，研究生应该在探索中博览群书，在知识的海洋里不断开拓和进取。研究生获取知识，除了短期内为了研究某个主题而进行的专题学习外，还应打开学术视野，不仅广泛获取相关专业的知识，而且对各个时代积淀下来的重要思想成果进行深入学习，以便为自己长期的科研工作储备宽厚的知识理论，打下深厚的理论基础。这不仅是形成和提升个人科研能力的需要，也是社会赋予的作为高级知识分子所应具有的传承人类文明的责任。因此，尽管研究生教育以科学研究、增进新知识为特点，但鉴别知识、筛选知识、获取知识、储备知识、继承文明，是研究生进行科学研究的前提，是研究生教育的起点，因此也是学术训练的一项基本内容。

二、知识发掘——再现经典思想，重新审视文明

作为社会的高级知识分子，研究生承担着传承人类文明、促进文化发展的责任。这不仅需要通过学习既有的知识并加以传承，也需要通过自己的研究创造新知识来增益人类知识总量，还必须通过对各个时代文明遗产进行重新研究、重新发掘，来探寻当今社会发展所需要但被遗失、散落，甚至封杀的思想、理论，从而修补、丰富人类知识宝库。因为，我们所能触及的知识、文化，并不是人类创造的文明成果的全部。由于种种原因，先贤们创造的一些思想、智慧没有被传承下来。这当然有历史变迁的原因，但最主要的是，一些时代的统治者为了一己私利、为了稳固自己的政权，人为地破坏甚至毁灭宝贵的文化遗产。历史上普遍存在的思想钳制就不说了，像秦始皇的"焚书坑儒"、德国纳粹主义希特勒政权推行的"柏林焚书"事件，就是一些典型的摧毁文化、隔断文明的反人类运动。因此，通过自己的学习、研究，来挖掘散失的知识、修补人类文明，理应成为研究生的历史责任。也是研究生进行学术训练的重要内容。

挖掘前人思想文化的基本途径就是认真研读各个时代的经典著作。自人类社会进入文明时代以来，每个时代的人们都面对着不同的问题，但又同时面对着一些相同或相似的问题。每个时代的思想家，都在不断地思考外部世界，思考着人类社会和人类自身，并试图对这些不同和相同的问题苦苦求索

答案。这些答案都以思想和理论的形式流传下来，成为宝贵的精神财富，为人类知识的批判性增长做出了巨大贡献。也正因为今天人们面临的一些问题也是人类一直以来就面临的相同和相似的问题，作为这些问题答案的思想理论，就有着历久弥新的价值。这些经过了历史长河的大浪淘沙，在今天依然有重要价值的思想理论，就是经典。因此，所谓"经典原著"，是各个时代对具有划时代意义的科学成就或堪称光辉典范思想成果的创造性总结，是阐明真理，启人心智，历久弥新，在推动人类文明进步过程中发挥过特别重要作用的原创性著作。正因为如此，德国著名哲学家亚瑟·叔本华（Arthur Schopenhauer）指出，"只有从那些思想的首创人那里，人们才能接受哲学思想。因此，谁要是向往哲学，就得亲自到原著那肃穆的圣地去找永垂不朽的大师。"① 加强对经典原著的阅读，是提高研究生创新思维能力、进行科学研究的最重要途径。所以，经典著作是研究生获取知识、进行研究的知识原点。研究生与本科生读书的一个重要区别就在于，研究生以读经典、原著为主，而本科生以读教材为主。原著是源，是体现着原创精神的首创出来的成果；教材是流，是对原著的剪辑和解读。研究生掌握了原著、文献，就掌握了知识的源头，就可以在更高的层次上去驾驭知识。通过经典著作的学习，还训练了进行科学研究的方法，培育了进行研究必须具备的科学精神。诚如美国心理学家杰罗姆·布鲁纳（Jerome Seymour Bruner）所指出，在科学技术知识大爆炸的时代，教学内容必须有所选择。但是每门学科的基本结构，即那些广泛地起作用的基本概念、基本原理和基本法则的体系，以及研究该学科的基本态度和方法，一定要让学生掌握。这种"整体先于部分"的教育原理告诉我们，必须让学生掌握作为研究知识原点、构成学科整体框架、体现专业精神实质的历史文献，即经典原著。也许正是基于这种认识，美国绝大多数著名大学在文科研究生培养过程中都非常重视原典阅读和教学，芝加哥大学、约翰·霍普金斯大学和普林斯顿大学就是典型的例子。哈佛大学更是把校训确定为：让你与柏拉图为友，让你与亚里士多德为友，重要的，让你与真理为友——这就是"哈佛精神"。

---

① ［德］叔本华：《作为意志和表象的世界》，石冲白译，商务印书馆1982年版，第18—19页。

　　研读经典著作除了使研究生获取知识、学会研究方法、培育科学精神外，还可以独辟蹊径，通过对经典著作进行原创性的研究，发掘新知识，归纳新理论。因为，阅读经典的过程，是从本原上对人文社会科学的一些根本性问题进行深刻领会与反思的过程。长期认真研读和领会这些经过历史检验的经典名著，经过不断思考、质疑、体悟，就能形成较强的鉴别能力和批判能力。这种学术批判能力恰恰是进行原创性研究的必备条件。经典文献以其与生俱有的批判性、原创性，必然浸润、浸染研究生的心灵，培育出批判思维的习惯、方法和能力。而用这种批判思维对经典著作进行创造性研读，必然会得到新发现，形成新观点，产生新思想。这些新发现、新观点、新思想，就是以审视的眼光再现经典所增益的新知识。所以，作为知识递增的定律，没有批判就没有知识的增长。

　　在人类文明史上，在对经典进行深入研究，进而产生新思想、形成新理论、创造新知识的例子比比皆是。如文艺复兴运动就是一些东罗马学者在意大利创办了"希腊学院"，研究并讲授被尘封了一千多年的古希腊的辉煌历史文明和文化，再现了人文精神和科学精神。这种人文精神得到了广泛传播，并被新型的资产阶级所利用，从而掀起了文艺复兴运动、宗教改革运动、启蒙运动，并助产了资本主义这一全新社会形态的诞生。马克思正是在研究从亚里士多德（Aristotle）到亚当·斯密（Adam Smith）、大卫·李嘉图（David Ricardo）、杰里米·边沁（Jeremy Bentham）等西方古典经济学经典的价值论基础上，发现了剩余价值论，从而解开了资本主义剥削的秘密。宋明理学的代表人物"二程"（程颢、程颐）、朱熹等正是在对先秦孔、孟儒学的"仁""爱""心""性"思想进行深入研究的基础上，加进哲学形而上学的思辨，构建了"天理—人欲"说，实现了儒学在汉唐衰落后的再次兴盛，颇有中国的"文艺复兴"之意蕴。改革开放后，政治家和理论家们正是对马克思主义经典作家的思想观点深刻把握的基础上，根据社会主义初级阶段的实际，提出了"社会主义初级阶段""中国特色社会主义""社会主义市场经济"等新论断，推进了中国的改革开放，实现了经济社会的迅速发展和社会主义理论的创新。以上这些理论成果，无疑在各自的时代极大地丰富了当时的知识宝库。研究生以经典著作为原点，进行深入、创造性的研究，并结合经济社会的发展，发掘出对现时代仍有指导意义的思想观点，也必然会实现理论创新，增益人类社会的知识宝库。

三、知识再造——探索未知领域，创造高新知识

尽管通过重新研究、审视前人的经典著作、通过知识发掘，实现了知识的再现，因而在某种程度上也增益了人类知识，但研究生的职责还在于要通过自己的研究，实现知识再造，为人类知识宝库增添新内容，为人类面临的新的时代课题提供新的理性回答，推动人类社会实现新的发展。所以，研究生教育的主要特征是创新，而创新主要是知识的创新。

在人类社会几千年的文明进程中，人类对自然界、人类社会、人自身的认识已经达到了相当高、相当深、相当广的程度。这些认识，构成了人类社会的知识宝库。但相对于无限广袤的宇宙，相对于无限宏观又无限微观的自然，相对于无限发展的人类社会，相对于作为无限进化最高成果的人自身（包括他的身体和他的思维），人类的认识才刚刚起步，人类的知识还极其贫乏。这就为人类的科学研究留出了无限广阔的空间，也为研究生进行创新性研究、创新知识，提供了无限的可能。

知识创造即知识创新。研究生要履行对社会贡献新知识的职责，必须首先实现自己知识的创新。关于知识创新的本质，日本著名知识管理理论专家竹内弘高和野中郁次郎提出了"SECT 模型"，也称"知识螺旋创造模型"（如图 4-1 所示）。[①] 它包括 4 种转化模式：一是"社会化"（Socialization），即隐性知识到隐性知识的转化；二是"外化"（Externalization），即隐性知识到显性知识的转化；三是"组合化"（Combination），即显性知识到显性知识的转化；四是"内化"（Internalization），即显性知识到隐性知识的转化。其中，知识创新主要发生在"外化"模式的过程中，是一个通过"隐喻""类比"和"模型"，将隐性知识显性化的过程。具体说来，知识创新的发生过程是：第一步是"隐喻"，即将两种差别较大的经验领域融合成一个单一的形象或符号，也就是用一个短语表达两个概念，在两件似乎不相关的事物间建立联系；第二步是"类比"，即通过澄清一个短语中两个概念的异同，把隐喻中

---

① 参见 [日] 竹内弘高、野中郁次郎：《知识创造的螺旋——知识管理理论与案例研究》，李萌译，知识产权出版社 2006 年版，第 64 页。

蕴涵的冲突加以调和，这是从纯粹想象到逻辑思维的中间环节；最后一步骤是建立一个实在的"模型"，即将创造出来的新概念明确化和模型化。当然，除"外化"外的其他三种模式，也是知识创新过程所必不可少的环节。[①] 就研究生的知识创新来说，可以用"隐喻""类比"和"模型"三个步骤来解释。研究生在知识的获取和研究中，通过发挥想象力，利用"隐喻"将相去甚远的概念联系起来，构建连接两种不同概念的短语或命题。然后通过"类比"，融合两个概念间的差异。随着差异消解，也就形成了新知识的诞生。把这种新知识用具体的概念、公式或理论框架明确地表示出来，就实现了自己知识的创新。[②]

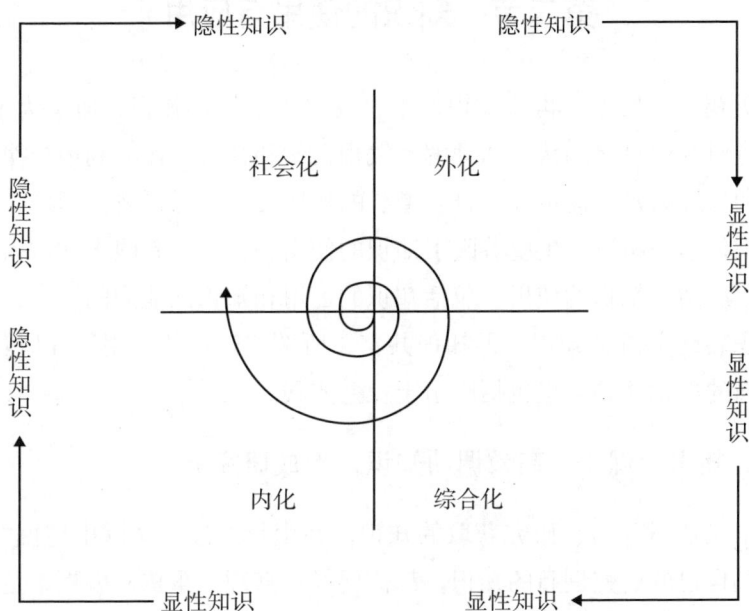

图 4-1 知识螺旋创造模型

研究生实现自己知识创新的过程，也是为社会知识群贡献新知识、增添新内容的过程。研究生在探索新领域、进行学术研究和科学探索活动中，新

---

① 参见［日］野中郁次郎：《知识管理——〈哈佛商业评论〉精粹译丛》，杨开峰译，中国人民大学出版社 2004 年版，第 19—41 页。

② 参见石淼：《研究生知识共享现状与对策思考》，硕士学位论文，内蒙古师范大学，2012年，第 16 页。

颖而独特地提出问题，解决问题，产生有价值的新概念、新阐释、新观点、新理论、新规律、新方法，设计新试验、新计划、新方案、新工艺、新产品、新组织等，就是研究生的创新活动，也是他们创造新知识的过程。研究生通过科学知识创新，创造高新知识，推动着科学理论的发展，通过技术创新，解决了社会发展技术难题，创造出新产品并提高人们改造世界的能力，从而为社会提供着精神财富和物质财富，也就实现了研究生应有的社会价值。既然研究生教育的基本定位是基于研究和学术创新的教育层次，因此知识创新和知识再造是研究生学术训练的基本任务与基本内容。

第二节　知识的使用与应用

人类获取、发掘、再造知识，不是仅仅为了保存知识，而是为了应用，为了增进对客观世界的认识和理解，发现自然和社会规律，利用规律创造物质财富和精神财富，满足人们日益增长的物质文化生活需要。同样，研究生进行知识传承与再造，也应着眼于知识的使用和应用，着眼于增益人类福祉和幸福。所谓"知识的使用"包括知识的运用和知识向能力的转化，也包括个体知识转化为群体知识，即知识共享。所谓"知识的应用"，既包括用知识构建新的理论体系，也包括应用于社会实践。

一、知识管理——高效调动知识，形成研究能力

不论是通过学习、研究获取的知识，在尘封的经典文献中挖掘的知识，还是通过自己的研究创新的知识，都需要经过整理、重构、编程，达到系统化、体系化，以便形成自己的知识体系、理论范式，从而在使用时便于提取，呈现于社会时逻辑严密、体系完整，应用于实践时理论自洽、有可操作性。这种对知识进行整理、重构、编程、提取、应用的过程，就是知识管理。知识管理的能力也是经过训练才能具备的，因此也是研究生学术训练的重要内容。

"知识管理"概念最早出现于现代企业发展研究领域。作为知识管理基础理论的奠基人之一，瑞典的斯威比（Karl Erik Sveiby）博士在1986年出版的《知识型企业》中指出，知识型组织企业不同于传统企业之处，在于经

营依赖于知识和员工的创造能力。而他在 1990 年出版的《知识管理》是第一本用"知识管理"作书名的专著。①"知识管理"被用于教育领域，发端于英国剑桥大学学者哈格维斯（D.H.Hargreaves）1999 年发表的《创造知识的学校》（*The Knowledge-creating School*）一文。国内关于教育领域的知识管理研究，最早可见刘毓 1998 年发表的《学校"知识管理"探微》一文。而关于"知识管理"的内涵，夏书章在《知识管理导论》中介绍了大卫·J. 斯克姆（David J. Skyrme）博士的观点，即是对重要知识（vital knowledge）及其创造、收集、组织、使用等一系列流程的显性的、系统化的管理，它注重于将个人的知识转化为组织的知识并使之得到适当的运用。

　　研究生的知识学习不仅可以通过课堂教学，还可以通过阅读文献资料、参加课题项目研究和各种学术交流等。不管学习知识的形式如何，思维过程都会包括记忆、分析、综合、概括、质疑、创新等。研究生只有管理好思维的每个环节，才能提高学习效率和提高知识的质量。知识管理的技能，包括检索、组织、评价、分析、归纳、概括、综合、表达、交流、应用等。知识管理的训练也就表现为这些技能的训练。当然，知识学习和学术活动中，这些技能一般不是单项训练，多数情况下是一种综合训练。研究生读书学习过程中，要善于把知识要点和学习心得记录下来，并做好索引和保存以便查找，并经常复习、整理已保存好的这些经过思考、整理的知识，不断扩大、提升自己的知识库。知识管理训练可以以一些学术活动为载体进行。如写作主要是表达技能训练的一种重要形式。在写作中，研究生能够梳理所学内容，使之明确化和条理化，并同时训练了如分析、评价、组织、归纳、概括等各项技能。通过这一过程，研究生的知识片段组织起来，个人内隐的知识逻辑逐渐清晰，知识积累获得了螺旋式提升。参加课题研究也是进行知识管理训练的一种有效的综合训练形式。研究生在导师和课题组成员的指导、合作下，参与解决项目研究过程中的一些问题，综合运用自己储备的知识，训练检索、组织、分析、合作等知识管理技能，也实现了知识的积累和创新。之后，研究生还要及时组织、保存课题研究中创造的新知识，实现获取新知识的内化，进一步完善自己的知识体系。此外，研究生还要经常参加研讨

---

① 参见 MBA 智库百科，见 http：//wiki. mbalib. com。

会、学术沙龙、网络社区交互等各种学习、研究活动，在与其他人交流观点、分享知识的过程中，进行获取、分析、组织、表达等知识管理技能的训练。在这些活动中，研究生也需要及时整理、总结交流内容，存储新获取的知识，以完善自己的知识库。

根据知识的性质不同，知识管理可以区分为隐性知识的管理和显性知识的管理。隐性知识的管理，就是对隐性知识进行编码、整理，让隐性知识活起来，使之显性化，通过交流把它变成组织成员共有的知识，再实现内化，最终纳入自己的知识体系中。由于隐性知识的"隐性"特征，研究生对其进行管理时要善于进行意向反思，善于观察，善于倾听，善于运用自己的灵感思维。写日记、写读后感等，都是有效的管理形式。同时，对隐性知识的管理还要通过合作、交流活动来实现。譬如说，研究生通过和导师面对面交流或参与科研合作，可以从导师身上获取隐性知识。把这种习得的隐性知识的感受写出来，或者通过言语试图向别人表达出来，都是对隐性知识的整理、组织过程。研究生在不断的思考和表达中，把内隐的知识尽可能地外化，同时促进了知识的创新和积累，因此是管理隐性知识的有效形式。与隐性知识的管理不同，研究生对显性知识的管理，主要是通过检索、评价、组织和分析等技能实现的。检索也就是对知识鉴别、筛选的过程，这是学习与研究的前提条件。对检索到的显性知识，根据自己需要进行评价和分析，选取有用的知识进行合理的组织、整理和分类保存，建立索引标准或其他个人保存知识的分类和命名规则，以便让所保存的知识能够在日后研究中用得上。这整个过程，就是显性知识的管理过程。当然，隐性知识和显性知识的管理并不是截然分开的，而是在多数情况下交融在一起的。

国外有的学者还把"知识管理"区分为"个人知识管理"和"组织知识管理"。此处探讨的只是"个人知识管理"。有的学者把"个人知识管理"定义为包括7种具体技能的流程框架，即检索信息、评价信息、组织信息、围绕信息进行合作、分析信息、表达信息及确保信息安全。根据该流程框架，美国学者瑞奇·尼尔松（Ricky Nelson）等人把检索、评价、组织、分析、合作以及表达看作个人知识管理的基本技能。经过研究，瑞奇发现，这些技能对发展个人的学习能力、解决问题的能力、思维能力、沟通能力和创造力等，都具有很大的作用。不同的知识管理技能可以促进个人的不同能力发展：检索、评价、组织、分析等技能有助于提升个人的学习和自我发展能力；评价、组织、分析和合作技能有利于提高个人的问题解决能力；评价、组织、分析等技能有助于提高敏捷思维的能力、分析问题的能力和思考问题的能力；评价、分析、合作、表达等技能有助于提高创造能力；合作、表达技能有助于提高沟通能力等。[①] 可见，个人知识管理可以促进个人使用各种有效的技能获取与处理大量知识，并建构个人知识体系、发展知识共享网络，从而促进知识创新。当然，知识管理事实上贯穿于从知识获取、知识储存、知识共享、知识应用到创新知识的各个环节、各个方面。因此，研究生进行知识管理的训练，对于个人学术成长至关重要。

二、知识共享——与人交流新知，促进理论传播

研究生通过获取知识经过自我消化、理解后形成的新认识、新观点，和在自己的研究中发现的新知识，通过有效的知识管理，形成新思想、新理论、新体系。这些内化的新思想、新理论、新体系只有通过广泛交流、传播，实现大小不同层次的学术圈，甚至学界的共享，才能变成社会的知识、公共的认识、公认的理论，才能对社会发展发挥作用。而这种知识共享的能力和习惯，也是需要训练才能形成和提高的。当然，知识共享既是向外传播自己知识的途径，也是交流中吸收他人新知识的过程。

"知识共享"是指以追求知识效用的最大化为目的，实现参与者对知识的共同拥有以及由此产生的加和效应。也就是说，知识共享是指在一定情境中，知识主体通过语言、文字、网络等沟通媒介，以各种交流方式进行的个体知识的外显、传播和吸收、内化的互动过程。通过知识的相互转化，知识不断被赋予了新价值，最终实现双方的知识创新。[②] 具体到"研究生知识共享"，则是指在高校场域，研究生与导师及其相互之间通过语言、文字、网络等沟通媒介，以各种交流方式进行的个体知识的外显、传播和吸收、内化的互动过程。因此，知识共享对研究生群体来说是一个理解知识、传播知

---

① 参见 Ricky K. F. Cheong, Eric Tsui, *The roles and values of personal knowledge management: an exploratory study*, VINE, Vol.40,（2010）Iss.2, pp.204–227.

② 参见张向向：《我国研究生知识共享的路径探讨》，硕士学位论文，西南大学，2014 年，第 14 页。

识、吸收知识、内化知识的过程，借助知识转移和知识交流实现知识创新与共同拥有，进而推进研究生学科专业的发展。在共享知识的过程中，来自他人的评价和建议是最大的收获。因为这些评价和建议可能会带来一种全新的思维视角，有助于研究生自身知识的再度深化。因此，知识共享有助于个人深入理解知识、建立知识网络以及促进与其他人的合作。而随着研究生共享知识圈的不断扩大，其思路也越来越开阔，越容易发现新问题，越有利于知识创新。而他自己的理论观点、思想认识也被越来越多的人所了解，或者被接受。在知识共享过程中，每个研究生都既是知识的吸收者、承载者，又是知识的传播者、创新者。

就研究生个人的收益来说，知识共享可以降低知识获取的成本，提高学习和研究的效率。面对海量的信息和浩瀚的知识，时间有限的研究生如果都靠自己去搜寻和整理信息，再筛选出对自己研究有用的知识是非常耗时的，也是非常困难的。而充分利用各种机会和场合与他人分享知识，将会提升双方的知识获取效率，快速获得有条理、有价值的知识。而且，知识共享还可以拓宽个人的研究视野和思维空间，从而增加知识创新的可能性。知识共享之所以能够为知识创新、理论创新带来可能性，原因在于它加速了知识流转，使专业知识不再附着于个体或小群体，而是成为一种活的资源，从而为知识的重新组合、重构、整合、创新提供了契机。而对参与知识共享的双方来说，知识共享使知识获得了倍增甚至几何指数的增长。"知识若经过共享，双方所获得的信息和经验都会呈线性增长，若再继续与他人共享知识，并将问题回馈、引申，则将会得到指数增长的信息和经验"。[①]

当然，知识共享需要在一定的场所里（譬如说教室、研讨室）进行，也需要学校创造一定的共享环境。日本的亚洲管理大师野中郁次郎的"场"理论，为知识共享的独特场域要求提供了理论论证。野中郁次郎在日本哲学家西田几多郎提出的"场"概念基础上，将"场"定义为"分享""创造"和"运用知识的动态共有情境"等。他认为，就时空及与他人的关系而言，创造知识的过程是以情境为转移的，它需要一个场所。于是，对应

---

① 参见 James Brian Quinn, Philip Anderson, *Sydney Finkelstein.Managing Professional Intellect: Making the Most of the Best*, Harvard Business Review, 1996, 74 (2), pp.71–80。

于知识创造的四个过程，他提出了四个"场"，即"创出场""对话场""系统场"和"实践场"。① 我国学者苏新宁等对野田郁次郎知识创造中的四个"场"作了进一步的论证："创出场"是提供、转移、扩散和共享个人知识，进行面对面交流的场地（如教室、实验室等）。"对话场"是将在"创出场"中孕育出来的隐性知识通过交流、共享而外化为显性知识的场所。在这里，个人的隐性知识转化为部门的显性知识，个人专有知识转化为群里的公共知识。"系统场"是把零散、碎片化、不完全的显性知识通过整序、关联、组合成系统化显性知识的场所。"实践场"则是通过学习外部的显性共享知识，并借助自己原有的知识产生新的个人隐性知识的场所。② 因此，研究生的知识共享，既需要学生的积极主动，又需要学校的大力支持，提供必需的场所。

学校大力支持研究生的知识共享，也是有回报的。因为知识共享不仅使参与活动的个人实现了知识的增长，也实现了培养单位的知识倍增和理论创新。这既培育了专业，也有利于学科建设和学科发展。知识管理大师彼得·德鲁克的公式揭示了知识共享对于组织发展的重要性，即：

$$KM=(K+P)^S$$

其中"KM"是指 Knowledge Management（即知识管理），"K"是指 Knowledge（即知识），"+"代表 Technology（即技术），"P"是指 People（即人员），而"S"是指 Share（即共享）。公式说明，知识管理由"知识""技术"和"人"等要素构成，而"共享"则会使它们的组合呈现指数倍增的效果。可见知识共享在整个机构（学校）发展中起着举足轻重的作用。

总之，知识共享既是研究生个人获取知识、实现个人知识创新的捷径，也是与别人分享自己的观点、思想，传播自己理论、学说的契机，更是学校学位点建设和学科发展的有效途径，因而是研究生学术训练的基本内容。

---

① 参见［日］竹内弘高、野中郁次郎：《知识创造的螺旋——知识管理理论与案例研究》，李萌译，知识产权出版社 2006 年版，第 95 页。

② 参见苏新宁等：《组织的知识管理》，国防工业出版社 2004 年版，第 75—76 页。

三、知识应用——运用知识构建新理论体系，付诸实践促进社会文明进步

知识的价值在于应用，知识只有在与任务、项目结合起来的时候才能体现出自身的价值。所以，研究生通过各种途径学习各种知识并不是目的，不是为了知识而知识，为了学习而学习。学习的目的，是为了应用，为了用这些知识构建新的理论体系，然后应用于经济社会生活，促进经济社会发展。也就是尽可能地应用自己所掌握的知识去解决学习、工作中的问题，而不是仅仅把知识停留在认同与掌握上。就工程类的研究生来说，可以通过自己的研究，发明新工艺、新技术、新产品，较直接地应用于社会生产实践。管理类的研究生，也可以通过发现新的组织形式、新的管理机制、新的管理理念，来促进经济社会管理的优化。但对纯理科和哲学社会科学类的研究生，这种从知识到理论、从理论到社会实践的转化要间接得多，周期和时间要长得多。因此，研究生阶段进行知识应用训练所要解决的问题和完成的任务，主要是如何把习得的各种知识片段整合成完整的个人知识体系，并依此发展为新理论，甚至构建出完整的新理论体系。

就从事学术理论研究的研究生来说，应用知识的训练，首先是把在消化、吸收、重构各种习得的知识基础上创造的新知识，明确、简洁地表达出来。这就需要使用"分析—归纳"的方法。首先，要对所习得的各种显性知识进行整理、分析和组合化。然后对经过分析的知识进行创造性的归纳、整合。在此基础上，根据各个知识片段的内容、性质、所属学科门类，进行分类，实现体系和系统化。在梳理、整合知识的过程中，必然会产生一些体悟和思想火花。这时要随时记下来，并与相关知识链接起来。经过一定时间的积累之后，研究生就要针对特定主题进行专题归纳性写作。也就是围绕某个主题或论题，提取相关知识，撰写总结性文章。归纳性专题写作需要兼顾相关主题知识的全面性、语言表达的高度概括性和知识逻辑的明确性、条理性。这就需要研究生深刻理解相关知识，批判性地审视各种概念、观点，并建构起自己对这一主题的认知和观点，然后使用简洁的语言准确表达出来。批判性思考、全面知识归纳以及准确语言表达，既是研究生个人隐性知识向显性知识转换、提升的过程，也是研究生通过知识

应用，获得新认识、产生新观点、形成新理论的过程。在这个过程中，通过综合使用分析、组织和表达等技能对个人知识进行整合、提升，实现了知识的组合化、外化，也就是知识应用。因此论文写作能够梳理反思内容，使之明确化、条理化，并促进更深入的思考，进而发现新问题，从而在知识应用的基础上实现知识创新的可能。在总结性文章写作的基础上，研究生还可以把产生的新观点、新思想，甚至形成的新理论，以论文的形式撰写出来，在一定范围内交流，或公开发表，在更完整意义和更高层次上体现知识应用的意义。

通过上面的分析可以看出，知识应用是和知识创新交融在一起的。而日本语言学家外山兹比占关于知识创新的"修辞残像"说，正可以说明知识应用和知识创新的机理。外山兹比占教授在《思考的整理术》一书中介绍了已通过"隐喻"和"类比"进行知识应用从而实现知识创新的案例。为了解决"为什么单个的词语组成文章以后，语意就如流水般涌动"这一语言学问题，他通过跨学科领域的"隐喻"来寻求答案。譬如说，单独的音符组合起来后形成了优美的旋律（乐理学领域）；运动的物体遵循惯性法则（物理学领域）；"视觉残像"可以帮助构成完成的视觉影像，也就是"视觉惯性"（生理学领域）。通过这种"类比"，他找到了各种现象的共同点，即"惯性"。由此得出了"心理残像"的结论来揭示上面语言学问题：词语与词语之间的空白会被前一个词语产生的"残像"所掩盖，从而不为人所注意，所以读起来让人感觉"如流水般涌动"。然后，他又用"修辞残像"来解释知识应用中形成的知识创新，即知识片段的"修辞残像"可以形成新的、完整的知识体系。[①] 这一理论也可以用来解释研究生的知识应用到知识创新的过程，即对显性知识的整理、添加、整合、重构、分类，可以通过各个知识片段的"残像"，链接成新知识体系、理论模式。也就是说，对某些原本独立的显性知识片段，如果用不同的方式或顺序重新组合，就会在不同的认知视角下，形成新知识、新理论。因此，研究生训练经常把反思习得的知识片段通过整理组织起来，在对这些知识片段的组合、排列中激发灵感和新的创意，实现知识片段整体

---

① 参见［日］外山兹比古：《思考的整理术》，王丹丹译，北京科学技术出版社2010年版，第57—60页。

化，理论片段体系化，是非常必要的。①

总之，知识获取、知识发掘、知识创造、知识管理、知识共享、知识应用等，都是研究生进行学术训练的基本内容。当然，在实际训练中，这些项目可以有意识地进行专项训练，但在大多数情况下，一些学术、教研活动都是对这些专项技能的综合训练。这些关于知识的技能训练，本身就是研究生科研活动的必要内容、必要环节和基本前提。而不论是知识技能的训练，还是科研活动的展开，都必须遵循科学的方法。

---

① 参见王庆：《个人知识管理视角下的研究生知识创新》，《高教论坛》2014 年第 2 期。

第六章　科学研究方法训练

　　研究生增益科学知识，是通过科学研究来实现的。可以说，"研究"是研究生的天职。而从事科学研究，必须遵循一定的科学方法。在长期的文明演进中，以往的思想家、理论家经过长期的探索，总结出了一系列科学研究的基本方法。这些方法，必须通过扎实的训练才能掌握。研究生在掌握这些基本方法的基础上，也可以根据时代的进步和科学理论的发展，探索出新的研究方法，在人类文明史上，留下自己的印记。根据本书定位，本节仅探讨社会科学研究方法。

第一节　分析研究方法

　　宏观的研究方法如唯物辩证法、历史辩证法、矛盾分析法、阶级分析法等，是哲学社会科学研究所必须遵循的根本方法论原则，也是文科研究生所必须熟练掌握的基本方法。这些方法实际上是指导并体现在具体研究方法论中的总的方法论原则。限于篇幅，对这些方法论总原则，本章不展开论述，而是集中在一些具体的、实操性的研究方法方面。

一、个案研究法

　　个案研究法，又称案例研究法，是以一个人、一个团体、一个地区或一个事件为研究对象，运用观察、访谈、历史数据、档案材料等方法收集信息，综合运用各种方法和技术进行科学分析，对其各个侧面、发展过程及其与环境的关系、解决问题的对策等进行深入研究，从而得出可适用于一定范围的普遍性结论的研究方法。"个案研究"这一术语最初起源于医学诊治病案和侦破学中的刑事案例，并逐渐被推广和应用于心理学和教育学领域。作为社会科学领域的一种研究方法，最早可追溯到 19 世纪中期法国社会学领域，已有 100 多年的历史。法国社会学家利普雷（Frederie Le Play）对工人阶级的家庭状况进行了研究，并发展出了个案研究方法。后来，英国人类学家马林诺夫斯基（Malinow ski）在特罗布恩德群岛以民族志为主题进行了个案研究。19 世纪末 20 世纪初，芝加哥学派[①] 社会学者把个案研究作为重要工具，进一步应用于对工业化和都市移民等问题的探讨。之后，"个案研究法"被泛应用到历史学、管理学等领域。[②]"个案研究法"实际上就是毛泽东一贯提倡的"解剖麻雀"的方法，即通过对典型的个别案例的分析，得出具有普遍应用性的结论。在个案研究法的应用中，国内学者多倾向于得出可适用于一定范围的普遍性结论，国外则强调特殊性和例外性，即主要以例外的事项为主，旨在发现独特的人或事物，研究结果不带普遍性，因而无法推论到研究以外的其他个案。

　　个案研究法一般包括以下步骤和环节：（1）确定研究问题；（2）设计方案；（3）选择个案；（4）收集资料、数据；（5）分析数据，研究资料；（6）撰写研究报告。在个案研究中，个案的选取是各个环节中的关键因素，因为它直接影响整个研究的效果和质量。个案的选择可以分为以下几种抽样：一是代表性个案抽样，即选取有代表性的个案；二是关键个案抽样，即选取对事件产生决定性影响的个案进行研究；三是极端型个案抽样，即选择非常极端的情况进行调查；四是配额抽样，即从不同的层面中进行抽样比较研究；五是声望个案抽样，即选取公认的信用较高的人进行研究；六是滚雪球式抽

---

① 芝加哥学派（Chicago School）是许多不同学科学派的统称，因这些学派都源自芝加哥大学（或芝加哥市），故名芝加哥学派。芝加哥学派包括芝加哥经济学派、芝加哥建筑学派、芝加哥传播学派、芝加哥数学分析学派、芝加哥气象学派等等。其中最著名的当属芝加哥经济学派（Chicago School of Economics）和芝加哥社会学派（Chicago School of Sociology）。本处是指芝加哥社会学派。芝加哥社会学派，是指 20 世纪初至 30 年代，围绕芝加哥大学社会学系形成的社会学学派。1892 年美国社会学家 A.W. 斯莫尔（Albion Woodbury Small）在芝加哥大学建立了世界上第一个社会学系，开设了第一个社会学研究生班，成为同期美国及世界上最成功的社会学系。以后影响日益扩大，逐步形成了芝加哥学派。——作者注

② 参见潘慧玲：《教育研究的取经：概念与应用》，华东师范大学出版社 2005 年版，第 182—186 页。

样，即从一个人、一件事研究开始，根据研究的展开不断调查更多相关人、事的研究过程；七是效标抽样，即事先设定抽样标准、条件进行抽样的方法；八是证实和证伪个案抽样，即从正反两个方面抽样验证或推翻初步研究的理论假设；九是综合抽样，即综合选用各种抽样。[①] 收集资料、数据的途径主要有问卷、文献、档案记录、访谈、观察、文件分析、实物证据、网络资源、投射技术等。关于数据、资料的分析，美国学者莎兰·B.麦瑞尔姆（Sharan B. Merriam）认为包括检查、分类、列表、检验或将定性与定量资料结合起来证明最初提出的理论假设。并指出分析有三个层次：第一是描述性分析，即叙事；第二是类别构建，通常是通过不断比较的方法构建起来；第三是理论建构。[②] 这主要是从定性方法视角对个案研究方法进行的分析。近年来，也有些学者为定性数据的分析研发出了一些软件，如澳大利亚的国际定性研究公司（QSR International）公司开发的 Nvivo，就是一种功能强大的定性（质性）分析（Qualitative Data Analysis）软件。它能够有效地分析多种不同的数据，如大量的逐字稿文字、影像图形、声音和录像带等数据，是实现质性研究的最佳工具。

个案研究法有以下特点：第一，最大特点是深入细致。由于个案研究一般是探索性的，很难在调查前就完全确定调查的范围、项目。因此，研究者必须作深入细致的工作，最重要的是熟悉研究对象，熟悉他（它）的各个方面，熟悉他（它）的历史，熟悉与他（它）相关的人、事。因此需要层层深入，认真细致。第二，是一种涉及多方法的综合研究。综合使用观察法、谈话法、问卷法搜集材料，综合运用多种方式分析研究。第三，通过典型案例揭示普遍规律。个案研究法贯彻共性与个性的关系原理，试图从个别中归结出一般规律，以便指导实践。第四，能够起到描述、解释和评价三个方面的作用。个案研究通过对某一事物或现象加以清晰的刻画和描述，给读者以情境的再现和直观的感受；通过对特殊现象的解释，试图构建一般模式；通过对事实材料的分析评价，总结一般原理和规律。

---

① 参见潘苏东等：《作为"质的研究"方法之一的个案研究法的发展》，《全球教育展望》2002 年第 8 期。

② 参见［美］莎兰·B.麦瑞尔姆：《质化方法在教育研究中的应用：个案研究的扩展》，于泽元译，重庆大学出版社 2008 年版，第 44—45 页。

个案研究法由于选取比较典型的个别人物或事例进行研究，因此可以节省时间，节省人力物力。同时，个案研究由于综合使用了各种技法进行搜集资料和资料分析，因此能够较全面地反映个案的实际情况，比较准确地再现事件或事实，以便达到"窥一斑而知全豹"的目的。从而具有其他研究方法不能代替的特点和优势。同时，个案研究法也有自己的局限性，主要是：第一，个案研究不能确定的因果关系。一般说来，个案研究是一种初步研究，它不能提供最后的、确定性的、可广泛使用的因果关系，而只是提出可能存在的因果联系。第二，个案研究结论的普遍性有一定限度。个案研究虽然试图从典型案例中推出一般的、普遍的结论，但这只是从多个案例综合分析的趋势上说的，一个案例很难达到这样的目的。因此，个案研究中得出的结论，要慎重推广。第三，个案研究有一定的主观性。从收集材料时的取舍、分析时的倾向性等各个方面，都不可避免地有研究中和被研究者的个人价值与主观好恶在里面，一定程度上影响了个案研究的客观性。

二、社会调查法

理论联系实际是从事社会科学研究所必须遵循的最基本的原则之一。因此，社会调查法也就是进行社会科学研究所必须掌握的首要的和基本的方法。

社会调查是运用科学的方法，有计划、有步骤地考察研究社会现象或社会问题，直接获取社会资料并分析相关因素及其相互关系，以达到掌握社会实情、解决社会问题的方法。它主要是通过问卷、观察、访谈、开调查会等形式，利用普查或抽样调查等手段来收集大量事实资料，用以说明、解释社会现象和社会问题的方法。社会调查法适用于对现象的描述与解释及对人们态度的研究。根据社会调查方式，有普查法、抽样调查法、个案调查法。而从搜集资料的方法上，又可细分为问卷法、观察法、访谈法、座谈会法、文献法、函调法等。从实施步骤上，可分为拟定调研题目、制订调研计划、搜集资料、分析资料、撰写研究报告等环节。以下是搜集资料、进行社会调研的几种主要方法。

1.问卷调查法。问卷调查法是研究者利用调查问卷获取研究资料的方法，它要求被调查者对问题作出简单而明确的答复。使用问卷进行调查一般包括以下几个步骤：确定调查目标，设计调查问卷，发放和收集问卷，对问卷进行整理、分析，写出调研报告等。在这些环节中，最重要的是设计好调查问卷。设计问卷的一般步骤是：第一，根据研究时间、调查范围、调查对象、分析方法等决定问卷的形式；第二，根据研究的主题列出问卷纲要，确定所要收集的资料项目；第三，根据纲要和项目确定指标，并列出具体的问题；第四，按照一定的逻辑顺序排列问题，设计问题流程图，使问题条理化；第五，编制出问卷草案，请有关专家进行评审和修改；第六，在小范围内对问卷的效度和信度进行试查，并根据情况作最后的修订。问卷有两种基本形式，即开放式和封闭式。开放式问卷的问题虽然对每一个受访者都是一样的，但受访者可以根据自己的情况自由作答。封闭式问卷不仅问题相同，而且每一问题有若干个可能的答案，受访者可在其中选择认为最恰当的一个答案。当然，在社会调查中经常采用两种方式相结合的办法，即一份问卷中既有开放式问题，也有封闭式的问题。具体说来，问卷调查表中一般包括四大类问题：一是客观性问题，如年龄、性别、职业、学历等；二是主观性问题，如受访者判断、信念、主观感受、价值倾向等；三是趋向性问题，即在某种假设条件下受访者会采取什么行为等；四是解释性问题，即人们为何具有某种态度或行为等。设计问卷时，要注意以下几个问题：在问题的表述上要适合对象所处的文化和社会背景；要做到措辞通俗简洁，不用冷僻字眼，不要硬造生词；语意不可深奥、抽象或模棱两可，避免歧义或误解；注意问题排列的系统性，同类问题排放一起；问题排列应按逻辑关系从简单到复杂，从一般到特殊等。

总的说来，问卷调查法本质上是一种实证的方法，它是一种从宏观角度、采取定量手段、依据客观验证来认识和说明社会现象的调查研究方式。同时，问卷调查法也是一种比较经济的方法，通过邮寄或其他方式分发问卷，便于进行大区域范围的调查。通过问卷的控制，可以使资料收集的范围、目的更加明确，指向性更强。规格化的问卷还便于资料的量化处理，有利于后期数据整理和调研报告的写作。当然，问卷调查法也有一定的局限，如对调查对象的能力有一定的要求，应能看懂问卷、领会问卷的意图等。而且，由于调查者与调查对象之间缺乏相互沟通的机会，对于一些复杂的问题，容易产生误解从而影响研究资料的准确性。另外，由于调查者对调查对象的控制较弱，问卷的回收率也是一个问题。

2. 访谈法。访谈法也叫访问法，是指调查者与被调查者通过有目的的谈话，向被调查者征询答案、了解事实或获取信息，以收集资料、研究问题的方法。访谈法可以是当面谈话，可以是电话访谈，也可以是借助 QQ、微信等网络媒介进行的聊天。根据被调查者的人数多少，又可分为个别访谈、小组谈话和座谈会。访谈法的基本程序是，第一，明确访谈目的，确定访谈项目；第二，制订访谈计划，拟定访谈提纲；第三，选定访谈对象，确定时间、地点；第四，实施访谈计划，做好访谈记录；第五，分析访谈记录，撰写访谈报告。访谈法的原则是：第一，访谈的目的是了解情况而不是表达看法，因此要少说多听；第二，访谈者不能诱导受访者，以便了解受访者的真实看法和客观态度；第三，访谈时，访谈者不能对受访者进行价值评判，以免影响受访者真实表达自己看法；第四，访谈者要口问、耳听、眼观、心思、笔记同时进行，尤其要作好谈话记录；第五，访谈时，应善于辨别真相与假象，随时对于访谈对象的陈述进行真伪判断；第六，访谈中，既要重视受访者的谈话，也要注意其肢体语言、神态变化、心理反应等。在访谈法中，由于研究者与研究对象直接接触，有利于信息的及时反馈，可及时排除研究者与研究对象之间的误解，从而提高研究资料的准确性。访谈法可以使受访者直接表述自己对于某些事物的看法、感受等，易于了解访谈对象的说法、看法，其他社会科学调查方法很难做到。访谈中可以对受访者进行观察，对言辞、语气、神态、动作等形体语言和心理状态进行分析判断，可以了解到更多隐蔽的信息，因此有利于获取全面、详尽的资料，能够发挥其他调查方法起不到的作用。当然，访谈法也有自己的局限性，如对于一些比较敏感的问题，存在研究对象进行回避或不说真话的情况。所以，受访者的有些说法可能不真实、不全面，有些说法可能与做法不一致，在研究时要加以甄别。

3. 观察法。观察法主要是指直接通过眼睛等感觉器官或借助科学仪器，运用科学方法，有目的地对调查目标进行现场或实地考察，以取得资料和数据，了解事实和真相的方法。一般是为了验证某种理论假设而有计划地对社会现象进行察看的社会调查方法。从观察者在观察时的角色看，观察法有参与观察和非参与观察两种。参与观察是指观察者本人直接参与到被观察者的活动中进行观察；非参与观察是指观察者不参与被观察者的活动，只是局外旁观。从观察活动的要求上，观察法可分为控制观察和非控制观察。控制观察，即观察技术的标准化和观察时的因素控制，如对被观察者的性别、年龄、教育的要求等。这样，实际上就有四种形式，即有控制的参与观察、无控制的参与观察、有控制的非参与观察、无控制的非参与观察。其他的观察方法还有：参观，即通过预约的方式到计划观察的单位进行观察；列席会议，即观察者列席观察对象的会议，对于会议召开情况进行观察。观察法的一般步骤是：确定观察目的，筛选观察项目；制订观察计划，确定观察对象；实施观察计划，做好观察记录；整理观察资料，分析观察结果；撰写观察报告，总结经验教训。观察法应遵循的原则是：客观性原则、全面性原则、高信度原则、目的性原则、计划性原则。观察法的优势在于，第一，可以获得第一手资料，是一切社会科学研究的基础。可以说，一切社会科学理论和对规律的认识最终都来源于对于客观社会现象的观察。第二，可以对第二手资料和理论假设进行验证。第三，能够了解社会现象发展的全过程。当然，观察法也有自己的局限：一是对于过去和未来的社会现象无法观察；二是对超宏观、超微观的现象难以观察；三是无法直接了解人的内心活动；四是观察者本人和观察活动本身的个体因素可能会影响观察结果。

其他的社会调查方法还有，（1）实地考察法，即研究者亲临实地，在自然状态下观察正在发生的现象的方法。它可以综合运用观察法、访谈法、座谈法、测量法等技术手段。（2）社会测量法，即通过一些社会量度指标，用定量的方法研究包括人类意见、态度在内的社会现象的方法。主要是运用量度表的技术，对人们的社会地位、社会关系、群体结构、意见态度和行为发展的趋势作定量的研究。（3）个案调查法，即"解剖麻雀"的方法。研究者通过细致考察某一典型单元（如一个单位、一个组织等）的各个方面，获取对所选典型的全面认识。被考察的单元可以是一个人或者一个集体。这是一种由点及面的方法，通过对典型的深入研究，找出典型点的经验或教训，以指导面上的工作。这里说的"个案调查法"是狭义的，也就是仅从作为搜集资料的一项基本方法上说的，因此是"社会调查法"的一种技术手段。广义上的个案研究法或个案分析法，是从个别与一般的宏观层面上，通过个案研究分析问题的全局、全面性质的研究。如从一个时期的断代史，可以分析整个历史进程和规律；可以通过对一国社会主义实践的分析，归纳社会主义的一般规律等。这个层面上的"个案研究法"是与"社会调查法"并列的研究方法（上文已有论述）。(4) 文献法，即从文献、档案、报纸、书刊、报表以及历史资料等各种社会信息中间接收集资料的方法。这里说的"文献法"也是从狭义上说的，仅仅是作为社会调查中搜集资料、获取信息的一种方法和途径来说的，属于"社会调查法"的一种技术手段。广义上的"文献研究法"，是指通过文献资料和原始材料，通过逻辑分析，来研究理论、挖掘思想的方法。这也是和"社会调查法"并列的一种研究方法（详见下文）。

在通过以上几种技术手段获得数据后，社会调查法的一个最重要的环节是写好研究报告。当社会调查资料的整理、汇总、统计、分析工作完成以后，就进入撰写研究报告的环节。研究报告是对于调查成果包括调查过程、调查资料的阐述，又是对一开始所设置的调研目的中所要解决问题的解答。它作为科学情报在社会科学的研究中起到信息储存和交流的作用，也为进一步的研究奠定了基础。研究报告还可以分为描述性报告、解释性报告和建议性报告等。所谓描述性报告主要是叙述作为研究对象的社会现象的一般状况，以便使人们了解和掌握某种社会现象的情况。它只是客观地反映某种状况，无须解释社会现象之间的相互关系，不作任何主观评价。解释性报告除了对社会现象进行简单描述外，主要是说明社会现象之间的相互关系，从而对作为研究对象的社会现象产生的原因、发展过程及其后果或趋势作出科学的解释。建议性报告主要是研究者在对调查资料分析的基础上，提出一些建设性的意见或措施，为有关部门改革某些不合理的状况提供咨询。撰写研究报告要根据研究需要、研究性质和读者对象来决定报告的形式和结构。然后再按照研究报告的相应文体要求和格式撰写。撰写报告时，应该仅仅依靠资料的事实得出研究成果，不得根据主观的需要，随意曲解、删改或删除资料。研究报告的基本结构是：第一，报告的开始要简单说明研究目的和研究成果；第二，介绍本研究的背景材料；第三，对研究假设加以解释，阐述研究假设的理论根据和事实根据；第四，说明报告的研究方法以及完成情况；第五，对研究成果加以分析和解释；第六，结论和总结。写研究报告的基本要求是：结构合理，内容精练，语言精确，主题明确，严谨、简明、凝练。①

注重社会调查，是马克思主义学者的优良传统。马克思在巨著《资本论》中大量引用了许多社会调查资料，还专门开列了《工人调查表》。恩格斯经过两年的实地调查，写了《英国工人阶级状况》。毛泽东历来重视社会调查，一生做了大量的社会调查研究工作，《湖南农民运动考察报告》《兴国调查》等就是他调查研究的代表作。他还探索出了一整套社会调查的方法，主要是：(1) 游学调查法。1917 年、1918 年，毛泽东在湖南广大农村地区进行游学，了解当地农民的生产和生活状况，广泛接触了社会的各阶层，深切感受到了农村中极为不平等的社会关系，为他以后的革命道路、治国方针的制定，奠定了坚实的基础。(2) 访谈调查法。有个别访谈和集体访谈（开调查会）两种。毛泽东 1930 年的《寻乌调查》，1941 年的《关于农村调查》都是在访谈基础上完成的。(3) 听取汇报法。毛泽东 1956 年的《论十大关系》就是从 1955 年到 1956 年在广泛听取各地、各部门报告基础上写成的。(4) 文献调查法。从书籍杂志和报纸上收集有关材料，是毛泽东一生的生活习惯，也是他了解社会的一条有效途径。毛泽东一贯重视调查研究，不仅号召全党"大兴调查之风"，而且自己身体力行，为我们党的调查研究优良传统的形成和发展做出了巨大的贡献，为我们树立了调查研究的光辉榜样。中国共产党正是得益于这一"法宝"，才领导中国人民取得了革命和建设的伟大胜利。深入实际，了解中国国情，成功地将马克思主义普遍原理同中国的具体实践相结合，领导中国人民取得了新民主主义革命以及社会主义革命和建设的伟大胜利。② 因此，社会调查研究法，也是研究生必须努力训练、熟练掌握的基本科研方法。

三、社会实验法

实验是科学的基石，没有实验就没有真正的科学，尤其自然科学更是如此。因此，实验是科学研究的基本方法。作为社会科学的研究，社会实验法

---

① 参见沈关宝等：《社会调查方法问答》（一、二、三、四），《社会》1982 年第 2 期、第 3 期；1983 年第 1 期、第 3 期。

② 参见陈智：《毛泽东的社会调查方法》，《四川师范大学学报》（社会科学版）1994 年第 3 期。

也是一种重要的研究方法，有着其他方法所不能代替的作用和效果。所谓"社会实验法"，就是在一定的人工设计条件下，或按照一定的程序，通过人为地改变某些社会因素或控制某些社会条件，来考察某些社会现象之间的因果关系，从而揭示社会现象变化发展的规律的方法。① 小型的社会实验，可以按照相似性的原理，将调查对象分为两组，其中的一组为实验组，另一组为控制组。在保证两组需要控制因素上具有相似性的情况下，将实验条件施加于实验组，而控制组则不接受实验条件。也就是改变或控制一个或几个变量，以观察、比较不同的结果。最后把这两组对象在实验前后的变化结果加以比较分析，从而获得实验结论。社会实验法一般是应用统计原理来控制社会现象的变项，探寻现象之间的因果关系。大范围的社会实验，一般把一个人群作为实验组，而整个社会作为类似的"控制组"。通过实验人群在控制的社会条件下的变化，再与全社会情况的比较，来研究某个社会问题，寻找某些社会规律。另外，从宽泛意义上说，一项社会政策出台前，把某个区域或部门作为试点进行政策试行，以检验政策的合理性和可操作性，也是一种社会试验方法。这种方法可用试点与其他地区、部门比较的方法，也可以从推行政策前、后的变化比较方法，来检验政策的效度和信度。作为科学研究意义上的社会实验法，分组比对法一般说来更规范、更严密、更科学，因此也用得更多。

宽泛意义上的社会实验法，在历史上也被广泛使用。如伟大的空想社会主义者罗伯特·欧文（Robert Owen）接受了唯物主义启蒙学者的学说，即人的性格是先天组织和后天环境尤其是幼儿时期的环境的产物。于是，他把工业革命看作运用这一理论并治理混乱社会秩序的好机会。他在曼彻斯特领导了一个有500多工人的工厂，就试行了这个理论，并且获得了成效。从1800年到1829年间，他以同样的理念管理了苏格兰的新拉纳克大棉纺厂，而且行动上更自由。他把这个满是极其堕落分子的地方变成了一个完善的模范移民区，酗酒、警察、刑事法庭、诉讼、贫困救济都绝迹了。而他之所以能做到这点，只是由于他使人生活在比较合乎人的尊严的环境

① 参见嘎日达：《社会实验与自然科学实验的方法论比较》，《北京行政学院学报》2002年第2期。

中，特别是让成长中的一代受到精心的教育。他发明了并且第一次在这里创办了幼儿园。孩子们在幼儿园里生活得非常愉快，父母几乎领不回去。实验获得了使他名闻全欧的成效。通过实验，欧文发现了剥削的秘密，并得出了劳动果实应当属于劳动阶级的结论。所以，欧文的"共产主义"是通过这种纯粹营业的方式，通过商业计算产生出来的。1823年，欧文又提出了通过共产主义移民区消除爱尔兰贫困的办法；1824年，又在美国印第安纳州买下1214公顷土地，开始新和谐移民区实验。尽管他的社会实验没有达到他彻底改造社会的目的，但他提倡的一些提高工人地位的社会措施被采纳。如英国出台的第一部限制女工和童工的法律，组织起合作社等，就有欧文的功劳。①可见，社会实验法不仅可以证明或推导出科学理论，而且也能极大地推动社会进步。从宽泛意义上说，我国的改革开放也是一种社会实验。

　　严格意义上的社会实验法，是受自然科学的影响和启发，把自然科学方法应用于社会研究领域的新社会学说，如"社会物理学""社会生物学"等。19世纪30年代，法国著名哲学家、社会学的创始人奥古斯特·孔德（Isidore Marie Auguste François Xavier Comte）提出了实证主义哲学命题，主张用自然科学的实证方法来研究社会现象。他认为，一切科学知识必须建立在来自观察和实验的经验事实的基础上，研究社会现象和研究自然现象一样，也应该采取观察、实验和比较等实证方法。之后，法国社会学家杜尔凯姆进一步发展了实证主义的社会研究方法论，认为社会现象可以用自然科学的方法加以分析和解释。实证主义强调观察和实验是理论的基础，理论是对经验事实的归纳，即实验在先，理论在后。到19世纪末20世纪初，自然科学由经验阶段进入理论阶段，其研究逻辑也发生了根本的转变，理论成为实验的先导，即理论—实验—理论，也就是所谓"理论先行"原则。实际上，在现实社会实验中，理论和实验是相互交叉和融合的。②

①　参见《马克思恩格斯全集》第19卷，人民出版社1956年版，第214—217页。
②　参见嘎日达：《社会实验与自然科学实验的方法论比较》，《北京行政学院学报》2002年第2期。

　　社会实验法的一般步骤是：（1）明确要验证的理论或者要实验的目的，提出理论假设；（2）制订实验计划，确定观察指标、实验变量；（3）选取参加实验的适合人群或组织，并分为实验组和控制组；（4）根据目标和计划，改变实验组的某些社会因素或控制社会条件；（5）观察并记录进行条件控制后的实验组变化情况；（6）实验结束后整理、分析各种实验数据，对比实验组和控制组的不同情况，对比实验组没有进行实验前和实验后的变化情况；（7）写出实验报告，形成包括新命题的结论性成果。

　　社会实验法通过借鉴自然科学研究的方法，引进了可量化的指标、数据分析、理论模型等，使社会科学的研究更加精确化、科学化，因此极大地提高了社会科学理论的可信性和科学性。当然，社会实验法也有自己的不足。一是当社会实验的对象处于实验环境或得知自己在被观察和研究时，其行为和态度会发生较大的变化，从而影响实验结果的客观性，即发生所谓的"霍桑效应"[①]。二是实验人员先入为主的预期心理会导致他们只看到想要看到的现象，而非真实的现象，从而使实验结果发生偏差。这种现象被称为"期望效应"。如1966年，美国心理学家罗森塔尔（Rosenthal）在一所中学对18个班级的学生进行了预测未来成就的心理测试，并告诉他们的老师，哪些学生获得了高分。实际上，这些学生是随

---

① "霍桑效应"是在哈佛大学教授乔治·埃尔顿·梅奥（George Elton Mayo）主持的社会实验——霍桑实验中发现的。20世纪30年代，美国芝加哥西部电器公司的霍桑工厂为了提高生产效率，与哈佛大学合作，共同进行了一项旨在研究工人的生产效率是否与工作环境相关的社会实验。在实验中，根据"照明"等工作环境与"效率"相关的假设，把装配电器的工人分成"实验组"和"对照组"两个小组，并分别安排在不同房间里工作。"对照组"的照明条件保持不变，而改变"实验组"的照明条件。实验结果表明，不仅增加照明度的"实验组"生产量提高了，而且没有增加照明度的"对照组"生产量也提高了。但研究人员惊奇地发现，"实验组"的生产效率随着环境的任何改变都有所提高，甚至那些明显不利于生产的环境变化也能导致生产效率的提高。经过认真的分析，梅奥、迪克逊、罗特利斯伯格等心理学家、社会学家得到一个结论：导致实验组生产效率提高的真正原因并不是工作环境的变化，而是实验活动本身，是研究人员的出现使得实验组的工人感到自己是特殊的，他们开始相互了解、相互信任、相互协作，积极工作。正是这些心理因素，而不是研究人员所控制的环境条件，引起了生产效率的提高。（参见嘎日达：《社会实验与自然科学实验的方法论比较》，《北京行政学院学报》2002年第2期）——作者注

机挑选的，但老师们被引导而相信这些孩子是高分获得者。一年之后，进行智商测试，结果发现那些被随机贴上"高分"标签的学生确实比其他学生有更显著的进步。这表明老师的期望和学生本人接受的心理暗示共同影响了实验结果。三是社会实验受社会环境和伦理道德的影响与限制，甚至还可能受到各种社会因素的干扰。如果告诉被实验者，可能会因被实验者的心理变化而影响实验结果。如果不告诉被实验者，就会出现道德甚至法律问题。[①] 此外，社会活动是在巨大的空间和超长的时间里展开的。要把握人类社会发展规律，需要对整个人类社会和整个人类历史进行分析，才能得出可靠的、一般的、普遍的结论和规律。由于时空和规模的限制，以社会断面或局部为样本的社会实验法，显然是不能达到这样的要求的。

四、统计研究法

狭义的统计研究法也叫统计分析法或数据分析法，是社会研究或自然科学研究中搜集、处理、分析数据的方法，是一种技术层面的手段、方法。广义的统计研究法，是用统计的手段进行科学研究的方法。它不是仅仅局限在数据处理上，而是就某一方面或某一问题，通过广泛占有数据，在综合比较、分析、整理、总结统计数据的基础上，验证某一理论假设或提出新理论观点的方法。作为一种科学研究方法，统计研究法不仅可以应用于自然科学，而且也广泛应用于社会科学。本节主要探讨社会科学中的统计研究方法。

统计理论是在漫长的社会实践基础上，逐渐产生和发展起来的。据《尚书·禹贡》记载，我国早在公元前21世纪的夏朝，就有了人口和土地的统计数字。古希腊和古罗马也在很早就有了各城邦的土地与人口的统计。但那时的统计还仅仅是收集一些原始的资料，进行一些简单的计算，谈不上真正意义上的统计学。随着资本主义的发展，工业、商业、交通、对外贸易等各方面的数字统计需求，推动了统计学的产生和发展。17世纪以来，统计理

---

① 参见嘎日达：《社会实验与自然科学实验的方法论比较》，《北京行政学院学报》2002年第2期。

论方面先后出现过"国势学派""政治算术学派"和"数理统计学派"①。18
世纪中叶，德国著名学者哥特费里德·阿亨瓦尔（G.Achenwall）在《近代
欧洲各国国势学纲要》一书中第一次使用了"统计学"一词。统计研究一开
始局限于经济领域的数据统计。比利时统计学家阿道夫·凯特勒（Adolphe
Quetelet）把概率引进统计后，使统计在研究社会的随机现象的数量方面提
高了准确性，统计在社会研究中的作用日益被重视。统计研究也因此成为社
会科学研究的一种重要方法。近些年来，随着计算机技术在统计研究中的运
用，统计方法在社会研究中的应用范围不断扩大。现在，不仅对数量关系比
较明显的社会现象的研究能够用统计分析，而且过去认为不易定量的一些社
会现象也可以进行统计分析研究了。因此，统计研究方法在社会科学领域中
应用非常广泛。

统计研究法之所以能在社会研究中发挥作用，是因为社会现象同自然现
象一样，也同样存在量的规定性和数量关系。世界上一切事物都是质和量的
统一，都有质的规定性和量的规定性。而且，质和量是互相依赖、不可分割
地规定了事物的属性与性质。要认识事物的本质，掌握它的规律性，不仅要
把握事物的性质和特征，而且要准确掌握表现这些事物性质、特征的数量，
把握反映事物不同质的数量界限，即"度"。统计研究正是通过对事物"量"
的规定性的分析研究，来把握事物的"质"的规定性，从而把握事物发展的
规律。当然，社会现象不同于自然现象，它是由具有主观能动性的人及其之
间的社会交往活动所呈现的。由于人们的利益不同，兴趣、爱好、习惯、观
点差异，就使得社会现象极其复杂，而且很多社会现象难以量化。这些，都

---

① "国势学派"又称记述学派，产生于18世纪的德国。由于该学派主要以文字记述国家的
　显著事项，故称记述学派。其主要代表人物是海尔曼·康令（H.Conring，1606—1681）
　和阿亨华尔（G.Achenwall，1714—1772）。"政治算术学派"是运用计量和比较分析的方法，
　研究社会经济现象的统计学派。17世纪产生于英国，代表人物为威廉·配第。他利用实
　际资料，运用数字、重量和尺度等统计方法对英国、法国和荷兰三国的国情国力，作了
　系统的数量对比分析，为统计学的形成和发展奠定了方法论基础。马克思说：威廉·配
　第——政治经济学之父，在某种程度上也是统计学的创始人。"数理统计学派"是把概
　率论引入统计学而形成的统计学派。19世纪中叶，其奠基人、比利时物理和统计学家凯
　特勒，将概率论用于研究经济社会现象，使研究社会经济现象的统计方法在"政治算术"
　的基础上，在准确化的道路上大大跨进了一步。——作者注

增加了统计分析研究社会的难度。但这并不影响统计研究在社会科学研究中的作用。因为，既然社会现象也存在着"质"的规定性和"量"的规定性，那么以研究"量"的规定性为对象的统计分析，就能够在社会研究中发挥重要作用。而且，用统计研究法研究社会科学，也是社会科学从长于思辨、宏观、趋势性研究，走向更加科学化、精确化的必然要求。

概括地说，统计研究法是根据统计研究的任务和要求，以统计资料和客观事实为依据，运用各种统计学原理和分析方法、技术，对社会、经济现象在一定时间、地点、条件下的总体数量特征及数量关系进行分析，以探索事物的性质、特点和内在联系，揭示事物的本质特征和发展规律，从而验证理论假设或构建新理论的方法。也就是用统计学中有关搜集、整理、分析资料的原理和方法，由数据、图表来描述社会现象的变量之间的分布状况，和用数理统计来分析、推论大量的错综复杂的变量关系，以解释和推论人类社会现象。统计研究的对象涵盖了社会、经济、科技和自然等现象的数量规定与数量关系，既研究确定性现象，也研究随机现象、模糊现象和其他不确定性现象。

统计研究法的一般步骤包括：一是选题，即确定分析的课题；二是设计、确定分析指标体系；三是搜集、整理统计数据；四是选择统计分析方法，进行统计分析；五是在统计、分析的基础上，撰写研究报告。统计研究方法大致可分为统计分类分析法、综合评价法、因素分析法、状态分析法、相关分析法（联系分析法）、趋势预测分析法等几种。数据的统计、分析方法主要有以下几种：（1）回归分析法，即确定两种或两种以上变量间相互依赖的定量关系的统计分析方法。（2）判别分析法，即在原来已把研究对象分成若干组的情况下，根据研究对象的各种特征值来判别其问题归属的一种多变量统计分析方法。（3）聚类分析法，即根据一定的统计量来判定数据或指标的相似程度，并根据相似程度予以分类的方法。（4）主成分分析法，即通过降维技术把多个变量化为少数几个主成分的统计分析方法。（5）因子分析法，即用几个潜在、不可观测的随机变量来描述原始变量间的协方差关系的方法。（6）相关分析法，即研究两组变量之间相互线性依赖关系的一种统计分析方法。[①]

---

①　参见李坤：《常见统计分析方法浅析》，《市场研究》2013 年第 8 期。

作为社会科学的研究方法，统计分析的基本方法是定量分析。由于事物是由多方面量的规定性构成的，因此要把握事物的全貌和一般特征，统计研究不是仅停留在个体现象的数量方面，而是对现象的整体的数量关系的研究，也就是统计研究的总体性。同时，对事物的研究还不仅局限于数量规定的分析上，而是要在数量关系的把握基础上，进行质的分析，以便得出一般性和普遍性的结论。因此，统计研究法又是定量分析与定性分析相结合的方法。

社会现象本来就是纷繁复杂的，用简单的统计方法显然不能分析社会全貌。而且随着生产和科学技术的迅速发展，社会现实提出了大量的多指标问题。这样，就需要用多元统计分析进行研究。所谓"多元统计分析法"，就是通过对众多因素之间的相关情况加以分析，确定因素间相关的真伪和相关的程度，找出现象间真实、主要的联系，剔除虚假的次要的联系，从而认识事物的本质联系的方法。多元统计分析能够使复杂的指标简单化，每个事物现象都表现为多个方面，需要有多个指标来描述、刻画事物的质和量，这些构成指标体系的多个指标各有侧重地解释着同一个事物的"质"，必然存在着多重共线性，为了将这些指标反映的内容综合起来，寻找一个简单综合指标，多元统计分析能帮助在不损失信息的情况下，通过变换和构造模型，剔除指标间相互制约的成分，使复杂数据简单化。在使用多元统计方法时，经常是几种方法同时使用，通过多方面的验证，确定所得结论的正确性。随着计算机技术的普及，特别是随着数据库、数据挖掘技术的逐渐成熟，多元统计分析作为一种数据处理方法，在近几十年里得到了迅速的发展，使统计研究法在社会科学研究中发挥的作用越来越大。

马克思、恩格斯、列宁都非常重视数学在社会科学研究中的运用，并且模范地使用统计资料来分析资本主义的剥削秘密。马克思的《资本论》、恩格斯的《英国工人阶级状况》、列宁的《帝国主义是资本主义发展的最高阶段》等著作就是典型代表。通过统计资料，令人信服地揭示了资本主义社会的本质特征，及其生产关系由量变到质变的历史趋势。所以，以数据分析为特征的统计研究法，有时有着比抽象的逻辑证明法更强的说服力。

五、文献研究法

本处探讨的"文献研究法"也是从宏观意义上作为一种社会科学的研究法来使用的。和社会调查研究法中仅仅作为搜集文献的手段——"文献法""文献检索法""文献分析法"不同，"文献研究法"除了获取文献外，还重在对文献内容的研究，从文献中获得理论研究所需的资料、数据，挖掘思想，以用于理论研究。

"文献"是指任何具有一定历史或科学价值的含有知识信息的物质载体。这些知识信息是用某种可被感知的方式（如文字、图画、声频、视频等）或相应的技术手段（如刻、写、照相、录音等）记录下来的。[1] 或者说，凡是在一定的载体中记录人类的知识或价值判断或审美情趣的文字、图形、符号、声频、视频等，都是文献。"文献"概念的内涵，经历了一个历史演化过程。最初，"文献"既指"古典文籍"，又指熟悉这些"古典文籍"的"人"，即所谓"贤人"。到了近代，"文献"变为专指"古典文籍"或"图书资料"等"物"，不再包括"人"了。[2] 这些文献的载体仅限于纸张、雕版、羊皮、泥版等包含文字或图形的实物。到了现代，由于计算机技术、多媒体技术的发展，文献的载体已不仅限于凝固态的实物了，而是任何能够把人类的知识或理论以文字、图形、符号、声频、视频等方式记录下来的东西都被称为"文献"。[3] 文献可以从不同的角度进行分类：（1）按接受文献中信息的方式，文献可分为视觉文献、听觉文献、视听文献和触觉文献。（2）按文献的载体，文献可分为印刷型文献（纸质载体文献）、缩微型文献（缩微胶片载体文献）、磁介质型文献（磁带／磁载体文献）、光介质文献、网络文献等。（3）按文献的出现次序，文献可分为一次文献、二次文献和三次文献。一次文献是指最先出现的原始文献、原创文献。主要包括原始资料（档案材料、会议记录等）、非正式出版物（内部资料、未出版的学位论文等）、大多数正式出版物（报纸、期刊、专著、论文集、教材、工具书等）。二次文献是指在一次

---

① 参见赵国璋等：《文献学大辞典》，广陵书社 2005 年版，第 237—238 页。

② 参见《辞海·语词分册》（下），上海辞书出版社 1977 年版，第 1629—1630 页。

③ 参见李秉德：《教育科学研究方法》，人民教育出版社 1986 年版，第 129 页。

文献出现之后，为了文献检索的方便而对一次文献进行加工所形成的文献，如目录、索引、文摘等。三次文献是指在一、二次文献出现之后，为了评价一次文献而对一、二次文献进行加工所形成的文献，如专题综述、评述、动态等。①

"文献研究法"也称"情报研究""资料研究"或"文献调查"，是通过检索、搜集、鉴别、整理、分析、研究既有文献资料，形成事实科学认识，揭示研究对象的本质、规律的方法。它是从文献、档案、报纸、书刊、报表以及历史资料等各种社会信息中采集研究所必需的资料。文献研究法所要解决的主要是如何在浩如烟海的文献资料中选取适用于课题的资料，并对这些资料作出恰当的分析，归纳出有关问题。所以，文献研究法不仅仅指资料收集，而是更侧重对这些资料的分析，侧重于从文献中梳理专项研究所需的数据、论据、观点、思想、理论、学说等。现代社会科学研究中，在使用文献研究法时，更加注重其中的"内容分析法"。"内容分析法"也是以文献为研究对象的方法，但更加注重对文献的内容进行分析、揭示文献的隐性内容，同时注重将定性的文献定量化。世界著名未来学专家约翰·奈斯比特（John Naisbitt）所著的《大趋势》一书获得巨大成功，其中所使用的内容分析法，引起了人们高度重视。

文献研究方法的步骤一般包括以下几个环节：第一，根据研究需求，确定文献检索的目的；第二，根据文献检索的目的，确定所需检索的文献种类；第三，根据文献研究的性质和检索数量，设计文献检索的方案；第四，利用一切条件，进行文献检索；第五，充分挖掘文献信息，做好文献检索结果整理（如记读书笔记、读书卡片，建计算机文摘数据库等）工作；第六，对整理的文献资料进行深入研究、分析、评价，总结、归纳专题研究所需信息；第七，撰写研究报告，完成专项课题研究。

文献研究法是社会科学研究中最基本的方法之一，被广泛应用于史学、哲学、社会学和其他学科领域，有自己独到的特点和优点。（1）文献研究是迅速进入研究前沿的快捷方式。可使研究者迅速发现问题，少走弯路，减少

---

① 参见颜玖：《文献检索法在社会科学研究中的应用》，《北京市总工会职工大学学报》2001年第 2 期。

盲目性。（2）文献研究是发现问题的便捷方式。可以超越时间、空间限制，通过对古今中外文献进行分析，研究非常广泛的社会情况。（3）文献研究是增加科学研究的历史维度的有效方式。它可以使研究者从前人的研究中获得启示，寻找佐证，增强研究的史料支撑和可靠性、可信性、完整性。（4）文献研究是提高研究客观性的可行方式。研究中研究者不与文献中记载的人与事直接接触，具有间接性，不会出现社会调查中调查对象主观因素的影响。（5）文献检索是节省研究资金、节省研究劳力的有效方法。它不需要特殊设备或社会动员，可以节约时间和人力物力，费用低、效率高。当然，和其他任何研究方法一样，文献研究法也有自己的局限，主要是：第一，文献研究中许多文献的价值难以判断，质量难以把握。第二，有些文献资料很难获得，而且往往是越有价值的文献越难搜集。第三，有些文献资料随着历史的变迁已经过时，不能支撑今天的科学论证。

第二节　综合研究方法

社会是一个复杂的巨系统。社会科学要对这个复杂巨系统进行研究，除了个案研究、社会调查、社会实验、统计研究、文献研究等分析研究法外，还必须运用历史分析、比较研究、系统研究、逻辑研究、科学抽象等综合研究方法，以从宏观和总体上揭示社会发展的一般规律。

一、历史分析法

本节所说的"历史分析法""历史研究法"不是分析历史、研究历史的方法，而是用历史的方法、历史的原则，分析、研究社会科学，也就是通常所说的"历史的方法"。

恩格斯指出："凡不是自然科学的科学都是历史科学"。[1] 这就是说，对社会问题的研究，要加进历史的维度，注意从历史的时空上分析问题。因此，历史分析法是社会科学研究的一个基本方法。所谓"历史分析法"或"历史研究法"，就是在科学研究中，把所研究的问题放到它所在的历史环境中，

---

① 《马克思恩格斯选集》第2卷，人民出版社2012年版，第8页。

并从这一问题在思想史的历史演进中，具体地分析问题所处的历史背景、历史条件和所具有的历史特征、历史意义、历史局限等，全面而客观地把握这一问题的发展演变轨迹和发展阶段，把它作为一个动态流变的过程来研究，并揭示问题本身的本质和规律，探求人类历史发展规律的方法。因此，所谓历史方法，既不同于世界观意义上的对社会历史作出最高概括的历史哲学，又不同于进行历史研究的史学方法，而是一种哲学社会科学方法论。它是与抽象演绎法相对应的一种研究方法，是回到历史的客观现实中，实现从个别到一般的认识过程，通过归类、比较、分析、综合等思维方法完成归纳推理的研究方法。从历史实际出发和归纳推理是历史方法的核心要素。它要求广泛搜集材料，尤其是重视原始材料的搜集，仔细核查材料的真实性；要求深入到具体的社会情境中进行分析与思考；要求关注材料的时间性和地域性；要求综合看待材料的价值。它是把要研究的问题、事物看作"一段历史"和"历史发展的结果"这样的思想与思维认知角度去研究、注重历史条件和时代特点的分析，注重历史发展过程性和阶段性的研究，注重从历史中发现规律并指导实践。历史研究法是一种独立的社会科学研究方法，但它也常常与逻辑的方法结合使用，即所谓的逻辑与历史统一的方法。

历史主义起源于德国，是对法国启蒙主义批判的产物。历史主义的代表，历史学家利奥波德·冯·兰克（Leopold von Ranke，1795—1886 年），是西方近代史学的重要奠基者之一，被誉为"近代史学之父"或"科学的历史之父"。他十分重视史料的分析和批判，提倡"如实直书"的历史方法，影响了几代历史学家。当然，这是研究历史的方法。而作为用历史的思维研究社会科学的"历史的方法"是与此不同的。历史方法是和逻辑方法相对应的，二者是研究社会科学的彼此独立的不同方法。历史方法是从历史进程中把握问题，逻辑方法是用逻辑思维把握问题。而逻辑与历史相统一的方法，是从更高层级、更抽象的层面上研究社会科学的方法。它要求逻辑思维要反映并符合历史进程，并抽象出历史规律。在逻辑和历史方法上，德国著名哲学家黑格尔（格奥尔格·威廉·弗里德里希·黑格尔 Georg Wilhelm Friedrich Hegel）也讲历史和逻辑的统一。黑格尔思维方式不同于并超过所有其他哲学家的地方，就是他的思维方式有巨大的历史感作基础。但黑格尔把逻辑看成是历史的前提和基础，强调"历史和逻辑的统一"。马克思则认为，历史是逻辑的前提和基础，因此在对黑格尔唯心史观批判的基础上，提出了"逻辑和历史的统一"的研究方法。"历史方法"和"逻辑方法"的称谓，第一次出现在恩格斯对马克思的《政治经济学批判》一书的评论中。恩格斯指出："历史从哪里开始，思想进程也应当从哪里开始，而思想进程的进一步发展不过是历史过程在抽象的、理论上前后一贯的形式上的反映；这种反映是经过修正的，然而是按照现实的历史过程本身的规律修正的，这时，每一个要素可以在它完全成熟而具有典型性的发展点上加以考察。"① 马克思和恩格斯在自己的科学研究与科学创作中，都坚持了历史方法和逻辑方法的统一，只不过根据研究的任务和目的有时以逻辑方法为主（如《资本论》），有时以历史方法为主（如《法兰西阶级斗争》）。

杜威接受和运用进化论"发生学方法"，在 1902 年发表的《进化论方法在道德中的应用》一文中，提出进化论的"历史的方法"（historical method）。其本质在于通过考察事物的发生来确定其意义，强调事物的连续性与关联性，突显了对事物的变化、演变、发展和进化方面的强调，体现为一种历史的态度。与此相通，胡适在《实验主义》中指出，所谓"历史的态度"，就是要"研究事务如何发生，怎样来的，怎样变到现在的样子"②。而在《杜威先生与中国》一文中，胡适直接把"历史的方法"称为"祖孙的方法"。也就是说，他从来不把一个制度或学说看作一个孤立的东西，总把他看作一个中段：一头是他所以发生的原因，一头是他自己发生的效果；上头有他的"祖父"，下面有他的"子孙"。捉住了这两头，他再也逃不过去了！这种方法是一切带有评判（critical）精神的运动的一个重要武器。③ 也就是说，他将历史的方法看作是对事物的前因后果、来龙去脉的因果性的考察。而且胡适认为，这种历史的方法在真理论、文学和语言学等多个领域都广泛适用。胡适不仅把杜威"历史的方法"解读为前因后果的考察，还把"历史的方法"具体化为"明变""求因""评判"三个具体方法。他不仅把"历史的方法"看作科学研究的基本方法、治学方法，而且看作是"经国之术"。他说："用历

---

① 《马克思恩格斯选集》第 2 卷，人民出版社 2012 年版，第 14 页。
② 《胡适文存》一集，黄山书社 1996 年版，第 216 页。
③ 参见《胡适文集》第 2 卷，北京大学出版社 1998 年版，第 280 页。

史的线索做我们的天然系统，用这个天然继续演进的顺序做我们治国学的历程"。① 这足见他对"历史的方法"的重视。蔡元培把胡适在历史方法上的突破概括为：证明的方法、扼要的手段、平等的眼光、系统的研究。

通过对"历史的方法"的历史分析可以看出，历史研究法的精神实质可以概括为以下几个方面：第一，坚持思想进程从历史开始的地方开始，在发展中检验理论的真理性。论从史出，历史是理论产生的前提，思想进程不过是历史过程在抽象的形式上的反映。同时，理论也在不断发展的历史中得到检验和发展，在历史过程中不断得到修正，在不同的历史语境中得到阐释，在检验、修正中增强真理性。第二，坚持科学抽象以历史和现实为基础，坚持逻辑与历史相统一。马克思指出："抽象本身离开了现实的历史就没有任何价值。它们只能对整理历史资料提供某些方便，指出历史资料的各个层次的顺序。但是这些抽象与哲学不同，它们绝不提供可以适用于各个历史时代的药方或公式。"② 因此，抽象方法可以为历史资料的整理提供理论工具，但抽象方法绝对离不开"现实的历史"，离不开历史方法。在历史和逻辑的关系上，只能是逻辑与历史的统一，而不是相反。恩格斯也指出："原则不是研究的出发点，而是它的最终结果；这些原则不是被应用于自然界和人类历史，而是从它们中抽象出来的；不是自然界和人类去适应原则，而是原则只有在符合自然界和历史的情况下才是正确的。"③ 可见，作为科学抽象的"原则"，必须以历史为基础。第三，坚持全面、发展、变化的观点。一件事情的发展总有其来龙去脉的演变过程，如能对事情探本溯源，则对其今天之所以如此的现状也才会有更加深刻的认识。换句话说，"一切历史都是当代史"。所以，历史研究法要求，应该用发展的眼光、联系的观点去看待和分析问题。在"纵向度"上，用历史眼光而非永恒眼光看待问题。这就要求全面把握历史。同时，历史主义又把现实社会理解成一个由人的活动构成而不断发展的暂时环节。这就要求用发展的眼光、变化的眼光看待问题。第四，坚持历史的、具体的、联系的理念。所谓"历史的"，就是指在一定历史条

① 《胡适文存》二集，黄山书社1996年版，第78页。

② 《马克思恩格斯选集》第1卷，人民出版社2012年版，第153页。

③ 《马克思恩格斯全集》第3卷，人民出版社2012年版，第410页。

件下的，只能这样发展而不能那样演进的趋势；所谓"具体的"，就是指在一定历史条件下，只能是这样而不能是那样的存在；所谓"联系的"，就是指在一定历史条件下，只能是这样的发展环境而不会有那样发展条件的状态。也就是说，只有把一定的问题、现象放在一定的历史条件下，才能了解产生它的客观原因、主管条件、决定因素，才能把握它的历史特征、发展趋势和演进轨迹。第五，坚持实事求是、以果寻因的原则。正如胡适所说，历史的方法就是要"研究事物如何发生，怎样来的，怎样变到现在的样子"①。"如何发生""怎样来的""怎样变到现在的样子"，一方面是说，只能是事物发展过程的历史真实，而不能是作者个人的主观想象。也就是说，坚持历史研究上的实事求是。另一方面，又是指对事物的前因后果、来龙去脉的因果性的考察，是在事物的流变中找寻其历史线索。因此，历史方法在一定意义上，就是要寻求事物、现象之间的因果关系。"凡对于每一种事物制度，总想寻出他的前因与后果，不把他当作来无踪去无影的孤立的东西，这种态度就是历史的态度。"②

历史研究法的方法论原则有：第一，把问题放到一定历史条件下研究，根据一定历史阶段的时代背景分析理论产生的历史特征、历史意义和历史局限。研究理论问题，首先要分析一定问题、现象产生的历史社会背景，也就是追溯该思想得以形成的社会根源。历史是理论产生的基础和前提。只有回归历史，才能对理论的针对性、理论产生的历史语境、理论丰富的历史内容和价值、理论的局限性以及它在思想史上的地位有深刻的理解。第二，把问题放到一定历史范围内研究，根据事物发展在不同时期、不同地区的差异对具体问题进行具体分析。凡是"历史的"，也都是"具体的"。因为历史上的任何事件或观念，都是特定环境的产物，都是独一无二的。正因为如此，只有对事物、观念进行历史的分析，才能明确它与其他事物、观念的区别，才能把握它独有的特征和本质，也才能对它进行具体的、准确的分析。才能把它与其他事实、观念区别开来，成为具体的、独特的存在。第三，把问题放到历史发展的进程中研究，按照历史展开的自然顺序分析理论产生、发展的历

① 《胡适文存》一集，黄山书社1996年版，第216页。

② 《胡适文存》一集，黄山书社1996年版，第276页。

史逻辑。历史是不能假设的，它是按历史条件决定了的趋势，单向度地向今天展开来的。同样，在这一历史进程中产生的，并作为思想史一个组成部分的各种理论，也必然是沿着历史展开的轨迹和维度发展起来的。因此，只有在客观的历史进程中理解理论发展逻辑，才真正实现逻辑与历史的统一。第四，把历史与现实联系起来，根据事物、现象间的因果关系把握事物发展的客观规律。历史研究法从某种意义上说，就是理出历史与现实的联系，并从这种联系中把握事情发展的客观规律性。正如恩格斯在《卡尔·马克思〈政治经济学批判〉》中所指出，"历史"指的是事物的本质规律，而"历史方法"则是指人的思维必须符合客观现实的规律，而不是机械地去向历史学科征借解决问题的现成途径。总之，历史的方法是找出规律，利用规律。第五，把历史研究作为逻辑研究的前提，按照历史演进的客观进程探寻理论发展的一般趋势。正如马克思所指出的："逻辑的发展完全不必限于纯抽象的领域。相反，逻辑的发展需要历史的例证，需要不断接触现实。因此这里插入了各种各样的例证，有的指出各个社会发展阶段上的现实历史进程，有的指出经济文献，以便从头追溯明确作出经济关系的各种规定的过程。"① 所以，逻辑的发展以历史为依归。即使逻辑的发展与历史的发展不是"形影不离"，也是"亦步亦趋"。因此，把握了历史发展的一般进程，也就明确了逻辑、理论发展的一般趋势。第六，把问题放到社会整体中来认识，按照总体先于部分的原则把握理论发展的总体态势。历史研究法不仅要求有纵向的历史感，也要求有横向的社会感；不仅有历史的向度，也要有社会的维度。历史的向度，就是要找出理论发展的历史因果关系；社会的维度，就是要分析理论形成的社会决定关系。所以，历史的方法把现实社会看成是一个由人的活动构成的总体存在，要求从社会存在决定社会意识的认识高度，通过对经济社会关系的分析，发现理论发生、发展的总体情势。

简而言之，历史研究法的具体方法，可以归结为刘勰在《文心雕龙》中总结的三个方面：第一，"振叶寻根，观澜索源"。就是说，只有认清了事物的本源，才能进一步认识事物的发展和变化。第二，"依源整派，循干理枝"。就是说，抓住源头、本干之后，即可理清派系、枝脉。任何自然现象

---

① 《马克思恩格斯选集》第2卷，人民出版社2012年版，第16页。

和社会现象在未经人们认识之前，总是呈现为一种混沌的无序状态，而研究者的任务之一，就是透过纷乱无章的现象，理清来龙去脉，勾勒出其内在的有序联系和发展走向。第三，"摄举同异，剖析毫厘"。也就是进行比较研究。有两种方式：一是逻辑的比较，从比较中揭示事物的本质特征；二是历史的比较，在今昔新旧的比较中揭示历史的演变。[①] 也可以按照胡适的总结，即"明变""求因"和"评判"。在《中国哲学史大纲》中，胡适指出，"明变"，是哲学史的第一要务，在于使学者知道古今思想沿革变迁的线索；"求因"，是哲学史的目的，不但要指出哲学思想沿革变迁的线索，还须寻出这些沿革变迁的原因；"评判"，即哲学史的责任是在明确思想的变迁和变迁原因基础上，评定各家学说的价值。[②] 总之，运用历史研究法进行理论研究，一要分析理论形成的历史背景；二要分析理论演进的历史脉络；三要分析理论发展的历史动因；四要分析理论具有的历史价值；五要分析理论创新的一般规律。

二、比较研究法

比较研究法是社会科学研究中最常用也是历史最久远的方法之一。马克思指出："极为相似的事变发生在不同的历史环境中就引起了完全不同的结果。如果把这些演变中的每一个都分别加以研究，然后再把它们加以比较，我们就会很容易地找到理解这种现象的钥匙。"[③] 由此足见比较法在社会科学研究中的重要作用。所谓"比较研究法"，就是按照一定标准，对两种或两种以上有关联的事物、问题、思想观点、理论体系等进行比对，辨别它们之间的异同，分析它们之间的相互关系和发展脉络，以探求思想理论的普遍规律和特殊规律的研究方法。这种比较必须具备三个条件：一是必须存在两种以上事物、观点；二是必须有进行比对的共同基础；三是必须有不同的特性。比较研究法的哲学基础是对立统一规律。由于客观物质世界及其发展运动呈现多样的形式，又具有统一的内容，具有多样统一的特征。由于有多样性，所以有比较的必要；由于有统一性，所以有比较的可能。通过比较可以克服

---

① 参见刘鸿模：《论〈文心雕龙〉写作中的历史意识和历史方法》，《淮北煤师院学报》（社会科学版）1987 年第 2 期。

② 参见胡适：《中国哲学史大纲》（上），商务印书馆 1987 年版，第 3—4 页。

③ 《马克思恩格斯选集》第 3 卷，人民出版社 2012 年版，第 730 页。

理论研究中的狭隘性和片面性，把所研究的对象纳入广阔的历史背景和更大的系统之中，扩大研究视野，提高研究信度。比较研究方法本身只是一种研究手段和途径，其目的是为了揭示事物之间的本质联系，揭示出"异中之同"和"同中之异"的特点与规律，从而探求和描述事物发展的一般规律，概括思想观点形成、发展的一般趋势，推进科学理论的发展。

比较研究方法是一种从古代就有的研究方法。在人类思想文明进程中，通过运用比较方法认识不同事物的共性和个性，很早就开始了。古希腊亚里士多德在《雅典政制》中对 158 个城邦政制宪法进行了比较。他还对不同艺术类型的特征作了比较分析，初步揭示出不同艺术类型的一些共同性规律和各自的特殊规律。我国先秦诸子的论文中也不乏比较的例证，而后来司马迁的《史记》、刘勰的《文心雕龙》等都广泛运用了比较分析法。打破国家、民族界限，进行各学科间国际性比较的研究，则是在近代才出现的。从文艺复兴以来，随着自然科学的发展和世界市场的逐步形成，比较研究方法逐渐在更大范围内受到重视。马克思、恩格斯在《德意志意识形态》中充分肯定了 19 世纪上半期以来自然科学在比较研究中取得的成就，认为，"这些科学正是由于比较和确定了被比较对象之间的差别而获得了巨大的成就，这些科学中比较具有普遍意义。"[1] 比较研究也成为文学、史学、教育学、政治学、政治经济学研究的重要方法。例如，1928 年，在挪威首都举办的奥斯陆国际历史学家第六届代表大会上，法国史学家马克·布洛赫（Marc Bloch）发表的《欧洲社会历史的比较研究》因成功运用比较方法而著称，他也被誉为"比较史学之父"。梁启超十分推崇并熟练运用了比较研究法，并对比较研究重要性的认识作了雄辩的论证。他指出，"夫欲求人群进化之真相，必当合人类全体而比较之，通古今文野之界而观察之。"[2] 他还把比较研究提到了"爱国救时"的高度，指出，"不知己之所短，则无以增长光大之；不知己之所短，则无以采择补正之。语其长，则爱国之言也；语其短，则救时之言也。"[3] 毛泽东也是善于使用比较研究的大师。他通过对"新三民主义"与

---

① 《马克思恩格斯全集》第 3 卷，人民出版社 1960 年版，第 518 页。

② 梁启超：《饮冰室合集》（文集之九），上海古籍出版社 2001 年版，第 10 页。

③ 范达人：《比较史学撮述》，《国外社会科学动态》1983 年第 3 期。

"旧三民主义"的比较分析，说明了共产党与国民党合作的政治基础；通过对中国当时面临的"两种前途、两种命运"的比较，揭示了中国走向新民主主义社会的历史必然性。

尽管比较研究法被广泛应用于各门学科，但进行比较研究也是有条件的，而不是任意的比较。这些条件包括：第一，比较内容必须准确、真实、可靠。用于比较的材料必须真实可靠，具有客观性；能反映普遍情况，具有代表性；能反映研究对象的本质，具有典型性。第二，比较内容要有可比性。可比性是指比较对象之间的规定性，即对象必须属于同一范畴，有一定的内在联系，有某些本质上的共同性，并能用同一标准去衡量和评价。可比性表现为两方面：一是差异性和矛盾性，具有各自特点才可进行比较；二是同一性和相似性，具有某种比较的共同基础才能进行比较。第三，比较分析要客观、全面。"客观"，即坚持从事实出发，实事求是，不能脱离基本事实，坚持科学、公正的研究态度，排除偏见与成见，不以先入为主的结论来取代科学的比较分析。"全面"，即要进行多方面的比较，纵、横比较结合，同、异比较互补，质、量比较交替。第四，坚持"质"的比较。比较常从现象的比较开始，但随着认识的深化，分析比较要透过现象看本质，向本质的比较深入。由于事物的本质一般隐藏在事物的内部，坚持本质的比较，就要努力做到通过大量典型的材料分析其内在关系，发现本质联系。第五，比较研究法要与其他研究方法结合运用。由于比较方法也有自身的局限性和一定的应用范围，比较结论也具有暂时性，因此科学研究要综合运用多种研究方法，才能保证问题研究的准确性。①

具体说来，比较研究法从比较内容上，可以分为以下几类：第一，同类比较法和异类比较法。这是就事物间的差异性和同一性来说的。"同类研究法"是就两种以上同类事物、现象、问题、理论等比较异同点的方法。通过同类相同点的比较，可以找到事物发生发展的共同规律；通过同类不同点的比较，可以找到事物发生发展的特殊性。"异类比较法"是就两种或两种以上性质相反的事物或一个事物的正反两方面，通过比较表面相异的两个对象以发现异中之同，找出其中的共同规律。同类比较和一类比较，就是实现黑

---

① 参见刘忠政：《论教育比较研究法》，《海南大学学报》（人文社会科学版）2008 年第 1 期。

格尔所说的"看出异中之同，或同中之异"①。通过"同中求异"和"异中求同"的分析比较，可以更好地认识事物发展的多样性和统一性。第二，内部比较法和外部比较法。所谓"内部比较"，就是对一定范围内事物、现象、问题、理论进行比较研究；所谓"外部比较"，是对不同范围、不同区域、不同时代等的事物、现象进行比较研究。上述两种比较方法其思维过程是相同的，都是为了揭示事物、现象间的共同点或不同点。但两者在比较对象、目的和任务方面是不同的。内部比较一般是着眼于同类型的事物、现象，找出差异性和区分度。而外部比较是着眼于不同类型的事物、现象，把属于不同类型的事物、现象放在同一社会问题中进行比较，找出一定条件下的相通性和可借鉴性。第三，宏观比较法和微观比较法。所谓"宏观研究"，是指对研究对象进行全局性、整体性、综合性、系统性的比较研究，进行整体与系统的把握，进行贯通的或高度概括的归纳。它摒弃偶然因素或细枝末节，重视高度抽象与高度概括，在时空的跨度上要有较长的延续段与较大的覆盖面。它侧重揭示历史发展的普遍规律、本质和趋势，对历史发展形成系统的、普遍的认识。所谓"微观研究"，就是对研究对象所涉及的各个问题的局部、细部，具体的人、事、地、物等进行细致全面的考察研究，着重对事物或现象的侧面、局部及具体事项进行的比较研究。不求宏观，只求精确；不求全面，只求具体。第四，纵向比较法和横向比较法。这是根据比较对象的历史发展和相互联系而分的。"纵向比较研究"是比较同一事物在不同时期内的发展变化。它是按时间序列的纵断面而展开的，强调从事物的阶段性、特殊性和发展变化过程来研究事物、现象发展变化的规律，以动态观点来研究现状，揭示其历史演化性，从而弄清其发展的来龙去脉。"横向比较研究"是对同时存在的各种问题、现象进行比较，在相互关系的分析中认识事物的本质。它是按空间结构的横断面展开的，强调的是从事物的相对静止状态中研究事物的异同，分析彼此的联系。第五，实体比较法和形式比较法。实体较为着重比较问题、现象的具体内容，揭示其内涵、实质、功效的异同；形式比较着重边角问题、现象呈现的形式，对比分析其结构、构成、外在属性的异同。第六，定性分析比较法与定量分析比较法。也称为"质"的比较法与

---

① ［德］黑格尔：《小逻辑》，贺麟译，三联书店1954年版，第262页。

"量"的比较法。"定性分析比较"是通过事物间本质属性的比较来确定事物的性质；"定量分析比较"是对事物属性进行量的分析以判断事物的发展变化程度。[①] 当然，在现实的科学研究中，同类比较和异类比较、内部比较和外部比较、宏观比较和微观比较、纵向比较和横向比较、实体比较和形式比较、定性比较和定量比较，都是相互结合而使用的。而且，还要综合使用多种研究方法，才能对问题进行透彻、全面、准确的分析。

关于比较研究法的具体步骤，学者看法多有不同。德国的希克尔（Rudolf Hickel）教授和美国比较教育学家乔治·贝雷迪（George Z.F. Bereday）将比较研究分为"纪实""解释""并列""比较"4 个阶段。（1）"纪实"阶段，主要是收集整理有关研究对象的资料，客观地描述事实，确定要在哪些方面进行比较；（2）"解释"阶段，主要是根据各方面解释所描述事实的含义，明确事物是怎样的，是如何进行的，为什么是那样的；（3）"并列"阶段，就是将所要描述的材料按一定规则进行排列，确定比较的标准和形式，提出进行比较分析的假设；（4）"比较"阶段，是指通过对并列材料的比较，验证所提出的假设，并最终得出结论。[②] 尽管使用比较研究法进行科学研究没有固定的模式，但总要明确比较什么、如何比较、比较的标准、比较的目的和内容等，因此可以把比较研究法概括为以下几个步骤：第一，确定比较的问题，明确比较的目的。进行比较研究，首先要根据研究需要，选定比较的问题、比较的内容，比较要解决的问题、达到的目的等。使整个比较研究过程目标明确，方向正确，有条不紊，扎实推进。第二，制定比较标准，确定比较类型。在确定比较目标的基础上，要进一步使比较概念具体化，比较的指标明确化，比较的数据精确化，比较的方式可操作化，以便能用统一的标准去衡量。同时，要根据所研究问题的性质和特点，选定采用的比较类型和比较的方法。第三，查询、搜集资料，进行分类整理。这是比较研究的关键环节。为了使比较的结果客观、准确，要通过文献检索、现场调查、会议、访谈等多种方式，广泛地收集有关资料。并不带主观偏见地对资料进行筛

---

① 参见王艳荣等：《试论比较研究法在教学中的应用》，《学周刊》2011 年第 5 期；贾佳：《浅谈比较研究方法》，《法制与经济》2012 年第 2 期；李衍柱：《比较研究方法与中国比较文学的兴起》，《山东师大学报》（哲学社会科学版）1985 年第 5 期。

② 参见杨丽珠：《教育科学研究方法》，辽宁师范大学出版社 1995 年版，第 280—281 页。

选、鉴别，保证资料的客观性、真实性、代表性，能反映普遍情况，能反映事物的本质。接下来，要对所搜集的资料整理、分类、编码，以备进一步比较分析。第四，比较分析材料，梳理、归纳、总结。在对资料分类整理的基础上，要根据目标，带着问题，对占有的材料进行去粗存精、去伪存真、由此及彼、由表及里的分析，进行由整体到部分、由侧面到全面的对比、比较，分析问题的实质、问题的来龙去脉、问题的发展趋势，从而发现客观性、普遍性、规律性。第五，得出比较结论，写出总结报告。在理性加工和客观评价的基础上，通过抽象概括、逻辑推理、实践证明等手段，得出实事求是的比较结论，提炼出可供借鉴、可以推广、可以复制的一般规律、普遍原理、通行规则。并把这些结论写成比较研究报告。当然，这些步骤只是为了便于理解所作的理论区分，在实际比较研究中，几个步骤你中有我、我中有你，各步骤间相互联系、不可分割，构成一个完整的研究过程。

比较研究法是从事科学研究的一项基本方法，也是理论分析的重要工具。它可以使人们在比较中把握事物的统一性、差异性，探究社会发展的共性和个性；它可以使人们在比较中认识多样性、特殊性，把握规律性、一般性；它可以突破思维局限，拓宽理论视野；它可以启发思维，使人们从多角度看待问题；它可以帮助人们形成新思路、新思维，获得新发现、新结论。因而是历来受到思想家重视的理论研究方法。同时也应该看到，比较研究法也有自己的局限性。主要是，其一，比较是有条件的。比较研究法在具体运用中是有一定范围和一定条件的，超出范围或缺少条件，比较是无效的。其二，比较结论具有一定的相对性。因为比较只能是一个事物或几个事物、一个方面或几个方面的比较，而暂时地、有条件地撇开其他事物和其他方面。因此，结论具有相对性，真理性有待实践证明和验证。其三，比较结论具有一定的主观性。比较研究成功与否，不仅有赖于比较材料的真实性和可靠性，而且取决于研究者的理解力和洞察力。当然，正像任何一种研究方法都不可能是完美的一样，比较研究法的这些局限，并不影响它成为科学研究所用的重要方法。

三、系统研究法

系统科学方法是自然科学研究的基本方法，并逐步发展成为社会科学思维和研究的重要方法。

20 世纪中期，系统研究法最先应用于工程领域，但作为一种思维方式，系统观念却有着非常久远的历史。我国古代的阴阳说、五行说，就把宇宙万物看作阴阳两种互相对立的势力或"金""木""水""火""土"五种要素"相生相克"——互相联系、互相作用——的结果，实际上就是一种巨系统思维。古希腊时期，亚里士多德明确提出"整体大于部分的总和"的思想，认为整体是各个部分有机联系着的统一体，而不是部分的简单机械堆积。他还用"四因论"（质料因、形式因、动力因和目的因），来说明事物生灭变化的原因，包含着以整体观为特征的朴素的系统论思想。但完全意义上的系统方法论，是在欧洲近代自然科学的分化和包括哲学在内的各门科学分门别类地深入、细化研究基础上，重新走向整合、整体思维方式的结果。1937 年，美籍奥地利理论生物学家、哲学家路德维希·冯·贝塔朗菲（Ludwig Von Bertalanffy）首次提出了"系统"概念，并对系统方法论进行了研究。系统方法论的发展大致经历了三个阶段。第一个阶段从20 世纪 40 年代到 60 年代，处于"硬系统方法论"（HSM，Hard Systems Methodology）阶段，主要用以解决工程、军事系统为主的或者说结构比较清楚的管理、决策等问题。美国政策论证理论先驱韦斯特·丘奇曼（West Churchman）等的运筹学方法论、系统工程专家霍尔（A.D.Hall）和麦可尔（Machael）等为代表的系统工程方法论、比利时物理学家伊利亚·普里高津（Ilya Prigogine）提出的"耗散结构论"、德国物理学家哈肯（Haken）的"协同学"等，都处于硬系统方法论阶段。1962 年，霍尔提出了"系统工程方法论"，美国兰德公司则于 1965 年提出了"系统分析方法论"。硬系统方法论在六七十年代获得了巨大成功，美国"阿波罗登月计划"就是典型的例子。第二个阶段从 70 年代到 80 年代，处于"软系统方法论"（SSM，Soft Systems Methodology）阶段，主要是解决"硬系统方法论"不能解决的、涉及人的主观因素、结构不明显、目标不明确、评价指标不清晰的社会问题。这是英国学者切克兰德（P.B.Checkland）提出来的。其软系统方法论包括社会系统设计，充分考虑了人的认知、心理状况、价值观、利益等，强调学习过程和相互理解，藉此寻求解决问题的途径。第三个阶段从90 年代开始，本阶段有的称为"一般系统方法论"（GSM，General Systems

Methodology）[1] 或"多方法论研究"（MSM，Multi-Systems Methodology），也被称为"整合类系统方法论"（ISM，Integrated System Methodologies）或批评性系统方法论（CSM，Critical Systems Methodology）。因为处理各种社会、战略性更为复杂的问题，或者是问题成堆的"堆题"，需要从一批系统方法论中来选择合适的方法论，于是弗洛德（Flood）和杰克逊（Jachson）提出了"总体系统协调"。典型的如"全面系统干预方法论"。在系统方法论研究中，除了西方学者的贡献外，还出现了"东方系统方法论"，西方学者也出现了向东方学习的倾向。20世纪80年代末，日本著名系统和控制论专家椹木义一提出"shinayakana 系统方法论"，"shinayakana"在日语中是"又软又硬"的意思，后演化成基于知识科学的新的方法论。我国学者钱学森等于1990年提出了"开放复杂巨系统"的概念。为解决这类系统问题，还提出了"从定性到定量总合集成方法论"。这个方法论是钱老等总结了国内外系统理论的发展，结合中国自己的实践经验而形成的，可以说是我国系统方法论发展过程中的一个重要里程碑。除此之外，顾基发与朱志昌（英国赫尔大学）也提出了一个"东方系统方法论"："物理—事理—人理系统方法论"（WSR），它可算是东西方系统方法论研究合作的结果；李习彬教授提出了"一般系统方法论"（GSM）。显示了我国在系统方法论研究中的突出贡献和重要地位。总之，系统研究方法论表明人类思维方式和科学研究（包括社会科学研究）方式的重大变革。正如美国系统哲学家 E. 拉兹洛（E. Laszlo）指出，"今天，我们正目睹另一场思维方式的转换：转向谨严精细而又是整体论的理论。这就是说，要构成拥有它们自己的性质和关系集成的集合体，按照同整体联系在一起的事实和事件来思考。用这种集成的关系集合体来看世界就形成了系统观点。"[2]

从上面的发展历程可以看出，所谓"系统研究法"，就是把对象放在系统中加以考察的一种方法，或者说是系统地研究和处理有关对象的整体联系

---

[1] 我国学者李习彬提出的。（参见李习彬：《一般系统方法论》，《系统工程理论与实践》1992年第4期）——作者注

[2] ［美］E. 拉兹洛：《用系统论的观点看世界》，闵家胤译，中国社会科学出版社1985年版，第14页。

的科学方法论。具体地说，就是从系统的观点出发，始终从整体与部分、部分与部分、整体与环境的相互联系、相互作用中综合地精确地考察对象，以达到最佳目标的一种方法。[①] 系统方法实际上是一个方法论群，可以从宏观、中观、微观三个层面上来把握。首先，宏观层次上，系统方法论表现为系统观点。这是"元方法论"的范畴。在这个层次上，系统方法论认为，客观世界中的所有问题都可被视为某种系统问题，是一个社会系统或者是与社会系统有关的一个部分。一个系统又总是表现为由若干子系统或构成要素在一定外部环境条件下、相互关联而形成的具有某种结构和功能的整体，它具有整体性、层次性和"目的性—自组织性"等系统的基本性质。沿着这种思维取向来观察世界、思考问题，就形成了宏观的系统方法，即系统观点。系统方法论中的系统观点主要包括三个方面，即结构功能观点、信息反馈观点和协同演化观点。其次，中观层次上，系统方法论表现为系统概念。系统概念主要有以下几个方面：（1）开放和封闭——反映系统与其外部环境在彼此联系方面的性质；（2）平衡和非平衡——反映系统在对外物质能量信息交换以及内部宏观过程方面的性质；（3）线性和非线性——反映系统内部相互作用的动力学性质；（4）微涨落和巨涨落——反映系统内构成要素的随机运动模式在临界点附近时的动态性质；（5）稳定和适应——反映系统在自组织过程中定向发展的结果或目的性质；（6）无序和有序——反映系统演化在不同阶段的宏观或整体性质等。运用系统概念描述、分析和解释问题的一般程序是：其一，将被研究对象设定为一个位于一定外部环境中的系统或系统中的构成要素；其二，确定作为被研究对象的系统所处的具体层次；其三，将已确定的系统问题纳入系统概念的框架加以具体地分析和解释。最后，微观层次上，系统方法论表现为系统模型。一般地讲，描述系统状态的概念可分为两大类：第一类概念用来标识系统及其构成要素的属性或类别特征，它只给出一个定性的规定（定义），没有量化。第二类概念用来厘定系统及其构成要素的数量或程度特征，如系统及其构成要素的数目、分量、速度、密度、规模和强度等量的规定性。建立系统模型的实质是将概念转化为变量，并确定

[①]　参见彭大均等：《系统方法论和唯物辩证法》，《上海大学学报》（社会科学版）1995 年第 5 期。

变量之间的数学联系方式，使问题精细入微，准确严密。[①]

系统方法论的基本观念有以下几个方面：第一，世界上任何事物都是由内在要素（原素）构成的；系统的整体功能大于部分之和；新的系统（整体）产生要素在孤立时所没有的新质（涌现）。第二，要素之间存在着复杂的非线性关系，整体结构具有复杂性。认识整体不仅仅要认识要素，还要认识要素之间的关系。第三，系统是进化的，有产生、发展、消亡的历史过程，这个过程是不可逆转的，系统行为轨迹不是绝对的、必然的。系统的演化是多层次的过程。第四，系统的结构决定系统的功能、行为。第五，在价值观上，不要求每个要素都优化，只要求系统整体的优化。[②]从精神实质上来说，系统方法论要求树立以下几种思维，即整体性思维、动态性思维、协调性思维、结构性思维。与此相联系，系统方法论包含七个原则，即整体性原则、相关性原则（相互联系的原则）、有序性原则、层次性原则、动态性原则、开放性原则、发展性原则。就系统方法的具体方法来说，主要包括系统的综合方法、系统的组织方法、系统的整体方法、系统的结构方法、系统的协同方法、系统的层次方法、系统的分析方法、系统的工程方法。

系统论发展到钱学森的"开放的复杂巨系统"阶段，系统方法论的内涵和方法都有了新的拓展。一般系统方法论解决了定量研究问题，实现了科学研究的确定化和精确化。但现实中的很多问题是模糊数学问题，是复杂问题。因此，除了"简单系统"外，还有"简单巨系统"，而且大量存在的是"复杂巨系统"。由此钱学森提出了"开放的复杂巨系统"概念。而解决"开放的复杂巨系统"问题，仅用一般系统论的定量分析法是不够的。只有把人的认识、知识、思维从定性到定量集思广益综合集成起来，才是解决复杂巨系统问题的方法论。钱学森由此创立了"从定性到定量综合集成方法论"。它实际是各种学科的科学理论和人的经验知识相结合，将专家群体、数据和各种信息与计算机技术相结合的方法论。这种方法论要求树立的思想理念是：多学科知识结合；定性研究和定量研究结合；科学理论知识与经验知识结合；宏观性研究与微观性研究结合。"集成方法"的具体方法要求做到：（1）将

---

① 参见钟明：《论系统方法论的结构》，《江海学刊》1997 年第 5 期。

② 参见乌杰：《系统科学方法论与科学发展观》，《系统辩证学学报》2005 年第 3 期。

原来简单系统的分类研究变成对大系统、巨系统的综合研究；（2）将原来各简单分类运行变成复杂巨系统的综合运行；（3）将原来各种建模技术、系统工程技术、运筹学方法、专家系统等的单独运用，变成各种技术、方法的综合运用，包括专家系统也属于复杂巨系统下的一个子系统；（4）实现计算机接口技术的综合运用；（5）人类对客观系统零散的知识、各类分散孤立的数据、信息的综合应用。[①] 系统方法论应用的步骤一般包括三个阶段、五个环节。三个阶段，即阐明问题、分析研究、评价比较。五个环节，即阐明问题、谋划备选方案、预测未来环境、建模和估计后果、比较备选方案。钱学森"综合集成法"处理复杂问题的步骤可归纳为：（1）明确任务、目的；（2）请教相关专家；（3）由知识工程师参与，建立系统模型；（4）在知识工程师的协助下，提出问题求解的约束条件与期望目标，选择合适的求解方法；（5）借助专家知识，根据求解结果判断是否达到期望的目标。

系统方法论是人类思维方式发展的最新成就之一，它将传统的分析、综合、归纳、演绎等方法有机地结合起来，从事物的整体性出发、强调系统过程中的有序性与动态性，以把握事物整体运动过程的本质与规律。因而它也逐步成为当代社会科学研究的主导思维方式。尽管系统方法论被广泛应用于自然科学，但社会科学也越来越借助系统方法论进行科学研究。而且，系统方法论越来越成为提升社会科学研究精确性的重要手段。由于社会科学研究的对象绝大多数都是复杂的大系统，社会活动的主体是具有主观能动性的人，因此具有很大的复杂性、随机性和不可重复性。要精确地描述这一复杂、多变的系统组织结构及其定量关系，是很困难的。钱学森的"开放的复杂巨系统"和"从定性到定量综合集成方法论"，为系统研究法应用于社会科学研究提供了更大的可能性和可行性。而且，当代的自然科学的发展，已经为社会科学对系统方法的应用提供了保障。如生物学上对有机性机体行为的研究，为精确分析高度有机性的复杂社会系统奠定了理论基础；数学上的系统分析理论以及电子计算机的巨大成就，为定量分析社会的复杂现象、建立数据模型提供了技术手段。况且，社会科学自身的发展也使系统方法论的应用成为必要。社会科学随着社会发展的复杂化与多元化，学科间的隔离与

---

① 参见赵亚男等：《开放的复杂巨系统方法论研究》，《科技进步与对策》2001 年第 2 期。

封闭已转向开放化与多维化。学科间的相互渗透和交叉已扩展到了包括自然科学、社会科学在内的各个领域，大量出现的边缘学科和分支学科明显带有综合化的性质。社会科学学科的系统化和社会实践对学科精确化的要求，决定了社会科学研究必须借助系统方法这一新思维方式。系统的方法不仅包含了分析、综合、归纳、演绎等逻辑手段，而且还要将其与现代科学理论与计算技术融为一体，使科学研究的方式更加整体化、严密化，结果也更加精确化。它不仅将问题置于纵的历史方向来考察，同时还将其置于与其他事物横向联系的大系统中来考察，因而它更能认识问题的本质和规律。总之，系统研究法的应用，是社会科学思维方式的一次突破，为社会科学研究提供了全新的思路。

用系统研究法进行社会科学研究，一般应遵循以下步骤：（1）请教有关专家，选定研究问题，确定研究目的。（2）把问题看作开放系统的一个单元，放在更大的复杂巨系统内进行研究。包括进行纵向的历史研究和横向的相关问题研究，搞清问题的来龙去脉和复杂联系。（3）把问题看作一个有序的整体系统，进行整体和部分的"还原论"分析。也就是把复杂的问题切成小"块"研究，如果这些"块"还复杂，可再切小，形成"亚问题"—"小问题"—"微问题"，直到可以驾驭为止。（4）把问题看成一个层次性的复杂系统，分析问题的层次、结构、要素（可能的话可以建立数据模型）。对这些层次、结构、要素作量的分析，并找出层次、结构、因素之间的线性因果关系和非线性影响关联。（5）把问题看成一个稳定的有机体，在分析整体和部分、部分和部分、整体和要素、要素和要素之间的关系基础上，重新把问题当作一个整体来把握，进行质的分析。试图揭示问题的本质和规律。（6）把问题看成一个平衡单元，重新放到开放复杂大系统中研究，找出问题本身对复杂大系统的影响和联系。（7）把问题看成一个运动、发展的动态系统，揭示问题发展的总体态势、一般趋势和演化规律。（8）请教专业权威，就问题研究的结果进行综合评审。根据评审反馈意见，进行修正或进行新一轮的研究。

系统研究法是连接哲学方法和专门科学方法的中间方法论体系。一方面，它以哲学方法论尤其是唯物辩证法为指导，另一方面它又是专门科学方法的指导原则。同时，系统研究方法论，也丰富和发展了唯物辩证法，丰富了辩证唯物主义的联系观、运动观、发展观、时空观、因果观等。尽管当时还没有"系统论"的概念，马克思无疑是运用"系统研究方法论"的大师。他不仅提出了"社会有机体"理论，还从"商品"开始对资本主义社会这一"开放的复杂巨系统"的要素、层次、结构、组织、运行机制、发展规律、历史趋势作了透彻分析。正如苏联著名心理学家 E.C.库兹明所指出，"马克思的辩证法首先是社会系统的辩证法。马克思主义的所有最重要的发现都在科学认识和社会认识中划了一个时代，这些发现的决定性前提之一就是系统性观念和原则。"[1] 无怪乎波兰系统理论研究者希通卡把马克思称为"社会科学中现代系统方法的鼻祖"[2]。就连首次提出"系统论"概念的美国哲学家路德维希·冯·贝塔朗菲也公开宣称"马克思和黑格尔的辩证法"是他的理论先驱。[3] 毛泽东无疑也是运用系统论的大师，他不仅提出了"全国一盘棋"的观点，还提出了"弹钢琴"的工作方法。就连钱学森也认为，处理"复杂巨系统"问题要用辩证逻辑，必须回到马克思主义哲学，特别是毛泽东的《实践论》和《矛盾论》。按照钱学森的理解，辩证思维就是"从事将感性认识上升到理性认识的思维过程"，亦即"用来处理开放的复杂巨系统时的思维过程"。正是在此基础上，钱学森才提出了解决复杂巨系统问题的"定性定量相结合的综合集成方法"。

四、逻辑研究法

逻辑方法是科学研究的重要方法，恩格斯甚至说，对科学研究来说，"逻辑的方式是唯一适用的方式"。[4] 逻辑研究法，一般称为"逻辑方法"。狭义地讲，它是和"历史方法"相对的一种研究法。当然，综合起来，它们又是一种更高层次的研究方法，即通常所说的"逻辑与历史相统一"的方法。

---

① ［苏］库兹明：《马克思理论和方法论中的系统性原则》，王炳文等译，三联书店出版社 1980 年版，第 223 页。

② 孙国华：《马克思恩格斯的社会系统观》，《齐鲁学刊》1993 年第 6 期。

③ 参见 ［奥］贝塔朗菲：《一般系统论导论》，《自然科学哲学问题丛刊》1979 年第 2 期。

④ 《马克思恩格斯选集》第 2 卷，人民出版社 2012 年版，第 14 页。（当然，恩格斯这里所说的"逻辑"，是从"逻辑与历史的统一"的角度来说的。因为他认为，逻辑的方法实际上也是历史的方法，逻辑方法不过是"修正过"的历史方法，并且不断地被历史所"校正"。——作者注）

本节所讲的"逻辑研究法"或"逻辑方法"是从宽泛意义上讲的，即作为社会科学研究常用的一种方法论体系。因此，这里探讨的"逻辑方法"，既包括"形式逻辑法"（也称"普通逻辑法"）和"辩证逻辑法"（狭义的"逻辑与历史相统一"的方法是其中的一种方法），也包括"非逻辑方法"（也叫"形象思维法"，甚至有人称为"反逻辑方法"①）。

所谓"逻辑研究法"或"逻辑方法"，是一种抽象思维方法，是通过概念、判断、推理与论证等理论形式来理解和区分客观世界，研究和揭示对象的本质和发展规律的方法。或者说，逻辑方法是人们依据逻辑规则分析、处理研究资料，达到对事物的联系、本质及规律的认识与把握的方法。逻辑方法根据思维模式的特征，可分为"形式逻辑法"和"辩证逻辑法"。二者都是以人类思维的形式和规律为其研究对象，都涉及概念、判断、推理、归纳、演绎、假说等思维形式，都是对思维对象的普遍本质的揭示和概括。但形式逻辑法和辩证逻辑法在人类思维实践中既有联系又有区别，各自承担着不同的任务，因而又是两种不同的逻辑科学。

1. 形式逻辑方法。形式逻辑是研究人类思维的普通形式及其规律的科学。形式逻辑法从既成思想出发，研究正确运用思维形式的规律，不研究或者说主要不研究思维如何反映客观事物的运动、发展、转化及思维形式之间的发展变化。它所断定的依据是形式上的，不涉及具体内容。正由于这样一个特点，它才有可能几乎适用于所有人的思维和一切科学研究，成为对任何学科表达都普遍有效的规律。具体说来，形式逻辑主要研究人们认识现实的一些简单的逻辑方法，如定义、区分、限制、概括、探求因果联系等。它所研究的思维形式，主要是概念、判断和推理。但形式逻辑法研究"概念"，仅是从量的方面来研究概念的内涵和外延，而且着重研究概念的外延方面。它根据抽象"同一的""不矛盾"的原则来考察概念，把它看成没有内在矛盾、没有转化和发展的静态的抽象存在，只揭示它在思维过程中的确定性。形式逻辑法研究"判断"，仅是从形式上研究判断的特征及种类，研究判断间的真假关系，要求做到"判断恰当"。形式逻辑法研究"推理"，是从形式上确定通过什么样的中介才能从前提推出结论；什么推理形式是正确的，什么

① 参见凌立坤：《略谈"反逻辑方法"》，《江汉论坛》1983年第10期。

推理形式是不正确的；如何才能在相对静止、稳定的基础上做到推理具有逻辑性。为了保证人们思维具有确定性、明确性、首尾一贯性和论证性，形式逻辑法提出了"同一律""矛盾律""排中律""充足理由律"等一系列定律统帅逻辑体系，作为人们正确思维必须遵循的客观规律。"同一律"，即在同一思维过程中，必须在同一意义上使用概念和判断，公式是"A 是 A"或"A=A"。"矛盾律"，即在同一思维过程中，对同一对象不能同时作出两个矛盾的判断，不能既肯定它，又否定它。公式是：A 不是非 A，或 A 不能既是 B 又不是 B。"排中律"，即任一事物在同一时间里具有某属性或不具有某属性，而没有其他可能。公式是：A 是 B 或不是 B。"充足理由律"，即任何判断必须有充足的理由。如果推理违反了这些逻辑基本规律的要求，思维就是不合逻辑的。总之，形式逻辑法的对象，不脱离思维的形式结构范围，不涉及特定对象的内容。形式逻辑法是简单证明的工具，是获取新知识的方法，在人类的思维活动中尤其在人类文化发展的早期，起着极为重要的作用。

2. 辩证逻辑方法。辩证逻辑是研究人类辩证思维的形式、方法及其规律的科学。与形式逻辑法不同，辩证逻辑法从思维的辩证性的角度去研究人类思维的形式、方法和规律，它联系思维具体内容来研究辩证思维的形式及其规律，具有实践性、反映客观性。辩证逻辑法同样也研究"概念"，但主要研究概念的形成、矛盾、具体性、灵活性、发展过程和辩证关系，即研究概念运动发展的辩证法。它把概念看作反映事物的本质、内部联系及其发展规律的理性思维形式。在辩证逻辑下，"概念"是多种规定性的统一、多样性的综合，在展开的过程中表现为一系列的判断和推理。辩证逻辑法研究的"判断"，是思维对象矛盾性质的断定。要研究的是判断的产生、本质、表现形式，以及由此及彼、从低级向高级形式的发展，进而展示规律性的过程。辩证逻辑法研究的"推理"，是研究推理过程如何才能正确反映客观事物的现实运动、变化、发展；强调在分析事物矛盾及其联系的基础上从已有的判断推出新的判断。辩证逻辑基本方法主要有：分析与综合、归纳与演绎、从抽象上升到具体、逻辑与历史的统一等。这些逻辑方法是在社会实践过程中、在深入认识物质世界客观规律的过程中形成和发展起来的，是人们具体、全面、深入认识事物的辩证法，认识事物的本质联系和矛盾运动的方法。①

第一，分析与综合的方法。所谓"分析法"，就是思维把认识对象的整体分解为各要素、各部分来认识，以揭示事物本质的方法。具体说来，分析就是把矛盾体予以分解，研究每一矛盾和矛盾的每一方面，把被分解的各部分或要素暂时孤立起来分别进行考查，然后通过去粗取精、去伪存真，找出把各部分、各要素联系在一起并决定事物属性的本质和规律。经过这一思维过程，客观事物的感性具体到达了理性的抽象规定。在此基础上继续前进，就到了"综合"阶段。所谓"综合法"，是在分析基础上把对客观对象的各个部分或要素的认识联结起来，以形成对客观对象的整体认识的思维方法。在这一过程中，先把事物的各个要素、各部分联结起来，"恢复"被分解了的事物的整体性和统一性，克服部分和整体的矛盾。并在此基础上，把个别和多样联结起来，恢复事物的多样性和复杂性，克服个别和一般的矛盾，从而实现对矛盾体具体、全面、深刻的再认识。在现实的科学研究中，分析和综合往往是结合在一起的。分析又综合，认识从具体经过抽象又回到具体。分析与综合的有机结合，表现为它们之间的相互对立、相互依存、相互转化的关系。没有分析与综合就没有科学认识。而所谓科学认识，实质就是一个探索、揭示客观真理的过程。在分析、综合，再分析、再综合，循环往复以至无穷的螺旋式上升运动的辩证认识运动中，人们才得以认识真理。而这种认识的真理性，要在实践中才能得到检验。

第二，归纳与演绎的方法。所谓"归纳法"又称"归纳推理法"，是通过观察大量的感性资料或数据，找出对事物现象的概括性的解释，即从特殊到一般，从个别事实到一般结论、原理的推理方法。在归纳过程中，把个别的具体的事物或现象加以对照、比较，然后把共同的东西抽取出来，从而得到一般结论。在科学研究中，对实验和观察结果的处理通常都采取这种从个别到一般的推理形式。所谓"演绎法"又称"演绎推理法"，是运用已有的规则、原理或理论去解释、预测事物现象，即从一般到特殊的思维方法，从一般性前提出发并从一般推向特殊。演绎方法所依赖的一般性前提往往是基本定

---

① 参见刘明家：《辩证逻辑与形式逻辑研究对象的比较分析》，《湖北社会科学》2007年第3期。

理、定律和定义，起公理作用。随着科学认识的深化和自然科学发展到理论科学，演绎法在提出和发展假说、建立理论体系和模型过程中，较之归纳法起着越来越重要的作用。在现实科学研究中，归纳和演绎往往结合起来使用。

第三，从抽象上升到具体的方法。从"抽象上升到具体"的思维方法，是德国古典哲学家黑格尔为解决思维与存在的同一性问题，在客观唯心主义的基础上第一次明确提出来的，并以此建立了他的《逻辑学》。马克思批判吸收黑格尔关于从"抽象上升到具体"思想的"合理内核"，清除了其唯心主义属性，把这一方法建立在唯物主义反映论基础上，并在研究资本主义经济的基础上作出了辩证唯物主义的解释，从而使从"抽象上升到具体"的方法成为一种科学的逻辑方法。马克思对人们认识、分析事物的整个过程作了深刻、精确的阐述，指出，人们对事物的认识最先得到的是最直观的东西即事物的表象，也就是感性的具体。然后把事物的各个部分、各个方面、各种要素进行分析，抽取事物内部的单一规定性。并运用比较、概括，从同类的广泛的个别的感性具体中抽取出本质性的东西，即抽象的规定（一般以抽象的概念为存在形式）。之后，在揭示了抽象概念及其他反映对象的内在矛盾以及事物本质属性之间的联系与转化后，对各种抽象规定进行综合，从而在思维中把客观事物内部各规定性之间的固有联系再现出来，达到对客观事物的本质和规律在思维中的准确把握，也就是思维具体。"具体之所以具体，因为它是许多规定的综合，因而是多样性的统一。"① 马克思把这一认识的逻辑行程概括为"两条道路"的过程："在第一条道路上，完整的表象蒸发为抽象的规定；在第二条道路上，抽象的规定在思维行程中导致具体的再现。"② "第一条道路"是从具体到抽象的逻辑方法。其起点是感性的具体，也就是客观实在；终点是"抽象的规定"，表现为描述客观事物的一些抽象概念。它是"从实在和具体开始，从现实的前提开始"，"这就是关于整体的一个混沌的表象，并且通过更切近的规定，我就会在分析中达到越来越简单的概念；从表象中的具体达到越来越稀薄的抽象，直到我达到一些最简单的

① 《马克思恩格斯选集》第 2 卷，人民出版社 2012 年版，第 701 页。
② 《马克思恩格斯选集》第 2 卷，人民出版社 2012 年版，第 701 页。

规定"。①"第二条道路"是从抽象到具体的方法。作为"第二条道路的终点"的"具体"与作为起点的"具体"有质的区别，是思维对客观具体在观念上的抽象把握。总之，马克思把思维的逻辑运动进程概括为从"具体"到"抽象"和从"抽象"到"具体"的两个阶段，两个方向相反、首尾相接的思维闭环，构成了"具体—抽象—具体"的否定之否定过程，也形成了人对事物本质完整认识过程的"感性具体—抽象规定—思维具体"科学方法。

第四，逻辑与历史相统一的方法。正像上面所说，所谓"逻辑方法"，是指用概念、判断与推理等理论形式研究和揭示对象发展规律的方法。而所谓"历史方法"，则是指按照对象产生和发展的自然进程进行研究并揭示其发展规律的方法。然而从宽泛意义上讲，这两种方法都是为了揭示人类历史的发展规律。只不过逻辑方法主要采取理论论证的形式，而历史方法则主要采取事实描述的形式。恩格斯对"逻辑方法"与"历史方法"的统一性作了透彻说明。他指出，"对经济学的批判，即使按照已经得到的方法（即唯物辩证法——作者注），也可以采用两种方式：按照历史或者按照逻辑。……历史常常是跳跃式地和曲折地前进的，如果必须处处跟随着它，那就势必不仅会注意许多无关紧要的材料，而且也会常常打断思想进程……因此，逻辑的方式是唯一适用的方式。但是，实际上这种方式无非是历史的方式，不过摆脱了历史的形式以及起扰乱作用的偶然性而已。历史从哪里开始，思想进程也应当从哪里开始，而思想进程的进一步发展不过是历史过程在抽象的、理论上前后一贯的形式上的反映；这种反映是经过修正的，然而是按照现实的历史过程本身的规律修正的，这时，每一个要素可以在它完全成熟而具有典型性的发展点上加以考察。"②这样，对这两个概念重新界定就是：所谓"历史方法"，是根据历史发展的自然进程和历史顺序把握历史现象的基本线索与内在联系，揭示历史发展规律的方法；而所谓"逻辑方法"，是从理论思维形式的基本的关系出发，舍弃历史发展进程中的非本质因素，通过一系列的概念、范畴来揭示客观事物内部存在的一切矛盾，把握事物产生、发展和灭亡的规律，揭示历史发展规律的方法。所以，逻辑方法主要采取理论论证

---

① 《马克思恩格斯选集》第 2 卷，人民出版社 2012 年版，第 700 页。

② 《马克思恩格斯选集》第 2 卷，人民出版社 2012 年版，第 13—14 页。

的形式，撇开了历史发展中的曲折性和偶然性因素，通过对历史事实的分析和综合，来达到反映研究对象的本质和历史发展规律的目的。同样，历史方法采取事实描述的形式，但也必须以逻辑关系为依据，遵循历史的内在逻辑，通过事物的具体性和丰富性来反映历史发展的规律性。所以，逻辑的方法和历史的方法在本质上是一致的，并在更高层次上结合成一种统一的、更抽象的研究方法，也就是"逻辑与历史相统一"的方法。关于"历史"和"逻辑"方法及其关系的系统阐发，是从黑格尔开始的。黑格尔认为，如果能够掌握"逻辑"的进程，就可以从其发展的主要环节里得到"历史"现象的进程。也就是说，他通过"逻辑"的推演来展现"历史"的生成，把"逻辑"的东西当作第一性的，把"历史"的东西当作第二性的。这样就形成了"历史与逻辑相统一"的方法。按照这一方法，"历史"被动地适应"逻辑"，"逻辑"主动地产生"历史"，因而是一种唯心主义的方法论。马克思对黑格尔的这一方法论进行了唯物主义的改造。他认为，历史的东西是第一性的，是自然的过程；逻辑是第二性的，是历史性的东西在思想上的反映。逻辑的展开过程即对历史发展的认识过程，是以客观的历史进程为基础并相一致的。也就是恩格斯所说的，"历史从哪里开始，思想进程也应当从哪里开始。"[1] 而逻辑思维的终点，则是舍弃了历史偶然性、特殊性的对历史一般进程和一般趋势、一般规律的把握。这也是从历史事件的"感性具体"上升到历史现象的"抽象规定"、再到思维对整个历史在本质和规律上认识的"思维具体"科学思维方法。这样，就把黑格尔"历史与逻辑相统一"的方法，变成了"逻辑与历史相统一"的方法。总之，"逻辑的方法"和"历史的方法"既息息相关，又彼此区别，但"逻辑与历史的统一"则成为一种统一的、更高层面上的研究方法。

以上是形式逻辑法和辩证逻辑法及其各自具体的方法论原则。形式逻辑是亚里士多德创立的，已有两千多年的历史。尽管"古希腊的哲学家都是天生的自发的辩证论者，他们中最博学的人物亚里士多德就已经研究了辩证思维的最主要形式"[2]。但辩证逻辑成为一门科学，还是起于近代德国哲学家伊

---

① 《马克思恩格斯选集》第 2 卷，人民出版社 2012 年版，第 14 页。
② 《马克思恩格斯选集》第 3 卷，人民出版社 2012 年版，第 789 页。

曼努尔·康德（Immanuel Kant），成于黑格尔，并在马克思那里实现了从唯心到唯物的转变。作为不同研究领域的两种思维方式，两种逻辑方法互相渗透、互相补充，不存在谁高谁低的问题，只是研究领域和研究任务不同而已，都是科学研究的重要方法。

3. 非逻辑思维方法。与逻辑方法是科学研究的重要方法一样，"非逻辑方法"也是科学研究的重要方法。所谓非逻辑方法，是指一般逻辑形式所不能包括的思维方法，如直觉、想象、灵感、猜测等。这些思维方法不像分析、综合、归纳、演绎、比较等逻辑方法那样沿着固定的逻辑程序和格式进行推论、展开，它的运用没有依据某种明确的逻辑规则，结论的得来也没有经过缜密的推理，带有某种程度的猜测性和预见性。非逻辑方法之所以存在并对人类科学研究做出了重大贡献，是因为，客观事物发展规律纷繁复杂，外在因素影响广泛存在，再加上人的思维并不存在一条凝固不变的逻辑通道，所以，逻辑思维方法认识和解决的问题还是相当有限的。这就决定了人们认识、解决问题、进行科学研究就不仅仅采用逻辑方式，还采用非逻辑形式。例如，人们在认识和解决问题时常常会遇到事物变化不定的模糊性、随机性，遵循严格的逻辑方法往往难以奏效。而非逻辑方法则可能产生思维的跃进，找到解决问题的突破口和思路，在推动科学技术发展上起到了巨大作用。具体说来，非逻辑方法主要包括以下几个方面：第一，想象方法。是指人们在实践活动或思维活动中，能够在已有的知识经验基础上，在头脑中创造出没有直接感知过的事物形象。由于想象具有极大的自由度和回旋余地，可以打破思维常规，突破思维限制，富有很大的创造性，因而可以帮助人们突破经验材料的局限，有效地弥补事实链条的不足，想象出觉察不到的事物及其特性，使思维活动进入更高的、创造性的层次。正因为如此，爱因斯坦指出，"逻辑能把你从 A 带到 B，想象能把你带到任何地方。"（Logic will get you from A to B. Imagination will take you everywhere.）第二，直觉方法。是指人类思维在对感性经验和已有知识作持续性思考时，冲破逻辑规则束缚，对客观对象及其关系、特性迅速识破，直接领悟事物内在本质的一种突变性认识。直觉具有高度机敏的特点，它的"闪现"具有很大的突发性。第三，灵感方法。是指研究者在长期思考和探索某一问题时，思维处于高度的受激状态和白热化程度，使脑海里贮存的许多彼此关联的材料和信号在外界条件的刺激与启示下，豁然洞察问题实质的一种顿悟。灵感处于高峰时，人的智力水平超出了平时的智力极限，从而呈现出思维的升华和飞跃，因而表现出高度的创造能力，能够催生新思想、新观念、新发明、新创造。第四，猜测方法。科学的猜测，往往预先在自己头脑中作出一些假定性的解释和初步的判断，并以假说作为自己的理论表现形式。总之，科学研究和科学发展离不开非逻辑思维的方法。[①]

五、科学抽象法

科学研究离不开科学抽象，科学抽象是理论思维的基本方法。正如马克思所说："分析经济形式，既不能用显微镜，也不能用化学试剂。二者都必须用抽象力来代替。"[②]分析经济形式如此，分析其他社会问题、社会命题、社会理论也是如此。因此，科学抽象法是包括社会科学在内的科学研究的一项基本方法。所谓"科学抽象法"，就是在科学研究和思维过程中，对感性材料进行科学分析，排除非本质的、表面的、偶然的东西，抽取反映事物本质的、内在的、必然的规定性，揭示客观对象的本质及其规律的思维、研究方法。它是在思维中将客观事物的各个方面、部分、因素，将事物的各种本质规定性同非本质规定性、主要因素同次要因素、必然因素同偶然因素等区分开来，对抽取的因素分门别类地进行研究，逐步揭示其相互关系和内在本质、内在规律性，然后进行归纳、综合，达到在主观的思维中再现具体事物，以获得具有普遍性的科学知识，形成概念、范畴、规律及一般原理的过程。它以透过事物现象抽取事物本质为特征，以构建科学理论系统为最高目标。所以列宁指出，"思维从具体的东西上升到抽象的东西时，不是离开——如果它是正确的（注意）（而康德，像所有的哲学家一样，谈论正确的思维）——真理，而是接近真理。物质的抽象，自然规律的抽象，价值的抽象等等，一句话，一切科学的（正确的、郑重的、不是荒唐的）抽象，都更深刻、更正确、更完全地反映着自然。"[③]因此，科学抽象是人类科学思维

[①]　参见敬志伟：《非逻辑方法的科学创造价值》，《山东社会科学》1994 年第 5 期。

[②]　《马克思恩格斯选集》第 2 卷，人民出版社 2012 年版，第 82 页。

[③]　《列宁全集》第 55 卷，人民出版社 2017 年版，第 142 页。

获得高度发展的产物，是进行科学研究、揭示事物本质、形成科学理论体系的决定性环节。

科学抽象无疑要利用概念、判断和推理等方法，通过分析和综合、归纳和演绎，遵循逻辑与历史相统一的原则，实现从抽象到具体的"蒸发"，达到对客观事实的认识和对客观真理、客观规律的把握。这是逻辑的方法，也是理性思维。同时，在科学抽象过程中，非逻辑方法或者说形象思维也同样发挥着不可替代的作用。而且，在科学抽象中，还广泛使用作为逻辑方法和非逻辑方法、理性思维与形象思维综合的思维方法，"思想实验""理想试验""科学假说"等就是这样一些方法。所谓"思想实验"，一般不是从感性材料出发经过抽象上升为理论，而是从某些经验、定律、公式或科学理论中，通过综合、抽象、演绎出新的理性认识，揭示出新的本质和规律，创立新的理论的方法。所谓"理想实验"也叫"抽象实验""假想实验"或"理想化方法"，是一种思想上的实验，是人们在观察或实验的基础上，运用理性思维的能力，在思想中塑造的理想过程。它把研究对象置于比较理想的、纯粹的状态下，简化复杂因素，纯化主要因素，忽略偶然因素，撇开次要因素，运用逻辑推理的方法，依靠丰富的想象力，在思维中设计一种理想的"实验"，揭示出客观现象和过程之间内在的逻辑联系，用理想化客体代替实在的客体进行科学研究，并由此得出科学的结论的方法。而所谓"科学假说"，则是人们以一定的经验材料和已知的事实为根据，以已有的科学理论和技术方法为指导，对未知的自然事物现象产生的原因及其运动规律所作出的推测性解释、猜测或猜想。[1] 根据所抽取对象的属性，科学抽象可以分为"表征性抽象""本质性抽象""规律性抽象"；而根据抽取的方法，可以分为"定性抽象与定量抽象""浅层抽象与深层抽象""低层抽象与高层抽象""片面抽象与全面抽象""近似抽象与准确抽象"等。[2]

科学抽象的一般过程和环节包括：第一，确定研究对象；第二，详细占有材料并进行提纯处理；第三，对感性具体的深入分析；第四，从感性具体

---

[1] 参见刘端直：《知试论科学抽象形式及相对论的创立》，《大自然探索》1987年第2期；刘利平等：《识创新活动中的科学抽象及其程式》，《河南科技》2010年第1期（上）。

[2] 参见季子林等：《科学抽象的动态深化和基本原则》，《曲阜师范大学学报》1987年第1期。

到抽象规定的提升，实现科学抽象的第一次飞跃；第五，从抽象规定到理性具体的完成，实现科学抽象的第二次飞跃。经过这五个环节，科学抽象实现了从感性具体到抽象具体、从感性认识到理性认识的动态深化，对事物的本质和规律有了整体的把握。但思维过程并没结束，这时得到的本质认识还属于对象的"初级本质"。因此，科学抽象还没有完结，还需要经过螺旋式上升的运动，实现对真理认识的更精确的提升。这是因为，事物的本质是有层次的，而人们对各层次本质的认识是不可能一次完成的。正像列宁所说，"人的思想由现象到本质，由所谓的初级的本质到二级的本质，这样不断地深入下去，以至于无穷。"[①] 这就涉及本质的层次性问题。"初级本质"是建立在感性具体基础上的事物诸方面感性层次抽象规定的综合。"二级本质"除了依赖感性具体外，还需要前一层次的理性具体为基础。是比"初级本质"更深入一个层次的抽象规定的综合。"三级本质"又更深一个层次，……以至无穷。本质的层次性，是通过科学抽象的层次性实现的，也就是科学抽象的动态深化过程——从原有科学抽象具体到新的抽象具体的深化。这一过程大致有以下几种途径：第一，本质层次的深入，即由浅层抽象到深层抽象；第二，本质范围限度的扩展，即由低层抽象到高层抽象；第三，本质方面的补充与综合，即由片面抽象到全面抽象；第四，本质内容的修正与准确，即由近似抽象到准确抽象；第五，本质属性的定量与精确，即从定性抽象到定量抽象；第六，原有抽象结论的推翻，即由错误抽象到正确抽象。[②] 经过这样的动态深化，人们对客观具体的认识已经比较准确，对其本质的把握已经比较精准。科学抽象每一层次的提升，本质每上升一个层次，都是向绝对真理更进一步的无限接近。本质的层次是无限的，本质规定性在量上同样是无限的。一项科学研究不可能对事物的无限规定性都同时进行科学抽象，而是就感性具体的某一个方面或某几个方面的规定性进行研究，进行抽象。这就是科学抽象的"界限"问题。所谓"科学抽象的界限"，是指关于事物的不同方面、不同层次的抽象规定的立体结构，是客观事物多级、多方面本质的内在联系的系统结构，表现为事物的诸层次本质在思维中或观念中的集合。

---

① 《列宁全集》第 38 卷，人民出版社 1959 年版，第 278 页。

② 参见季子林等：《科学抽象的动态深化和基本原则》，《曲阜师范大学学报》1987 年第 1 期。

它具体表现为客观事物所具有的结构、层级、部分等，及其所具有的相对独立的本质特征、发展变化的规律和原理等。科学抽象的界限是科学领域和科学门类划分的依据。同样，本质层次、本质规定是无限的，科学抽象也是无限的。但相对于一个研究者来说，时间、精力和生命都是有限的。这就带来了科学抽象的"限度"问题，要求科学抽象适可而止，尽量用有限的思维具体去反映无限的现实具体，固化科学研究的阶段性成果，为后来研究者铺好"垫脚石"。每个研究者的成就相对于客观存在在时间和空间的无限延展无论多么渺小，都是人类探求客观世界无限延伸知识链的一个个闪烁着永恒光芒的里程碑。在这里，渺小成为伟大，有限成为无限，瞬间成为永恒。这是"上苍"给予每个为人类文明、人类幸福辛勤奋斗着的学者的褒奖，是激励一代代知识分子不懈前进的动力，也是我们后来者对在以往科学道路上蹒跚前行的每个科学巨匠理应怀有的崇高敬意——无论他们的思想理论在今天看来多么幼稚甚至荒谬。

通过上面的分析可以看出，科学抽象具有以下特点：一是主观性与客观性的辩证统一。就作为科学研究方法的科学抽象来说，其目的是要达到对事物本质和规律的认识。因此，尽管其思维活动是主观的理性活动，但它一刻也离不开感性具体——客观事物。就作为科学研究结果的科学抽象来说，它不是离开客观对象的真理，而是克服表象的局限，深入到事物内部的、更深刻、更正确、更完全地反映事物本质的理论形式。这种科学抽象的形式是主观的，但其反映的内容却是客观的，也就是说，是主观形式和客观内容的统一。二是抽象性与具体性的辩证统一。首先，科学抽象离不开感性具体，离开了感性具体抽象就成了无源之水，成了空洞无物的主观臆想；其次，科学抽象离不开抽象具体，离开了抽象具体抽象就成了无果之花，成了毫无意义的思维游戏。科学抽象是思维对具体事物本质规定性的抽象，是抽象性与具体性的统一。三是直接性与间接性的辩证统一。科学抽象是以直接性的感觉、表象等作为自己的基础和前提，因而具有直接性。同时，科学认识并不是主体对客体的简单的表面的摹写，而是经过"离开"感性具体、抽象掉细枝末节和偶然性的因素，在思维中进行分析综合、归纳推理才达到对客观事物本质的把握，因而又具有间接性。四是有限性与无限性的辩证统一。科学抽象虽然由于本质的层次性和递进性而表现出过程的无限性，但就某一项研究、某一阶段的研究来说，又不能不具有阶段性和有限性；科学抽象就人类整体来说具有无限性，但就某个人的研究来说又不能不具有有限性。因而是有限性与无限性的统一。五是间断性与连续性的辩证统一。科学抽象经过感性具体—抽象规定—抽象具体的过程，完成了一个周期，达到了对客观事物的初级层次本质的把握，因而暂时达到了研究目的，表现出抽象的暂时间断。但要实现人的认识向绝对真理的无限接近，还必须通过科学抽象揭示二级本质、三级本质……因而又表现出无限性。六是理论性与实践性的辩证统一。科学抽象是一种主观思维活动，它通常是以理论形式呈现抽象的结果和成就。同时，科学抽象又是以实践为前提和基础的，是在社会实践中进行的总结概括。而且，科学抽象的结论要在实践中进行检验。因此，实践性是科学抽象的本质属性。这就决定了科学抽象是理论性与实践性的统一。

进行科学抽象，必须坚持科学原则。（1）科学抽象必须充分占有事实材料，合理筛选各种资料。充分可靠的事实资料，是合理地进行科学抽象的必要前提。从事实资料中抽象出研究对象固有的而不是臆造的本质和规律，需要事实资料的积累必须达到一定的程度，这些材料不仅要充分，而且要可靠。在此基础上，经过认真筛选，深入分析它的各种发展形式，探寻这些形式的内在联系，才能为科学抽象的可靠性提供基础保证。（2）科学抽象必须注意事物的普遍性和表象的完整性。科学抽象必须从普遍的存在和事物的总和出发，而不能把个别、偶然的现象作为根据。对感性具体进行具体分析和科学抽象时，必须注意表象的完整性，反对采取东抽一点、西抽一点。"如果不是从整体上、不是从联系中去掌握事实，如果事实是零碎的和随意挑出来的，那么它们就只能是一种儿戏，或者连儿戏也不如。"[①]（3）科学抽象必须撇开偶然因素，抽出本质规定。客观事物是有多样的属性和表象的。这些属性有的是与事物有内在联系，有的没有必然联系；这些表象有的反映事物的本质，有的不反映甚至掩盖事物的本质。这就要求在科学抽象中，善于区分、抛开偶然因素、个别属性，透过现象，抓住并抽出事物的本质，才能达到抽象具体。（4）科学抽象必须综合使用逻辑方法和非逻辑方法、理性思维和形象思维。科学抽象是一种综合的思维活动，不仅要借助概念、判断、推

---

① 《列宁全集》第 28 卷，人民出版社 2017 年版，第 364 页。

理等逻辑形式，综合使用分析和综合、归纳和演绎、从抽象到具体、逻辑与历史的统一等逻辑方法，而且要充分利用直觉、想象、灵感、猜测等非逻辑方法，还要大胆使用思想实验、理想试验、科学假说等综合抽象方法，才能充分发挥科学抽象应有的作用。(5)科学抽象必须坚持低层次抽象与高层次抽象的结合、动态深化和抽象限度的统一。无论客观事物还是社会问题，都呈现出不同层次的本质和规律。科学抽象只有把低层次的抽象与高层次的抽象结合起来，才能准确认识客观具体，科学分析社会问题，得出理性结论。正是有了这种层次性，客观事物和社会问题也因而具有无限性。这就要求科学抽象要把握好抽象的限度，不是说抽象得越深越好，也不是层次越高越好。关键是对要解决的问题和目前的任务有个科学定位。(6)科学抽象必须坚持历史的方法、实践的观点。科学抽象无论是以逻辑的方法还是非逻辑的方法进行，都必须坚持逻辑与历史相统一的原则，没有事物发展过程和历史进程的抽象，只能陷入唯心主义的泥潭。同样，科学抽象必须坚持从实践出发又回到实践的路线。不是从实践中获取的材料，不足以作为科学抽象的依据；没有经过实践检验的结论，不能够确定抽象结果的科学性。

总之，科学抽象法在科学研究中具有重要的地位，对自然科学和社会科学的发展都起了巨大的作用。爱因斯坦的"相对论"、马克思的《资本论》都是科学抽象的杰出成果，也是科学抽象法运用的光辉典范。列宁在《哲学笔记》和《唯物主义和经验批判主义》中对科学抽象方法作了科学说明，是学习、掌握这一科学方法的指导性著作。

第三节　研究方法创新

社会科学研究的基本方法论，是几千年学术理论发展进程中思想家们不断探索总结、继承发展而形成的行之有效的科研方法，也是人类文明发展进程中积淀下来的重要文明成果。这些方法反映了社会科学研究的一般规律，是具有一般性、普遍性、长效性的方法论体系，不存在过时或陈旧的问题，也是研究生应着力进行的学术训练内容。同时，时代在进步，社会在发展，且研究生本身就肩负着理论创新、方法论创新的使命，因此，研究生还应适应社会科学研究不断创新的历史趋势，努力探索符合科技发展水平和时代进步的新的研究方法。下面主要介绍一下社会科学方法在新世纪、新时代创新发展的一般趋势和几个逐渐成熟的新的社会科学研究方法，以启发研究生踏着前人的足迹，在科研的大道上继续前行，把人类文化和文明推向更新的高度。

一、社会科学研究方法论创新的趋势

现时代，社会科学方法论创新的趋势是多方面的，仅就主要的，可以概括为以下几个方面。

第一，方法论上的学科交叉与学科融合日益明显。在科学发展史上，随着科学的发展和人们思维水平的提高，逐步出现了学科分化。如自然科学、社会科学彼此分离，而它们中的若干学科也逐步从哲学中分离出来，并不断走向更细的分化。伴随着这种学科的分化，是与学科相适应的研究方法的分化。这种不断分化的过程反映的是人类对自然、社会的认识水平从整体把握向细化研究发展的过程，本身就是一种不断进步的过程。然而，随着自然科学和哲学社会科学的发展，科学研究在经历了近代分门别类的细化研究以后，特别是经历了形而上学的哲学思维方式发展到辩证唯物主义，出现了各门学科逐步走向融合的趋势。随着第三次工业革命的发展，这种学科交叉与融合的趋势越来越明显。学科交叉与融合是两个有紧密关联而侧重点又有一定区别的概念。所谓"学科交叉"，主要是指汇集，反映的是系统科学中的"集成"思想；所谓"学科融合"，更强调相互渗透、合为一体，更多的是反映系统科学中的"综合"思想。

研究方法上的学科交叉和融合，也是由当代社会科学问题的系统复杂性所决定的。当代社会科学研究的对象——社会系统是一个开放的复杂巨系统，社会科学研究问题所涉及的领域越来越广，不仅要研究人的行为的复杂性、社会结构的复杂性、社会各类要素之间关联方式的复杂性以及环境的复杂性，而且要研究日渐明显的"社会—经济—自然"复合系统的整体化趋势。研究目标不再仅仅是已知的领域，而且更多的是探索许多未知领域。研究组织也由单一研究者个人、研究组织或科研机构转变成多研究团队、多研究组织、多研究机构联合的科研群的组合。这些问题的复杂性带来的结果是：一方面科学研究分工越来越细，专业化程度越来越高；另一方面又出现了学科间界限不断被打破、边界不断被重新划分的学科交叉与融合的大趋势，因而进入"大科学"时代。①而不同学科的知识体系间通过深度的交叉与融合，不仅可能打破原来的学科划分，而且可能会产生新的学科基本概念与基本原理，甚至形成新的理论体系和学科结构，进而形成社会科学的新领域、新的学科生长点等。这是当代社会科学研究发展的一大趋势。

与学科交叉、融合的趋势相伴随，也出现了研究方法的交叉与融合。在社会科学研究中，从一个理念、用一种方法、使一种研究工具已经很难解决复杂巨系统中的理论问题，而社会科学学科间的交叉与融合也要求研究方法实现交叉与融合。这就更需要在研究过程中，把社会科学、自然科学与人文科学相结合、科学理论与实际经验相结合、定性与定量相结合、人与计算机相结合，并使这些结合相互渗透、合为一体。研究方法交叉与融合是当代社会科学研究取得创新性成果的一条重要途径。

第二，自然科学方法向社会科学研究的渗透不断深化。科学研究的发展趋势，除了人文社会科学学科彼此之间的交叉和融合外，自然科学也开始向社会科学渗透，出现了自然科学和社会科学融合的趋势。与之相适应，也出现了自然科学与社会科学研究方法上的融合。这可以从以下几个方面来说明：一是数学方法被应用于社会科学研究中。数学方法具有高度抽象性和逻辑严密性。正如哲学是社会科学研究的基本方法、一般方法、在社会科学研究中处于核心地位一样，数学是自然科学研究的基本方法、一般方法，在自然科学研究中处于核心地位。而随着社会科学的发展，数学方法也逐步被应用于社会科学研究领域。如"经济计量学""数理语言学""社会计量学"等新兴学科，就是数学方法应用于社会科学研究领域的产物。可以说，社会科学正经历"数学化"的过程。二是自然科学的成果被社会科学所采用。信息论、系统论、控制论等现代自然科学发展的新成就，也被应用于社会科学的研究中，解决了环境问题、生态问题、城市问题等许多复杂的大系统问题，并促进了自然科学与社会科学的整体化发展。三是电子计算机的应用消解了自然科学方法和社会科学方法的传统界限。传统的社会科学研究主要依靠哲学思辨分析而不用科学仪器。但电子计算机使信息的获取、存储、传输、加

---

① 参见陶柱标：《大科学时代呼唤全方位的科普战略》，《改革与战略》2007年第2期。

工方式发生了革命性变革，也被广泛应用于社会科学研究。如模型方法就是其中的一种。

自然科学研究方法向社会科学的渗透，不仅丰富了社会科学研究的方法论，也提升了社会科学研究的能力。具体说来，一是丰富了社会科学的研究方法。自然科学研究广泛使用的系统方法、定量方法和综合研究方法被引进到社会科学中，使定性研究与定量研究、微观研究与宏观研究相结合。再加上电子计算机的使用，使社会科学的研究方法更加丰富多样。二是促进了社会科学研究的精确化、定量化。这主要表现在数学方法与系统方法、模型方法结合，使社会科学研究真正做到指标量化，因而也就使研究的问题更加精确。三是提高了社会科学理论的实践指导功能。自然科学方法的应用提高了社会科学理论的精确性、科学性和预测性，也就增强了它对实践的指导意义。如经济学研究中引进了系统分析和决策模型，对市场机制的研究和预测功能，为企业的生产、管理和经营提供了方便。四是开辟了社会科学研究的新领域。如属于社会科学的经济学与属于自然科学的生态学、环境学交叉，产生了"生态经济学""环境经济学"，并由此产生出许多新的经济学理论，如"整体线构理论""资源高价论""限制消费论"等。总之，自然科学向社会科学的渗透，既促进了社会科学研究能力的提高，也促进了社会科学研究方法论的创新。[①]

第三，电子计算机的应用正在消解自然科学方法和社会科学方法的传统界限。近些年来，计算机技术作为帮助人们认识世界的一种新手段，已经广泛应用于自然科学、工程技术科学领域，也日益成为社会科学研究的新方法。由于计算机具有强大的计算功能和数据处理、过程模拟等功能，因此被广泛用于处理自然科学和社会科学中一些复杂的巨系统问题。如计算机不仅在气象学、地球构造学、信息生物学、医学及核物理、天文学等众多自然科学研究领域得到了广泛的应用，也经常用于社会科学领域。在社会科学研究中，学者们需要用某种符号系统作为媒介，通过这种媒介清楚地表达对现实世界的理解，描述理论命题，并对社会系统发展的未来提出预测。计算机技术通过抽象与符号化，把社会现象、社会科学问题抽象为最基本的情景（情

---

① 参见郑若玲：《论自然科学方法向社会科学研究的渗透》，《社会科学》1995 年第 6 期。

节与环境背景），以此来分析研究社会现象。如可以研究人的心理活动与行为、组织的基本特征与功能、社会基本运行机制与趋势等的系统模式，已在经济学、社会学、人口学、历史学等社会科学领域得到广泛应用。并且还打破了传统的自然科学与社会科学的界限，形成了自然科学与社会科学交叉与融合的新领域、新学科，如"生态经济学""环境经济学"等。总之，电子计算机技术的广泛应用，不仅消解了自然科学与社会科学的原有界限，也在它们交叉、融合的基础上，形成了新学科，促成了新的研究方法的形成和发展。

电子计算机技术在科学研究中的广泛应用，突出地表现在计算实验、信息网络技术等方面。首先，计算实验，是利用计算技术，借助计算机构造实验对象、实验环境和实验平台，模拟现实世界物质运动的基本动力和规律，对科学问题进行实验研究。[①] 作为研究自然科学和社会科学的一种手段，计算实验本质上是一种"模拟"实验。往往被用于由于安全问题或成本太高等原因，或由于现实中规模过于庞大或时间跨度过于久长等而无法在现实中真正进行的实验，需要计算机进行模拟来代替真实实验的情况。如关于社会起源的问题、自然状态中社会合作行为的产生问题等。这种计算实验不仅广泛用于自然科学，也越来越多地应用于社会科学的研究。而且还可以连接社会科学各种研究方法，甚至连接自然科学与社会科学研究方法，实现综合集成的研究方法论，成为科学研究方法论发展的一大趋势。其次，由计算机技术带来的信息网络技术不仅极大地改变了人们的生活方式、思维方式、生产经营方式等，也使包括自然科学、社会科学在内的科学研究方法发生着重大的变革。仅就社会科学来讲，信息网络技术大大扩展了社会科学获取信息的来源，提高了分析、研究、处理信息的效率，改变了储存、处理、研究信息的方式。如与原来图书馆、资料中心不同，计算机成为获取、存储和管理社会科学研究数据的更方便工具；与传统作为实物的信息载体——数字、文本、声像和图画不同，这些载体在计算机中以数字形态存在；与原来的以论文、资料、书籍等实物形式交流理论、信息不同，网络技术实现了数字信息形式的交流，而且由单向传输转变成双向、多向传播等。不仅如此，信息网络技

---

① 参见张军：《研究社会系统演化的计算实验方法》，《实验室研究与探索》2008年第10期。

术在科学研究中的应用，还由于电子版图书、数据库的迅速扩张、电子文献的快捷检索，使得原先需要耗费极大精力才能占有大量资料这一研究障碍不复存在，并使跨学科研究的可能性、可行性大大增加，因而极大地促进了社会科学研究的创新，改变了社会科学研究的方式和方法。

第四，"大数据"提高了社会科学研究的深度和广度。正如全球复杂网络权威——"无标度网络"创立者、匈牙利裔美国物理学家巴拉巴西（Albert-László Barabási）所指出，"这是一个令人兴奋的时代，也是一个大数据的时代，数据科学让我们越来越多地从数据中观察到人类社会的复杂行为模式。以数据为基础的技术决定着人类的未来，但并非是数据本身改变了我们的世界，起决定作用的是我们对可用知识的增加。"而且在他的畅销书《爆发》中，巴拉巴西认为，"人类行为93%是可预测的"。不管巴拉巴西的论断是否确切，但"大数据时代"的确到来了。美国顺应时代潮流率先提出了"国家大数据战略"。所谓"大数据"（Big Data），就是用现有通用软件在可容忍的时间内无法加工、处理和分析的数据。[1] 大数据时代的来临，迅速改变着人们的认知领域和认知方式，如何从海量的数据中发现知识，寻找隐藏在数据之间的相关性以及数据可能包含的问题模式、发展趋势等信息，揭示社会现象和社会发展规律，成为人们必须思考的问题。可以看出，"大数据"与早些年就出现的"数据挖掘"密不可分。所谓"数据挖掘"（Data Mining），就是从大量的、不完全的、模糊的、随机的实际应用数据中，提取隐含在其中的、人们事先不知道的、但又是潜在有用的信息和知识的过程。[2] 当然，今天的"大数据"已经不是"数据挖掘"的内涵所能涵盖得了的，它有着更大的规模、更加重大的意义和更加难以预测的趋势。所以，从更确切意义上说，这是一个"大数据时代"。大数据的基本特征有：一是突破了线性思维模式，带来了更多不可预测性；二是具有开放性，公开且易于获得；三是重预测而非一般了解，重发现而非假设、实证；四是重信息关联轻因果关系，重信息全体轻数据抽样；五是重发现先前未知、实用、有效的信息和知识，而非结构化数据。

---

[1] 参见沈浩等：《大数据助力社会科学研究：挑战与创新》，《现代传播》2013年第8期。

[2] 参见沈浩等：《大数据助力社会科学研究：挑战与创新》，《现代传播》2013年第8期。

大数据所具有的特征，对社会科学研究的影响是巨大的，所带来的变革和挑战可能是颠覆性的。大数据对社会科学研究和预知社会会产生革命性影响，其最显著特征就是人类社会的"数字化生存"。社会科学研究的是人以及人所在的群体、组织及其之间的相互关系。在大数据时代，人们的在线社会化生活、在网络社交媒体上构成的巨大社会网络及其不断演化的信息，都被记录下来。而网络科学与社会网络分析作为大数据分析的重要技术和方法论，可以使我们能够更好地观察到人类社会的复杂行为模式。所以说，大数据对社会科学的影响更加巨大，因此带来了社会科学研究的春天。大数据时代，社会科学重在研究网络环境下的社会人的态度行为和社会影响，重在基于大数据分析和挖掘每一个人的社会行为，传统的社会"平均人"和群体行为模式已经不是重点。而是在大数据中捕捉每一个个体行为模式的基础上，再全部集中在大数据中心进行处理，从而更精确地捕捉群体行为，为更准确的社会分析、研究提供可能。总之，在大数据时代，社会科学研究的方法论会发生质的变革。① 这是研究生作为人类知识和研究方法的拓荒者必须高度重视的。

二、社会科学研究上的几种新方法

1."元分析"方法。"元分析"（Meta-analysis），也被译作"整合分析""集成分析""汇总分析"等，有"更加全面或超常规的综合"的意思。美国教育心理学家格拉斯（R. Glass）1976 年首次命名使用。他对元分析的定义是：以综合已有的发现为目的，对单个研究结果进行综合的统计学分析的方法。一开始，"元分析"仅仅被看作对以往研究结果进行定量合并的统计分析方法。但随着应用范围的扩大和自身发展，学者们认识到元分析中应该既有定量分析也有定性分析，而不是一种简单的统计分析。它是作为综合多个同类研究的结果，对研究效应进行定性、定量合并的分析研究过程和系统方法。所以，概括起来说，"元分析"就是应用特定的设计和统计学方法，对以往的研究结果进行整体的和系统的定性与定量分析的方法。

元分析是一种新的将定性分析与定量分析相结合的文献综合方法，已经

---

① 参见沈浩等：《大数据助力社会科学研究：挑战与创新》，《现代传播》2013 年第 8 期。

在社会科学研究中被广泛应用。作为一级较高逻辑形式上的文献综述，元分析以原始研究结果为基础，有明确的文献收录和排除的标准，通过较为严密的设计，强调对有关研究进行全面的文献检索。它系统地考虑了研究的对象、方法、测量指标等对分析结果的影响，对纳入文献进行严格评价，并在此基础上对结果进行定量合并。所以，与传统的文献综述相比，元分析能最大限度地减少各种不足，确保结论的科学性、客观性和真实性。正因为如此，元分析在很大程度上克服了传统的文献综述中存在的问题。如，未使用任何系统方法来对所综述内容的原始数据进行收集、综合的问题；只罗列以往的研究结果，不进行定量综合的问题；研究结论带有主观性的问题等。

元分析方法的基本环节有：第一，提出问题，制订计划；第二，检索相关文献；第三，对文献进行编码，并根据纳入标准，选出符合要求的纳入文献；第四，纳入文献研究的质量评价；第五，正确进行数据提取；第六，资料的统计学处理；第七，统计结果的敏感性分析；第八，元分析结果的分析和讨论；第九，根据统计结果作出正确、全面的结论。[①]

2. 发生学方法。"发生学方法"是对发生点的各个对象进行动态的、实验性的综合研究的方法。它最早被应用于自然科学领域，如对物种起源的研究。发生学方法被应用于社会科学领域最典型的是人类发生学方法，代表作是英国生物学家查尔斯·罗伯特·达尔文（Charles Robert Darwin）的《人类的由来》。应用于社会科学领域，发生学方法即反映和揭示自然界、人类社会和人类思维等形成、发展、演化的历史阶段、形态和规律的方法。其特点是把研究对象作为一个发展的过程来研究，注重历史过程中主要的、本质的、必然的因素和联系。发生学方法在社会领域的具体运用，就是发生社会学方法。

美国学者爱普斯顿（Joshua M. Epstein）最早定义了"发生社会科学"这一概念，其本义是通过产生或发生出某种社会过程或现象来解释其中的机制。发生社会科学认为，社会科学问题是可以通过模拟仿真来说明，通过某种工具，可将此社会过程"模拟发生出来"。从本质上来说，发生社会科学

---

① 参见夏凌翔：《元分析及其在社会科学研究中的应用》，《西北师大学报》（社会科学版）2005 年第 5 期。

所做的"说明"主要是统计理论性质的，也就是试图说明针对某些复杂现象所提出理论的普遍性质和价值，并以此来反驳或修正某些旧理论。换句话说，它所做出的理论说明是针对现象的总体情形的，而不是针对其中包含的某个或某些个体对象的。

具体方法上，发生社会科学主要用"计算实验"的方式来研究社会科学问题，基本方法就是建立"模型"，而实验过程是对模型进行模拟和仿真，并对模型运行的结果、数据进行分析。这一过程，就是"建模—仿真—分析"（MSA）的研究过程。"建模—仿真—分析"是一种新型的、依托计算机技术进行的研究方案。具体步骤是：第一，用理论来构建复杂对象的模型；第二，用计算机程序对这个模型进行模拟运行和仿真；第三，用理论对仿真的结果进行分析和处理，并得出结论。在这一研究程式中，"建模"是这一研究方法的关键环节。一般而言，"模型"是对现实的某种简化和抽象。但简化、抽象绝不意味着损失模拟对象的本质，而是一种解决问题的技术手段，是一种技艺。它可以有效地指导研究，并得出有价值的、有意义的成果，因而反而增强了对问题的理论把握信度。这就是发生社会科学建立、运行和加以分析的模型在社会科学研究中的价值所在。所以，如果发生社会科学方法应用得当，数学、计算机技术和统计学可以发挥出传统社会科学研究方法所不可企及的能力，大大提高社会科学研究的精度、广度、深度、效度，也是社会科学研究方法的一大创新。①

3. 数学方法。正如马克思所指出，一种科学只有成功地运用数学时，才算达到了真正完善的地步。然而，社会科学由于研究对象的不同和自身具有的复杂特点，更多地采用的是抽象思维和逻辑论证，而不是像自然科学那样更多地借助科学实验和数据、模型来进行研究、论证。也就是说，与自然科学相比，社会科学还没有实现像自然科学那样量化，因此给人的感觉没有自然科学那样精确、有说服力。但随着科学技术的发展，尤其是计算机技术和信息技术的进步，再加上社会科学要解决复杂巨系统问题，原来的研究方法已显得力不从心，这一现象正在发生改变。现代社会科学研究已经越来越多地借助数学方法。

①　参见刘国柱：《发生社会科学研究方法初探》，《大家》2012 年第 10 期。

　　数学是研究现实世界空间形式和数量关系的科学；数学方法则是用数量关系、数学的程式准确研究、表述科学研究问题的方法。自然科学中使用数学方法已经具有很长久的历史了。数学方法是在现实世界中产生的，而现实世界是由自然界和人类社会活动构成的。所以，数学方法应该且必然成为自然科学和社会科学共同使用的研究方法。正像自然科学的研究离不开哲学方法论的指导一样，数学不仅是自然科学而且应当是研究包括自然、社会、思维在内的整个世界的空间形式与数量关系的科学。而且，数学研究方法并不是像一般人所认为的那样仅仅是定量研究，而是在定量研究基础上揭示事物性质、本质的一种方法，因而是定量研究与定性研究相统一的科学方法。所以，数学方法不仅是科学研究的基本工具，而且成为衡量一门科学水平的基本尺度。

　　数学方法应用于社会科学不是简单地用数量关系标注一下个别指标，也不是抽象的原则，而是通过具体方法来实现的。社会科学研究中常用的数学方法有以下几种：第一，数理统计方法。该方法也称概率法，是研究随机现象统计规律性的科学。其目标是从局部观测资料的统计特性，来推断事物整体的统计特性。把数理统计运用到社会科学研究中，就构成了社会科学研究中的数理统计方法。由于社会科学研究的某些现象非常复杂，或数目非常大甚至无穷，就需要从局部的统计情况推出整体的一般特性。这也是数理统计方法在社会科学研究中运用得很多的原因。如数理语言学中的统计语言学，就是应用数理统计方法、用统计程序来处理语言资料的。而经济学的分支——统计经济学、心理学的分支——实验心理学、统计心理学等，都把数理统计作为主要研究方法。第二，数学模型方法。这是指用精练的形式化语言，对某个特定问题或特定系统中各元素的关系、系统的本质特征或基本过程进行数量和结构的描述的方法。它一般表现为一组数学关系或一套具体的算法。在社会科学研究中运用数学模型一般经过3个步骤：一是根据所要研究的现实问题的特点，用数学语言把问题抽象成一个数学问题，建立合适的模型；二是进行数学运算，对数学模型求解；三是对得到的数学解作出解释和评价，形成对实际问题的判断或预见。在现代经济学的研究中就大量应用了投入产品综合平衡模型、经济预测模型等数学模型方法。第三，形式化方法。所谓形式化方法，亦可称为"公理化方法"，是对某一学科全部的概念、命题进行形式化——用特定的人工符号取代自然语言进行研究的方法。这种以人工符号组成的系统即"形式语言"，它一般包括基本符号、形成规则等。以形式语言为基础，再加上一些公理和推演规则，形成一个由定理、公理及形式语言组成的形式系统，就构成了"形式化方法"。这是在传统的逻辑学中加入数学方法，从而使逻辑对思维的研究更趋于精确和严密化的方法。这一方法的首创者是德国伟大的数学家和逻辑学家戈特弗里德·威廉·莱布尼茨（Gottfried Wilhelm Leibniz），他终生致力于使逻辑数学化，用数学方法来处理逻辑问题。后来的英国数学家乔治·布尔（George Boole）、德国哲学家和逻辑学家弗里德里希·路德维希·戈特洛布·弗雷格（Friedrich Ludwig Gottlob Frege），一直到罗素时代，将逻辑数学化、建立纯形式的数理逻辑体系的努力终于实现。[①]

4. 计算机实验方法。由于人类社会现象的时空无限性、无比复杂性和不可重复性，运用一般的实验方法通常难以展开研究。而计算机实验作为一种认识世界的新型手段已经越来越多地运用于社会科学的研究之中，成为社会科学研究的新方法。所谓"计算机实验方法"，就是把模拟实际系统的计算模型（或数学模型）在电子计算机上运行，通过对运行过程和结果的研究，达到对实际系统规律性的认识的方法。计算机实验方法的一般环节有：第一，系统定义，即根据研究目的确定对象系统；第二，建立数学模型，即将实际系统抽象为数学表达式或流程图；第三，建立计算机模型，即用计算机语言把研究对象设计成计算机能识别和运行的命令、程序；第四，运行计算机实验，即在计算机上对计算机模型作模拟实验；第五，结果分析，即对实验结果进行分析、评估和整理，并提供模拟实验的最终结果报告。

计算机实验方法，就是通过抽象与符号化，把社会现象、社会科学问题最基本的情景、情节、环境背景，如人的心理活动与行为、组织的基本特征与功能、社会基本运行机制等系统进行模拟，构造"人工社会"，并以计算机为"实验室"，开展各种社会现象情节和动态演化过程的实验，通过对实验结果的分析研究社会现象。这就是社会科学计算实验的核心思想。计算机实验突破了传统社会实验的成本、法律、道德等方面的限制。将它与定性分

---

① 参见胡泽洪：《社会科学研究中的数学方法》，《湖南师大社会科学学报》1988 年第 2 期。

析、定量分析、案例分析、统计调查等方法集成在一起，能够更好地研究结构复杂、宏微观相互作用、动态与演化性强的社会现象，并能较好地体现社会科学研究"环境依赖"和"问题导向"的宗旨。目前，计算实验方法不仅在环境治理、经济演化、社会管理、金融市场、产业集聚、公共安全、社会舆论、语言进化甚至历史变迁等许多社会科学研究领域都有广泛应用，而且也大量应用于传统的社会科学如经济学、社会学、人口学、历史学等领域，甚至在哲学领域也开始运用这一方法来解决传统的哲学问题或对哲学的理论进行检验，并取得了可喜的成果，显示出广阔前景。计算机实验方法在社会科学研究中发挥的作用表现在以下几个方面：一是在某种程度上解决了社会现象无法复制的问题；二是计算机实验所运行的模型对社会现象和过程具有解释和预见功能；三是计算机实验方法可以拓展人们的思维，使人们能在计算机的帮助下去思考和研究更为复杂的社会问题；四是计算机实验方法能够依据已有材料去修复、校正和检验历史过程中残缺不全的或错误的数据，可以把过去和现在的社会现象情景"搬到"计算机系统中，实现"历史回放"和现实再现，在人类历史研究中能够发挥独特的作用。因此，计算机实验方法在社会科学中可以发挥历史重构、现状洞察、趋势推演的功能。在帮助人们观察世界、验证理论和假设、指导社会实践、全面认识社会系统、了解系统演化的多种可能性方面，都发挥着传统研究方法所不具有的功能。计算实验研究方法可以处理并行过程，进行多方案比较。另外，计算机实验方法通过研究不同质微观要素在变化的环境中，由于随机因素、各自独立的行为决策及其在非线性结构中相互作用，可以反映宏观上系统演化的不确定性，帮助探索系统多个可能的演化趋势。[①]

5. 模型方法。在上面论述"数学方法""计算机实验方法"时都涉及了"模型方法"。尽管"模型方法"是这两种方法的重要环节和内容，但"模型方法"本身就是一种独立的科学研究方法。除了在这两种方法中使用外，还在更广泛的领域中应用。所谓"模型"，就是人们为研究某一个对象（原型）而创

---

① 参见孙明贺等：《论社会科学研究的计算机实验方法》，《东华大学学报》（社会科学版）2006 年第 2 期；张军：《计算实验在社会科学研究中的作用》，《实验室研究与探索》2009 年第 6 期；盛昭瀚：《计算实验：社会科学研究的新方法》，《光明日报》2012 年 4 月 11 日。

造出的原型的替代物。因此，模型一方面是主体为了研究对象而使用的工具或手段，另一方面又是研究客体的替代物，因而是主体与客体间的特殊中介。而所谓"模型方法"，就是主体通过构建模型来研究客体的方法。模型按载体不同可以分为物质的模型和思维的模型。其中，物质模型是以一定的物质实体为载体的模型，可分为天然的模型、人工的模型；思维模型就是以一定的思维符号为载体的模型，可分为语言模型、图形模型、数学模型等。按研究对象，模型又可分为时空模型、物理模型、化学模型、生物模型、社会模型等。可见，模型方法的应用范围远远超过数学方法和计算机实验中模型的使用。

模型方法不仅广泛应用于自然科学研究，也越来越多地应用于社会科学研究。在社会科学研究中运用模型方法的必要性表现在以下几个方面：其一，社会现象具有复杂性；其二，社会现象具有不可分解性；其三，社会现象具有不可逆性；其四，社会现象具有难操作性。鉴于以上原因，就需要构建模型，通过对模型的操作，代替对于社会现象的实际操作，进而实现对社会现象的研究和把握。使用模型方法进行社会科学研究，一般有以下几个步骤：第一，根据原型的本质特征构建模型；第二，对模型进行研究，通过归纳和演绎构建理论；第三，将从模型中构建的理论推及原型上；第四，通过一定的程序和方法对推演的理论进行必要的检验，考察理论对于原型的适用度。近些年来，社会科学研究的绝大多数领域都已比较普遍地使用模型方法。具体说来，其一，经济学研究中的模型方法。如在研究市场时，构建了若干个模型，用来表示市场要素之间的关系；在分析政府、企业、个人之间关系时，在分析环境污染与国家的经济发展速度之间的关系时，在分析个人收入差距与收入政策的关系时，均使用了某种模型。其二，法学研究中的模型方法。在法学研究中，需要界定各种法律关系，因而需要构建各种模型。如民法需要界定民事法律关系，从而构建了民事法律关系的模型。刑法研究犯罪时、诉讼法研究诉讼程序对于嫌疑人的客观效应时，均要构建某种模型。其三，政治学研究中的模型方法。政治学研究政治决策的制定和传递过程时、研究大众传播媒介对政治的影响时、研究大选的策略时，均要构建某种模型。其四，哲学研究中的模型方法。由于哲学研究的问题比其他问题更加抽象，因而更加离不开模型方法。如在研究本体论时，需要构建人与世界关系的基本模型；研究认识论时，需要构建认识主体与认识客体之间的关系模型；研究人的主观能动性时，需要构建实践的人与世界交互关系的基本模型等。[①] 总之，模型方法，成了现代社会科学研究不可或缺的方法。

　　上面在阐述了社会科学研究的一般方法后，又说明了社会科学方法论创新的趋势和表现。是要说明，一方面，研究生必须熟练掌握社会科学研究的基本方法；另一方面，也要努力掌握社会科学研究方法论创新的新成果、新方法，以便跟上社会科学研究的时代潮流。同时，作为社会科学研究的开拓者和先行者，研究生还要紧紧把握科学发展的最新趋势，努力实现自己对社会科学研究方法的创新，为人类社会科学的新发展做出应有贡献。

---

① 　参见李惠斌等:《模型方法在社会科学研究中的应用》,《北京市经济管理干部学院学报》1999 年第 4 期。

第七章　科研能力训练

1999年1月1日颁布的《高等教育法》规定，硕士研究生教育应当使学生具有从事本专业实际工作和科学研究工作的能力；博士研究生教育应当使学生具有独立从事本学科创造性科学研究和实际工作的能力。因此，研究生不仅要掌握研究方法，而且要有必备的科研能力。这些能力包括获取知识与处理信息的能力、发现与创新能力、科学研究能力、运用语言及交流表达能力、实践能力、组织管理与社交能力等，也是研究生学术训练的基本内容。

第一节　从事科学研究的基本能力

有人把从事科学研究的能力概括为七个方面，即搜集和分析科学信息的能力；提出科学问题的能力；针对科学问题提出假说并设计解决方案的能力；熟练运用基本实验技术完成实验方案的能力；分析结果得出科学结论的能力；阐述结论的科学意义的能力；科学论文写作能力。[1] 概括地说，研究生应该掌握的一般能力包括理论学习和理性思维的能力、学说鉴别和学术批评的能力、问题发现和课题研究的能力、理论表达和学术交流的能力。

一、理论学习和理性思维能力

在研究生教育中，普遍存在的问题是研究生教育本科生化问题。也就是说，很多培养单位对研究生的培养，一是知识的传授为主；二是课堂教学为主，没有认识到研究生教育的内涵是"研究"为主。要进行理论研究，首先

---

[1] 参见张丰：《研究生如何培养独立的科学研究能力》，《西北医学教育》2014年第1期。

就要具备理论学习能力和理性思维能力。

1. 要理解研究生学习的内涵，提升理论学习能力。首先，研究生的学习是自主学习和研究型学习。研究生教育强调知识的创新与应用。研究生就是通过研究来进行学习的学生，必须具备从事科研工作的能力。研究生的学习不是就书本学书本，就知识论知识。而是要用批判的眼光审视已有知识，进行创造性学习，并进行知识创新。因此，研究生学习是一种专业型学习、研究型学习。所谓"研究型学习"，是指从前人的思想理论，或从自然、社会和生活中选择与本学科相关的专题进行研究，通过独立、自主地探索、实践进行研究，在研究中获取知识，用已有的知识结构和科学研究方法解决问题，尝试形成新的思想理论、提高学术素养、培养科研能力和创新精神的学习活动。作为研究型学习，研究生的学习应该具有主观能动性，有对真理渴求的动力；不是仅仅获取已有的知识，而是在研究过程中增进新知识；必须熟练掌握科学研究方法，有一定的科研能力。一方面，就学习研究的内在动力来讲，研究生应该具有对知识探索的热情和对真理追求的精神。只有对知识、真理有渴望，才会对学习、研究充满热情，才会使学习、研究进入主动、自觉的状态。另一方面，就研究能力来说，研究生必须具有学术研究的素养和进行研究的基本技能。这些素养和能力，包括敏锐的问题意识、完备的知识结构、娴熟的科学研究方法、较强的文献资料收集与处理能力、理论学习和鉴别能力、独立思考能力、理论创新能力等。所谓问题意识，就是要有批判精神，在理论学习和社会实践中能够善于和勇于发现问题，并就此展开深入研究。文献资料的收集和处理、分析，是从事学习、研究的基础性工作，也是研究生的一项基本功。这一过程要求能够熟练掌握通过各种渠道获取资料的技能，也要求有敏锐的鉴别力。掌握科学研究方法，是要熟练运用前人积累的研究程式、研究技巧。这是从事学习、研究的基本工具、基本技能。同时，又要不断创新研究方法，提高研究效率。独立思考就是不人云亦云，而是就学习、研究的问题独立进行分析、综合、推理、判断，力图得出自己的结论，形成自己的研究成果。理论创新能力是研究生教育的归宿，也是研究生在学习、研究中必须有意识地自我提高、自我培养的能力。因此，研究生的研究型学习，必须是一种自主学习。

"自主学习"（self-regulated learning）是西方一些教育家和心理学家在

20世纪60年代提出来，其主要理论基础是"建构主义"。建构主义学习观认为，学习应该是积极、建构性的学习；知识主要不是通过教师传授，而是学习者在一定的情景及社会文化背景下，借助他人（包括教师和学习伙伴）的帮助，利用必要的学习资源，通过意义建构的方式而获得的；学习应该是主动学习，是主动对外部信息进行选择、加工和处理，并建构知识、获得知识的意义的过程，而不是简单被动地接收信息。美国学者齐默尔曼（Zimmerman）对"自主学习"的特质作了概括：第一，强调认知、动机和行为等方面的自我调节策略的运用；第二，强调自主学习是一种自我定向的反馈循环作用，认为自主学习者能够监控自己的学习方法或策略的效果，并根据这些反馈反复强调自己的学习活动；第三，强调自主学习者知道何时、如何使用某种特定的学习策略，或者作出适当的反应等。[①] 因此，"自主学习能力"是对自己学习负责的能力，即学习者在学习过程中自主决定学习目标、内容、进度和方法，自己监控学习过程和评估学习效果等。它包含四个方面的内容：一是学习者参与和制定对自己有意义的学习目标，自己制定学习进度，参与设计评价指标；二是学习者积极发展各种思考策略和学习策略，在解决问题中学习；三是学习者在学习过程中有情感投入，能从学习中获得积极的情感体验；四是学习者能够对自己的学习过程进行自我监控，并作出相应的调适。[②] 作为"自主学习"的研究生学习，要求研究生牢固树立自主学习的理念，自觉培养自主学习的能力，遵循"问题—研究"的学习探求模式。自主学习要求研究生学习是在导师指导下的合作学习、探究式学习，是师生间、生生间的互动式学习，要求学生多样化地参与到教学中。在整个培养过程中，研究生可以自主查阅资料，自主设计问题，自主选择课堂教学内容，自主设计教学方案。而且要学会充分利用网络平台，学会自主检索、使用、分析电子资料，提升学习研究能力。

其次，要树立学术意识，洞悉学科、专业理论。研究生的学习是一种学术型学习，研究生即将开始的是学术生涯，因此要首先树立学术意识。第一，要树立学科意识，对所学学科有个准确的把握，包括学科定位、学科结

---

① 参见吴春玲等：《研究生自主学习能力的培养模式探索》，《前沿》2012年第16期。

② 参见景怡光等：《论自主学习实质的准确把握》，《教育评论》2007年第2期。

构、学科研究范围等。第二，要树立前沿意识，全面了解本学科包含的前沿理论、知名专家、热点问题、学界的学科点分布及其研究情况等。第三，要树立文本意识。这是研究生基本知识素养、基本学术素养形成的必经途径。要认真研读经典著作、前沿文献，筑牢学科基石。第四，要树立自主研究意识，增强学习主动性，能够明晰自己的问题所在，严格自律，把握自己。第五，要树立学术交流意识。学术研究是在交流中发展的，闭门造车是做不出学问的。因此，研究生要抓住各种机会进行学术交流。第六，要树立问题意识。作为研究型学习的研究生学习，实际上就是一个发现问题、分析问题、解决问题的过程，而发现问题是整个过程的关键环节。能够提出值得思考的有价值的问题是一种能力，也是研究生学习的最本质的特点和要求，是各种学术意识中最核心、最有价值的部分。第七，要树立批判意识。无论是在经典研读还是在理论学习中，都要坚持批判的观点，有批判意识，不能在学习研究中迷失自我，被淹没在繁杂的思想理论中。而要在深入研究、努力吃透作者思想的基础上实现"我思故我在"。①

既然研究生的核心任务就是学习科学理论，研究科学理论，创新科学理论，以科学理论为职业，那么首要的就是要理解科学理论，包括科学理论的内涵、特征、结构、功能等。（1）科学理论的内涵。科学理论是由特定的科学概念、科学原理以及对这些概念、原理的严密论证所组成的知识体系，是对某种经验现象或事实的科学界说和系统解释。②作为对经验现象的科学界说，理论表现为一系列具有内在联系的概念、原理或命题，是系统化的观点体系；作为事实的系统解释，理论主要的不是描述而是解释事实，说明存在的某些现象及其发生的原因。（2）科学理论的特征。首先，科学理论具有抽象性、简约性、概括性。理论是借助于理性思维中抽象与想象的力量，对现实的复杂现象和错综复杂的事实的提炼和简化、抽象和概括，使之以纯粹的形式或形态——理论体系或理论模型——呈现出来。其次，科学理论具有严密的逻辑性、系统性。科学理论是建立在确切的概念、正确的判断、科学的推理与严密的逻辑之上的一种系统化的逻辑体系，而不是概念、范畴与原理

---

① 参见陈志利：《质量话语下的研究生学习的价值追求》，《中国研究生》2012 年第 5 期。

② 参见徐民山等：《科学研究艺术》，解放军出版社 1994 年版，第 174—190 页。

的简单堆砌，也不是各种互不相关的理论和论点的拼凑组合。（3）科学理论的结构。科学理论是由一系列概念、原理、理论论证构成的知识体系。概念是对事物内涵与外延的规定，是事物本质联系的逻辑形式，是经验事实在人们头脑中的重构。原理是联系相关概念的科学判断，是对经验事实的条件关系、必然关系、因果性关系等基本关系的揭示。理论体系就是在概念由抽象到具体的转化中建立起来的逻辑结构，是概念的展开，是由概念体系构成的学理总成。（4）科学理论的功能。科学理论本质上是用来解释经验现象的一套逻辑体系，因此其基本功能是解释功能。人们建立科学理论，就是为了认识世界，认识经验事实、改造世界，提供知识和指引。具体说来，第一，科学理论为人们提供了表达清晰、语义准确的通约化的概念或术语；第二，科学理论为认识和界定问题提供了背景知识；第三，科学理论有助于将问题概念化或解构化，为认识问题提供分析手段和分析框架。因此，研究生要不断扩展对经验现象或事实的认识，不断提高理论认知力和解释力。另外，科学理论还有预测功能，具有认识、预见未知事实，指导社会实践、改造世界的功能。研究生只有透彻理解了科学理论及其本质，才能提高科学研究的自觉性。[①]

最后，要学会学习方法，提升学习能力。在牢固树立学术意识、深刻理解科学理论的基础上，研究生还要努力掌握学习方法，不断提升学习能力。一是要理解和掌握本专业的理论发展脉络。研究生的学习，是对理论的理解和把握的过程。每个学科都包括很多理论，学科下面又分很多专业。既然研究生的学习是研究式学习，就应该对这些理论进行系统的梳理和熟练把握。具体说来，研究生要对本学科基本理论的发展脉络透彻了解，包括在学科发展中哪些理论家提出了什么理论，后面的理论家又作了怎样的发展，这些理论之间的历史关系和逻辑关系是怎样的等。在大体了解本学科不同理论流派基础上，重点研究对自己研究领域最重要的某些理论和流派，把本学科、本专业的基本理论脉络和思想史的脉络梳理清楚。二是要学会读书，善于读书，尤其是读经典原著。研究生要大量阅读，熟悉学科、专业文献，养

[①] 参见谷冠鹏等：《完善教学环节提高学生理论学习能力》，《廊坊师范学院学报》2002 年第 2 期。

成每天阅读的习惯。而阅读必须是有组织、有计划、系统的阅读，不能漫无边际、随心所欲地凭兴趣阅读。阅读也不是仅仅抄录名言警句，而是要读懂一本书的时代背景、知识脉络、逻辑体系、思想观点、历史局限等。要熟悉学科领域作为里程碑式人物的基本观点和思想贡献。阅读是批判性的阅读，要学会分析作者的学识局限、历史局限、立场局限等。读书要多读经典、名著。所谓"经典"，就是在思想发展史上经过历史积淀、筛选、留存下来的具有权威性的著作，是在学科或专业发展中起过重要作用、构成学科发展不可或缺环节的著作、理论。研究生要通过读经典，学习先哲阐释的真理，学习他们认识、分析客观世界的方法，掌握客观世界发展的规律。如果不读专业经典，只读二手、三手的东西，就不能从源头上掌握学科基础，也难以从根本上把握学术发展的脉络及走向。三是要在读书中学会写文献综述。在读了一些比较好的书，或者就某一个研究领域进行了一段时间的文献研读后，就要进行适当归纳，并尝试着进行评析甚至批评。也可以在评析的基础上，和别人的批评对比一下，检验一下自己的批评能力，以锻炼自己的批判性思维。归纳、总结写多了，还要进行分门别类的梳理，按学科专业的逻辑结构，有计划地进行学术积累。找出自己的缺项和短板，有意识地查漏补缺。使自己的整个学习、研究过程变成一个自觉的学术活动，而不是漫无边际地看书，毫无目的、毫无计划地罗列知识。四是要深入实践，经常进行社会调查。知识积累、理论积淀对研究生来说固然重要，但也不能躲进象牙塔里，为了知识而知识，从理论到理论。要多观察、思考现实问题，要经常进行社会调研，到鲜活的现实中去总结理论、检验理论、发展理论。这样才能提高自己的创新能力，才能出原创理论成果，才能促进学科理论的发展。这些方法是从学术研究的方法论的宏观层面说的，至于具体的技术层面的研究方法在前面已有论及，不再赘述。

学习、研究是提升能力的过程，伴随着研究方法的掌握，必然带来研究生科研能力的提高。这些能力包括文献获取鉴别能力、理论学习甄别能力、学术批判创新能力等。这些能力是研究生学术进步、学术成长、取得学术成就的基本支撑。

2.养成理性思维的习惯，学会理性思维的方法。首先，研究生要理解理性思维内涵。理论研究不能离开客观现实，离开现实，理论就是无源之水；

同样理论研究也离不开理性思维，离开理性，理论就是杂乱的现象堆积。理性是进行学术研究、理论构建的逻辑思维方法，是各个时代的思想家总结形成的行之有效的思维程序。那么，什么是理性呢？近代法国哲学家勒内·笛卡尔（René Descartes）认为，"那种正确作出判断和辨别真假的能力，实际上也就是我们称之为理性的东西……"① 德国哲学大师黑格尔则认为，"我们总是首先通过经验来认识真理，而还有一种认识真理的方法，那就是反思。反思的方法是用思想来规定真理"。② 这里所说的"反思"也就是"理性"。可见，黑格尔把理性的思辨看作真理的源泉。所以，"理性思维"就是在对客观事物或思想理论进行分析、抽象，在思维中还原感性直观，形成抽象具体的思维过程和方法。它需要运用逻辑方法，通过归纳演绎、分析综合等方法获得事物确定性的因果关系规律。简单地说，理性思维是建立在实证和逻辑推理基础上的思维方式，相对于对事物的认识只是止于表面形态的感性思维，理性思维能够对事物或问题进行观察比较、分析综合和抽象概括，因此属于更高层次的思维方式。具体说来，其一，理性思维的实质是认识事物的本质。本质是事物内在的规定性，抓住了本质，就抓住了客观事物的内部联系，也就抓住了事物的根本矛盾和基本规律。理性思维，正是透过纷繁复杂的社会现象来揭示本质、发现规律的过程。其二，理性思维的内核是逻辑。没有逻辑就没有科学的发展，而科学逻辑就是对科学概念、命题、证明、理论进行的逻辑分析。理性思维正是运用这种逻辑方法进行理论求证的过程，所以说逻辑是理性思维的内核。其三，理性思维的特征是质疑。没有质疑就没有理论发展动力。因为，理性思维的分析和论证必然会导致对传统模式的怀疑，引起理论的突破和创新，推动学术进步。可以说，现代西方社会的高度文明，正是得益于西方理性思维方式的发展，尤其是其与"摹古"的思维定势相反的怀疑精神。其四，理性思维的本质是求真。③ 不求真，理性思维就失去了价值。所谓"求真"，就是探索客观事物的规律，就是探究人类社会和自然界的真理，从而推动人类社会的发展。人类生活的发展表现在物质

---

① 北京大学哲学系外国哲学史教研室编译：《西方哲学原著选读》上卷，商务印书馆 1981 年版，第 362 页。

② ［德］黑格尔：《精神现象学》，贺麟等译，商务印书馆 1962 年版，第 63 页。

③ 参见晓海：《理性思维的妙用》，《深圳特区报》2011 年 1 月 18 日。

财富和精神财富的增长。二者都是真理（即自然规律）的运用，因此都是人类理性发展的结果。

其次，研究生要掌握理性思维的方法。理性认识的根本任务，是实现对客观事物的全貌、本质和规律的把握。而理性思维的方法，简单地说，就是从抽象概念上升到抽象具体的辩证逻辑方法。康德把理性思维划分为两个阶段，即知性（悟性）和理性阶段，但他把这两个阶段割裂开来、绝对对立起来。黑格尔把理性看作知性和理性发展转化的辩证过程。马克思批判地吸取了黑格尔的合理思想，对理性思维的阶段性及其相互关系作了科学阐释，把理性思维过程概括为两个发展阶段，即"抽象的规定"和"具体的再现"。"抽象的规定"是从感性具体上升到抽象概念的阶段。具体说来，要反映事物的联系，首先要将其割断成独立单元，单独地进行分析；要反映事物的运动和发展，首先要使之相对静止；要把握矛盾体的对立统一，首先要抽取相同因素，舍弃不同因素。它是理性思维的起点和初级阶段，是初级的抽象思维阶段。"具体的再现"是在思维中用抽象的形式再现客观客体，是一种抽象的具体。这是从抽象同一的认识，达到对事物内部的相互矛盾关系、相互转化的辩证统一认识，达到对事物的联系和发展的认识，从而在思维中达到对事物多方面的对立统一的认识，实现思维中的"具体再现"的过程。总之，思维从初级抽象逻辑发展到高级抽象的过程，既是人们思维发展的客观规律，也是人们获得真理性认识的必经途径和重要方法。这个过程就是理性思维的一般环节。①

研究生要掌握理性思维的方法，必须从理性的三个阶段上来把握。一是抽象理性阶段。也就是康德、黑格尔所说的知性（或悟性）阶段。这个阶段上是把感性直观作为一个混沌整体的认识对象，进行分解、分析，分别考察它的各个方面、各个部分、各个层次、各种特性、各个阶段，进行抽象规定。这就是马克思所说的："一个混沌的表象，并且通过更切近的规定我就会在分析中达到越来越简单的概念；从表象中的具体达到越来越稀薄的抽象，直到我达到一些最简单的规定。"② 这个阶段是把整体分开，单独考察它

---

① 参见张世珊：《试论理性思维的阶段性》，《求索》1982 年第 2 期。
② 《马克思恩格斯选集》第 2 卷，人民出版社 2012 年版，第 700 页。

的各个部分，以便深入了解和在本质上把握整体。在知性阶段，人们只是认识了局部的、静止的、有限的东西。这些知识是孤立的、片面的、静止的、僵固的、彼此对立的，它们之间的相互联系还没有得到揭示。二是辩证理性的阶段。这是狭义的"理性"，也就是康德、黑格尔所说的与"知性"相对的"理性"阶段。辩证理性是建立在抽象理性基础上的。在这个阶段，"抽象的规定在思维行程中导致具体的再现"。①把在知性阶段上获得的关于对象的各种简单抽象规定综合起来考察，联系起来，使知识获得了系统性、全面性、整体性，把静止的东西变为运动、发展的东西。从而形成关于对象的许多规定和关系总和、多样性统一的认识。于是，具体的对象在思维中清晰再现。经过这个环节，克服了知性造成的割裂性和局限性，实现从整体上把握对象的本质、内部矛盾及其变化发展的规律。三是实践理性阶段。这里所讲的"实践理性"阶段，是直接指向实践活动的计划、方案的过程。这是马克思实践观的核心内容。在这个阶段，人们把辩证理性阶段上获得的关于对象的知识，同人的目的、人的利益结合起来，同人改造对象的实践活动联系起来，运用知识推进实践活动，在实践活动中检验知识。在实践理性阶段，理性思维达到了它的最高阶段。实践理性才集中反映思维的创造本性，只有它才能在观念上创造出世界前所未有的新发明、新理论。没有实践理性，很难设想理性认识向实践的飞跃。总之，经过"抽象理性—辩证理性—实践理性"过程，对象的认识层层深入，渐渐具体，真正达到从整体上、全过程上、本质上把握对象，得出可以利用的必然性和规律性。当然，三个阶段并不是截然分开的，而是紧密联系在一起的、彼此交融的。研究生只有不仅掌握了各个阶段的思维方法，而且从整体上掌握了思维规律，才真正掌握了理性思维的研究方法。②

最后，研究生要把理性思维和非理性思维训练结合起来。西方学术经过两千多年的程式积淀和演化，长于逻辑思维、理性思维。西方理性主义注重对理性自身抽象的发挥，诉诸理性自身的反省和逻辑演绎，从而发展出一整套严密有秩的形式逻辑演绎体系，这是它的长处。尽管存在着忽视人的无意

---

① 《马克思恩格斯选集》第 2 卷，人民出版社 2012 年版，第 701 页。
② 参见陈新权：《理性思维应有三个阶段》，《哲学研究》1984 年第 4 期。

识和非逻辑思维，把逻辑思维变成严苛、机械、刻板甚至不近人情的、冷冰冰的机械过程等不足，但总的来说，形成了一套理论研究行之有效的、严密的、程式化的方法论体系，提高了理论的科学性、严密性、规范性，极大地推动了西方科学理论的发展。与此相对应，尽管中国传统思维模式具有关注人的生活和感受、具有"天人合一"的整体观念等特点，但总的来说，中国传统思维方式是一种注重整体、崇尚直觉和悟性的经验式、类比性思维。它过分倚重经验，缺乏必要的说理和论证，缺少必要的具体性、确定性和明晰性等。可以说，感性经验过重，理智理性不足，缺乏合理怀疑、勇于批判、大胆探索、小心求证的思维向度。① 总的来说，就是"纯粹理性""理论理性"发展不足。因此，在中国文化熏陶中成长起来的研究生，必须在继承民族传统文化非逻辑思维优势的前提下，更加注重按照思想理论的自身发展规律，更加重视理性思维的训练，以弥补民族思维方式的不足。就是要熟练掌握分析与综合、演绎与归纳、抽象与具体等逻辑方法，牢固树立科学研究方法论的意识，形成自觉的理性思维方式。在自觉进行严格的逻辑思维训练、理性思维训练的同时，也要发扬民族传统思维方式的特点和优势。如强调人文思维，重视人的价值；强调"天人合一"，重视人与自然的和谐；强调内省和体悟，重视把握系统整体等优点。

　　研究生在重视理性思维（即逻辑思维）训练的同时，还要重视非理性思维（非逻辑思维）的训练。非理性主义与科学的价值观、方法学、理论、技术体系似乎截然相反，具有明确的反理性、反科学、反逻辑倾向。因而非理性思维形式最鲜明的特征就是其反逻辑性。非理性思维形式包括直觉、顿悟、灵感等。"直觉"是非理性思维方式的代表，它是撇开逻辑的推理，直接凭经验、理论积累等感受到的一种理论形态和发展态势；"顿悟"是由于事物的偶然性促使思维发生跳跃、突变、闪现，一下子明白久思不得其解的问题，实现了思维的跃迁。"灵感"是受诱发性因素诱发，在人脑中引起联想，触发问题答案的产生。非理性思维形式的逻辑特征是：来自实践，并经实践检验；结论是或然性的，且与信息是否充分有关；直觉发现能还原为逻

---

① 参见周德清：《"原理课"教学与在校大学生理性思维培养——从一次课堂调查说起》，《三峡论坛》2014年第3期。

辑证明；带有专业性，只有专业人员才有专业直觉；发现、创造多发生于非理性思维形式，逻辑思维擅长累积知识等。当然，也有人认为，所谓的"非理性思维"其本质上仍然是理性思维，是理性思维在特殊情景下的非常态展现，是理性思维以"非理性"的形式显示，是逻辑思维以"非逻辑"的方式呈现。[①] 不管非理性思维是否在本质上属于理性思维，但它毕竟具有特殊性。而且非理性思维和理性思维一样，都是科学研究不可或缺的思维形式。因此研究生要在加强理性思维训练的同时，强化非理性思维的训练。

二、学说鉴别和学术批判能力

研究生的职责是创造新知识，增益新理论。但创造新知识、增益新理论并不是无中生有，而是深深根植于前人的学术成就。对前人的学说和学术成就掌握越娴熟，越有可能在知识创造和理论再造中获得新突破，取得新成就。但前人的学说和理论并不都是完全正确的，或者说由于历史的发展和时代的进步，有的学说和理论的真理性已经变得稀薄了。这就要求研究生在学习、研究前人学说、理论、思想时进行鉴别，甚至进行批判。在某种程度上说，没有学术批判就没有学术进步和理论创新。但学说鉴别和学术批判能力要经过严格的学术训练才能不断提高。

1. 关于学术鉴别能力。研究生教育既是一种通识教育、博雅教育，也是按学科进行培养的教育，所以研究生要首先树立学科意识。所谓"学科"，是科学的实体和基本形态，是由某一方面、某一领域具有普遍性的问题，以及人们长期积累的共同知识、方法、规范等所构成的、体现人类认识的领域公共性的科学门类。[②] 学科所研究的是在某一领域的"普遍性问题"，在学术发展史上对这些问题的不同回答，就构成了"学说"。所以，研究生要想在某一学科有所建树，必须对这些学说有足够的鉴别力。所谓"学说"，是对学科问题的一定解答，并形成的能够自圆其说、自成一家的学术思想单元或学术理论体系。它是学科的现实形态，它需要通过不断地提出和回答问题

---

① 参见陈小野：《潜在的逻辑：非理性思维形式的理性本质》，《中国中医基础医学杂志》1996 年第 1 期。

② 参见李德顺：《学科与学说：价值研究的层面》，《哲学动态》2002 年第 10 期。

而使学科获得生命延续，并体现自己的个性特征和价值取向。这些学说是构成一门学科的一系列台阶和基石，也是研究生进入一个学科并在这一学科作出成就的敲门砖和垫脚石。只有对这些学说有了准确的掌握和把握，才能在学科发展中有新的贡献。然而，一门学科由于久远的发展历史，往往有很多学说，而且往往是门派繁多，立场不同，鱼龙混杂。研究生如果能从思想性科学性强、价值性和立场观点正确的学说中汲取营养，必定能有力地促进自己的学术成长。相反，则可能使自己的学术研究误入歧途。因此，研究生必须对这些学说有足够的鉴别力。

研究生掌握学术鉴别力是一个长期培养的过程，但如果了解学术评价的标准和尺度，掌握学说评价的方法，则可以提高自己的学术鉴别能力。关于科学理论的评价标准，学术史上的不同思想家给出了不同的尺度。

第一，"知性"标准和"理性"标准。康德在科学评价上奉行"知性"标准。他认为，正是知性能力把人的各种知觉转变为经验或观念，形成普遍的法则和科学理论。因此评价科学理论也不能离开知性基础上的知觉判断和经验判断。在他看来，一切科学知识都是人的先天知性能力对直观、知觉和经验进行综合判断的结果。所以在理论评价上，他认为将一切知觉和经验都建筑在先天的理智概念上，才可能转化为"一种客观有效的经验知识"[①]。与康德的"知性"标准不同，黑格尔则强调科学评价的"理性"标准。他认为，人类拥有的知性能力虽然能够透过现象把握事物本质并形成概念，却不能把握现象与本质、思维与存在的辩证关系。因此人们不应该把科学理论只限于"知性"层次，而应将其规定为人类最完美的"绝对知识"。人类只有借助理性把经验科学的知性认识转化为概念，才能产生真正的理论科学。而科学理论既不是粗糙经验的总结，也不是来源于先天观念或肤浅的知性或单纯的直觉，而是来源于概念思维本身的运动和对知觉经验的改造。因此在知性基础上获得的科学理论还算不上绝对知识或真理，只有通过辩证思维对人类经验重新建构的科学理论才是真正的科学知识。

第二，实证标准和实用标准。实证主义者孔德在继承经验论的基础上，提出了科学理论评价的"证实原则"，即实证标准。他认为，除了以观察到

---

① ［德］康德：《未来形而上学导论》，庞景仁译，商务印书馆1997年版，第69页。

的事实为依据的知识以外，没有任何真实的知识。因此评价科学理论的唯一依据就是依赖观察和实验获得的经验事实，凡是能被经验证实的理论就是科学真理，反之是虚假和谬误。所以，经验是评价科学知识的真理性标准。一个理论的好坏就看它与经验内容符合的程度。这种"实证标准"强调经验对真理的检验，有一定的合理性，但其僵化性和不可靠性遭到了其他理论家的批评。英国哲学家、数学家、逻辑学家伯特兰·阿瑟·威廉·罗素（Bertrand Arthur William Russell）和英国哲学家路德维希·约瑟夫·约翰·维特根斯坦（Ludwig Josef Johann Wittgenstein）在逻辑原子主义基础上，又提出新的检验和评价标准，即评判一切科学理论的真假和意义都需要遵循两条法则：一要符合逻辑法则；二要经验上可以证实。与此不同，实用主义既不坚持逻辑的崇高和坚实，也不固守感觉经验，而是看最后的收获、效果和事实。因此主张用"实用标准"替代"实证标准"。在美国实用主义之父威廉·詹姆士（William Games）看来，科学理论的好坏优劣并不在于思维和实在的符合，而在于应付环境的过程中取得的效果。美国哲学家、实用主义思想家约翰·杜威（John Dewey）也认为，一切科学理论不管如何精致，都不过是假设和工具，其价值不在于自身而在于功效。如果成功，它们就是可靠的、好的和真的。如果不能排除纷乱、免脱祸患，它们便是虚妄的，是伪科学。

第三，"游戏"标准和生态标准。不少思想家和科学家都认为，科学活动具有游戏性质，把科学当作高级的游戏过程，在一定程度上说明了科学的本质。后现代主义者则认为，应建立人与自然的和谐统一，从生态学角度来理解科学价值。因此，人类要在一种超工业主义基础上，遵循一套定义完备的价值和道德准则，创建更深远、更完美的科学，建立更符合自然、更契合人性的社会。科学理论将实实在在地走向民众、走向人类的和平与正义事业。因此评价科学理论，任何时候都不能离开其内在的道德属性。

第四，"可否证度"标准和"支持度"标准。奥地利哲学家、批判理性主义者卡尔·波普尔（Karl Popper）反对证实原则、实用标准等，在理论检验和评价上提出"否证论"。他认为，由于任何科学理论都是普遍命题，而有限的经验能证实的只是个别或单称命题，个别无论如何都不能通过归纳上升为一般，因而经验也不能通过证明个别而证实一般，所以"证实原则"对于理论的检验和评价，是一种缺乏逻辑根据而毫无意义的原则。但是，人们虽然不能利用经验来证实科学理论的普遍性，却可以通过经验否证个别命题来否证理论的普遍性。只要人们在反驳理论的过程中，发现有一个经验事实与已有理论发生矛盾，就可以证明理论为假，从而否证它。所以科学理论的评价和验证不是逻辑证实，而是一个不断否证的过程。"衡量一种理论的科学地位的标准就在于它的可否证性，或可反驳性，或可检验性。"[①] 为了进一步判断和评价科学理论，波普尔又提出"逼真性"和"逼真度"概念。科学理论具有逼近真理的性质叫作"逼真性"，而其逼近真理的程度叫作"逼真度"。他认为，一种科学理论虽然只是对世界的猜测，并不反映真实世界，但并不是说科学理论与真理无关，它能够通过不断"否证"和猜测而逼近真理。不同的科学理论具有不同的"逼真度"，理论越进步，"逼真度"就越高，其真实内容的含量就越大。科学发展的过程就是科学理论的"逼真度"不断提高的过程。与"否证论"不同，美国科学哲学家托马斯·塞缪尔·库恩（Thomas Sammual Kuhn）认为科学理论评价，实质上是"科学共同体"对相互竞争的理论和范式进行选择的过程。选择标准就是一切科学理论拥有的五个基本特征：精确性、一致性、广泛性、简单性和有效性。正是这些特征构成评价一切科学理论真、伪、好、坏的标准化和支持度。所以，科学理论评价的标准是"科学共同体"的"支持度"。

第五，"可信度"标准和"适合度"标准。"科学实在论"在理论评价上，反对非理性传统，坚持科学理论的客观真理性。如美国哲学科学家达德利·夏皮尔（Dudley Shapere）从"信息域"的观点出发，认为科学进步不是取决于"合理可接受性"，而是取决于"信息域"的进化。也就是看其是否重新设想"信息域"的中心问题；是否增加了新的"信息项"，即增加新的科学概念、科学定律、定理、理论学说，或各种科学事实和材料；是否"分裂"或"融合"现有"信息域"（"信息域的分裂"表现为新学科的不断增生；"信息域的融合"将产生大量的横断学科和综合性学科）；是否修改了"信息域"中的有关信息项，推动了科学发展。因此评价科学理论的标准就是看其所在"信息域"的质和量，以及科学家在评价与选择这一科学理论过程中确认的"可信度"。而所谓"可信度"，就是人们在长期社会实践中对各

---

① ［奥］K.波普尔：《猜想与反驳》，傅季重等译，上海译文出版社1986年版，第37页。

种科学理论的有效性或其社会价值形成的信念度。它通常要具备 3 个条件：成功性、无怀疑性和相关性。凡是符合这 3 个条件的理论就是真的或好的；反之，就是假的或坏的。与"科学实在论"者不同，美国科学哲学家 L. 劳丹（Larry Laudan）认为人们接受或拒绝一种科学理论，是通过选择最高程度解决了"适合度"问题而实现的。科学进步的标志之一是把"反常问题"转变为已解决的问题，而且要看它究竟解决了多少问题，遇到了多少"反常"。一切科学理论"作为在科学上适当的或合理的主要方式是与我们究竟能最大限度地把科学研究传统的进步扩展到什么程度有关。"[①] 总之，一切科学理论都要综合评论它的心理支持度、常识可信度、经验适合度以及必然拥有的道德属性。[②]

以上理论从不同的侧面概括了理论评价和学说鉴别的评判标准，都有一定程度的合理性。研究生在吸收学术观点前要对这一学说进行鉴别，在评价基础上批判性地吸收、借鉴。而在进行学说鉴别时，可以把这些标准综合起来进行考量。实际上，这些标准概括起来，不外乎科学性标准（真理性标准）、学术性标准、创新性标准、可检验性标准、相容性标准、逻辑简单性标准等。评价学说的"科学性"标准，也就是真理性标准，既包括学说是否符合已有的科学定理、所依据资料的可靠、分析论证的逻辑正确，也包括在一定程度上揭示宇宙、社会和人生本身的真理性结论等。所谓"学术性"标准，即该学说在所在学科学术发展中所占的位置、学术含量，对后来学术研究所具有的启迪性、借鉴性等，也包括语言文字、结构布局、逻辑推理、思维方式等符合学术规范和学术标准等。所谓"创新性"标准，是指学说在学术史的发展进程中具有"首创性"。这表现为 3 个方面：一是理论和观点的创新。即在本学科领域内提出了符合学科体系发展要求的新理论、新范式、新观点，得出了新的结论，填补了学术的空白点；推翻、修正、补充、扩展、提升了前人的思想观点，将人类的知识在已有的研究基础上实现了扩充。二是研究方法的创新。发现了新的方法、方式、手段等，在方法方面为人类的知识宝库增添了新内容；用新的解决问题的方法

---

① ［美］L. 劳丹：《进步及其问题》，方在庆译，上海译文出版社 1991 年版，第 128 页。

② 部分内容参见张之沧：《科学理论评价的标准和尺度》，《自然辩证法研究》2002 年第 6 期。

或新视角，对已有的结论进行了新论证。三是资料的创新。即发现了新材料、新论据。新的资料的发现可以为人类增加新知识，为进行新的理论研究提供新条件。[①] 所谓"可检验性"标准，就是指从科学理论中演绎推导出的命题能够为实践所检验。也就是用"确证度""确认度""支持度"等来衡量科学理论和已获得证据之间的一致程度，从而确定理论的"似真性"程度，即"真理度"。所谓"相容性"标准，是评价新的科学理论与已有的公认科学理论的相容与不相容的逻辑关系标准。所谓"相容"，即如果从新理论 T2 可以推出已有的公认理论 T1，或者从新理论 T2 推不出与公认理论 T1 相悖的推断，那么两者就是相容的。这样就可以断定，新理论得到了公认理论的支持；反之，就是"不相容"，没有得到公认理论的支持。当然，如果出现"不相容"，必须认真、全面分析和权衡是新理论自身的问题，还是某个公认理论的问题。所谓"逻辑简单性"标准，是指构成理论体系基础的独立的逻辑元素即"彼此独立的假设或公理最少"[②] 原则。在科学理论评价中，对科学理论表述方面的审美要求，主要是逻辑简单性的要求。在科学史上从古希腊哲学家毕达哥拉斯（Pythagoras）起就认为简单性是科学中的一条原理。中世纪英国唯名论哲学家威廉·奥康（William Okan）是简单性原则的著名倡导者，他的"如无必要，勿增实体"的格言被称为"奥康剃刀"，它不仅对哲学自身的进步，而且对后来近代科学的复兴均有不容忽视的作用。[③]

2. 关于学术批判能力。与学说鉴别相联系并且比它更高层次的学术能力是学术批判能力。研究生在学习和研究中，不仅要学会鉴别各种学说的理论价值，从而有批判地吸收，提高自己的学术修养，而且要对各种理论进行批评、批判，净化学术环境，推进学术进步。学术批判包括对别人的理论进行批判，也包括对自己已有理论进行批判，对自己的批判也叫"自我批判"，或"批判性反思"。这就涉及几个概念："批判""批判性思维""学术批判""自我反思""批判性反思"等。所谓"批判"（critical）源于希腊语 kritikos（critic），

---

①　参见贾岩等：《试论学术论文的评价标准》，《学报编辑论丛》2006 年第 14 集。

②　《爱因斯坦文集》第 1 卷，许良英等编译，商务印书馆 1976 年版，第 299 页。

③　参见李建珊：《谈科学理论评价的标准》，《天津师大学报》1988 年第 3 期。

即判断、标准、提问、理解和有能力分析，即"辨明或判断的能力"。归纳地说，"批判"是"一种基于实事求是的科学态度和精益求精的科学方法上的批判性的思维活动，是一种突破常规定型模式和超越传统理论框架，把思路指向新的领域和新的客体的思维"①。所谓"批判思维"，西方学者有两种代表性的界定：一是把批判性思维看作一种能力，如美国罗伯特·H. 恩尼斯（Robert H. Ennis）教授认为，"批判性思维"就是指在确定相信什么或者做什么时所进行的合理的、反省的思维及成熟的决策的能力。② 一是把批判性思维定义为一种思维过程。如"加利福尼亚批判性思维技能测验"（CCTST）③将"批判性思维"界定为一种有目的性的，对产生知识的过程、理论、方法、背景、证据和评价知识的标准等正确与否作出自我调节性判断的思维过程。④ 概括起来讲，"批判性思维"就是对已有理论的真实性、精确性、性质和价值进行个人判断，从而对做什么和相信什么作出合理决策的思维活动。⑤ 它是通过一定的标准评价改善思维。"学术批判"则是指从学理上对已有研究成果的学理性分析和评价，总结其长处，分析存在的问题和不足，并进行批判性地继承，以便为今后的研究奠定更完善的学理基础的学术活动。而所谓"自我反思"或者"批判性反思"，是指把自我作为意识的对象，不断对自我及学术研究进行积极、主动的计划、监察、评价、反馈、控制和调节，并根据反思的结果对学术研究过程及成果进行评价和调整的学术活

---

① 吴绪玫：《再释科学的怀疑精神——谈培养学生的科学怀疑精神》，《昆明师范高等专科学校学报》2005 年第 3 期。

② 参见 Robert H. Ennis, *"A Taxonomy of Critical Thinking Dispositions and Abilities" in Teaching Thinking Skills: Theory and Practice tied by J. Baron*, R. Sternberg, New York: W. H. Freeman, 1987, p.9.

③ 加利福尼亚批判性思维技能测验（California Critical Thinking Skills Test）是以美国心理协会（APA）于 1990 年形成的批判性思维理论为基础。该理论将批判性思维定义为一种有目的性的，对产生知识的过程、理论、方法、背景、证据和评价知识的标准等正确与否做出自我调节性判断的思维过程，并认为批判性思维认知技能包括阐明（interpretation）、分析（analysis）、推论（inference）、评价（evaluation）、解析（explanation）和自我调节（self-regulation）几个方面。——作者注

④ 参见罗清旭：《论大学生批判性思维的培养》，《清华大学教育研究》2000 年第 4 期。

⑤ 参见朱新秤：《论大学生批判性思维特质培养》，《高教探索》2007 年第 3 期。

动。① 宽泛地讲，自我学术反思也属于学术批判的范畴；而具备以上概念所界定的学术活动的能力，就是学术批判能力。具体说来，按照罗伯特·恩尼斯的概括，学术批判能力包括：提出问题、收集资料、整理数据、评价结论的能力；区分事实与个人观点和逻辑判断之间差异的能力；能够发现普遍规律并评价其逻辑严密程度的能力；正确、清晰地进行推理并有效解释结论的能力。而学术批判反思能力，包括鉴别能力、分析能力、归纳能力和评定能力等。批判性思维，本质上就是根据学术规范和学术价值要求，分析、综合、评估已有理论、思想观点的过程。它具有主动性和开放性、反思性和对话性、创造性、超越性等特征，要求具有独立人格、质疑精神、问题意识和创新思维。

学术批判的理论和实践有着久远的历史。中国古代的诸子百家都强调"反省"，并身体力行地开展学术交锋和批判，才出现了"百家争鸣"的学术繁荣盛景。如孔子就认为，"疑是思之始、学之端"。在西方，两千多年前，苏格拉底的"精神助产术"就是这种以反思和质疑为特征的批判性思维的典范。笛卡尔以理性怀疑，开探讨学术批评能力的先河，后来的康德、黑格尔、马克思、胡塞尔都提出了各自的学术批评观点。现代批判性思维的先驱约翰·杜威于1910年提出了"反省性思维"模式；美国"现代批判性思维之父"约翰·戴维（John David）认为批判性思维"即深思"。20世纪70年代，美国把批判性思维作为教育改革的焦点。近些年来，以美国为代表的西方国家高度重视批判性思维的教育，并把培养学生批判性思维能力确立为重要的教育目标。

没有学术批判，就没有理论进步；没有学术批判，就没有学术发展。因此，学术批判是学术研究的题中应有之义，是治学之道，是追求真理、提高学术水平的必由之路，是研究生提高学术鉴别能力和学术研究水平的必要条件，也是研究生学术训练的重要内容。当然，批判性思维是经过长期的训练才能形成的，而且批判性思维的训练必须遵守科学的方法。关于研究生批判性思维的训练方法，可以从研究个体和教学环境两个方面来探讨。从研究生

---

① 参见叶志雄等：《论大学教师学术创新力的基础：学术批判反思能力》，《比较教育研究》2011年第7期。

个体方面，要从以下几个方面来提高批判性思维：第一，要学会在提出问题中培养批判性思维。形成批判性思维，首先就是能提出问题，因为问题是批判的前提，是进行分析、推理和判断的靶向。因此，培养批判性思维能力的第一步就是培养提出问题的能力。研究生在学习研究中，要善于从已有理论、已有思想中发现不足和局限，并试着找出弥补理论缺陷的观点，从而一方面提高自己的批判思维能力，一方面促进理论的发展。第二，要学会在学术研讨中培养批判性思维。正如美国著名教育学家舒尔曼（Lee S.Shulman）所指出的，"不是所有的智力活动都是学术。只有具备了如下三种成分之一的智力……活动才成为学术：公开发表；成为圈内人士严格评价的对象；圈内人士开始使用、参考和发展这些思想和创造活动"。[①] 因此，学术活动本身不能离开学术共同体而单独存在。这就要求研究生要在大小不同的学术圈内，不断与同学、同行进行学术交流，在学术交往中提高自己的学术批判能力。第三，要学会在理论分析中培养批判性思维。研究生无论在自己的独立学习中，还是在参加学术共同体的各种学术活动中，都要学会独立思考，善于对各种理论、学说进行独立的分析和评价，着力培养自己的逻辑与推理能力，提升鉴别和创新能力。第四，要学会在社会实践中培养批判性思维。学术活动离不开社会实践，批判性思维的形成也离不开社会实践。这种实践既包括纯粹的学术实践，也包括生产、生活实践。不同的实践方式需要应用不同的批判性思维能力，而正是在各种实践中，才能使自己的批判性思维更加全面，批判性思维能力更加完善。[②] 作为研究生培养单位学校，也应当创造各种条件，为研究生提高批判性思维营造良好的学术环境。一是创设批判性思维训练的课程，促进研究生批判性思维训练的制度化、机制化、正规化；二是发挥导师学术批判思维的引导作用，养成研究生批判性思维的理念、习惯和能力；三是营造浓郁的学术批判氛围，为研究生批判思维的提高提供机会、平台和场所。

---

① 劳柳编译：《学术评价：美国大学的一种理论模式——以贝勒大学教育学院为例》，《师资培训研究》2000 年第 2 期。

② 参见胡兆欣：《以培养批判性思维促教师学术能力的发展》，《教育教学论坛》2014 年第 24 期。

三、问题发现和课题研究能力

研究生的学术创造活动不仅以前人的学术成就为基础，更重要的是在学术实践、社会实践、生活实践中，能够敏锐地发现问题，并就这些问题进行开拓性、首创性的研究。这些问题，可能是前人思想理论存在的问题，也可能是社会实践面临的新问题。而无论是哪种问题的发现，都离不开发现问题的能力。这种发现问题的能力和研究问题、解决问题的能力，也是通过严格的学术训练才能获得的。

1. 发现问题的能力。学位研究生的学习是一种研究式学习，而所谓"研究"是对问题的研究。所以，研究生进行科学研究的前提是发现问题。不同时代的思想家都对问题发现的重要性作了阐发。如苏格拉底认为，"问题是接生婆，它能帮助新思维诞生"，"惊诧是思想之母"；科学哲学家波普尔也认为，"问题就是研究活动的出发点，科学只能从问题开始，科学和知识的增长永远只能始于问题、终于问题。愈来愈深化的问题，愈来愈能启发大量新问题的问题。"[①] 爱因斯坦则更明确地指出，"提出一个问题往往比解决一个问题更为重要，因为解决一个问题也许仅仅是一个数学上或实验上的技能而已。而提出新的问题，新的可能性，从新的角度去看待旧的问题，却需要有创造性的想象力，而且标志着科学的真正进步"。[②] 我国著名教育家陶行知也认为，"创造始于问题，有了问题才会思考，有了思考才有解决问题的方法，才有找到独立思路的可能，有问题虽然不一定有创造，但没有问题一定没有创造。"[③] 并把这一论断概括为："发明千千万，起点是一问"。可见，发现问题能力对科学研究有多么重要。

要发现问题，首先要有问题意识。所谓"问题意识"，是指研究者在认知活动中意识到一些难以解决的、疑虑的实际问题或理论问题时产生的一种怀疑、困惑、焦虑、探究的心理状态和探究问题的思维能力。这种心理

---

① [奥] K.波普尔：《猜想与反驳》，傅季重等译，上海译文出版社 1986 年版，第 318 页。

② [美、瑞] 爱因斯坦等：《物理学的进化》，周肇威译，上海科技出版社 1962 年版，第 66 页。

③ 潘庆：《文科研究生科研问题意识欠缺的归因与对策》，硕士学位论文，西南大学，2007 年，第 8 页。

状态驱使学生积极思维，不断提出问题和解决问题，是思维的一种问题性心理品质，也是发现问题、明晰问题的洞察力和解决问题的能力。[①] 问题意识通常有以下几种表现，即好奇心、怀疑态度、困惑状态、探究行动等。可以说，没有问题意识，就没有科研活动。因此，问题意识是理论思考的起点。善于提出问题和解决问题是科学研究的根本任务。研究生若没有问题意识，不能提出或发现问题，也就没有思考的切入点，更谈不上解决问题了。这样，既不能有效地进行探究性的学习，也不能有效地开展科学研究。所以，问题意识是学术研究的出发点和归宿，也是研究生的基本素质要求。同时，问题意识又是学术创新的基础。能否发现问题和提出问题是能否有所创新的关键所在，没有问题意识，创新精神及创新活动将成为无本之木。因此，提高研究生的科研能力和创新能力，必须从培养研究生的问题意识入手。

问题意识具体表现为能够善于发现问题、界定问题、综合问题、解决问题、验证问题等方面。而且，真正的问题意识表现为善于发现"真问题"而不是"假问题"。什么是"真问题"？劳凯声教授对此作了较系统的阐述，他认为，"任何一个真问题必须满足两个条件：第一，逻辑上能自洽；第二，实践中能举证。凡能满足这两个条件的就是真问题，缺少任何一个条件则是假问题。所谓逻辑上能自洽，就是指能成一家之言，也就是我们通常所说的言之成理、持之有故。这是很高的标准，它要求言论要公允，材料要翔实，理论不能有破绽，逻辑不能有错误。而所谓实践中能举证，就是说生活中可以找到例证，是一个有意义的问题。"[②] 当然，只有不断提高自己的学术修养和科研能力，才能提出"真问题"；反过来也一样，只有不断提出"真问题"，才能不断提高自己的学术修养和科研能力。

客观地说，我国当前研究生教育中，研究生问题意识淡薄是一个较为普遍的现象。主要是想象力欠缺，怀疑精神缺失，批判意识匮乏。具体表现在不善于发现问题，不善于提出问题，不善于分析问题，不善于解决问题，

① 参见姚本先：《论学生问题意识的培养》，《教育研究》1995 年第 10 期。

② 劳凯声：《人文社会科学研究的问题意识、学理意识和方法意识》，《北京师范大学学报》（社会科学版）2009 年第 1 期。

不善于验证问题。研究生存在缺乏问题意识的原因是多方面的：有传统文化"后喻型"结构和传统式家庭教育的原因，有研究生自身知识结构不完善和学习动机不端正、学习兴趣不浓的原因，有长期接受应试教育和考核、评价体系不科学的原因，有课程设置不合理和"填鸭式"课堂教学的原因，有导师责任心不强、知识结构陈旧、教学方法落后的原因，有学校学术氛围不浓、管理者素质不高、教育观念落后的原因，有重视课堂教学不重视社会调研、重视理论不重视实践的原因等。培养问题意识的途径有：一是研究生要不断扩大知识面，完善知识结构，为问题意识的培养提供知识基础；二是要加强理论学习，努力掌握科学研究方法论，为培养问题意识提供方法论支撑；三是要多参加社会实践，多进行社会调研，为培养问题意识创造实践条件；四是教学活动要坚持问题导向，开展研究式教学，为培养问题意识提供机会、契机；五是培养单位要营造研究氛围，创造科研交流条件，为培养问题意识提供实践平台。总之，研究生问题意识的培养，既需要研究生个人的努力，也需要培养单位创造条件。

研究生培养不仅限于问题意识的形成，还要以发现问题和解决问题能力的提高为落脚点。发现问题能力的提高，既要依赖于长期的学习、科研实践，也要遵循科学的逻辑方法。常用的发现问题的逻辑方法有：第一，经验归纳法。也就是通过对经验现象的观察实验、比较分析、抽象概括发现问题的方法。它在发现事实问题、经验问题、描述性问题等方面有重要作用。第二，原理演绎法。如从基本问题到非基本问题，从一般问题到具体问题，从理论问题到经验问题，从基础知识问题到应用问题等，都离不开演绎法。它在发现常规问题、理论内部和理论系统之间的矛盾问题、理论与事实之间的不一致问题等方面作用突出。第三，类比移植法。它不仅可以用来发现常规问题，也可以发现反常问题；不仅可以发现理论问题，也可以发现应用问题；不仅可以发现域内问题，也可以发现域外问题；不仅可以在一般问题层次进行类比提问，也可以在借助类比出了基本问题或核心问题之后，再在不同层次上进行类比，提出了较为具体、深入的问题。第四，反向提问法。反向提问法是指针对原来的问题运用反向思维，提出相反的问题。第五，假设构想法。这是在虚拟条件下，构想在理想状态下会出现什么情况，会发生什么问题。假设构想法的重要特点是把丰富的想象和深刻的逻辑抽象结合起来，设想在超常情况下发生的问题。① 这些都是微观层面、可操作层面的具体方法。从宏观的方法论原则来说，导师、研究生在提高发现问题的能力方面，还要注意以下问题：一是要引导研究生从不同的科学理论之间的差异中去发现新的科学问题。由于不同研究者的思想方法不同、认识角度不同、理解和概括材料的方法不同，可能对同一问题形成不同认识，从而形成不同的科学理论。这些不同理论之间的差异性，往往以科学问题的形式表现出来。抓住这些差异性，可以激发研究生探索未知的欲望，去发现新的科学问题，从而把认识活动推向新的高度。二是要帮助研究生从科学理论与科学实验之间的矛盾中去发现科学问题。在进行科学实验时，往往会发现新的现象。原有的科学理论又常常对这些新的现象不能给予科学的说明和解释，出现科学理论与科学实验之间的矛盾或不一致。这个矛盾就是新的科学问题，它要求人们创立新的理论去给予说明。这就要注意捕捉其可疑现象，加以细致地分析、研究和比较，抓住原有科学理论不能说明和解释之点，引导和帮助研究生从科学实验与科学理论之间的矛盾中去发现新的科学问题，从而推动科学发展。三是要鼓励研究生从社会需要中自觉地去发现科学问题。研究生导师必须从引导和帮助学生发现科学问题，逐步过渡到鼓励学生自觉地去发现科学问题：不仅能自觉地从科学理论的差异中、从科学理论与科学实验的矛盾中发现科学问题，而且能从社会需要中自觉地去发现科学问题。社会需要特别是社会生产实践的需要，是推动科学发展的巨大力量。培养研究生自觉地从社会需要中去发现新的科学问题，正是他们运用自己所掌握的科学知识去分析问题和解决问题的前提。②

发现问题只是科学研究的第一步，重要的是解决问题。心理学研究的成果，为提高学生解决问题的能力提供了科学依据，也为解决问题能力的培养提供了理论支撑。如杜威提出解决问题的五步模式是：第一步，产生一种怀疑，认知困惑，或对困难的意识；第二步，从问题情景中识别出问题，包括所寻找的目标的一般标记、要弥补的空隙以及要达到的目的；第三

---

① 参见张掌然：《发现问题的逻辑方法》，《逻辑研究文集——中国逻辑学会第六次代表大会暨学术讨论论文集》，2000 年。

② 参见王力年：《应重视培养研究生发现科学问题的能力》，《吉林教育科学·高教研究》1994 年第 1 期。

步，使问题情景中的这些命题与认知结构联系起来，以激活有背景观念和先前获得的解决问题的方法，这样又转而以解决问题的命题或假设的方式重新进行转换和组织；第四步，必要时，需对假设作连续的检验，并对问题再作明确的阐述；第五步，将成功的答案组合到认知结构中去（理解它），然后，把它应用于手边的问题或同类问题的新的、陌生的例子。[①] 英国心理学家华莱士（G.Wallas）则把问题解决的心理过程划分为 4 个阶段，即准备阶段（preparation）、酝酿阶段（incubation）、明朗阶段（illumination）和验证阶段（verification）。根据这些理论，要有计划、有层次、有步骤地培养学生解决问题的能力：一是培养提出问题的方法。这主要包括以下质疑方法：模仿法、比较法、因果法、反向法、联想法、发散思维法、追问法等。二是加强解决问题的思维训练。重在培养逻辑思维、引导独立思维、训练发散思维、尝试逆向思维。三是通过社会实践提升解决问题的能力。主要是进行社会调研、社会实验的方法和能力，分析社会现象的能力，透过现象抓住本质的能力，解决社会问题的能力等。四是培养学生的元认知能力。"元认知"就是对认知的认知，即认知主体对自身心理状态、能力、任务目标、认知策略等多方面因素的认知，它是以认知过程和认知结果为对象，以对认知活动的调节和监控为外在表现的认知。[②] 也就是说，它是研究主体对其认知活动的自我意识和自我调节，即研究者在问题解决的过程中根据条件和现象变化，不断调控自己的思维模式深层结构的内部运行机制，通过自我评价、自我调控，来达到解决问题的目的。同时，研究生除了在教学活动中培养解决问题的能力外，还要在自己的学习、科研中，自觉地、有意识地培养自己解决问题的能力。

2. 课题研究能力。研究生不仅要善于发现问题，还应当能够就发现的问题进行科学研究。就研究生教育的本意来讲，研究生应该参与到导师的课题研究中，在课题研究中不断提高学术识别能力和科学研究能力。因此，课题研究不仅是研究生应该重点提升的能力，也是研究生培养的重要途径和有效方式。通过课题研究，不仅可以使研究生得到研究实践的锻炼，受到规范有

---

①　参见张大均：《教育心理学》，人民教育出版社 2004 年版，第 4 页。

②　参见李玉琪：《元认知开发与数学问题解决》，《教育研究》1996 年第 1 期。

序的学术训练，而且可以提高研究生的科研能力，提升科研创新意识。尤其是参加高水平的科研课题，项目所具有的挑战性和复杂性，能够激发研究生的探索精神和进取精神；课题研究过程中科学思想和研究方法的采用，有利于培养研究生的科学精神和创新精神；课题研究过程的长期性和艰苦性，可以磨炼研究生的学术品质和学术信念；课题所具有的前沿性和创新性，有助于使研究生了解学科最新理论成果和专业最新研究动态。因此，研究生自己不仅要有意识地主动申请或参与一些力所能及的课题，研究生导师要让研究生参与到自己的课题中来，培养单位也应当为研究生参与课题研究提供机会和平台。

课题研究有一定的环节和程序，研究生只有进行包括资料收集与分析、发现问题、解决问题、撰写论文在内的全过程训练，才能体会到课题项目研究对科研能力的提升作用，提高科研意识，提升科研能力。具体说来，课题研究的训练主要包括以下环节。

第一，确定选题。美国应用数学家诺伯特·维纳（Norbert Wiener）指出，知道应该干什么，比知道干什么更重要。因此，提出一个科研选题往往比解决一个现实问题更困难，所以好的选题是成功的一半。[①] 一方面，研究生在科研课题的选题中，可以选择常规的问题或研究点。也就是已有人从事过类似研究的课题，取得的研究成果也较多，在研究过程中可以有更多的参考数据和资料。这类课题要取得新研究成果，就必须在充分了解先前类似研究成果的基础上，通过新思路、新方法，综合新数据、新材料，进行更加深入有效的研究，才能达到有所创新和突破。否则，只能是对前人研究成果的一定程度的重复。另一方面，研究生也可以选择比较新颖的选题。这种选题已有研究及其成果都很少，可参考的资料比较缺乏，受其他人研究成果的影响也比较小，易于提出新思路、新观点，更能培养创新能力，但研究难度也比较大。研究生在选题中，要把握重要性原则和可能性原则。所谓"重要性"，是指选题在研究内容、科学性、方法论上有重大理论或现实意义；"可能性"是指研究生所具备的主客观条件，能保证课题保质保量地完成，能达

---

① 参见陶雄军：《论研究生课题研究中的三个时间坐标》，《学术论坛》2014 年第 5 期。

到预期的研究效果。①

第二，课题论证。也就是撰写课题申请报告。选定课题后，课题设计就变得至关重要。课题设计论证要求从课题背景、要解决的问题、研究目标、主要内容、研究过程、研究方法、预期成果和可能效果等方面，进行全面论证，制订课题研究方案。论证报告完成后，还应请专家、同行和课题组主要成员进行评议，并根据专家意见对课题研究方案进行修改完善。

第三，文献研究。一旦获准进行课题研究（研究生也可以自行设计一些专题，进行阶段性的课题研究），就要进入深入的研究阶段。对课题进行深入研究，首先要了解和熟悉本专题相关的研究进展情况，要大量占有文献和资料，并进行文献梳理。研究生结合课题研究重点，明确研究内容，深入阅读相关书籍和文献资料，做好研究笔记，可以拓宽学术视野，促进新知识获取与新思维的形成，从而有效激发研究生的创新思维，提升科研素质，提高的科研自觉性。

第四，研讨交流。一般说来，大部分课题都是以团队协作的形式开展研究的，所以，研究生进行课题研究过程中，要注重发挥团队的作用，加强内部间及内部与外部间关于课题研究内容的交流和研讨，实现资源共享，互为借重，分工协作，分解整合。努力学习别人的新思想、新观点、新方法，在研讨、交流中培养自己的学术综合素质，在合作中提升自己的科学研究整体水平。

第五，课题调研。对很多课题研究来说，进行一些实地调查研究是必要的环节。调查研究和收集整理资料，也是研究生必须掌握的进行科学研究的一项基本功。这项基本功和能力的形成，只能在调查研究的科研实践中逐步得到训练而达到。在调查研究中，研究生要学会访问调查对象、记录调研笔记、整理笔记，从中筛选有用信息和发现问题的技能。调查结束后，还要与调研组的其他成员一起研讨调查资料，并写出调研报告，作为整个课题研究的基础材料。

第六，研究成果报告写作。在完成课题研究的前期准备和深入研究、调研的基础上，就进入课题研究报告的写作阶段。研究生要按照科学论文写作

---

① 参见蒋雪明等：《以科学研究能力为核心的硕士研究生创新能力培养策略》，《文史资料》2012 年 6 月号中旬刊。

的一般规范和要求，把研究所得形成报告、论文。这些规范包括报告、论文的基本框架、基本结构的规范，如标题、摘要、引言、材料与方法、正文、结论、引证注释、参考文献等都要符合学术界的一般要求，也包括论文写作的一般方法、基本程式、学术语言的规范，还包括学术道德规范等，从而有效提高研究生的书面表达能力、思想呈现能力。

通过课题研究，重在培养研究生的课题研究能力。具体来说，课题研究能力主要包括以下几个方面：一是选题能力。问题即课题。善于发现问题，能科学判断某个问题研究的价值并确立为研究的对象，该问题就成了课题。所以，研究生的选题能力，不仅表现在平时的学习、研究中有没有发现问题的能力，而且表现在对问题本身的真伪鉴别、价值判断能力。同时，如果研究生善于发现问题，就会明白，即使是有研究价值的问题也数量繁多。因此，研究生还应该有意识地训练从众多问题中梳理筛选、提炼出研究课题的能力。二是课题设计论证能力。研究生要在广泛收集资料、准确把握理论前沿的基础上，进行系统的课题论证。一个好的课题论证，必须充分了解该选题的理论价值和现实意义，了解课题研究的内容以及研究重点和突破点，了解该选题的国内外研究进展和达到的水平，并提出自己的创见或研究新路径、新观点、新结论等。在此基础上，还要设计出课题研究方案，制订研究计划。这些，都体现了设计论证的能力。三是运用课题研究方法的能力。课题研究有一些基本方法，根据课题性质和内容不同，又会有一些特别的研究方法。研究生在研究实践中，要逐步掌握和熟练运用这些方法，形成和提高运用这些方法的能力。如文献研究法中文献的收集、处理、研究能力，调查研究法中的调查问卷设计、访谈、收集分析资料的能力，科学抽象法中的分析综合、抽象概括、逻辑思维的能力，等等。四是课题研究推进能力。课题研究既是一项复杂、周密的学术任务，又是一个系统工程。研究生在课题研究中，不仅要制订周密的研究计划，确定研究步骤和研究时限，还要在研究过程中熟练掌控研究进度和节奏，有效调度各种人力、物力资源，及时跟进各种修正、补充措施，使整个课题研究工作有条不紊、保质保量地按时完成。这需要研究生不仅具备研究能力，而且具备课题研究的协调运筹能力。五是课题总结提升能力。课题研究要有一定的成果，科研成果一般应以研究报告或学术论文的形式呈现出来，以便学术交流或科学应用。而且，在课题设计、文献综述、调研总结、过程推进、结题鉴定等环节，都离不开课题阶段总结、中期研究汇报、研究报告等文字成果。因此，文字表达能力是研究生的重要基本功。此外，研究生还要掌握与文字表达有关的学术交流能力、口头表达能力等。六是课题深化推广能力。[①] 一项课题研究结束后，研究成果或者投入使用转化成现实生产力，或者被理论界接受成为一种理论。不管是哪种情况，课题研究都还要不断进行深化：或者对本课题的某一个方面进行更深入的内向研究，或者就课题引申出的问题进行纵向拓展研究，或者就与课题相关的问题进行横向延展研究。总之，对将来以科学研究工作为职业的研究生来说，课题研究不会穷尽，科学研究没有终结。不断推进和拓展这种研究，是一种能力，一种毅力，也是一种精神。

四、理论表达和学术交流能力

学术型研究生教育是以培养科学研究人才为目标的，而科学研究从来不是个人的事，而是社会的理论工作者共同参与的集体学术构建活动，是一项社会事业。它需要不同的理论工作者不时发表自己的研究成果、思想观点，来接受学界的评判，并在此基础上推进整个社会的学术发展。个人关起门来搞研究，不向学界发表自己的思想、观点，让自己的研究成果自生自灭，算不上真正的学术活动。这就要求，研究生不仅要认真训练理性思维，培养问题研究能力和学术批判能力，而且要学会向学界、学术圈表达、交流自己的研究成果、理论观点，实现思想共享。所以，研究生要认真训练理论表达能力和学术交流能力。

理论表达和学术交流能力中最重要的是文字表达能力，尤其是学术论文的写作能力。所谓"学术论文"，是指学术研究成果的文字呈现，是拟在专业的学术报刊上发表或在专业性的学术会议上宣读的论文。学术论文写作目的是总结和分析前人的科研成就，提出个人的最新研究成果，交流科研信息，促进科学发展。在写作上要求精练、规范、科学，切实反映科学研究能力和科研成果。所以，学术论文的发表是科学研究的重要环节。科学研究的成果就是要发表，如果不发表，科学研究过程是不完整的。正如美国科学技术委

---

① 参见王际海：《课题研究能力是新时期教研员的基本功》，《当代教育科学》2011 年第 18 期。

员会所界定，"研究成果的发表是研究过程的精髓"。而且任何一项学术成果的取得都是以前人和别人的成果为基础的，理论工作者都把科研成果公之于众，也是避免重复研究、重复劳动的有效途径，以共同推动学术发展。同时，学术论文的写作也是研究生培养的重要环节。学术论文写作是一个分析、综合、提炼、总结的过程，是一种综合能力的运用和反映。因此它不单是为了快速、准确地将研究成果表达出来、公开发表，还可以反过来检验、修正、完善学习和研究过程的不足。也就是说，学术论文的写作过程是对研究生所学基础理论、专业知识和基本技能的综合运用，既是综合运用专业基础理论和专门知识的过程，又是培养从事科学研究工作和科学研究能力的重要渠道。因此，研究生论文写作能力的训练是研究生培养的一个重要环节。具体来说，第一，学术论文写作是研究生学位课程和理论知识的重新构建。研究生在论文写作过程中，改变了被动学习和接受知识的学习方式，通过综合运用原有知识，思考和研究新问题，知识体系和研究方法得到了应用和提高；遇到问题，可以反观自身知识和能力的不足，从而激发学习兴趣，完善知识结构，提高研究能力。第二，学术论文写作是研究生进行科学研究训练的重要内容。研究生在写作过程中通过大量参阅相关资料和信息，进行社会调查，亲身参与并逐步了解和熟悉了科学研究的过程。同时，还在写作训练中掌握了学术论文的基本写作规范和基本格式要求，掌握了学术表达和学术交流的一般方法。此外，研究生在论文写作和发表过程中，还可以接收到学术道德规范的检验。第三，学术论文写作是研究生思维训练的必要途径。与一般文章写作不同，学术论文是通过理性和思辨的方式进行表达的。在写作过程中，研究生综合运用比较、观察、分析、综合、归纳、演绎等方法，并进行系统、联系、发展的理性思维及逻辑训练，从而使其思维方式和研究能力都得到不断的改变与提升。第四，学术论文成果是研究生创新能力检验的重要尺度。学术论文是研究生对学科知识和研究方法掌握与提高的集中展现，也是其从事科学研究取得的成果的公开展示，可以全面体现一个研究生的知识储备、理论基础和学术水平，因而是判断研究生综合学术能力和创新能力的根本标识。[①]

---

① 参见尼继珍：《学位论文写作对研究生创新能力的影响研究》，硕士学位论文，华中师范大学，2010年，第19—20页。

　　学术论文要有科学性，也就是说，论文内容要真实可靠，论点论据要确凿、翔实，文字表达要准确、简明、凝练，文章结构要逻辑严密、条例清楚。同时，学术论文还要求有创新性。学术论文最重要的就是要记录作者的新见解、新观点、新方法，这就是学术论文的创新性。可以说，科学研究的目的就是为了创新。也就是通过阅读、调查、分析、归纳，发现前人没有发现的领域，从而有所探索，有所创造。所以，作为科研成果的载体的学术论文，一定要有新内容、新观点、新结论。如果没有创造性和创新性，论文就谈不上有多高的学术价值。而要做到这些，仅有写作技巧是不够的，还需要宽博的学术积累和扎实的学术训练。首先，要广泛研读理论专著和学术论文。通过研读，既可以学习前人的理论积淀和研究进程，也可以从中学习论文写作的技巧和研究方法。一方面，要阅读所在专业、学科的学说史。没有学说史的基础，写出来的论文就没有理论深度，没有根基。另一方面，要研读所在专业、学科的基本经典著作和文献。经典名著是研究生学习的基本功。只有熟悉构成学说史的经典著作，才会了解整个学科的发展脉络和理论源头，从而在更高的层次上把握学科理论。另外，还要广泛阅读与学科相关的学术论文。这样，才能把握学术动态，了解学术前沿。并且，阅读的同时，还要做好笔记。发现有价值的材料、一本书的主要论点、个人读书时的感悟、批注、点评等，都要记下来，才能使自己的学识不断提高，写作时才能旁征博引。其次，要掌握科学而严密的思维方法。研究生要想写好学术论文，必须掌握科学的思维方法。不仅要熟练掌握概念、判断、推理等形式逻辑方法，而且要掌握归纳与演绎、分析与综合、抽象与具体相统一等辩证逻辑方法，还要掌握实证研究、规范研究、比较研究等基本研究方法。再次，要进行规范而严谨的学术训练。这不仅包括遣词、造句、段落布局、文章结构等写作技巧的练习，而且包括正确、清楚、周密、严谨的学术论文写作规范的训练；不仅包括学术道德规范的培养，而且包括实事求是、扎实严谨学风的养成。学术论文作为个人科研素质和学术能力的综合体现，反映的是作者知识积累的广博性、把握问题的准确性、剖析问题的深刻性和研究方法的科学性，也就是通常所说的"底蕴"。在此基础上，再加上作者的文字功夫、禀赋灵性、人格魅力、素质修养，才能写得出高水平的学术论文来。总之，所谓功夫在诗外，研究生只有打下深厚的学术基础，有较高的文字能力，才能有效表达自己的学术思想，有效传达自己的理论成果。

除文字表达能力外，口头表达能力也是研究生应重点掌握的理论表达和学术交流能力。由于我国小学、中学、大学长期以来教学模式单一，锻炼口头表达的平台、机会缺乏，语言类课程缺失，再加上思想认识上的偏差，所以在研究生中普遍存在口头表达能力欠缺的问题。这严重影响了理论成果和学术思想的表达与传达。具体表现在，一是语言表达不准确。如用词不准，语句不通顺，不符合语言表达规范，缺乏语言的连贯性，语言表达缺乏严密的逻辑推理。二是临场心理紧张。不少研究生在学术交流进行演讲或回答问题时，心里紧张，表现出恐惧、焦虑、行为失常等。如有的讲话颤抖，断断续续，不敢正视听众，心慌意乱，手足无措等。三是表达欲望不强。受传统观念意识的影响，不少研究生平时不注重表达自己，公众场所不愿公开表达自己的观点，研讨会上不愿意发表演讲，因而严重影响了自己学术观点和学术思想的传播。要提高口头学术表达能力，除了平时注意多表达自己、上课时多与老师互动外，积极参加学术会议并抓住机会作大会交流发言，是重要的锻炼平台。因为，学术会议是传递学术信息、交流学术观点、了解学术动态的重要平台，是专业领域和学术圈内重要的学术交流场所。学术会议上的学术争鸣，可以活跃学术思想，鼓励创新精神和科学精神，交流学术理论，宣传学术观点，激发学术灵感，是研究生检验自己、展示自己、提升自己的重要机会，也是研究生培养的必不可少的载体。具体说来，研究生参加学术会议的重要意义表现在以下几个方面：第一，有利于研究生交流学术思想，启发理论思维，拓宽学术视野。研究生在会议研讨中，既能领略专家学者最前沿的学术成果，又能了解前沿学科发展趋势，感受到课本和课堂上难以接触到的新思想、新方法，从而提高自己的学术水平，提升学术能力。同时，还可以亲身领会科研成果中蕴含的学者们刻苦钻研、不断探索、默默奉献的科学精神。这些大师、名家的理论品质、学术魅力、科学精神，可以帮助研究生树立脚踏实地、坚忍不拔、献身科学的学术精神。第二，有利于研究生培养学术兴趣，激发学术热情，增强学术自信。研究生在学术会议上积极主动发言，发布自己的研究成果、学术观点，与参会者交流看法，交汇思想，启迪思维，破解困惑，可以进一步提高学习研究的兴趣，激发潜在的创新潜能，升华思想观念，增强学术自信。也提高了自己的学术交流能力、应变能力和学术批判能力。第三，有利于研究生结交同行，认识学术团队，尽早加入学术共同体。研究生通过参加学术会议，可以认识学界同行，近距离接触学界前辈、学术大师、思想泰斗。也可以通过交流发言，展现自己，让前辈、同行听到自己的声音，留下初步印象，为进一步扩大自己的学术活动范围，打下较好的基础，为将来能在本学科、本领域占有一席之地，奠定初步的基础。当然，除了参加学术会议外，研究生还应当充分利用多种形式，提高自己的学术表达和交流能力。如召开个人读书报告会、举办学术讲座等，就是有效的训练方式。总之，研究生只有熟练掌握了学术交流和传达方法，才能使自己的研究成果更容易被学界接受，为学术发展做贡献。

第二节　科学研究创新能力

科学研究，本质上是一种创新活动。研究生进行学术训练，其最终目的，也是为了学术创新和理论创新。研究生获取知识，研读经典著作和文献资料，进行科学研究方法训练，最终都是为了学术创新，为了科学研究创新打基础。因此，科研创新能力，是研究生学术训练的根本依归。

一、创新思维能力

科学研究需要不断创新，创新需要有创新思维，创新思维需要有创新能力作为支撑。所谓"创新"，是摆脱旧的知识体系、旧的经验教条、旧的思维习惯、旧的研究方法拘囿，实现对既有思想理论、体系框架、研究路径、程式方法超越的思维过程、思维方法、思维成果。所以，创新的本质是对现存思想理论的重新认识，是一种完全不同的思考，是一种突破、一种扬弃，甚至是一种反叛。所谓"创新思维"，是重新组织已有的知识经验，以超越常规的视角观察、思考、解决已有问题，提出全新观点、全新思路、全新方案，或揭示未知领域，呈现全新内容、全新方法、全新形式，创造出新的思维成果的思维方式。而所谓"创新思维能力"，是指在对现有思想理论、研究方法、现实情况深刻理解、全面把握基础上，能够摆脱成见束缚、程式制约，以新的观念，从新的视角，用新的方法，通过新的路径，对特定问题进行创造性思维、把握，获得创造性思维成果的能力。

创新思维具有以下特征：第一，创新思维是一种应变性思维。它打破了常规思维程式，具有开阔视野、适应新变化的应变性，因而具有创见意义。第二，创新思维是一种反定势思维。其特点在于能够突破长期形成的公理、成见、模式、惯例、传统，能够突破心理定势、思维定势、方法定式，力破陈规，独辟蹊径，获得新知。第三，创新思维是一种发散性思维。即在思考过程中，不拘泥于一个点或一条线，而是不受已有理论、方式、方法、规则的约束，尽可能向多方向扩展，因而是多向思维、辐射思维、扩散思维。①第四，创新思维是一种开放性思维。也就是说，一方面，它不是把既有的结论、既有的观念、既有的方法当作出发点，亦步亦趋地进行研究。而是突破既有成见，重新审视现实和材料，以便从中发现新的路径和新的方法。另一方面，它不是以既有的成见、既有的公理、既有的程序为依归，重复已有的理论或方法。而是从新的视角审视问题，以便从中得出新的认识和新的结论。也就是说，它在出发点和落脚点上都不受已有观点、方法的束缚，因此具有开放性。第五，创新性思维是一种批判性思维。也就是说，它既对传统观点、理论深入了解，准确把握，又不唯书，不唯上，只唯实；它以对传统思维模式和方法的反思与批判为特征，以怀疑和否定为前提。正是在对传统理论、方法、思维模式反思、批判、积极否定的基础上，发现新结论，提出新观点、新理论。

创新思维能力不是先天就有的，而是通过后天的知识积累、社会实践和科学训练才逐步形成的。研究生应着力从以下几个方面培养创新思维能力：第一，优化知识结构。宽博、深厚、合理、完善的知识结构，是创新思维形成的基础。只有对所研究的领域有了深刻的理解后，才可能提出问题，只有对学科经典文献有了深入的研究，才能发现创新的突破口。因此，研究生提高创新思维能力的首要前提，就是通过深入、广泛地研读经典著作、专业文献，打下坚实的知识储备基础。第二，树立问题意识。研究生在理论学习和学术研究中，要学会独立思考，独立判断，善于发现问题、分析问题、解决问题。只有善于发现问题，才谈得上改进；只有能够实现跨越，才能谈得上

---

① 参见魏淑慧：《研究式教学与学生创新思维能力的培养》，《山东师范大学学报》（人文社会科学版）2008 年第 5 期。

创新。要多对一些所谓不言而喻、不证自明的问题，作为"问题"进行思考，在追问中寻求真知，实现自我思维方式的变革。所以，研究生敢于提出问题，不迷信书本，不迷信老师，不迷信权威；能够打破现有的条条框框，跳出约定俗成的逻辑，从不同的角度和维度思考、分析问题，善于自己解答问题，提出自己的创见。第三，培养批判精神。批判是创新的前提和基础。研究生要学会用自己的眼光审视他人的理论，带着批判的眼光研读经典著作，研究前人的思想。只有在批判中才能够更好地吸收，更好地借鉴，更好地掌握。批判性思维就是更多地利用辩证的否定方法，批判、修补、扬弃原有的体系从而实现超越，或者通过批判摧毁既有的体系实现重构。第四，提高反思能力。因循守旧窒息了学术的生机和活力。研究生只有对既有的知识、结论进行反思，才能防止公理变成教条、思想陷入僵化，才能实现理论的创新、创新思维的形成和创新能力的提高。第五，养成求真精神。对真理的追求，是理论发展的动力，是学术的生命。研究生要自觉培养对世界的好奇心和对理论的兴趣，养成探究精神和务实态度。只有具有求真的执着态度，才会调动自身无限的追问和探究冲动，才会不断反思别人、检讨自己，从而不断提升自己的创新思维能力。除此之外，研究生还要自觉进行求同思维和求异思维、正向思维与逆向思维、发散性思维与聚合性思维、抽象思维与形象思维训练，提高理性认识，消除心理定势，挖掘创新潜能。

研究生创新思维能力的形成，既要依靠研究生自身自觉的科学训练，也离不开导师和培养单位所构建的学术环境。然而，由于历史文化和传统教育观念等方面原因，现有的研究生培养模式、培养机制和教学观念，不利于研究生的创新思维和创新思维能力的培养。正如钱学森所指出的："现在中国没有完全发展起来，一个重要原因是没有一所大学能够按照培养科学技术发明创造人才的模式去办学，没有自己独特的创新的东西，老是'冒'不出杰出人才。"[①] 要把培养研究生的创新思维能力落到实处，必须从以下几个方面下功夫：第一，转变导师培养观念，改变培养方法，强化研究生创新思维训练。导师要保护研究生的好奇心、想象力和创造力，激发学习兴趣，通过表扬激励，保持研究生创造欲；引导研究生打破常规思维模式，激发创造性思

---

① 　游庆军：《"钱学森之问"对中国教育的启示》，《辽宁教育行政学院学报》2012 年第 4 期。

维，形成创造性思维内容，养成创造性思维习惯；有意识地进行创新思维训练，培养创新的意识，提高创造思维能力；构建平等、民主的师生关系，允许研究生提出和发表不同意见与观点，为创新思维的形成创造宽松的培养环境。第二，改革教学模式，推进探究式、研究式教学。探究式、研究式教学是一种从学习者个体发展的需要和认识规律出发的学习方式，是在教学过程中创设一种类似科学研究的情景和途径，让学生通过主动的探索、发现和体验，学会对信息的收集、分析和判断，通过对科学研究的思维方式和研究方法的学习运用，增进学生的思考力和创造力，培养创新意识和实践能力。在这种教学过程中，任课教师要了解研究生创新思维能力培养方面的基本情况，建立与学生的良好沟通机制，动态地、有针对性地灵活运用多种授课方式，缩小教与学的距离，及时把握教学效果，保持师生互动，在整个教学过程中有意识地培养研究生的创新思维能力。要避免以往老师讲、学生听，老师下结论、学生当成真理的现象。老师和研究生在教学过程中，共同对所学内容和探讨的问题进行分析评价，充分调动学生的质疑、批判思维，打破思维定势和对权威的迷信，平等交流，达到解决问题的目的。这种教学方法和教学模式有利于提高研究生学习的主动性、积极性，解决思想认识上的疑点和难点，训练判断推理和思维能力，培养学生分析、解决问题的能力，养成探索精神和批判精神。第三，重视科研实践，培养创新思维能力。科研实践是创造的源泉，是研究生形成创新思维能力的根本途径。因为只有在科研实践中，研究生才能在"实战"中进行分析问题、解决问题的探究，从而锻炼创新思维，并在应用、验证中获得反馈和及时矫正，从而不断增强创新能力。应当鼓励研究生承担或参与一些知识面广、学科交叉性突出、前沿性强的课题。课题研究的实践，有助于调动和发挥研究生的积极性、创新性，促进研究生创新思维能力的提升。第四，加强学术交流，构建学术共同体。通过营造浓厚的学术气氛，让研究生积极参与各种学术交流、学术会议、学术讲座、学术兴趣小组等，可以开阔研究生学术视野，拓宽知识面，启迪思维，培养创新意识，提高创新思维水平。学术共同体就是指参与学术研究的专家、教师、研究生，围绕共同的主题，通过参与研讨、协作、交流等形式，形成的学术圈或学术平台。研究生参加学术共同体，可以广泛参与各种学术活动，有机会学习学科专家、学术大师的学术经验、思维方法、治学态度，对培养自己的创新思维方式，形成创新思维能力，无疑有巨大的提升作用。第五，建立鼓励创新思维，形成创新思维能力的考核、考评体系。这就要摒弃原来以知识考核为主的考评体系，采用有效测试创新思维能力的评价体系。同时还应该改革考核方式，实现考评目标多层次化、考评主体多元化、考评方法多样化、考评指标科学化。要充分根据研究生的个体差异，制定具体、有针对性的考核指标，测试出每个研究生的独特优势。考评主体多元化，就是教师不是研究生考核的唯一决定者，而是要广泛吸收导师、任课教师、辅导员、研究生院管理部门、研究生代表等，共同构成考核组，对每一位研究生进行综合考评。尤其要重视创新思维这种不好量化的评价指标的测评。

创新思维能力是创新能力的前提和基础，但创新思维能力和创新能力并不完全相同。创新思维能力是潜在的创新能力，是一种内隐的趋势和潜在；创新能力是创新思维能力的呈现和外化。创新思维能力是创新能力的内核与核心，但创新能力又不仅仅是创新思维能力，有着比创新思维能力更宽的外延和边界。如创新思维能力主要是一种智力因素，而创新能力是包含了智力因素和非智力因素在内的综合能力。所谓"创新能力"，是指综合运用所积累的知识和经验，经过科学的思维加工和再造，探索新发现、创造新事物、提出新观点、运用新办法、开拓新领域、解决新问题的能力。它是智力因素与非智力因素的综合，主要包括知识结构、创新意识、创新思维和创新实践四个要素。第一，知识结构。合理的知识结构是形成创新能力的基础，没有坚实的知识积累，就难以形成丰富的联想和创造性思维。知识不仅包括客观的、明确的显性知识，还包括隐性的默会知识。默会知识相对于明确知识具有逻辑上的在先性，是掌握明确知识的向导，是人认识行为的内在动力，也决定了人的创造性表现。因此，创新能力的形成和发展，仅仅靠明确的、逻辑严谨的理论知识是不够的，还必须具有相应的默会知识。合理科学的知识结构是以明确知识为基础、以默会知识为主导的知识体系。二者相互作用、相互促进，是形成创新能力，获得新发现的关键。第二，创新意识。创新意识是一种积极探求和发现问题的心理取向，是个体在知识和经验积累的基础上捕捉新信息、洞察新问题，进而形成新理论、推进新实践的个性特征，是主观能动性和智力品质的创造性的综合发挥。创新意识包括问题意识和创造动机、创造兴趣、创造意志。其中，问题意识是创新意识的重要组成部分，创新的过程实际上是一个不断发现问题和解决问题的过程。因为所有的研究都从问题开始，一切创新都始于问题的发现，而问题的发现又源于强烈的问题意识。所以，没有问题意识，创新能力的培养就无从谈起。第三，创新思维。创新思维是创造力的核心。它是发散思维与聚合思维、逻辑思维与非逻辑思维、潜意识思维与显意识思维的有机统一。在创造性思维活动中，新观念的提出、问题的突破，往往表现为从逻辑中断到思维飞跃的过程，一般伴随着直觉、灵感的产生。作为非逻辑思维的直觉与灵感，都是以逻辑思维为基础的、与创造性密切相关的心理现象，在创造活动中具有重要的作用。直觉是一种直接顿悟的思维；直觉思维是把一系列逻辑推理程序浓缩，或在一定程度上违反了某种既定逻辑推理程序的思维过程，因而它产生的结论往往带有或然性。而灵感则是在创造性思维中发生的一种顿悟现象，它往往来自思维主体之外的启示物的触发。可见，创造性思维的培养必须注重多种思维类型交融并相互作用而产生的整体效应。尤其是想象思维、联想思维、直觉思维、灵感思维等非逻辑思维，对创新能力的展现起着重要的支撑作用。第四，创新实践。创新是一种高级的、开拓性的思维和实践活动过程，只有在实践活动中才能实现。创新实践是创造具有新质事物的活动过程。这一过程包含了主体与外部环境之间的隐性知识与显性知识的转化。即主体不断地将显性知识内化并获得隐性知识，然后通过自己的认知模式，将隐性知识进行不断的组合，进行知识创新或创造新事物。[①] 正是知识结构的基础作用、创新意识的引导作用、创新思维的支撑作用和创新实践的物化作用，使创新能力得以形成和呈现。

虽然创新思维是一种隐性的存在，创新能力的呈现也需要一定的条件，而且具有难以测量的特点，但创新人才的界定是有一定标准的。早在1916年，美国教育哲学家杜威就率先提出了培养"创造型人才"的学说。1996年，"国际21世纪教育委员会"提出了"创造型人才"的7条标准，即（1）有积极进取开拓精神；（2）有崇高的道德品质和对人类的责任感；（3）在急剧

---

① 参见叶海智等：《基于默会知识论的研究生创新能力培养策略》，《中国高教研究》2008年第1期。

变化的竞争中有较强的适应能力和创造能力；（4）有宽厚扎实的基础知识，以及广泛联系实际解决实际问题的能力；（5）有终生学习的本领，能适应科学技术综合化的发展趋势；（6）有丰富多彩的个性；（7）具有和他人协调及进行人际交往的能力。[1] 美国当代著名的心理学家吉尔福特（J.P.Guilford）也对"创新型人才"的个性标准作了如下概括：（1）有高度的自觉性和独立性，不肯雷同；（2）有旺盛的求知欲；（3）有强烈的好奇心，对事物的运动机理有深究的动机；（4）知识面广，善于观察；（5）工作中讲求理性、准确性与严格性；（6）有丰富的想象力、敏锐的自觉，喜好抽象思维，对智力活动与游戏有广泛兴趣；（7）富有幽默感，表现出卓越的文艺天赋；（8）意志品质出众，能排除外界干扰，长时间地专注于某个感兴趣的问题。[2] 尽管这些标准在表述上有些出入，而且侧重点也不尽相同，但在对"创新人才"本质内涵的界定上却是一致的。这些标准，也理应成为研究生创新人才培养的导引和尺度。

二、创新实践能力

具有创新思维只能说具有了创新的潜质，具有创新能力也需要在实践活动中转化为现实的创新成果。因此，研究生仅有创新思维能力还不够，还必须具备创新实践能力。本文所说的"实践"，主要是科学研究实践和学术活动实践，因此，这里所说的"创新实践能力"，主要是指能够创造性地开展科学研究，开创性地进行学术活动，在社会实践中独创性地开展理论研究，并把创新理论成果应用于社会实践，实现社会实践进步的能力。根据研究生培养要求和特点，可以将研究生的创新实践能力划分为基础性实践能力、综合性实践能力和创造性实践能力3个层次。所谓"基础性实践能力"，是指应用学科专业基础理论和知识解决实际问题的能力；所谓"综合性实践能力"，是指综合应用多学科知识和理论解决复杂实际问题的能力；所谓"创造性实践能力"，是指在实践中提出、分析和解决问题的创新

---

① 参见杨德广：《人文教育就是做人的教育》，《江苏高教》2003 年第 3 期。

② 参见袁运开：《再论培养学生发展性学力与创造性学力的内涵及意义》，《华东师范大学学报》（教育科学版）1999 年第 1 期。

能力。① 创新实践能力不是知识，而是一种科学素养、一种科研能力。创新实践型人才一般具有坚实的理论基础，踏踏实实的工作态度，对新事物、新思想、新观点有强烈的兴趣和开放的心态，具有发散性、开创性、原创性思维能力，具有较强的实践能力、丰富的实践经验，具有改变现状、突破教条的强烈意识，具有团结协作、兼容并包的精神，具有坚忍不拔、追求真理的毅力等。

目前，我国的研究生教育并不能很好地适应研究生创新实践能力的培养。这主要表现在以下几个方面：一是研究生招生和考试制度过分强调考生的应试能力，没有突出对考生创新能力和实践能力的测试；二是教学内容严重滞后，教学方式、方法陈旧单一，不利于研究生创新思维能力的培养；三是跨专业课程、实践性课程不多，社会调研、社会实践活动较少，不利于研究生创新实践能力的培养；四是正是由于以上原因，研究生的创新能力与国际差距较大。对于如何改变现有的研究生培养、训练机制，不同的学者、专家提出了本质相同但方式不同的改革思路。如曲永岗提出了不同于本科生教育的研究生培养的"模糊教育"概念。所谓"模糊教育"，是指以培养创造性高层次人才为目的，以提倡个性、培育逆向思维、激发创造力为原则，有意识淡化学科壁垒、共同取向、唯一标准和师生角色的教育模式。"模糊教育"的宗旨是培养研究生的创新意识、激励创造力的发挥。作为一种研究生教育模式，"模糊教育"是一种总体上、理念上的界定。具体到研究生教育实践中，它广泛延伸到研究生招生、教学、培养、科研等各个方面，体现为多种措施。而所有的措施都是紧紧围绕创新主题，围绕研究生创新思维、创新实践能力的形成而展开的。按照"模糊教育"的本质和要求，研究生教育应实现以下变革：一是打破学科边界，扩大选课空间；二是培养个性为重，鼓励逆向思维；三是建立研究生讲学制度，推广学术沙龙和讨论课；四是评价考核打破标准化模式，采用动态系统法；五是激发导师创新意识，启发研究生创造性思维；六是推动产学研结合，实现研究生教育、科研社会化。②

---

① 参见钟海荣等：《构建研究生创新实践能力的全程渐进式培养模式探析》，《高等教育研究学报》2012年第1期。

② 参见曲永岗：《研究生创新能力培养浅谈》，《江苏高教》2001年第6期。

吕孝敏则把提高研究生创新实践能力的措施概括为 12 个方面：即建设研究生实践基地及联合培养；交流培养；引入职业培训；开展"服务研习"；实验室项目拓展；规范研究生助教、助管、助研岗；校工程训练中心系统化平台开发；导师项目案例再创新；研究所等校内项目资源公开；探索师兄带师弟式实践；自己寻找或导师推荐；研究生社会实践活动等。[①]

对于如何构建培养研究生创新实践能力的培养模式，仁者见仁，智者见智。一般说来，应从以下几个方面着手。

第一，改革导师选配制度，加强导师队伍建设。要提高研究生的创新实践能力，首先要有能够培养研究生创新思维和创新实践能力的导师。所以，导师的选拔和配备是直接关系到能够培养什么样的研究生的问题。首先，要完善导师的遴选，选拔业务强、专业精、创新能力强、能够承担实践教学的老师做导师。鼓励导师向"双师型"发展，通过各种途径培训、培养导师，使他们既具备扎实的理论知识、较高的学术水平，又具有很强的专业实践能力。其次，通过多种途径引进和交流导师，多渠道加强导师培训和锻炼。尝试不同研究生培养单位的导师共享，专业互补。尽量为导师赴国内或国外研修学习创造条件，要求导师深入科研院所或社会有关部门进行挂职锻炼，提升导师的实践能力。再次，实行理论、实践双导师制，推行正副导师制。培养单位可以为研究生配备理论导师或正导师，同时适当聘请校外知名学者、企业高管、政府部门有一定理论和实践水平的专业人员担任实践导师或副导师。最后，加强对导师的考核和监督，打破导师终生制。校学位评定委员会要定期对导师的业务水平、学术道德、指导研究生情况进行评估、考核和综合评价，对不再适合做研究生指导老师的，应令其退出导师队伍。打破导师终生制，实现导师队伍能进能出。

第二，推进教学内容改革，实现教学方式多样化。首先，教学内容要新、综、实。研究生的教学内容应紧跟时代发展，涵盖学科最前沿的研究信息和理论成果，实现教学内容的宽、精、深、新，以激发研究生的开拓意识和创新精神。同时，教学内容还应当与社会实践、重大现实社会问题相联系，以培养研究生的实践能力和创新能力。此外，还应当把社会调研、社会

---

① 参见吕孝敏：《拓宽实践途径全面提升研究生创新实践能力》，《才智》2013 年第 12 期。

实践作为研究生的必修课程，在社会实践中培养研究生的创新实践能力。其次，教学方法多样化。灵活运用讨论教学法、案例教学法、实践教学法等，在潜移默化中增强学生的创新实践能力。"案例教学法"是 19 世纪 20 年代由美国哈佛大学商学院首倡，以教学案例为基础，以学生对真实事件和情境的分析、思辨为重点，以提升学生运用理论创新性解决实际问题的能力为培养目标的教学方法。"任务驱动式教学方法"是指以完成一系列具体任务为主线，把教学内容隐含在每项任务中，让学生自己提出问题、自己思考问题、自己解决问题的教学方法。[①] 最后，把研究生的创新实践能力纳入教学评价。课程评价应进行变革，从单纯注重科研能力的训练转变为科研能力和实践能力并重。此外，从宏观角度上，构建"一体化教学—实践体系"。"一体化教学—实践体系"的目标是培养研究生的专业实践能力，运用系统科学的方法构建整个教学—实践体系，注重实践教学与理论教学相互渗透，实现教学、实践各环节相互衔接、协调统一和连续性、整体性、层次性、规范性、实践性，协同实现研究生创新实践能力的培养。"一体化教学—实践体系"的基本架构，可以区分为实验实训子系统、实习子系统、综合设计子系统、社会实践子系统、创新创业子系统等。与此相适应，必须实现教学管理改革，变目前同一培养方案、同样教学内容、同等学分等为"弹性学习制"和多样化的考评制度，减少研究生培养中的共性和刚性要求，充分发展个性，促进创新精神和实践能力的最大限度发挥。更重要的是加强实践教学基地和创新实践基地建设。实践教学基地建设是推进研究生培养单位实践教学改革的基础工程和基本保障，应将实践基地、校外实习基地、创新实践基地建设作为重要的基础设施建设来抓，使实践基地在创新人才培养中发挥重要的作用。

第三，推动课题探究式培养，构建学习团队和科研团队。首先，运用课题探究式培养研究生。所谓"课题探究式"，是指以学科、专业知识背景为依托，通过研究课题的方式培养研究生创新实践能力的模式。按照课题成员的构成形态的不同，又可分为"独立式"和"合作式"。所谓"独立式"，是

---

① 参见高学金等：《基于课程教学的专业学位研究生创新实践能力的培养》，《北京教育》（高教版）2014 年第 2 期。

研究生通过独自完成课题培养创新实践能力的方式。它符合研究生教育的基本理念，有利于研究生养成独立思考、独立动手的能力，从而形成自身独特的学术观点、学术视野。所谓"合作式"，是研究生通过参与导师课题或与其他研究生共同完成课题培养实践能力的方式。不同学科背景的研究生组成课题小组，有利于形成研究生团结协作的精神，开阔学术视野。[①] 其次，通过团队学习完成实践任务。在课程教学过程中，教师应引导学生深入实际，组建团队，发挥团队成员的各自优势，进行团队学习，取长补短，解决问题，完成研究目标。因此，团队学习是一种合作性的集体攻关过程，它通过成员之间进行的知识经验的交融和共享，实现知识的群化与融合，培育合作、团队精神，发展团队成员整体实现共同目标的能力，培养实践能力。[②]最后，构建研究团队进行实践研究。不同年级、不同专业的研究生可以组成研究团队，共同申请"研究生科研团队创新项目"，共同研究课题，共同提高创新实践能力。科研团队是一种高效的组织形式，既能形成新兴交叉学科并发现新的创新点，又能博采众长，形成合力，提高解决实际问题的能力，提升科研团队成员的实力。[③]

第四，拓展各种社会实践形式，开展自主创新实践活动。首先，构建研究生综合实验中心，适当进行社会实验。理工科研究生的培养离不开实验室，文科研究生也可以构建类似性质的综合实验中心，尤其是计算机技术、信息科学和网络技术的发展，为文科研究生综合实验中心的建立，提供科学和技术条件。综合中心即可以以某一学科内容为主，也可以为交叉学科的问题研究提供支撑；即可以为研究生个体从事社会模拟实验创造条件，也可以为多人共同完成研究课题提供方便。因此，研究生学科综合实验中心可以营造多学科交叉环境和学术交流氛围，培养研究生应用多学科知识解决综合性应用问题的能力。中心既是支撑实验课程教学的技术平台，又是支撑研究生

① 参见万卫等：《研究生创新实践能力培养的主要模式探析》，《中国高校科技与产业化》2009 年第 9 期。

② 参见高学金等：《基于课程教学的专业学位研究生创新实践能力的培养》，《北京教育》（高教版）2014 年第 2 期。

③ 参见邹铁方：《教学研究型大学初期研究生创新实践能力培养模式研究》，《中国电力教育》2013 年第 22 期。

自主创新活动的实践载体，可以发挥实践能力和创新能力培养的双重作用。同时，研究生还应该走出实验室、实验中心，到社会现实中进行社会实验，真正在社会实践中锻炼实践创新能力。其次，构建研究生教育创新基地，实行研究生培养实习制度。研究生教育创新基地是由研究生培养单位与政府组织、企事业单位合作建立的科研与实践平台，是研究生创新培养体系的一个重要渠道。它可以拓宽培养单位的办学空间，拓宽研究生创新意识和创新能力培养的途径，促进研究生学习过程与生产社会实践的结合，既可以促进研究创新思维和创新能力的形成，培养高素质复合型人才，又可以为经济社会发展提供智力和人才支持。有计划地派研究生到企事业单位实习，既可为发现科学问题提供丰富土壤，又可有效提升研究生自身理论、实践水平，对于训练研究生了解经济社会现状，发现别人没有发现的理论和现实问题，提升创造思维和实践能力，都起着不可替代的作用。最后，采用下乡、挂职等社会实践形式，推进产学研合作。硕士、博士下乡服务，考察团、基层挂职等，都是很好的社会实践形式，它可以使研究生开阔视野，了解基层情况，提高运用专业知识的能力和社会实践能力，还可以促使其关注社会热点，开阔学术视野，提升学术思维和创新实践能力。产学研合作就是研究生培养单位与研究单位、企事业单位合作，瞄准前沿问题，实现重大攻关，实现现实性与前瞻性有机结合，可以使研究成果尽快转化为经济、社会效益，又可以培养研究生的全面素质、综合能力，为高层次创新人才培养创造更广阔的空间，因而是培养有实践能力和创新精神的应用型人才的研究生培养理想模式。

第五，建立能够识别创新实践能力的研究生招录制度，实行以研究生创新实践能力为核心的综合评估体系。首先，改革研究生入学考试形式，着重考查考生的基础理论掌握程度、思维能力、创新潜质和综合素质。要变革初试考试形式，调整考试内容，提高试卷的科学性和鉴别力；复试阶段重点考察研究生的理论水平、学术素养、创新思维和综合培养潜质。要对研究生入学前的大学成绩、社会实践、综合表现和学术论文、专利、各类科技竞赛获奖作品等，都作为考核录取的依据。另外，还要完善免试推荐选拔方式，注重专家推荐以及专家对其创新能力、实践能力及特长的评定，避免一卷定终生。其次，建立健全研究生创新与实践能力综合评估指标体系。主要包括：

学习能力、研究能力和成果水平；知识运用能力、信息收集加工能力、动手实践能力；高质量研究技能、集成专家知识能力、表达与沟通技能、问题解决能力、管理能力、专业经验、理解与应用能力、社会环境适应能力；入学前的预备值、研究生培养期间的增加值、毕业时的储备值和毕业后的应用值等。概括起来讲，主要有创新性学习能力、创新性实践能力、创新性研究能力等。① 这就要求建立科学、明细、有区分度、有鉴别力的评价指标体系。最后，改革学位论文评价体系，突出研究生创新实践能力和创新研发能力。在评价研究生学位论文质量时，要摒弃唯学理需求为导向的传统思维。要在考察学科理论掌握情况的同时，重点考察学位论文所反映出的实践探索创新能力、解决实际问题的能力以及独立承担相关领域实际研究工作和管理工作的能力。

总之，科研能力是科学事业的根，是学术活动的生命。没有严格的科研能力的训练，没有高强的科研能力，研究生就不可能有过人的学术成就，更不可能成长为理论大家、学术大师。

---

① 参见陶飞等：《交叉学科研究生创新与实践能力综合评估方法研究》，《计算机教育》2013年第 6 期。

第八章　科学精神训练

　　研究生教育不仅仅是向研究生传授知识，甚至也不仅仅是培养研究生的科研能力和思维能力。作为为社会发展与人类文明进步培养最高层次人才的最高教育层次，研究生教育还承担着更为重要的任务，即培养研究生的科学精神和人文精神。

　　研究生是以科学研究或以科学研究成果的应用为未来发展方向的人才。这里的"科学研究"既包括自然科学研究，也包括人文社会科学研究。学术型研究生一般以科学研究为即将从事的事业；即使是专业学位研究生，作为社会的专业技术人才，也是以科学技术、科学理论的应用为特征的。因此，对所有的研究生来说，科学意识和科学精神，都是研究生培养和学术训练的题中应有之义。

　　这里所说的"科学意识"，不仅是对科学的认识和重视，而且更重要的是对科学（包括自然科学和人文社会科学）的敬重、对科学理论的敬畏、对科学规律的遵守和对科学方法的遵循。科学意识的核心是展示科学本身内在的固有精神，即按世界的本来面目认识世界的唯物主义精神。科学意识的第一个原则是理性原则，即张扬理性，反对迷信，反对蒙昧主义；第二个原则是实验原则，即坚持通过实验（而不是通过思辨）发现事物的本质，凭借实验(而不是凭借权威或教条）检验理论。[①] 从内容上，有的学者把"科学意识"区分为"原本意识"和"物化意识"。所谓"原本意识"，是指基础科学所揭示的真理化知识，是认识主体对客体原本理解了的意识。在自然科学中，它是关于自然界对象的质、量、结构、功能及其规律等方面"是什么"的如实反映；在社会科学中，它是对社会的本质、结构及其规律的正确反映，是以

---

① 　参见孙慕天：《论科学意识》，《自然辩证法研究》1991 年第 10 期。

理论形态表现出的社会的"是"。所谓"物化意识",是由原本意识派生的、以物化人造物为直接目的的真理性知识。原本意识和物化意识尽管有所区别,但二者却有着共同的本质内容,即都是真理性知识,其核心和实质都是以概念、规律、原理、理论正确反映事物的逻辑形态的理性知识。因此,由原本意识和物化意识构成的"科学意识",其本质内容,就是对以逻辑形态反映事物(过去、现在和未来的事物)的、以物化人造物为归宿的真理性知识和科学方法的遵循意识。①

如果说"科学意识"是对科学及其方法的能动认识和遵循,那么"科学精神"则是对科学的自觉探索和坚守,是科学意识的秉持和升华。古今中外,不少科学家、哲学家、思想家都对"科学精神"作过概括和阐述。如1892年,英国科学家卡尔·皮尔逊(Karl Pearson)在《科学的规范》中概括了科学的特质和精神要素,即"普遍性""客观性""实证性""合理性""怀疑性""简单性""审美性""一致性""进步性""公有性""公正性""为善性"等,并将其提升为"科学精神"。② 波普尔认为"疑"是科学精神的内核,库恩则把"求"作为科学精神的核心。美国科学社会学家罗伯特·默顿(Robert King Merton)把"科学的精神气质"概括为"普遍性"(Universalism)、"公有性"(Communism)、"无偏见性"(Disinterestedness)和"有条理的怀疑性"(Organized Skepticism)。梁启超把"科学精神"解释为"可以教人求得有系统之真知识的方法"。竺可桢则把"科学精神"归结为"求是"二字,即追求真理、忠于真理;"只问是非,不计利害"。具体说来,就是"依理智为归""虚怀若谷""专心致志,实事求是"等。③

综上所述,所谓"科学精神",是科学的本质所必然要求或科学研究主体所应当具有的思维方式、价值理念和精神品质,是对客观事实进行研究的实证精神,对科学命题进行探究的求索精神,对科学研究方法遵循的理性精神,和对科学真理坚守的求真精神。也就是说,科学精神是形成于科学活动之中、反映科学发展内在要求、体现在人身上的一种求索、求实、求真、求新的精

---

① 参见刘锋:《对科学意识的哲学思考》,《探索与争鸣》1986年第6期。

② 参见[英]卡尔·皮尔逊:《科学的规范》,李醒民译,华夏出版社1999年版,第9—11页。

③ 参见竺可桢:《科学之方法与精神》,《思想与时代》1941年第1期。

神状态。由此可见，一方面，科学精神是主观和客观的辩证统一，是客观规律所要求的秉承意志状态，又是作用于客观规律的主观意志的体现；另一方面，科学精神是理性和感性的交融，坚持真理需要有克服自然困难和超越社会利益的毅力，追求真理的品质则需要理性思考的科学与正确。科学精神是在人类社会长期的科学实践中逐渐形成的，反映科学本质和科学发展一般规律的科学研究的根本要求，是具有科学精神的科学研究者对科学本质的理解和追求，并呈现出来的情操、品格、精神状态、行为特征和科学良知。当然，追求"科学精神"与主张科学万能论，把自然科学作为唯一真理、唯一方法，要求其他精神成果都以自然科学为标准的"科学主义"，是完全不同的。

第一节　对待客观规律的精神

"科学精神"既包括科学对待客观规律的精神品格，也包括正确对待前人科学理论的精神品格，是对真理的服从和追求精神，也是正确对待真理的科学品质和科学良知。这种科学品质与科学良知具体包括怀疑和批判精神、实证和理性精神、探究和创新精神、求是和求真精神等。

一、实证精神

"实证精神"和"理性精神"是科学精神的两个基本支柱。因为，科学是基于事实的研究活动或成果，科学在结果和起源上都是实证的，科学方法也基于客观事实，凡不能用实证的方法证明的都不能算是科学。这就是科学的实证精神。科学实证精神的本质要求是，把实践作为检验真理的唯一标准。同时，科学又是思维和理性指导下的活动，因此，理性精神是科学精神的另一支柱。因为，科学所研究和揭示的自然界与人类社会的特征、运动、本质、规律等是需要透过现象才能把握的，这就需要分析综合、归纳演绎、推理抽象，也就是说需要理性和理性精神。实证精神和理性精神是科学研究车之两轮、鸟之两翼，二者既相互区别又相互补充，既一分为二又辩证统一。[1]

---

① 参见李醒民：《实证精神和理性精神是科学精神的两大支柱》，《人民日报》2010 年 5 月 4 日。

所谓"实证",即肯定、明确、确实。"实证"作为一种研究方法,指的是通过对研究对象的大量实验、观察、调查和考证,取得客观真实的材料,从个别研究中归纳出一般事物的本质属性与发展规律。[①] 所以,实证研究的特点是,分析问题强调实事求是,强调结论的客观性,得出的结论可以通过实验、事实、经验来验证。以此为基础,"实证主义"主张科学研究不能仅靠演绎推理,科学假说必须由确凿的事实来检验。孔德把"实证主义"的特点概括为:现实的、有用的、确实的、精确的、积极的、相对的。实证主义的 3 个基本假设是:客观的科学有效性、价值中立性和意义的可证实性。实证主义把"经验"作为一切知识的源泉,把"经验"作为判断一切的唯一标准,当然有其历史局限性。但是,实证主义的特点是审慎务实。它不是不探求真知,而是要求以实证手段求得真知;它不是不承认主观经验,而是主张只有得到实证完全支持经验才能接受。因此,实证主义的局限性是应当克服的,但实证主义所显示的科学研究的实证精神是应该坚持的。所谓"实证精神",就是科学研究中所秉持的以事实为依据,以客观为准绳,坚持实事求是,坚持实践是检验真理的唯一标准,敢于直面事实,敢于坚持真理的科学精神。按孔德的界定,实证精神"不进行抽象推理,也不以感性经验作为判断事物的依据,它以真实事实为依据,既肯定过去,更重视现在,既承认精神,也承认物质,因而它能对过去和现在、精神和物质作出公平的评价,并能使观念与运动、进步与秩序得到基本的协调。"[②] 实证主义的精神实质就是"科学严谨,尊崇事实""拿出证据,追求真实""言之成理,持之有据"。实证精神的科学价值在于:第一,实证精神强调真理必须依赖经验的证实,因而揭示了真理的相对性和适用的条件性,表明人们不可能一次获得终极的真理,真理必然是在一定条件下的相对真理,在一定程度上揭示了真理的本质。第二,实证精神承认研究方法及其逻辑的合理性和理性的必要性,并揭示出真理产生于理论和经验之间不断验证过程的事实,和真理在一定范围内被发现的可能性,在一定程度上说明了科学研究和探索真理的方法论。第三,实证

---

① 参见钟其鹏:《试论鲁迅研究中国小说史的实证精神——以〈中国小说史略〉为例》,《宝鸡文理学院学报》(社会科学版)2009 年第 4 期。

② [法] 孔德:《论实证精神》,黄建华译,商务印书馆 1996 年版,第 63 页。

精神使科学研究走出了从古希腊以来理性至上、崇尚逻辑论证的偏颇，使自然科学更加注重现实的应用，社会科学更加注重社会现实关怀和现实应用，因此使科学研究更加符合科学的本质和人类的需求。

实证方法起源于英国哲学家罗杰·培根（Roger Bacon）所提出的实验科学方法。西方中世纪的学术和科学研究基本上都是以亚里士多德式的经验主义为程式。13 世纪，罗杰·培根在肯定亚里士多德科学研究"归纳—演绎"模式的同时，建议把"实验"这一"检验程序"加在这一程序上，通过"分解"归纳出的原理要接受经验检验。因为他认为，科学的事实知识可以通过主动的实验来增加，并把它列为"实验科学三个特性"之一；而检验程序是实验科学的"第一特性"。这就体现了理性精神与实验精神的相结合。罗杰·培根因此成为实验科学的先驱，他认为实验科学是最有用、最重要的科学。罗杰·培根的实验科学方法对近代经验科学的创始人、英国哲学家弗兰西斯·培根（Francis Bacon）产生了深刻影响。培根从理论上系统归纳概括了社会科学方法，成为实验科学的创始人，他的《新工具》是近代实验科学的宣言。他说："作为一个合格的自然解释者，是从活动和实验中抽引出原因和原理，然后再从这些原因和原理中引申出新的活动和实验。"[①] 培根的实验方法和经验科学成为近代科学的基础与标志。所以马克思把现代科学称为"现代实验科学"。如果说培根是实验科学方法的科学总结者、主张推动者，伽利略则是直接实践者。所谓"培根宣道，而伽利略行动"[②]。近代实验科学的另一位奠基人是意大利数学家、物理学家、天文学家伽利略·伽利雷（Galileo Galilei）。他首先在科学实验的基础上融会贯通了数学、物理学和天文学三门知识，从实验中总结出自由落体定律、惯性定律和伽利略相对性原理，从而推翻了亚里士多德物理学的许多臆断。18 世纪，英国哲学家大卫·休谟（David Hume）在《人性论》中提出"一个人不能从'是'中推论出'应该是'"命题，确定了区分"是"（事实领域的实证）和"应该是"（价值领域的规范）的必要性，被称为"休谟的铡刀"。19 世纪以法国哲学家孔德（Auguste Comte）为代表的实证主义哲学家，倡导将自然科学实证精神

---

① Bacon, F. *Novum organum*, London, George Routledge & Sons，1993，p.135.

② ［美］G. 萨顿：《科学的历史研究》，刘兵等译，科学出版社 1990 年版，第 52 页。

贯彻于社会现象研究中，主张从经验入手，采用程序化的操作和定量分析方法，实现社会现象研究的精细化和准确化，由此确立了实证主义研究方法。孔德所提倡的实证主义精神始终不脱离"实证"、"有用"和"肯定"等理念，是要求用发展的眼光看待世界、积极地解决问题，而不是陷入一种苦思冥想而又毫无实际行动的抽象思辨。20世纪英国哲学家伯特兰·罗素（Bertrand Russell）认为，认识世界应从"感官材料"出发，采用渐进的科学方法。因此反对建立在传统逻辑基础上的形而上学，认为哲学研究与科学研究一样，不应依据某种先入为主的观念建构某种理论，而是基于实在的认识。而从柏拉图到黑格尔的"神秘主义哲学家"不关心科学及日常生活，根据某种信念推出某种其实事先就认定的超现实的理念，是一种故意的行为、有目的行为，完全不同于科学精神。科学精神应该事先对结论抱着一无所知的态度，假设必须与考察结果一致才能说是正确的认识。科学研究方法是，每一个新发现都是以事实、实验的证实为确切根据，一小步一小步地使认识更真实更精致，离真理越来越近。尽管这些思想家的表述不太相同，但其精神实质都是坚持科学研究的实证精神。

　　实证精神在中国学术研究中真正生根，还是从近代以来才有的事。尽管《大学》中提到了"格物致知"的学术方法，但胡适认为，"格物致知"说缘起于《礼记》，后被"思孟学派"①当成"反身内求"的修养方法。虽然荀子对其进行了改造，使其进一步具有客观倾向，但秦汉的阴阳五行学说以及后来的佛学思想又把"格物致知"这一学术思想淹没。到明代，更是发展为"束书不观，游谈无垠"的荒谬学风。所以，尽管传统文化中的"格物致知"字面上很像实验科学，其实不然。因为，"格"不是"验""做"，而是"想""参"，是观察外物反思内省而修圣贤之德。因此，胡适曾认为，"中国的士大夫从

---

① "思孟学派"是子思学派和孟子学派的通称，因二者思想上具有某种一致性，所以人们往往将其联系在一起，称为"思孟学派"。但在历史上，二者则可能是分别独立存在的。孔子死后，儒家分裂为8派。据韩非说，他们是子张、子思、颜氏、孟氏、漆雕氏、仲良氏、孙氏、乐正氏为首的8派。其中孟氏即孟子，他是子思的私淑弟子。而乐正氏即孟子的弟子乐正子。因此，子思、孟氏与乐正氏3派儒者当是一派，即思孟学派。《荀子·非十二子》把子思与孟子合在一起作为一个学派来对待。当然，在历史上，孟子的影响，远远超过了子思。——作者注

来没有研究自然的风气，从来没有实验科学的方法，所以虽然有'格物致知'的理想，终不能建立科学"。① 也就是说，在儒学占统治地位的中国传统学术中缺乏实证精神，缺乏向外在世界探求客观真理的精神。只是在鸦片战争后，由于"中学"在以科学技术为内核的西方"实学"面前不堪一击，中国传统学术的缺陷才暴露无遗。人们才开始认识到"实学"的价值，思想观念才开始发生变化。康有为以中国学术传统为根本，吸收西方现代社会科学观念，在对中国社会问题的观察与思考中，明确坚持理性精神和实证精神，开展了兼具价值理想或人文主义精神的实证研究。他的《实理公法全书》和《大同书》就是通过大量经验事实的考察与分析，阐述具有建构论特点的制度社会学理论，是具有实证精神的科学研究杰作。②20 世纪 20 年代，中国学术界掀起了一场科学与传统玄学交锋的"科玄论战"。③1920 年，梁启超从欧洲考察归来发表的《欧游心影录》以第一次世界大战造成的恶果为例指出，"一百年物质的进步，比从前三千年所得还加几倍。我们人类不唯没有得着幸福，倒反带来许多灾难！"④ 因此，宣称科学万能的梦想破产了。1923 年，张君劢发表了题为《人生观》的演讲，系统地发挥了梁启超的思想，认为，"人生为活的，不如死物质之易以一例相绳"；"科学为客观的，人生为主观

---

① 林初学：《管理决策呼唤科学实证精神》，《学习时报》2006 年 10 月 2 日。

② 参见刘少杰：《康有为的实证精神及其制度社会学——依据康有为〈实理公法全书〉和〈大同书〉的讨论》，《社会科学研究》2010 年第 5 期。

③ 20 世纪 20 年代，中国思想文化领域发生了一场影响深远的"科学与玄学的论战"，又称"人生观论战"。论战从 1923 年 2 月开始到 1924 年年底基本结束，大致可以分为 3 个阶段。（1）论战的缘起与爆发：从 1923 年 2 月张君劢发表"人生观"讲演，到同年张发表长文反击丁文江的驳斥。（2）论战的展开与深入：从 1923 年 5 月梁启超作《关于玄学科学论战之"战时国际公法"》，到同年吴稚晖发表《一个新信仰的宇宙观及人生观》。（3）论战的转折与结局：从 1923 年 11 月陈独秀为论战文集《科学与人生观》作序、邓中夏发表《中国现在的思想界》，直到 1924 年岁末。其间，"科—玄"论战发展为科学派、玄学派和唯物史观派 3 大派的思想论争。在"科玄论战"中，唯物史观派对形形色色的唯心论、二元论和不可知论的批判，宣传了唯物史观，扩大了马克思主义的影响，为科学地解决人生问题提供了正确的思想武器。陈独秀、瞿秋白等人在论战中对科学与玄学关系问题的解答，也明显地表现出科学主义倾向。他们对科学主义思潮的支持、对唯物史观的科学化的理解、对形而上学的拒斥，构成了中国人接受马克思主义哲学的一种无法剔除的解释学背景。——作者注

④ 陈崧：《五四前后东西文化问题论战文选》，中国社会科学出版社 1989 年版，第 362 页。

的";"科学为论理的方法所支配，而人生观则起于直觉";"科学为因果律所支配，而人生观则为自由意志的"。① 这实际上宣布科学仅仅适应于人类对自然现象的认识和研究，人生观等社会文化领域不是科学的疆界。随后，丁文江发表《玄学与科学——评张君劢的〈人生观〉》一文，批驳张君劢的观点。之后，大批学术名流投入讨论，即所谓"科玄论战"。唐钺指出，"我们所晓得的物质，本不过是心理上的觉官的感触，由知觉而成概念，由概念而生推论。科学所研究的不外这种概念同推论，有什么精神科学、物质科学的分别？又如何可以说纯粹心理上的现象不受科学方法的支配？"② 科学派在批驳了玄学派关于人生观等精神现象的神秘主观性说法中，将科学扩展到社会文化领域，对社会文化等精神活动给予了实证精神的观照，并最终取得了论战的胜利。③ 胡适师从杜威，接受了实用主义思想。实用主义继承了实证哲学拒斥形而上学思维方式，主张在现象领域内思考哲学问题，标榜实验方法和科学方法。在《实验主义》一文中，胡适用"拿证据来"的口号概括实证精神，把实用主义的方法归结为"大胆的假设，小心的求证"的实证方法公式，并把杜威的"五步法"简化为"三步思想法"，即"疑难—假设—证实"。④真正使科学精神和实证精神成为中国学者普遍的自觉思维方法和科学研究的自觉遵循的，还是毛泽东。他不仅撰写了《矛盾论》，从世界观上揭示了客观世界和人类社会的一般规律，论证了坚持实证方法和树立实证精神的必然性；而且撰写了《实践论》，从认识论、方法论上科学揭示了马克思主义认识论的显著特征——实践性，阐释了理论对实践的依赖关系，从而论证了坚持实证方法和树立实证精神的必要性。同时，毛泽东还大力提倡并身体力行社会调查研究，使调查研究成为中国共产党的基本工作方法，成为理论研究的基本方法论原则；强调"实事求是"，使实证方法、实证精神真正成为日常工作和科学研究的基本原则与普遍遵循。

　　一方面，中国传统文化实证精神不足。另一方面，实证精神又与理性精

① 张君劢：《人生观》，《清华周刊》1923 年第 272 期。

② 张君劢、丁文江：《科学与人生观》，山东人民出版社 1997 年版，第 274 页。

③ 参见李志英：《"科玄论战"与科学实证精神》，《科学与无神论》2006 年第 6 期。

④ 参见任丽丽：《论胡适实用主义的实证精神》，硕士学位论文，郑州大学，2010 年，第
　　13 页。

神一样，是科学研究不可或缺的基本要求。以上两个方面，都要求研究生要把实证方法的训练和实证精神的树立作为学术训练的基本内容。这不仅要靠研究生自己在学习、研究中有意识地进行培养，也要求导师在指导中更加重视，还需要学校开设实证研究和实证方法论方面的课程，并提供各种培养研究生实证精神的平台，真正使实证精神和理性精神"两条腿"都丰满、健壮起来，才能使研究生的科学研究之路走得更稳，走得更远。

二、理性精神

科学研究离不开实证精神，更离不开理性精神。没有实证提供材料，科学研究就成了无源之水，只能流于抽象的思辨；没有理性，科学研究就成了无章之法，只能成为材料的堆砌。"理性"是人区别于其他动物的根本标志，是人所特有的一种本性。"理性"的含义可以从意识论、认识论和人性论三个层面来理解。从意识论上，"理性"是指人的目的和意识所支配的一切主观的和心理的活动，它不仅包括人的理性认识活动，而且也包括人的有意识、有目的的感觉、知觉和表象等感性认识活动；从认识论上，"理性"是指人的概念、判断、推理等抽象思维形式和逻辑思维活动能力；从人性论上，"理性"是指人的思维能力所支配的人的理智的、克制的、自觉的能力和存在属性。[①] 本处所讲的"理性"是从狭义上来理解的，即特指在科学研究中人类借助概念、判断、推理等逻辑手段进行分析、综合、归纳、演绎等思维方式，对客观事实进行把握，对思维材料进行加工，并在此基础上进行抽象、概括，获得对事物存在、运动变化、彼此联系、本质规定、内部规律等的真知，构建理论体系的思维活动或思维能力。简单来说，"理性"作为哲学思维方式，表现为概念和逻辑形式，体现出思维逻辑的严谨和概念的清晰，它是与"感性"和"知性"相对立并超越二者的一种抽象思维能力。所谓"理性精神"，是指在科学研究和社会生活中，能够遵循理性思维模式、理性思维方法、理性思维规律，尊重客观事实、客观规律、客观真理，坚持求实精神、求索精神、求真精神等的精神状态和精神追求。它包括实事求是、一切从实际出发的现实主义精神，理智冷静、严谨缜密的理论批判精

---

① 参见闫红茹：《论古希腊哲学中的理性精神》，《榆林学院学报》2011 年第 1 期。

神，崇尚科学、追求真理的科学探索精神等。理性精神是理论工作者应该具备的基本精神，也是研究生必须具备的基本素质。

"理性"和"理性精神"发端于古希腊，它构成了古希腊文化价值的核心。公元前 6 世纪，古希腊从早期英雄神话时代进入哲学、科学启蒙阶段。米利都学派[①]的出现标志着神话时代的结束和理性精神的开始，人和自然从原始统一走向分离，确立了人在自然界中至上的地位。如"智者派"代表人物普罗泰戈拉的著名格言"人是万物的尺度"就是很好的说明。[②] 柏拉图开创了西方理性主义传统；亚里士多德认为理性思维的规则是人类获得对客观世界的真知的一个必不可少的工具。理性主义经过柏拉图与亚里士多德等大思想家的发展，获得了崇高地位。古希腊理性精神的内容包括以下几个方面：第一，从客观世界寻找万物的本原。如米利都学派的创始人泰勒斯（Thales）把万物的本原归于"水"、阿那克西米尼（Anaximenes）认为万物的本原是"气"、赫拉克利特（Heraclitus）认为万物本原就是"火"等，这就体现了理性精神中的实践和求实精神。第二，张扬理性。苏格拉底明确提出"人的理性是万物的尺度"的思想，开启了寻求普遍"逻各斯"的逻辑进程；柏拉图进一步达到一个由纯粹思维、概念和精神所构成的理念王国；亚里士多德提出了"人是理性的动物"的著名命题，从而将古希腊哲学中的理性主义推向极致，奠定了 2000 多年西方理性主义主流文化的基础。第三，重视知识。苏格拉底认为，知识是至善的，"美德即知识"；德谟克利特宣称，"我宁愿找到一个因果的说明，而不愿获得波斯的王位"；亚里士多德强调，"求知是人类的天性"。这些都充分体现出他们对知识的推崇。这是古希腊理性精神的重要体现，也是古希腊理性精神发展的重要原因。第四，理性精神与人文精神融合。在古希腊，理性精神与人文精

---

① 米利都学派是被称为"希腊七贤"之一的泰勒斯（约公元前 624 年—前 547 年）创立的。泰勒斯第一个提出了"世界的本原是什么"这一哲学命题，并提出"水是万物的本原"。米利都学派试图用观测到的事实而不是用古代的希腊神话来解释世界，开创了理性思维。学派的观点是朴素的唯物主义。泰勒斯是公认的西方哲学史上第一位哲学家，米利都学派也标志着西方哲学的产生。——作者注

② 参见高红：《弘扬理性精神：中国社会现代化的必由之路》，《南京师大学报》（社会科学版）2001 年第 1 期。

神是统一的，这表现在：对人的认识和对世界的认识都是一体的；美德是知识的同义语；哲学家几乎都是科学家等。① 理性精神在经历了中世纪的沉寂后，又被近代进步的资产阶级思想家重新拾起。文艺复兴时期的人文主义者肯定理性；17 世纪，被称为"近代科学之祖"的哲学家、科学家笛卡尔倡导"唯理论"，系统阐述了理性认知方法；18 世纪启蒙思想家更是高举理性大旗，用理性精神去启迪人们消除蒙昧无知；康德提出"历史理性"、黑格尔提出"绝对理性"等概念，使理性的哲学色彩日趋浓厚。德裔美籍哲学家、法兰克福学派的赫伯特·马尔库塞（Herbert Marcuse）概括了在哲学史上出现的"理性概念"的 5 种含义：其一，理性是主体、客体相联系的中介；其二，理性是人们借以控制自然和社会从而获得满足的多样性的能力；其三，理性是一种通过抽象而得到普遍规律的能力；其四，理性是自由的思维主体借以超越现实的能力；其五，理性是人们依照自然科学模式形成个人和社会生活的倾向。② 尽管"理性""理性精神"在不同的哲学家、思想家那里有不同的阐释，但其核心理念是一致的，即"理性"是一种逻辑地认知世界、把握事物和深入进行独立探究，并进行设疑、判断和选择的辩证思维能力。"理性主义"核心就是崇尚理性思维，运用理性思维经严密逻辑推理得到真知识。③

中国古代社会缺乏理性和理性精神，这也是造成中国科学技术落后的原因之一。英国科学家李约瑟（Joseph Terence Montgomery Needham）在通过巨著《中国科学技术史》向世人展现中国古代科学技术辉煌成就的同时，也提出了困扰人心的"李约瑟难题"，即为什么近代科学革命没有发生在中国？目前，国内学术界普遍认同从文化传统的角度来求解"李约瑟问题"，认为近代科学革命没有发端在中国的原因，主要在于中国传统文化中科学理性精神的匮乏。中国学术的起源可以追溯到殷商、东周的巫史文化。在春秋战国时期经历着从原始宗教向理性觉醒的过渡，出现了百家争鸣的局面，但宗教与哲学始终没有发生彻底的分离。先秦哲学多具有神秘主义的色彩，即司马

---

① 参见闫红茹：《论古希腊哲学中的理性精神》，《榆林学院学报》2011 年第 1 期。

② 参见［美］马尔库塞：《现代文明与人类的困境》，李小兵译，三联书店 1989 年版，第175 页。

③ 参见杨建华：《理性的困境与理性精神的重塑》，《浙江社会科学》2014 年第 1 期。

迁所说的"不遂大道而营于巫祝、信礼拜"。尽管先秦诸子中也有许多人对论证的逻辑问题产生了兴趣，但一般都忽视形式逻辑，而主张通过神秘的"玄览""内省"的方法去接近真理，因而一直没有建立亚里士多德或欧几里得式的演绎公理逻辑系统。而且也与古希腊学术"起于对自然万物的惊异"（亚里士多德《形而上学》）且以"求知"为纯粹目的不同，先秦诸子从事学术研究主要是为了治理天下。在此基础上形成了历经两千多年的封建时代的儒教经学的学术范式，进一步影响了理性精神的发育，禁锢了自然科学的研究和发展。科举制度把无数最优秀的学者吸附到研究"经世致用"的儒学中，钻研自然、发明创造被贬为雕虫小技，为官僚知识分子"士大夫"所不齿。①另外，与西方哲人推崇"主客二分"不同，中国哲人信奉"天人合一"的哲学理念，认为宇宙自然及其规律与人类行为和社会准则是同一的，从根源上导致了主体与客体两分意识的缺乏。因此学术研究始终停留在"直观""内省"上，没有对人身外的自然界、人类社会作精细、深入研究的习惯，由此造成了探究精神和理性精神的缺乏。而"修身、齐家、治国、平天下"的价值追求，也使中国的学术理性走出了与西方"科学理性"不同的"道德理性"之路。黑格尔认为，"中国人心目中，他们的道德法律简直是自然法律——外界的、积极的命令——强迫规定的要求——相互间礼貌上的强迫的义务或者规则。'理性'的各种重要决定要成为道德的情操，本来就非有'自由'不可，然而他们并没有'自由'。在中国道德是一桩政治的事务，而它的若干法则都由政府官吏和法律机关来主持。"②因此，中国哲学更多的是伦理学，而不是认识论。正如梁漱溟所指出的，"当知中国人所用的有所指而无定实的观念，是玄学的态度；西方人所用的观念要明白而确定，是科学的方法"。③由于以上诸多原因，理性精神和科学精神始终没有扎根、生长。理性精神缺乏带来的后果是：其一，思维形式化因素的缺乏，导致科学精神的缺乏；其二，实践理性的理论理性支撑不足，导致民主精神的缺乏；其三，理性哲学不独

---

① 参见高红：《弘扬理性精神：中国社会现代化的必由之路》，《南京师大学报》（社会科学版）2001年第1期。

② ［德］黑格尔：《历史哲学》，王造时译，商务印书馆1963年版，第112页。

③ 梁漱溟：《东西文化及其哲学》，商务印书馆1999年版，第39页。

立，导致哲学的政治化倾向。[1]

近代以来，中国知识分子开始重视理性和理性精神的培育。如中国的启蒙思想家梁启超就十分重视运用知识和理性去开启人们的智慧。他从"究理"的角度出发，提出"不为古人所欺，不为世法所挠"的理性思想，与欧洲启蒙思想家的理性精神相通；接触西方哲学思想后，他更是高度赞扬培根、笛卡尔的学说，提倡弘扬"我物我格""我理我穷"的理性精神；在此基础上，他又形成了自己"除心奴"、反"依傍"的独立思想与学术精神。这 3 个层次，充分显示了梁启超的理性思想和理性精神。[2] 开启中国现代进程的"五四运动"更是促进了理性与理性精神在中国的生根和生长。当时的思想先驱们都追求理性精神、科学精神。如陈独秀就明确说："西洋人因为拥护德、赛两先生，闹了多少事，流了多少血，德、赛两先生才渐渐从黑暗中把他们救出，引到光明世界。我们现在认定只有这两位先生，可以救治中国政治上、道德上、学术上、思想上一切的黑暗。若因为拥护这两位先生，一切政府的压迫，社会的攻击笑骂，就是断头流血，都不推辞。"[3] 他还在《敬告青年》中对科学进行了阐释，指出，"科学者何？吾人对于事物之概念，综合客观之现象，诉之主观之理性不矛盾之谓也"。"五四运动"不仅真正开启了中国的民智，而且促成了科学研究的发展。创建于 1914 年的"中国科学社"于1918 年由美国移归中国，国内社员遍布 17 省，国外社员散布美、法、日、英、瑞士、新加坡等地。该社"以联络同志研究学术，共图中国科学之发达为宗旨"。该社 1915 年创刊的《科学》月刊也在国内发行，是国内专设科学的唯一杂志，英美学会与该社交换杂志的也不下 10 余处。可见，我国第一代近代自然科学家队伍是在"五四"前后形成的。[4] 科学思想的传播和科学研究队伍的形成，为理论和理性精神的培育奠定了理念与载体基础，也使理

---

[1] 参见万鹤：《理性精神与中国现代社会》，硕士学位论文，内蒙古大学，2013 年，第 20—21 页。

[2] 参见杨晓明：《梁启超的理性精神与学术态度》，《四川大学学报》（哲学社会科学版）2002 年第 2 期。

[3] 陈独秀：《〈本志〉罪案之答辩书》，《新青年》1919 年第 6 卷，第 1 号。

[4] 参见朱志敏：《五四理性精神的现代价值》，《中国教育报》2009 年 5 月 4 日；彭明：《论五四时期的理性精神》，《历史研究》1989 年第 3 期。

性思维和理性精神逐步成为中国人的思维模式与学术研究的思维工具。

理性是人类认识世界的桥梁和中介，通过观念活动把握和改造生活环境，理性的任务就是发现规律、探寻真理。历史上，理性的确立培养了人们对自然的普遍兴趣，形成了注重自然研究的学术传统。理性本身从内涵到外延也经历了一个发展历程：从早期追问世界本原的"本质理性"，到近代作为认识论手段的"科学理性"，再到现代着眼于主客观关系、寻找主体目的与客观规律契合点的"价值理性"，呈现出理性在本体论、认识论和价值哲学范式下的发展轨迹。[①] 理性不仅促进了人类思维和智力的发展，也促进了人类文明和社会进步。因为，理性的 3 个原则表现在：一是用自己的思维官能去认识和追求真善美；二是能合乎事实、合乎条理地认识和判断事物的现状及其与真善美的距离；三是按照正确的认识和判断为实现真善美去努力。[②]因此，不仅理性在解决科学、社会问题中有效的应用，使之越来越成为思想家的主导性思维方式，而且理性精神也成为现代社会得以形成、发展的精神支柱。研究生作为从事科学研究的生力军，理应努力掌握理性思维工具；作为推动社会发展的新生力量，理应牢固树立理性精神。由于我国传统文化中理性和理性精神的缺失，对研究生进行理性和理性精神训练，又有着特殊的要求和意义。

当然，理性不是人类认识世界、改造社会的唯一思维工具或思维模式，而且理性的功能在现代社会也不断受到质疑。理性的困境主要表现在以下几个方面：第一，理性异化为"工具理性"。科学技术的发展及与这种发展不相适应的所有制关系，使理性从最初的认识世界、提升思维、探求真理、思考人生、追求至善逐渐被追求由科技带来的巨大财富和控制权力所取代，于是，理性和由理性所推动的科技成为一些人、一些国家的工具。两次世界大战充分说明了这一点。所以，德国哲学家马克斯·霍克海默（M. Max Horkheimer）惊呼："人类已经被科学抛弃了，……反过来人类为科学服务，并且作为外在于科学的东西从属于科学。"[③] 德国思想家马克斯·舍勒（Max

---

① 参见丁峰：《理性精神与非理性精神之间的张力》，《齐齐哈尔师范高等专科学校学报》2008 年第 5 期。

② 参见朱志敏：《五四理性精神的现代价值》，《中国教育报》2009 年 5 月 4 日。

③ ［德］霍克海默：《批判理论》，李小兵等译，重庆出版社 1990 年版，第 242 页。

Scheler）也尖锐地指出：在现代性社会中，世界不再是精神的"家园"，"而是冷静计算的对象和工作进取的对象，世界不再是爱和冥思的对象，而是计算和工作的对象"。[①] 德国哲学家马克斯·韦伯（Max Weber）就把人类理性分为"工具理性"和"价值理性"，并显示出对"工具理性"的深深忧虑，把由日益理性化所带来的现代社会的严密秩序称为合理的"铁笼"。第二，非理性的兴起。尽管经过古希腊思想家们的努力，理性成为人们认识世界、探寻真理的主要思维模式，但非理性同样是人们不可或缺的思维工具。如非逻辑的自觉、感悟和灵感等，同样是人们认识和思维的重要方式。而且，从希腊晚期就出现了贬抑、否定理性的哲学思潮：以古希腊哲学家皮浪（Πύρρων Pyrrōn）为代表的怀疑论者认为，理性是无能的，事物是不可知的，主张不下任何判断。而近代以来，至少自费尔巴哈（路德维希·安德列斯·费尔巴哈，Ludwig Andreas Feuerbach）以来，西方哲学即已开始消解理性主义的哲学传统：费尔巴哈以"感性直观"、马克思以"实践的感性物质活动"、尼采以"权力意志"、弗洛伊德以"无意识"、存在哲学以"人的存在"对抗哲学中的抽象理性，消解理性在人性或意识性中的中心地位。[②]第三，对"新理性精神"的探索。美国哲学家布朗（Harold I. Brown）的"判断理性"、德国批判学派哲学家尤尔根·哈贝马斯（Jürgen Habermas）的"交往理性"，就是重要表现。新理性主义在克服传统理性主义的局限性和积极吸收非理性主义的合理性的基础上，充分体现了理性与非理性的辩证统一关系。其主要特征有：在肯定理性主导地位的同时，不排斥非理性的作用；肯定理性与非理性的生成性，即理性与非理性是具体的、历史的，而不是僵化的、凝固的；承认理性与非理性的不足和缺陷，在实践活动中借助其他力量予以完善和观照。[③]第四，马克思主义哲学对理性与非理性的超越。马克思

[①]　刘小枫：《现代性社会理论绪论》，三联书店1998年版，第20页。

[②]　参见丁峰：《理性精神与非理性精神之间的张力》，《齐齐哈尔师范高等专科学校学报》2008年第5期；戚文藻：《西方哲学的理性精神和现代非理性主义哲学的兴起》，《福建师范大学学报》（哲学社会科学版）1988年第2期；孙利天：《让马克思主义哲学说中国话》，武汉大学出版社2010年版，第283页。

[③]　参见李冬青：《在理性与非理性统一的基础上重建新理性精神》，《内蒙古民族大学学报》（社会科学版）2007年第2期。

发挥并超越了康德的"实践理性"概念，引入"物质生产"的概念，超越了传统认识论。马克思的"实践"概念不是单纯的物质或精神活动，而是包含了二者的统一的能动的活动；不只是感性的或理性的，而是感性和理性的统一；不是在理性独断和心物等二分的基础上使人片面化和异化，而是回到活生生的、知情意统一的、具体的、完整的人，并为人的自由和创造开辟广阔的道路；实践既是主观的又是客观的，是主客观的统一。马克思主义正是通过对人的实践的意义的深刻揭示和全面阐释，彻底地实现了对传统形而上学的超越，实现了哲学上的革命变革。[①] 总之，现代西方哲学由"理性"向"合理性"的转变，实质上是将哲学的重心由知识论转向实践论。

　　然而，尽管理性和理性主义由于各方面的竞争、质疑甚至超越而受到非议，但理性精神作为一种价值体系和文明成果，不同于理性主义。西方现、当代学术界对工具理性的批判，可视为对理性的一个异化向度的批判，并不动摇理性精神在社会发展中的基础性作用；非理性思潮的出现，可视为对理性能力的一个补充，并不能否定人类的理性特征。理性精神以对人的主体性、能动性、科学性的高扬而开创的现代社会宏伟历史进程是不容否定的。理性精神不仅在启蒙时代具有伟大的进步意义，而且具有超越一切时代的、推动社会发展和人类进步的作用。在非理性思潮的长期冲击下，哲学家们用"合理性"概念代替绝对化了的传统理性观念，仍然坚守着理性精神，就是思想家科学良知、科学理智的证明。[②] 面临非理性思潮冲击、浸泡在缺乏理性精神的传统文化中的中国研究生，更应该注重理性的训练和理性精神的培养。

三、探索精神

　　科学研究不仅需要立足实际、面向现实的实证精神，科学严谨、逻辑缜密的理性精神，更需要不畏险阻、勇攀高峰的探索精神。因为科学研究是一项充满艰辛和面向未知的探索过程，更需要不断进取的探索精神作为精神动

---

①　参见刘放桐：《西方哲学的近现代转型与马克思主义哲学和当代中国哲学的发展道路（论纲）》，《天津社会科学》1996 年第 3 期。

②　参见万鹤：《理性精神与中国现代社会》，硕士学位论文，内蒙古大学，2013 年，第 1、14 页。

力和精神支撑。因此，探索精神是一种重要的科学精神，是科学精神的重要内容。科学精神就是求真、唯实地探索真理的精神，它突出地体现在探索和揭示客观世界基本规律、追求客观真理的精神。无论揭示客观规律，还是探究客观真理，都需要人们孜孜以求、持之以恒的精神状态，这种精神状态就是探索精神。科学研究之所以需要探索精神，第一，是由科学研究的特点所决定的。科学研究是揭示客观规律、探求客观真理、探索未知领域的活动，充满着艰辛和挑战，面临着险境和困难，经常遭遇挫折和失败，如果没有坚强的意志和执着的探索精神，是很难长期支撑、很难取得重大成就的。第二，是由客观世界和认识对象的无限性所决定的。客观世界在空间上无始，在时间上无终；人们的认识对象在数量上无限，在深度上无尽。要认识客观世界，探究其客观规律，不仅要有浓厚的研究兴趣、不竭的求知欲望，而且要有坚定的探索志向、强烈的探求精神。第三，是由客观规律的展开方式所决定的。科学研究是探索客观规律的过程，客观规律是随着人们认识的加深不断展开和呈现的，是不断从相对真理到绝对真理的发展过程。在这一过程中，认识的每一次加深都是探索的结果，真理性的每一次提高都是探索的成就。因此，揭示客观规律的科学研究的每一步，都离不开探索和探索精神。第四，是由认识的一般规律所决定的。唯物主义认识论认为，人对客观世界的认识不可能一次完成，总是要经过实践—认识、再实践—再认识、循环往复以至无穷的过程。在这一无限过程的每一步、每一个阶段，都伴随着探索，都需要探索精神的支撑。总之，没有探索精神，也就谈不上科学研究。

所谓"探索精神"，就是由某种新的发现所引起的怀疑转向主动探究的精神；就是由不满足于现状的残缺而去寻找和创造未来的开创精神；就是不屈不挠地为寻求真理而献身的执着精神。作为狭义的、科学研究上的"探索精神"，主要是指为发现客观规律、探求客观真理、推进理论发展和学术进步、推动科学发展和造福人类社会，而刻苦钻研、孜孜以求、不断进取、甘于奉献的拼搏精神和求索精神。探索是在已知的前沿向未知领域的开拓，是在前人已经抵达的最高水平上向更高水平的挑战，是对普遍认同的现实提出新的、革命性的质疑，并随着这种质疑不断地深入再深入，寻求再寻求。①

---

① 参见侯宏：《论尤金·奥尼尔的探索精神》，《齐鲁艺苑》1998 年第 2 期。

就探索的作用来说，首先，探索是不断扩大实践的过程。历史没有终结，人们对客观世界和主观世界的探索就没有终结。人类社会的实践领域不断扩大，实践水平不断提高，实践能力不断增强，这一切都是人们孜孜不倦地探索的结果。因此，实践的过程，就是人们不断探索的过程。其次，探索是不断深化认识的过程。客观事物矛盾的展开有一个过程，人们对客观事物的矛盾及其规律的认识也有一个不断突破认识的局限性、不断深化的过程，人们认识能力也有一个不断提高的过程。这一切，都是建立在人们不断探索的基础上的。认识没有止境，探索就不会停止。最后，探索是不断提纯真理的过程。真理从相对走向绝对的过程，就是人们的认识不断地臻于完善的过程。只要人们永不停止地进行探索，人们就愈来愈接近客观真理，愈来愈接近绝对真理。人们对自然界、对人类社会的认识水平就会不断提高，人们的生活就会不断得到改善，社会就会不断得到发展。

探索精神有以下特点：第一，主动性和自觉性。探索精神是一种发自内心的追求冲动，是一种主动、自觉的心态。兴趣和爱好对探索有积极的心理导向作用；社会责任感和历史使命感是探索的动力与保证。由于对真理的探索必然会遇到各种困难和阻力，如果没有强烈的兴趣和爱好，没有责任感和使命感，就不会有一贯的主动性和自觉性，也就不能把探索推向深入、进行到底。第二，求实性和求效性。探索不能随心所欲、异想天开，必须尊重客观事实，遵守客观规律。因此，探索必须在实践中进行，在求实的基础上求异，在调查研究中探索，以实际效果为检验标准。因此，探索精神的特征是一切从实际出发，实质是实事求是。没有一切从实际出发的方法，没有实事求是的精神，没有实践的检验标准，一切探索都是没有意义的。第三，求是性和求真性。探索的实质是"求是"，目的是发现和寻求事物的客观规律性。探索也要求得出正确的、有意义的结论，发现客观真理以指导人类的实践。如果不是为了发现客观规律，不是为了揭示客观真理，探索就徒劳无功。第四，开拓性和创新性。探索是背靠过去、立足现在、面向未来的活动。探索精神的本质要求面向未知领域，开辟新的天地，得出新的结论，取得新的进展。因此，探索精神实质上就是一种开拓精神、一种创新精神。

坚持探索精神，要求做到，一要有强烈的问题意识、质疑精神和批判精神。怀疑意识或问题意识是科学研究的前提，是科学进步的起点。只有敢于大胆怀疑和批判原来的理论，才能提出问题、解决问题。不加质疑和验证就简单接受，就不会有真理的发现，更没有真理的发展。毛泽东曾经说："人们问：在我们国家里，马克思主义已经被大多数人承认为指导思想，那末，能不能对它加以批评呢？当然可以批评。马克思主义是一种科学真理，它是不怕批评的。如果马克思主义害怕批评，如果可以批评倒，那末马克思主义就没有用了。"[①] 当然，质疑、批判不是毫无根据的怀疑，怀疑必须是理性的怀疑，是基于客观的事实的怀疑，是默顿所提出的"有条理的怀疑"。二要能够适应新情况，反映新变化，提出新理论。时代不断在进步，实践不断在推进，认识不断在深化。只有紧跟新的实践，不断总结新的发现，研究时代提出的新课题，形成新的理论，才能反映探索的价值和意义，才能体现探索精神的本质和要求。探索的本质，就是面向全新的未来，开辟全新的境界。三要敢于求异，敢于创新，敢于走新路。探索就是在批判旧世界中发现新世界，就是在探究未知领域中获得新发现，在推陈出新中达到新境界。探索精神和创新精神在精神实质上是一致的，在精神要求上是相通的，在方法论要求上是统一的。

人类社会迄今所取得的科学技术发展和思想理论进步，都是建立在探索和探索精神基础上的。古希腊思想家经过开创科学探索典范，形成了浓郁的探索精神，不仅在探索世界的本原上取得重大成就，形成了科学研究的理性思维和逻辑研究范式，而且使探索精神成为引领人类后来几千年科学理论研究的精神财富。文艺复兴后，牛顿综合了哥白尼、伽利略、开普勒等成果大成，并经过艰辛探索，建立了一套完整的现代科学理论体系，奠定了以系统的实验方法得到完整的因果关系的理性思维体系，重新树立了理性与科学的权威。爱因斯坦经过勇敢探索创立的相对论和量子论等，使科学研究实现了革命性发展，不仅极大地深化了人类对自然界从微观、宏观到宇观的各个尺度层次的基本规律的认识，而且形成了人类新的时空观、运动观和物质观，推动了整个科学的发展，引发了技术文明的巨大飞跃。在这些科学家身上，始终闪耀着求真、唯实的科学精神，凝聚着执着追求、勇于创新的探索精神。自然科学如此，社会科学也是如此。马克思在深入研究伊壁鸠鲁等古

---

① 《毛泽东文集》第七卷，人民出版社 1999 年版，第 231 页。

希腊哲学、黑格尔等唯心主义哲学、费尔巴哈等机械唯物主义基础上，经过自己独到的探索，创立了辩证唯物主义和历史唯物主义，实现了人类世界观和方法论的革命性变革；在透彻研究亚里士多德价值理论和威廉·配第、亚当·斯密、大卫·李嘉图、萨伊等古典经济学劳动价值理论的基础上，经过对资本主义社会的独到研究和长期探索，创立了剩余价值理论，发现了资产阶级剥削的秘密，解释了资本主义社会运行的一般规律和发展的一般趋势。列宁在严格遵循马克思、恩格斯关于社会主义一般原理和基本理论的基础上，根据资本主义从自由阶段发展到垄断阶段的新特点，探索并创造性地提出了"帝国主义理论"；面对第一次世界大战为俄国革命带来的新形势和新条件，经过不断探索，创造性地提出了"社会主义一国胜利"的理论；面对过渡时期俄国小农国家的实际，探索并提出了以"新经济政策"为代表的"迂回过渡"的理论。毛泽东在领导中国革命和建设过程中，没有照抄马克思列宁主义的个别论断，没有照搬别国的经验，而是根据中国的实际和现状，经过长期、艰辛的探索，创造性地提出了"农村包围城市"的革命道路理论；以工农联盟为基础的统一战线理论；工人阶级领导的，以工农联盟为基础的，团结小资产阶级和民族资产阶级，对地主阶级、大资产阶级、买办资产阶级专政的人民民主专政理论；正确处理人民内部矛盾的理论；调查研究的工作方法和实事求是的思想路线等。因此可以说，没有探索就没有进步，没有探索就没有科学研究。

研究生学术训练不仅要注重研究方法的训练、研究能力的提高，更要注意科学精神的培养。而探索精神就是必须着重培养的重要科学精神。研究生在自己的学习和研究中要自觉养成探索能力，主动磨炼探索精神。作为培养单位，大学和研究机构也要创造一切条件，培养研究生的探索能力和探索精神。这就要改革传统教学和培养模式，更新教育思想与教学观念，改变传统的单向灌输式的教学方式，设立研究型课程，开展启发式教学，重视基础理论，强化实践教育，鼓励创造性思维，建立、完善创新人才培养模式与机制。在培养方面，更加注重培养学生认知能力和综合素质，强调以探索和研究为基础的教学，在探索和研究的教学过程中激发学生的求知欲、好奇心和学习兴趣，培养追求真理的志向和勇气；在教学内容方面，不仅需要分门别类的专门性的学科知识，也需要更加强调紧密联系经济社会发展、反映学科交叉与融合趋势的综合性的知识结构，从而使学生拓宽视野，掌握科学方法、科学手段以及正确的思维方法，培养对新事物、新知识的敏锐洞察力；在教学过程中，更加强调学生的主体性地位，学生不仅是文化知识的被动接受者，而且与教师一样，是知识的积极探索者，教师需要在教学活动中自觉运用研究型、启发式教学方法，变灌输为启发，变被动为主动，引导学生在学习过程中主动地提出问题，主动地思考问题，主动去发现、去探索，教师在培养学生的批判性思维与探索精神的同时，做到教学相长，共同发展。[①]

四、求是精神

科学研究的目的，就是探究客观事物的本质和规律，并从这些规律中提炼出真理性的认识，用以指导人们的实践。因此，科学研究就是求"是"和求"真"的过程。"求是"和"求真"辩证统一，密不可分，但二者并不完全相同。"是"即规律，是客观事物的本质，是事物运动、发展、变化的规律；"真"即真理，是人们对事物的本质和规律的认识。因此，"是"是客观的，"真"是主观的。尽管"真"（真理）内容是客观的，形式是主观的，也就是说它包含着客观的内容，但它毕竟是人们的主观认识，是主观对客观的反映。因此，"真"总是和"是"有一定的出入。这就是为什么"真理"一般都是相对真理的原因。"是"作为一种客观存在，它是确定的，不为人们的认识和主观态度而改变，因此有的哲学家称为"定在"；"真"作为一种主观认识，在一定阶段受人们的认识水平、主观态度甚至阶级立场的影响。尽管"是"作为一种客观存在，无时无刻、无处不在地存在着，但对"是"也就是客观规律的认识、探究并不是一帆风顺的。由于事物的本质深藏于事物内部，往往被很多假象所掩盖；事物运动、发展、变化的规律要经过长期的历史过程才能逐步展现，往往被大量的暂时的偶然性所遮蔽。因此，"求是"即探求客观规律，要付出极大的努力和艰辛。这就是为什么科学研究必须具备求是精神。

原浙江大学校长、著名科学家竺可桢把"求是"作为浙江大学校训，要

[①] 参见陈永灿：《启发式教学培养学生批判性思维与探索精神》，《中国教育报》2006 年 6 月 9 日。

求学生们要坚守"求是精神"。1939 年，他在对新生讲话时曾指出，"何谓求是？英文是 Faith of Truth。美国最老的大学哈佛大学的校训亦是求是，可谓不约而同"；"所谓求是，不仅限为埋头读书或是实验室做实验。求是的路径，《中庸》说得最好，就是'博学之，审问之，慎思之，明辨之，笃行之'。单是博学审问还不够，必须深思熟虑，自出心裁；独具慧眼，来研辨是非得失。"关于"求是精神"，他指出，"欧美之所以有今日的物质文明，也全靠几个先知先觉，排万难冒百死以求真知"；"有那不屈不挠的'求是'精神，卒能得最后的胜利"，"真理卒以大明"；"既能把是非得失了然于心，然后尽吾力以行之，诸葛武侯所谓'鞠躬尽瘁，死而后已'，成败利钝，非所逆睹"。[1] 并认为，"求是也就是科学精神"，"全部为人做学问的道理都在这里"[2]；要有"杀身成仁""舍生取义"的精神，要有刻苦耐劳、富于牺牲的精神，"凭自己之良心，甘冒不韪"，"求是"就是追求真理、坚持真理，不惜为真理而献身[3]；"求是精神就是追求真理，忠于真理，不盲从，不附和，不武断，不专横，而大学的最大目标是在追求真理。"[4] 竺可桢在《壮哉求是精神》的讲话中勉励"求是"学子要勇于实践"求是精神"，他说："近世科学始祖首推哥白尼、伽利略以及布鲁诺三氏，除前一人著书外，后二人一秉求是精神，历险如夷，视死如归，以身殉科学。……壮哉求是精神！此固非有血气毅力大勇者不足与言。深冀诸位效之。"由此，我们可以概括出，所谓"求是"，就是探求客观规律；所谓"求是精神"，就是为了探求客观规律，并使客观真理为人们所认识和接受，所表现出的刻苦钻研、孜孜以求、不屈不挠、敢于牺牲的治学精神、学术境界和人格品质。

竺可桢列举了近代西方科学家坚持科学精神的壮举，他指出："意大利的布鲁诺提出地球绕太阳转的学说而被烧死于十字架；物理学家伽利略已将近古稀之年亦下狱，被迫改正学说。但教会与国王淫威虽能生杀予夺，而不能减损先知先觉的求是之心。结果开普勒、牛顿等人，凭自己之良心，甘冒不韪，而真理卒以大明。19 世纪进化论之所以能成立，亦是千辛万苦中奋

---

①　竺可桢：《求是精神与牺牲精神》，《语文世界》（中学生之窗）2011 年第 11 期。

②　郝诗仙：《弘扬竺可桢的求是精神》，《书城》1997 年第 4 期。

③　参见沈文华等：《求是精神——百年浙大之魂》，《学校党建与思想教育》2004 年第 5 期。

④　童然星：《求是书院与求是精神》，《华夏文化》1999 年第 3 期。

斗出来的。当时一般人尚信人类是上帝所造，而主张进化论的达尔文、赫胥黎等为举世所唾骂，但是他们有那不屈不挠的'求是'精神，卒能得最后的胜利。"[①] 求是精神不仅彰显于西方科学发展进程中，中国传统文化也不乏求是精神的基因。如孔子就说："吾非生而知之者，好古，敏以求者也。"（《论语·述而》）也就是说，热衷于研究历史，并且善于探求，才积累了渊博的知识，而且坚持"每事问"。唯物主义者荀子更是认为事物是可以认识的，"凡以知，人之性也；可以知，物之理也"。要求不断深化认识，探究学问，"不闻不若闻之，闻之不若见之，见之不若知之，知之不若行之，学至于行而止矣。"（《荀子·效儒》）并主张人们研究自然、战胜自然，使自然为人类服务，"大天而思之，孰与物畜而制之？从天而颂之，孰与制天命而用之？望时而待之，孰与应时而使之。"（《荀子·天论》）就是不可知论者庄子，也要求"析万物之理"。韩非子主张用"参验"法来考察人们的认识是否正确，即详细考察事物的各个方面，使之相互参照，通过对比来判别认识的准确性。墨子还提出了把"本""原""用"三表作为检验真理的 3 个标准。所谓"本"即"上本之于古者圣王之事"，也就是考察历史记载，判断认知的真假；"原"即"下原察百姓耳目之实"，也就是以人民群众的直接实践经验作为判定认知的依据；"用"即"发以为政刑，观其中国家百姓人民之利"，也就根据应用效果判定理论、政策的正确与否（《墨子·非命上》）。可见，中国古代文化也高扬着求是精神。

求是精神和"实事求是"在精神实质上是相同的。"实事求是"一词最早见于汉代班固《汉书·河间献王刘德传》："修学好古，实事求是。"即称赞刘德学经典、修礼乐时，注重对先秦诸子的古书"留其正本""求真是"的治学态度和方法。唐代颜师古在《汉书注》中把"实事求是"解释为："务得事实，每求真是也。"这里所谓"求是"的"是"就是"真"，是"事实"。明清时期，王夫之把"实事求是"解释为"言必证实，义必切理""即事穷理"。所谓"即事穷理"，即"有即事以穷理，无立理以限事"。也就是说，只有在客观事物本身的探索研究中，才能发现规律，而不能先创立一个法则去限制、框定客观事物的发展。梁启超在《论中国学术思想变迁之大势》

---

① 竺可桢：《求是精神与牺牲精神》，《语文世界》（中学生之窗）2011 年第 11 期。

中也写道："本朝学者以实事求是为学鹄，颇饶有科学的精神。"① 从这些论述中可以看出，思想家们所讲的"实事求是"，或者是要探求历史事实，或者是要探究客观事实、客观规律，都是一种探究精神，因此也就是一种"求是"精神。毛泽东对"实事求是"的内涵作了进一步的阐发。他在《改造我们的学习》中指出："'实事'就是客观存在着的一切事物，'是'就是客观事物的内部联系，即规律性，'求'就是我们去研究。我们要从国内外、省内外、县内外、区内外的实际情况出发，从其中引出其固有的而不是臆造的规律性，即找出周围事变的内部联系，作为我们行动的向导。而要这样做，就须不凭主观想象，不凭一时的热情，不凭死的书本，而凭客观存在的事实，详细地占有材料，在马克思列宁主义一般原理的指导下，从这些材料中引出正确的结论。"② 1943 年，他还亲笔书写了"实事求是"，作为中央党校的校训。尽管这里的"实事求是"是从工作方法、思想路线上说的，但也揭示了"实事求是"的"求是"本质，即"研究""客观事物的内部联系，即规律性"，"引出其固有的而不是臆造的规律性""找出事变的内部联系""凭客观存在的事实""引出正确的结论"等。因此，毛泽东所说的"实事求是"，就是从客观实际出发，分析事物的内在矛盾，从客观事物中找出其固有的规律性，达到真理性的认识，达到主观和客观、认识和实践、知和行的具体的历史的统一，并以此作为我们行动的向导③，因此在精神实质上，就是求是精神。

当然，在今天，"实事求是"作为一种思想路线和工作方法，与我们所探讨的"求是"精神并不完全相同。"实事求是"更多地强调按照客观规律办事，因此适用范围更加宽泛。而本处所探讨的"求是"精神，主要是科学研究中应该坚持的能够排除种种困难探求客观规律的毅力，和为了坚持对客观事物真理性的认识而敢于冲破种种人为阻碍的精神。这是进行科学研究必须具备的精神品格和科学品质，也是研究生学术训练的基本内容。

---

① 金宏宇：《考证学方法与中国现代文学研究》，《中国社会科学》2018 年第 12 期。
② 《毛泽东选集》第三卷，人民出版社 1991 年版，第 801 页。
③ 参见张镇寰等：《求是务实是中国传统文化与马克思主义的契合点》，《云南社会科学》2001 年增刊。

第二节　对待思想理论的精神

科学研究不仅是全人类的事业，而且是由古尔今、承前启后以至永远的贯通全历史的事业。在这一历史进程中，每个时代的思想家、理论家都在他们的时空中对科学研究做出了重要贡献，成为之后科学发展的台阶。但由于时空展开过程和人们认识水平的限制，每个时代的思想理论又都是相对真理，都有着某种程度的局限性。研究生作为科学研究的后生，在学习、研究这些先贤的思想理论时，要始终怀着怀疑和批判精神，坚持求真和创新精神，既不薄古，又不摹古，客观、科学地对待文化遗产。尤其是面对学术权威、思想巨擘时，更应该敢于跳出其投射的巨大影响力和学术长影，推陈出新，与时俱进。只有这样，才能实现学术创新，不断推进科学事业的发展。

一、怀疑精神

做学问、搞研究，是从怀疑开始的。有了怀疑，才会有问题；有了问题，才会有科学命题，才会有研究的对象和批判的靶的。对科学工作者来说如此，对研究生来说也不例外。这是整个思想史得出的一般结论，也是各个时代思想家的基本共识。中国古代思想家孔子认为："疑是思之始，学之端"①；《中庸》强调："博学之，审问之，慎思之，明辨之，笃行之"；明代著名学者陈献章指出，"学贵知疑，小疑则小进，大疑则大进。疑者，觉悟之机也。一番觉悟，一番长进。"②西方思想家也有同样的见解，如亚里士多德认为，"思维是从疑问和惊奇开始的"；黑格尔把"怀疑"看作"一种有教养的意识"；爱因斯坦在《自述》中说，他从少年时就"对所有权威怀疑，对任何社会环境里都会存在的信念完全抱一种怀疑态度，这种态度再也没有离开过我"③；杜威提出的解决问题"五步模式"的"第一步"就是"产生一种怀疑"；苏联生理学家伊万·彼德罗维奇·巴甫洛夫（ИВаН Петрович

---

①　转引自李景军等：《提升研究生问题意识的重要性及路径——基于研究生创新能力的思考》，《云南社会主义学院学报》2012 年第 1 期。

②　《陈献章集》（上），中华书局 1987 年版，第 168 页。

③　《爱因斯坦文集》第 1 卷，许良英等编译，商务印书 1976 年版，第 2 页。

Павлов；Ivan Petrovich Pavlov）认为，"怀疑，是发现的设想，是探索的动力，是创新的前提。"而且，马克思把自己最喜欢的箴言确定为"怀疑一切"（Deomnibus dubitandum）。① 恩格斯对马克思的评价是："在前人认为已有答案的地方，他却认为只是问题所在。"② 所以，正如胡适所指出的，"科学之最精神的处所，是抱怀疑态度；对于一切事物，都敢于怀疑，凡无真凭确据的，都不相信。这种态度虽然是消极的，然而有很大的功劳，因为这种态度可以使我们不为迷信与权威的奴隶。怀疑的态度是建设的，创造的，是寻求真理的唯一途径。"③

所谓"怀疑"，是对现存事物、思想理论等的合理性的疑问和质疑，是主观认识的自我超越，是科学探索活动中的一种认识态度或思维方式。科学怀疑是探索和创新的动力，是发现和发明的先导，是创新能力和创新水平的重要标志。而所谓"怀疑精神"，是指科学研究主体所具有的，不迷信传统、权威，不承认任何"偶像"和"终极真理"存在，敢于向传统的旧思想、旧观念、旧理论挑战，反对任何形式"唯书""唯上"的教条主义和权威主义的理性批判精神、实证精神与创新能力、创新品质。④

科学的怀疑精神源于古希腊的"怀疑论"（Skeptikos）。作为古希腊"探究者"的怀疑论者反对教条主义，他们对于各种理论首先持怀疑态度，经过分析、判断、推理，最后才确定其真伪。"怀疑论"这种敢于怀疑、通过分析确定真伪的态度是值得肯定的。但是，"怀疑论"对人能否发现真理持怀疑态度的本质，使自己走上了实际上的"不可知论"。如当时的怀疑论哲学家皮浪认为："不论是理性还是感性都不能获得真理，我们的一切判断都只对我们主观有效，所以我们必须在一切对立的争论中毫不动摇地坚持不发表任何意见，不作任何判断。"⑤ 这样，"怀疑论"本来具有的对科学发展必不可少的怀疑精神又因为自己的不可知论本质，走向了科学的反面。在中世纪

---

① 参见《马克思恩格斯全集》第 31 卷，人民出版社 1972 年版，第 588—589 页。

② 《马克思恩格斯选集》第 2 卷，人民出版社 2012 年版，第 303 页。

③ 《胡适文集》第三卷，人民文学出版社 1998 年版，第 11 页。

④ 参见张扣林：《弘扬怀疑精神，培养创新人才》，《扬州大学学报》（高教研究版）2001 年第 1 期。

⑤ 北京大学哲学系编：《古希腊罗马哲学》，商务印书馆 1982 年版，第 342 页。

经院哲学和宗教的统治下，"怀疑论"隐退了一千多年。经过文艺复兴，在波义耳、笛卡尔、休谟等思想家的积极推动下，"怀疑论"又得以复兴。

"怀疑论"陷入不可知论的泥潭是不足取的，但其所具有的怀疑精神则是科学发展所不可或缺的内在动力。整个科学和思想发展史，都说明了这一点。如英国化学家普利斯特勒（Joseph Priestley）因不敢怀疑流行的"燃素说"，尽管在实验中已经发现了氧气却错误地解释实验结果，因此把发现氧气和建立氧化理论的功劳拱手让给了法国化学家安托万—洛朗·德·拉瓦锡（Antoine-Laurent de Lavoisier）；法国天文学家皮埃尔·勒莫尼耶（PierreLemonnier）因不敢怀疑"太阳系内土星以外再无行星"的传统观点，错把自己发现的天王星当作恒星。相反，达尔文"进化论"的创立正是从怀疑"神创论"和"物种不灭论"开始的；爱因斯坦"相对论"的创立正是源于对牛顿绝对时空观的怀疑。马克思也是在对资本主义制度是所谓"平等""正义""人道"的"千年王国"的深刻质疑基础上，通过深入研究人类发展历史，特别是资本主义生产方式的基本机制后，才揭示了剩余价值的秘密，并得出来资本主义制度暂时性的历史结论。列宁在坚信马克思主义基本原理正确性的同时，又在帝国主义条件下对马克思社会主义革命在各国同时胜利学说产生了怀疑，因此创立了社会主义在一国胜利的理论，并指导了十月革命的胜利。所以，正如著名的科学方法论学者波普尔所指出，"正是怀疑、问题激发我们去学习，去发展知识，去观察。从这个意义上可以说，科学的历史就是通过怀疑提出问题并解答问题的历史。"①

怀疑精神是科学理论发展的内在动力，这是由科学的本质、科学研究的特点和怀疑精神的特性所决定的。首先，对任何事物发展规律的认识都不可能一次完成，这是怀疑精神存在的必要性。任何时候，人们认识的真理性都是相对的，都是对事物的一个部分、一个侧面、一个阶段的认识。随着生产力的发展、科学的进步和人们认识水平的提高，必然产生对旧理论的怀疑和对新理论探求的现实需要。而怀疑精神，正是这种物质世界无限发展进程在人们头脑中的反映。事物发展的历史进程需要人们主动地去认识，事物发展

---

① 胡成：《怀疑精神》，《新闻前哨》2006 年第 2、3 期。

变化的规律需要人们能动地去把握，它们不会自然而然地成为人们的观念和认识。这正是怀疑精神存在的现实必要性。其次，任何科学理论都是相对真理而不是绝对真理，这是怀疑精神存在的可能性。科学和科学理论是一个不断从相对真理走向绝对真理的发展过程，任何真理都是走向绝对真理的一部分、一个侧面或一个阶段。因此，从来没有永恒真理，也没有绝对权威，没有最终的裁判者。新理论作为对旧理论的某种否定和扬弃，是建立在对旧理论的一些概念和原理的怀疑基础上的，否则就不可能有新理论的诞生。正如恩格斯所指出的，科学史是一个谬论逐渐被消除或者被更新为新的、但终归是比较不荒诞的谬论的历史，这就是一般意义上的科学革命。① 正因为如此，怀疑和怀疑精神就成为科学和科学发展的一个基本特征。最后，任何科学理论创新都是对原有理论的辩证否定，这是怀疑精神存在的现实性。怀疑精神否认任何对教条的迷信和对权威的盲目崇拜，从否定的角度对已有的命题、结论进行批判性的审视，从相反的方向提出问题、思考研究问题。但这种"否定""相反"，并不是全盘否定，而是一种包含着肯定的否定，是对原有认识、理论继承基础上的超越。这种"扬弃"和"超越"，正是创造性思维的本质特征。所以，创造性思维本身就内含了怀疑精神；理论创新的过程就是怀疑精神冲破旧理论藩篱的过程。

怀疑精神所要求的"怀疑"，是在尊重科学和事实基础上的大胆而谨慎的审视，是缘于理性的思考，而不是毫无根据地、捕风捉影地怀疑一切，或是盲目的、随意的猜测。它把怀疑作为研究的出发点，作为提出和解决问题的一种手段，而不是把怀疑作为唯一的研究手段、作为最终研究目的。怀疑精神具有以下本质特征：第一，怀疑精神是质疑好问精神。人们的认识和学习过程，总是先有疑，后有问，再有思，然后有思维成果，即新的理论。因此，科学理论的创新，总是从质疑、好问开始的。怀疑精神，正是这样一种质疑精神、好问思维。质疑好问精神就是对书本知识、对成见、对权威不盲从、不迷信，打破思维常规，进行独立思考。主张凡事要经过自己认真思考，提出质疑，然后作出合理结论。质疑、好问，是探索真理的第一步，也

---

① 参见吴绪玫：《再释科学的怀疑精神——谈培养学生的科学怀疑精神》，《昆明师范高等专科学校学报》2005 年第 1 期。

是最重要的一步。没有这一步，人们的认识与思维很难向前深入推进，也不可能有理论的创新和真理的发展。第二，怀疑精神是辩证否定精神。科学理论本身具有积累性，任何科学创新都必须以前人的思想成果为基础，没有理论前提的怀疑是无源之水、无本之术。怀疑精神所要求的"怀疑"，不是简单地否定一切、抛弃一切。它要求在怀疑中有所创造，要求保留被怀疑对象的合理的、正确的部分，纠正其不合理的、不正确的部分，以批判地继承为前提，使科学认识逐渐走向完善。因此，怀疑精神所要求的"怀疑"是合理的怀疑，是辩证的扬弃。唯其如此，怀疑精神才是认识、思维发展的一个必不可少的阶段或形式，也就是黑格尔所说的"辩证否定"形式。第三，怀疑精神是批判创新精神。因为批判精神的"批判"，是对现存思想、理论、观点的考察、分析、审视、辨别。对书本知识、传统观念、权威理论都采取批判态度，反对迷信、盲从，而是经过认真思考和分析，辨其真伪，取其精华，弃其糟粕，继其成果，促其发展。它对已有的结论和方法不盲从、不迷信，不受已有结论、某一方法的局限，总是另辟蹊径，刻意求新，从而确保思维的多向性、敏捷性和创造性。它是从多方位进行思考、探索、研究的理性思维活动，是具有试探性、否定性、开放性、创新性的创造性思维过程。这样一个过程也就是批判创新的过程，这样一种怀疑精神也就是批判创新精神。① 正因为如此，美国科学学创始人默顿把"有条理的怀疑主义"与"公有主义""普遍主义""无私利性"一起，概括为科学研究主体所应具备的"四个规范"的"精神气质"。

正是由于怀疑在科学研究中具有重要的作用，所以，怀疑精神就应成为研究生学术训练的重要内容。正如著名学者陈先达所指出，"做学问要培养两种能力：提问的能力和怀疑的能力，我将之称为问题意识和怀疑精神。问题意识决定研究方向，没有问题意识，不知朝哪钻；怀疑精神决定研究深度，没有怀疑精神，即使抓对了问题也可能浅尝辄止。"② 培养研究生的科学怀疑精神，要从以下几个方面入手，第一，要正确区分科学的怀疑与"怀疑论"。科学的怀疑首先承认世界的物质性本质和其规律的客观性，"怀疑

---

① 参见杨寿堪：《论科学中的怀疑精神》，《学术研究》2002 年第 12 期。

② 陈先达：《问题意识与怀疑精神》，《光明日报》2014 年 8 月 25 日。

主义"则否认世界的客观性。科学的怀疑承认客观规律性能被人们所认识；"怀疑主义"则否认客观世界和客观规律的可知性。科学的怀疑论把怀疑作为认识世界及其客观真理的一个方法，是对事物的辩证否定，是扬弃；"怀疑主义"则否定一切，抛弃一切，认为一切都是靠不住的，把否定绝对化到极端。第二，要掌握科学怀疑的思维方法。科学怀疑是科学研究的方法，但并不是所有的怀疑都是科学的。首先，怀疑必须坚持辩证唯物主义的世界观和方法论；其次，怀疑必须与事实相符合，与事物发展的趋势相适应；再次，怀疑必须符合学科发展的规律，而不是全盘否定；最后，怀疑必须符合逻辑规则，符合思维规律。第三，要培养科学怀疑的意志品质。怀疑是对已有理论、结论和长期形成的权威、习惯势力的挑战，因此会偏离、突破和触犯传统与权威，从而在一段时间内被认为是"异端""邪说"，被排斥在"主流"之外，甚至会受到打击、报复。这就需要有探索真理、追求真理的勇气和坚忍不拔的意志。这是进行科学怀疑和理论创新的一个重要心理素质，也是需要着力培养的一种科学精神。第四，要掌握科学怀疑的思维技巧。宋代哲学家朱熹指出，"读书，始读，未知有疑；其次，则渐渐有疑，中则节节有疑，过了这一番，疑渐渐释，以致融会贯通，都无所疑，方始是学。"[①] 这里，朱熹实际上指出了科学怀疑训练的重要方法：一是认真读书，二是经过"生疑—质疑—释疑"的训练过程，逐步形成思维技巧，掌握怀疑方法，逐步释疑，达到"无所疑"高度的科学训练过程。第五，在实践中锻造科学怀疑能力。科学怀疑既是认识过程的一环，也是实践的环节。只有在实际生活中，在实践中，才能不断检验和调整科学怀疑的认识结果，增强怀疑的科学性，逐步提高科学怀疑能力。[②]

二、批判精神

在学术研究上敢于怀疑是一种勇气，敢于批判是一种精神；能够怀疑标志着学术上的自觉，能够批判标志着学术上的成熟。因此，批判精神是比怀

---

① 转引自朱梅梵：《论科学怀疑方法的认识论价值》，《华中农业大学学报》（社会科学版）2009 年第 3 期。

② 参见陈明霞：《论大学生创新素质中科学怀疑精神的培养》，《福建教育学院学报》2010 年第 1 期。

疑精神更大的学术魄力，更高的学术能力。所谓"批判精神"，是一种独立的怀疑精神，它不承认任何绝对、永恒、神圣的东西，它总是对观念、事物以及人们的行为进行反思，发出疑问，深入地考察和分析，在此基础上寻求解决问题的合理途径。① 它是一种追求真理性、独立性、超越性的认知风范，是一种不唯书、不唯上、不唯经典、不唯权威的独立怀疑精神。批判精神并非否定一切、抛弃一切，而是扬弃，是辩证地否定，是批判与创造的统一。批判精神实质上是一种创新精神。创新思维是利用已有的知识和技能重新认识、思考、解决问题，因而是以怀疑、批判为前提的。批判是为了建设而"破坏"，为了向前发展而向后审视，为了创造新成果而否定旧思想，因此它本身就是一种创新思维、一种创新精神。

批判精神的基本特征是：第一，批判精神是对权威和经典的质疑精神。著名地质学家李四光指出：在科学创新中，不怀疑不能见真理，所以希望大家都取一种怀疑态度，不要为已有的学说所压倒。因此，批判精神不因为是权威人物的思想就不敢怀疑，不因为是历经时代的经典就不敢质疑，不因为是不证自明的公理就不敢否定，不因为是约定俗成的共识就不敢批判。批判精神是一种怀疑精神、独立精神、求异精神、求新精神。第二，批判精神是对真理的探究精神。批判精神所要求的批判，并不是为了批判而批判，而是要发现已有理论的不足、缺点和历史局限性，从而不断增添理论的真理性认识，使相对真理不断走向绝对真理。第三，批判精神是对学术精神的追求精神。史学泰斗陈寅恪将"学术精神"概括为："士之读书治学，盖将以脱心志于俗谛之桎梏，真理因得以发扬。……唯此独立之精神，自由之思想，历千万祀，与天壤而同久，共三光而永光。"② 也就是说，他认为"学术精神"就是"独立之精神，自由之思想"。批判精神正是这样一种不畏话语霸权而追求学术独立的精神，不被教条束缚而追求学术自由的精神。第四，批判精神是对健全学术人格的崇尚精神。"所谓学术人格，是指能够立足于学术本位，敢于坚持真理，不为现实得失所扰，不为名利所羁绊，乃至不惜为之献

---

① 参见魏明超：《论批判精神的哲学底蕴》，《江西农业大学学报》（社会科学版）2005 年第2 期。

② 陈美延：《陈寅恪集·金明馆丛稿二编》，三联书店 2001 年版，第 246 页。

身的殉道精神。"① 批判精神正是这样一种敢于探求真理、敢于捍卫真理的精神品格。

批判精神是研究生应该具有的学术品格，也是研究生教育对研究生应该着重培育的学术素质。批判精神在研究生学术成长中起着重要的作用。主要有：第一，批判精神是研究生获取新知识的重要前提。研究生要获取新知识，必须有开放的心态、敏锐的鉴别力、批判的思维，这些都需要批判精神。只有这样，才能够对旧知识识别糟粕和精华，进行批判吸收；对新知识准确判断价值和意义，进行不断开拓。尤其是在知识经济时代，新知识不断涌现，新思想、新理论层出不穷，如果没有良好的判断选择能力，积极批判的心态，勇于批判的胆识，就很难形成正确认识，进行准确判断，作出合理选择，也就不可能不断获取新知识、运用新知识、创造新知识。第二，批判精神是研究生综合素质的核心指标。研究生的综合素质不仅包括知识储备而且包括获取知识的方法，不仅包括理论研究能力而且包括学术创新能力，不仅包括实事求是的精神而且包括怀疑批判的精神。在这些素质中，批判精神是最核心的因素。因为，批判精神是获取知识、研究能力、学术创新的前提，而且是它们的综合体现。研究生具有批判精神，可以增强他们的学习自主性，提高创新能力，塑造健全人格，增强学术自信和理论自觉，从而提高综合素质。第三，批判精神是研究生创新能力的集中体现。研究生培养质量的重要标准之一就是创新能力。而创新是从惊奇和问题开始的，有疑问才会有研究。批判性思维是突破思维定势的关键；只有突破思维定势，才可能提出有价值的问题，才有可能创新。相反，如果缺乏批判精神，就会制约人的创新动力和思维能力的发展。因此，批判精神是创新过程中不可或缺的心理品质，没有批判精神就谈不上创新能力。研究生在科研过程中发现新问题、提出新观点都离不开批判性精神，批判性精神是研究生科研创新所必须具备的思维品质。批判精神在历史上推动了思想、理论的发展和科学、学术的进步，也成就了一个又一个思想家在学术史上不可撼动的地位。如古希腊时期的苏格拉底就倡导具有批判精神的质疑性对话法——"苏格拉底对话法"，

---

① 朱四倍：《从贾植芳看当下学术人格的退化》，2008 年 4 月 30 日，见 http://news.cri.cn/gb/18904/2008/04/29/2165@2037652.htm。

对人类学术批判精神的形成起了重要的奠基作用；近代西方哲学奠基人之一、"现代哲学之父"（黑格尔语）笛卡尔，开启了学术批判先河；德国古典哲学的创始人康德以其《纯粹理性批判》《实践理性批判》《批判力批判》而成为公认的"批判哲学家"；黑格尔、马克思等都是批判思维的大师。这些思想家如果说有一个共同的特点，那就是都充满了批判精神。也正是他们的批判精神，成就了他们不朽的学术成就。研究生要想在未来的学生生涯中有卓越成绩，也必然要努力培养批判精神。

研究生培养和训练批判精神的基本途径是：第一，树立学术批判意识。德国社会哲学家、法兰克福学派创始人马克斯·霍克海默（M. Max Horkheimer）指出：对以前的"无论科学概念还是生活方式，无论是流行的思维方式还是流行的原则，都不应盲目接受，更不能不加以批判地仿效"[1]。因为，批判意识是创新能力的前提与基础，没有批判精神不可能有创新性成果；主体意识是从事创造性科学研究的重要主观条件，没有主体意识，不可能有自己的观点和创见。所以，研究生要以辩证的否定态度和批判态度对待一切理论成果，敢于否定自我，训练创造性思维。要自觉培养独立思考的主体意识，养成敢于打破陈规、勇于进取的思想观念。第二，掌握科学批判方法。马克思指出："批判不是头脑的激情，它是激情的头脑。"[2]这就说明，批判不是情绪化的宣泄，而是要用理智的头脑，也就是要遵循科学的方法。首先，批判是辩证的否定而不是全盘否定，是扬弃而不是抛弃，是克服与保留的统一，是批判与创造的统一。其次，批判要找准对象，抓住关键。要进行深入分析，理清逻辑关系，找出症结所在，抓住主要矛盾和矛盾的主要方面。最后，要突破习惯束缚，打破思维定势。不要被老师、被上层、被权威所吓倒，不要被成见、被公理、被惯例所束缚，不要被自己的习惯、自己的认知、自己的方法所拘束，走出旧天地，才有新境界。第三，构建有批判精神的导师队伍。导师自身的思想观念、学术水平对培养研究生批判精神至关重要。首先，导师应改变保守思想，发扬学术批判精神，才能给研究生树立榜样。其次，导师要提高学养，更新知识储备，解放思想，打开思路，努力

① ［德］霍克海默：《批判理论》，李小兵等译，重庆出版社1989年版，第243页。
② 《马克思恩格斯选集》第1卷，人民出版社2012年版，第4页。

用批判的眼光看待新事物、新知识、新思想。敢于走出原来的研究模式和思维定势，敢于否定、批判自己。以全新的面貌对待自己，也以全新的态度对待研究生。再次，导师要学会鼓励学生质疑，接纳研究生的批判精神，有意识地训练研究生的批判性思维，培养批判精神。最后，尝试建立导师—研究生的"批判共同体"。导师教育的目标是要在研究生身上培养一种具有敏锐的批判性、勇于质询的思维模式。"共同体"要贯彻民主原则，实行师生平等对话，进行开放式交流。在批判共同体中，知识的验证、提炼、整合和施用则更多地取决于共同的质疑、讨论和争辩，通过研究生和导师的共同质疑、批判、分析、讨论、归纳、综合，达成对某个理论的共识，一起得出学术结论。[①] 第四，实行适合批判精神培养的教学模式。首先，要更新传统的知识传授性教学模式。摒弃单纯知识传授型教学，倡导以问题为中心、以探讨为形式、以批判为特征的教学方法。其次，改变教学中"填鸭式"教学法。鼓励研究生在学习中批判，在批判中学习。激励他们批判他人观点，提出自己的独到见解，激发他们对新事物的好奇心，发挥他们的聪明才智和批判思维潜力，培养批判意识。最后，推进研究式学习。课堂教学中注意引导和鼓励研究生自主地发现问题和提出问题，应用所学理论解决问题，在批判思维训练中培养批判能力和批判精神。第五，推行能够培养批判精神的评价体系。应当改变传统的以传授知识为主要目标的评价标准，建立多维评价体系，强化对批判精神的考核。建立多元评价体制，由培养单位、用人单位、业内同行、同学共同评价；构建知识、能力、智力因素、非智力因素等多指标的评价体系；重视学术论文、学位论文对综合素质、学术能力的呈现、评价作用等。

三、求真精神

上面探讨了"求是精神"，坚持"求是"精神，必然要求"求真"。求是精神是对客观规律的揭示，更多的是与客观实在的关系，因此相对容易坚持和做到。"真"作为对"是"的反映，作为一种主观对客观的认识，不仅由于"是"本身呈现的复杂性、"求是"过程的艰难性而具有无比的困难性，

---

① 参见武永江：《论导师与研究生批判共同体的构建》，《学位与研究生教育》2013 年第 3 期。

而且由于人们的认识水平在无限客观世界面前还非常有限，人们认识水平的提高在无限的时空中还有漫长的路要走，因此使"求真"比"求是"更加充满着艰难和挑战，"求真精神"比"求是精神"就更加难能可贵，同时也是科学研究更加不可或缺的精神力量，是科学精神更为核心的内容和部分。另外，由于人们总是具有一定阶级立场的人，这就使"真理的表达"和"真理的认识"经常处于不一致的状态。因此，坚持"求真"即坚持真理，不仅要付出极大的心血，有时候甚至要献出生命。但是，科学研究作为探究真理、坚持真理的事业，如果不能够坚持求真，就毫无价值。这就是为什么科学研究一刻也离不开求真精神的原因。正如竺可桢所指出的，"近代科学的目标是什么？就是探求真理。科学方法可以随时随地而改换，这科学目标，蕲（祈）求真理也就是科学的精神，是永远不改变的。"① 正因为如此，教育家陶行知把大学的真谛概括为："千教万教，教人求真；千学万学，学做真人"。研究生教育作为为科学研究培养人才的平台，理应把求真精神的培养作为学术训练的基本内容。

所谓"真"，也就是真理，既是指真实存在的客观事物及其规律，又是指对对象所形成的判断与对象之间的关系，是理解与事物的一致，即正确反映客观事物及其规律的科学真理。概括地讲，"真理"即客观事物及其规律在人的意识中的正确反映。这包含3层含义：其一，真理认识的对象是客观事物及反映客观事物的结构和内部各要素之间相互影响、相互制约的关系，以及由内部矛盾所引起的运动、变化、发展的客观规律；其二，真理不是客观事物及其规律本身，而是客观事物及其规律在人们头脑中的反映；其三，真理不仅是一种认识，而且是正确的认识。所谓"正确"，就是科学性要经得住实践和时间的检验。② 所谓"求真"，也就是追求真理，是对客观事物的本质与规律的揭示，求得客观事物的真实面貌并要求人的认识如实反映客观实际。它以获得真理为直接目标，本质上是一种认识活动，是主体对客体的能动的反映。"求真"或者说真理原则，就是按照客观世界的本来面目与规律去认识改造世界和人自身。具体说来，首先是承认客观存在，一切从实

---

① 竺可桢：《看风云舒卷》，百花文艺出版社 1998 年版，第 140 页。

② 参见张学鹏：《论马克思主义的求真精神》，《佳木斯大学社会科学学报》2012 年第 5 期。

际出发，防止主观主义；其次是尊重客观规律，把握规律性，减少盲目性，避免唯意志论；第三是正视客观真实，尊重事实真相，不回避，不隐瞒，不篡改；最后是为人民谋利，这是最大的真，最根本的真，这是探求真理的最终目的。[①] 所谓"求真精神"，就是为了探求客观规律，为了探求真理、发展真理、传播真理、应用真理所表现出来的刻苦钻研的精神、持之以恒的毅力、乐于奉献的品格、敢于斗争的胆识和不怕牺牲的气概。

客观实际、客观规律是求真的对象；科学知识、科学真理是求真的成果。人们求得了客观规律，用概念、判断、推理的形式把它"翻译"成人类自己的语言表达出来，并经过社会实践的反复检验确定它与客观对象的一致性，便获得了真理。真理作为人类认识的成果，表现为各门自然科学、社会科学，构成了人类科学宝库。在各门学科尤其是各门社会科学中，存在着各种不同的乃至对立的观点、理论和学说，其中有真理也有谬误，它们常常彼此交错，一时难以分辨。因此，求真的过程，也是鉴别真理和谬误的过程。这表明，求真必须有鲜明的是非观念，必须以实践为检验真理的标准，以认识符合于客观实际为准绳去区分真理和谬误，消除谬误，发展真理。[②] 由于客观事物是独立于人的意识之外的物质世界，是复杂、多变的。事物的本质往往隐藏在变动不居的现象背后，必然性、规律性往往隐匿于纷繁多样的偶然性中，普遍性往往以千变万化的特殊性为表现形式。这就决定了"求真"的艰难和"求真精神"的必要性。同时，求真不仅是要探求自然界的运动规律，更是要探求人类社会自身的运动规律。正如毛泽东所指出，"在很长的历史时期内，大家对于社会的历史只能限于片面的了解，这一方面是由于剥削阶级的偏见经常歪曲社会的历史，另一方面，则由于生产规模的狭小，限制了人们的眼界。"[③] 因此，一方面，社会运动比自然的物质运动更高级也更复杂，因而探求社会规律比探求自然规律更加艰难；另一方面，统治阶级由于自己的私利其意愿与社会规律决定的社会发展方向不尽一致甚至完全相反，因而总是试图歪曲真理、掩盖真理、蒙蔽真理。这就使在社会科学领域

---

① 参见李捷：《求真务实与实事求是》，《思想理论教育导刊》2004 年第 5 期。

② 参见田心铭：《论求真务实》，《高校理论战线》2004 年第 2 期。

③ 《毛泽东选集》第一卷，人民出版社 1991 年版，第 283 页。

探求真理更加艰难，坚持真理、传播真理更是有很大的风险。也正因为如此，求真精神更是哲学社会科学的生命。但这种艰难，并没有阻止人们探求真理的脚步，获得真理是人们世世代代的不懈追求，也成为无数先哲为之献身的崇高目标。几千年来，求真精神一直是激励着人们尤其是科学家不断前进的活火。

古典时期的希腊哲学被尊崇为哲学的典范，不是因为别的原因，正是因为它自觉而一贯的求真精神。逻辑和科学只有在这种精神的指引下才能开展起来。实际上，并不是哲学将其任务规定为"求真"，而是"真"本身使得哲学的存在成为可能。我们知道，早期希腊哲学家对智慧的寻求是一种"求真"的努力，因为他们突出地把"智慧"与"真理"（λήθεια）关联在一起。对于希腊爱智者而言，作为"纯粹智慧"的 σοφία 相对于"实践智慧"意义上的 φρόνησι，始终具有一种优先性。例如，苏格拉底提出了"美德即知识"的命题，他所说的知识即"真知"。他为了在哲学中寻求"真知"，还无畏和安详地献出了高贵的生命，用实际行动深刻地揭示了"求真精神"的内涵。柏拉图也把智慧与真理直接关联起来，他说："你还能发现什么东西比真理更亲近于智慧呢？"亚里士多德更是认为，"智慧"或"智识"是"最严格的科学"。[1] 他以"吾爱吾师，吾尤爱真理"为信条，成为求真精神的典范。亚里士多德认为，研究哲学的人应该具有求真精神，应该有自己独立的见解，用自己的理性、自己的头脑进行思考，而不是盲目地屈从于他人，屈从于权威，只有这样，哲学才能说是自由的，才能求得真知。除了要求在哲学研究中具有独立自主的求真精神外，他还认为哲学的目的本身就是求真，追求永远的"真"。而哲学要寻求"永恒的真的知识"，只有通过"逻辑"才能得到，只有符合逻辑而不违背逻辑的知识，才是永恒的真的知识。当然，亚里士多德认为，只有自然科学知识才有可能是"永恒的真的知识"，而社会科学属于人类实践活动的知识，是不可能永远是"真"的。亚里士多德提出哲学的目的是求真的思想，确定了"逻辑"和"科学"（主要是自然科学）的重要地位，形成了西方文化中重视逻辑分析、重视科学的传统，从而推动了科学的发展。所以，希腊哲学的求真精神对科学的发展起着巨大的

---

[1] 参见詹文杰：《论求真精神与希腊哲学之成型》，《哲学研究》2007 年第 3 期。

促进作用。而科学的发展反过来又进一步推动了求真精神的形成。近代与现代科学之所以能在西方兴起，同源于希腊哲学的求真精神是密不可分的。希腊哲学最初是对自然的研究，进而到对"数"的研究，然后发展到对"存在"的研究。直到亚里士多德把对"存在"本身，即对"存在之为存在"的研究确立为第一哲学，希腊人的求真精神和智慧，就集中体现在对这个"存在"的理解、寻求和分析研究上。这种对"存在之为存在"的不断追寻和研究，锻炼出了一种永远不懈的探究精神和方法：研究分析一切事物；"打破砂锅问到底"地找出它的真正依据；依据事物的真相，审查、讨论、分析、判断各种意见、理由的真假。这样，希腊人就创造了一整套锐利无比和确切严密的批判方法与严格的求真精神，成为科学研究最可贵的原创能力与精神内核。近代和现代西方科学的思维创造力始终同其哲学发展紧密相关，而其原创"基因"就源于希腊哲学的求真精神。①

有的学者认为，和西方哲学的"求真"特征相比，中国哲学的最大特征是对"善"的追求。正如哲学家熊十力先生所指出的，"真致哲学者，必知宇宙论与人生论，不可判而为二。非深解人生真相，决不能悟大自然之真情。尽己性以尽物性，此圣学血脉，本论所承也。"② 也就是说，中国的"圣学血脉"一直强调对大自然真情的"悟"，不是靠对大自然本身的观察、研究，不是对知识、规律的探求，而是对"人生真相"的深解，这构成了中国哲学的"求善"特征。因此，中国哲学是一种人生道德哲学，也可以叫作伦理中心主义；中国哲学是一种进求实用的哲学，也可以叫作经世致用主义。所谓"伦理中心主义"，是说中国哲学强调人的道德规范、道德要求、道德评判和道德修养，这也就是中国哲学的"内圣之道"；所谓"经世致用主义"，是说中国哲学强调社会中的人运用自己的学问来"齐家、治国、平天下"，这也就是中国哲学的"外王之道"。求"善"的两层意思归纳到一起就是"内圣外王"。由此形成了中西哲学的不同特征：第一，中国哲学认为"天道即人道"，西方哲学发端于探求"始基"的自然哲学。如孟子认为，"尽其心者，

---

① 参见张洪雷：《希腊哲学求真精神刍议》，《广西民族学院学报》（哲学社会科学版）2003年第 6 期。

② 熊十力：《体用论·赘语》，中华书局 1994 年版，第 46 页。

知其性也；知其性，则知天矣"（《孟子·尽心上》）；董仲舒提出了"天人感应"说，认为"人类合之，天人一也"（《春秋繁露·阴阳义》）；张载明确提出"天人合一"命题等。而西方无论是米利都学派的"水""气"，毕达哥拉斯的"数"，赫拉克利特的"火"，巴门尼德的"存在"，德谟克利特的"原子"，还是柏拉图的"理念"，亚里士多德的"实体"，都是想要说明万物产生的"始基"。第二，中国哲学主要是"伦理中心主义"，西方哲学强调"美德即知识"。中国古代哲学如《经法》中讲："刑德皇皇，日月相望，以明其当。望失其当，环视其央。……刑德相养，逆顺若成，刑晦而德旺，刑阴而德阳，刑微而德彰。"即强调要充分发挥道德在国家治理中的作用。朱熹指出："今为学而不穷天理、明人伦，讲圣言，求世故，乃兀然存心于草木器用之间，此是何学问！如此而望有所得，是炊沙而欲其成饭也。"（《朱子语类》卷五）可见，朱熹认为科学之真，在于明天理、人伦、圣言、世故的道德之善。西方哲学如苏格拉底提出"美德即知识"命题，哺育了西方把追求知识、追求科学真理视为美德的传统。第三，中国哲学强调"经世致用"，西方哲学强调"为知识而知识"。如孔子"己欲立而立人，己欲达而达人"所体现出的深沉社会责任感；《大学》强调，"物有本末，事有始终，知所先后，则近道矣。古之欲明明德于天下者，先治其国，欲治其国者，先齐其家，欲齐其家者，先修其身，欲修其身者，先正其心。欲正其心者，先诚其意。欲诚其意者，先致其知。致知在格物，物格而后知止，知止而后意诚，意诚而后心正，心正而后身修，身修而后家齐，家齐而后国治，国治而后天下平。自天子以至于庶人，壹是皆以修身为本。"（《礼记·大学》）这集中表明了儒家经世致用的治学目的。而西方的德谟克利特宣称："我宁愿找到一个因果的说明，而不愿获得波斯的王位"；柏拉图说："你还能发现什么东西比真理更亲近于智慧呢？"因而形成了西方把不是为求实用而是为求知而求知的哲学，看作比一切科学都要高贵的传统。①

当然，也有学者坚持认为，中国古代文化中蕴含着求真精神。有的认为，在中国传统文化里，对真理的理解就是"道"和"理"。老子以"道"为自然的法则，荀子尝言物之"理"，韩非子则对两种观点作了进一步的发

---

① 参见赵品洁：《求善与求真——中西哲学基本特征比较》，《河北学刊》1999 年第 2 期。

展:"道者,万物之所然也,万理之所稽也。理者,成物之文也。物有理,不可以相薄。故理之为物之制,万物各异理,而道尽稽万物之理。"(《韩非子·解老》)这里所说的"道"和"理",都是存在于一切客观事物中的法则,也就是指客观真理。[①] 有的学者从3个方面论证了中国传统文化的求真精神:第一,中华民族具有追求自然真理的历史传统。早在先秦时代,中国就形成了有机论自然观,一向注重观察和思考自然界的整体性以及事物之间的内在联系,逐步形成了有特色的科学技术思想体系,并且几乎在科学技术的所有部门都做出了伟大的贡献。如,"元气"说、"原子"说和"阴阳五行"说等。正如英国科学史家李约瑟所指出,"中国在公元三世纪到十三世纪之间保持一个西方所望尘莫及的科学知识水平",科学发现和发明"往往远远超过同时代的欧洲,特别是十五世纪之前更是如此。"[②] 第二,中华民族具有追求社会真理的历史传统。中国人一向宗教观念淡薄,对人生与社会持一种清醒的理性主义态度,这比长期受制于宗教迷信的西方人要先进得多。第三,中华民族具有追求人类思维真理的历史传统。早在春秋战国时期,《墨辩》就已经在研究人类思维规律的形成逻辑方面取得了很高的成就。提出了形式逻辑的基本原理,触及了同一律、排中律和矛盾律等;先秦时代的《易传》已经明确地表达了对立统一原理。所以,李约瑟指出,"当希腊人和印度人很早就仔细考虑形式逻辑的时候,中国人则一直倾向于发展辩证逻辑。"[③] 总之,各方面的历史事实表明,中华民族的确具有求真精神。[④]

　　无论是中国历史还是西方历史都说明,没有求真精神就没有科学的进步,科学成就正是求真精神结出的硕果。同时还说明,没有求真精神,也不会有思想理论的发展,哲学社会科学的繁荣正是求真精神开出的花朵。而在任何一种意义上说,求真精神都应该成为研究生学术训练的基本内容和中心环节,因为求真精神正是科学精神的本质和核心。

---

① 参见赵新华:《从中国传统文化中的求真精神看当代大学生科学精神培养》,《中小企业管理与科技》(上旬刊)2009年第9期。

② [英]李约瑟:《中国科学技术史》第1卷第1分册,翻译小组译,科学出版社1975年版,第3页。

③ [英]李约瑟:《中国科学技术史》第3卷,翻译小组译,科技出版社1975年版,第337页。

④ 参见马来平:《弘扬中华民族的求真精神》,《山东社会科学》1990年第4期。

四、创新精神

科学研究是面向未知领域的探究活动，因此本质上是一种创新活动。既然是一种创新活动，创新精神就是科学研究必不可少的素质。对于"创新精神"，学界有不同的描述：有的认为，广义的创新精神属于心理或意识范畴，如认知、态度、情感、意志和个性；狭义而言是与创新活动有关的、提供动力和导向作用的非智力的心理品质，超越心理的层面，具有"外化"的社会性[①]；有的认为，创新精神既包括是否爱创新、想创新、敢创新，也包含是否懂创新、会创新、能创新的内容，创新精神成了一种全能的意识和能力[②]；有的认为，创新精神包括多种意识，如主体意识、求新意识、价值意识等[③]；有的认为，创新精神的鲜明特征是"敢为天下先"[④]；有的认为，创新精神也叫创新态度，由认知、情感、行为意向3种成分构成；有的认为，创新精神主要包括创新的意识倾向、情感意志和行为习惯方式；有的认为，创新精神主要包括好奇心、探究兴趣、求知欲、对新异事物的敏感，对真知的执着追求、对发现、发明、革新、开拓、进取的百折不挠的精神等；有的用精神来循环解释创新精神，认为创新精神是创新行为与活动的精神层面，它不仅体现在人们的认识与思维活动中，更重要的是体现在人们改造世界的实践过程中，是一种实践精神。在现时代，创新精神还是一种最重要的时代精神[⑤]；有的认为，创新精神是人的创新意识、创造思维、创造能力、创造品质等诸方面素质的综合表现[⑥]；有的认为，创新精神包括进取精神，崇尚真知、追求真理的科学精神，百折不挠、实现目标的奋斗

---

① 参见石国兴：《创新精神、创造性人格及其培养》，《河北师范大学学报》（教育科学版）2002 年第 3 期。

② 参见魏所康：《创新教育论》，江苏人民出版社 2002 年版，第 159 页。

③ 参见吴昊等：《关于复兴中华民族创新精神的思考》，《华南师大学报》（社会科学版）2000 年第 3 期。

④ 参见陈德荣：《主体性发展与创新精神培养》，《中国教育学刊》1999 年第 6 期。

⑤ 参见王伟光：《创新与中国社会发展》，中共中央党校出版社 2003 年版，第 164 页。

⑥ 参见李铌等：《研究生理论课程的设置与创新精神的培养——建筑学科研究生培养》，《长沙铁道学院学报》（社会科学版）2003 年第 4 期。

精神等。① 这些概括都从一个侧面对"创新精神"的内涵进行了概括。我们这里所说的"创新精神",专指科学研究中所呈现出来的精神状态和内在特质,是研究者在科学研究中所表现出来的不为已有权威、教条、公理、共识等所束缚,能够根据新的形势、新的变化、新的发展敢于打破常规,提出新思路、新思想、新观点、新理论、新方法,并为坚持真理、发展真理而敢于探索、敢于挑战、敢于批判、敢于推陈出新的精神状态和心理品质。

根据创新精神的内涵界定,其基本内容包括以下几个方面:第一,实践精神。创新精神首先是一种实践的精神,它不是纯粹的思辨精神。离开了实践,创新既失去了意识源泉,也失去了实现的可能。第二,开拓进取精神。创新的本质是开拓进取,在前人成果的基础上不断拓宽认知领域,增进知识总量,推进理论发展,推动社会进步。第三,批判精神。批判意味着对确定性的怀疑和对多种可能性的探寻。而只有打破传统、定论、权威才谈得上创新,因此,创新只能在批判和质疑的前提下才能产生,创新精神实质上是一种批判精神。第四,求真精神。创新的目的在于发现真理、发展完善真理。因此,创新精神是一种以真理为依归、以探寻真理为导向的精神品质。第五,探索精神。创新是在探索中实现的,创新精神与探索精神一样,是一种孜孜以求、不断进取的精神状态,表现为对科学研究的浓厚兴趣、饱满热情。第六,挑战精神。要想实现创新,就必须打破常规,质疑权威,突破定论,解构经典,敢于向权威说不,敢于对一定阶段和一定层次的真理表示怀疑,以便使新理论冲破旧理论的藩篱,使新思想冲破旧思想的禁锢,使新方法冲破旧方法的拘囿。因此,创新精神离不开挑战和挑战精神。第七,冒险精神。创新是对未知、不确定甚至尚不存在的问题、理论的探索和求证,无论从创新者的主观愿望来看,还是从创新的成果所要面临的外界评价来说,都是一种冒险,甚至可以说,每一次创新都是一次冒险而且要承担一定的风险。因此,创新精神是一种勇气、一种挑战精神,是一种把个人得失置之度外的冒险精神。第八,负责精神。创新精神是一种对学术和理论负责、对现在和未来负责、对社会和他人负责的担当精神。创新成果必须经得起同行的

---

① 参见叶上雄:《素质教育的重点:培养创新精神和实践能力》,《中国教育学刊》2000年第2期。

评价，经得起理论的验证，经得起时间的考验，经得起实践的检验。第九，献身精神。奉献精神表现为信奉人生的价值在于奉献而不是索取。由于科学研究投入大、周期长、风险大，甚至多少年的投入不一定得到应有的成果或承认，如果没有献身科学的境界是难有作为的。因此，创新精神也是一种献身精神。

创新精神的形成可以大致划分为3个阶段：第一，内在创新精神的形成。也就是自我创新意识的生长和确立过程。研究者（研究生）在自己的研究、学习过程中，在前人思想、理论、研究方法、学术品格、科学精神的影响、熏陶下，通过有意识的揣摩、磨炼，或者研究生在课堂教学和培养过程中，在授课老师、指导教师的指导、训练、培养下，逐步养成创新的习惯，培育创新品质，使创新精神生长和确立。这是一种内在、潜在的状态和阶段。第二，创新精神的外化。也就是创新精神不再仅仅是一种内在的精神状态，而是在现实的科学研究中表现出来的一种学术品质。它表现在日常的理论学习和学术研究中，能够渐渐体现出学术鉴别力，表现出质疑和批判精神，具有打破陈规、推陈出新的创新意识，和不畏权威、不唯经典的精神品格。但由于学说鉴别能力、学术修养、学术研究方法还没有达到一定的高度和境界，这时还不是一种成熟的精神品质，也还不是自觉的学术行为。第三，自觉的创新精神。也就是研究者所具有的创新精神达到一种成熟、自觉、自洽的状态。这表现在两方面：一方面，个人能够自觉开展独创性的研究，有较强的创新能力，学术活动中表现出成熟、稳定的创新精神；另一方面，个人的创新能力得到学术同行的承认，创新成果得到学术同行的认可，创新精神得到学术同行的认同。正如美国学者奇凯岑特米哈伊（Csikszentmihalyi，M.）所指出，"特定时间、特定地点的创造性水平并不仅仅依赖于个人的创造力。它同样有赖于各个专业和业内人士圈子如何适合于承认和传播这种新颖观点。这对于如何强化创造力具有巨大的实际意义"。[①] 只有到达这个阶段，个人创新精神才能真正成为稳定、自觉的精神品质，才能成为学界公认的学术品格。

---

① ［美］米哈伊·奇凯岑特米哈伊：《创造性：发现和发明的心理学》，夏镇平译，上海译文出版社 2001 年版，第 31 页。

创新精神在科学研究中不可或缺，但创新精神不会自发形成，需要进行有意识的培养。尤其是研究生教育，更应该把创新精神的培养作为学术训练的重要内容。著名教育家陶行知的教育思想的核心就是"创造"和"创新精神"，他追求的理性境界是"处处是创造之地，天天是创造之时，人人是创造之人"。要培养创新精神，必须改变把研究生作为被动的接受者的传统、旧的教育模式，突破单纯灌输、整齐划一的教育模式，把研究生的创新思维与创新精神教育作为重要内容来抓。具体说来，培养研究生的创新精神，要从以下几个方面着手：第一，创新教育理念，树立鼓励研究生创新的培养观念。长期以来，我国的研究生教育更多地强调知识的传授，使研究生教育大学生化。教学方法上，更多地是以"填鸭式"的讲授为主，对研究生自主学习、研究能力的培养重视不够。而且在评价标准上，也更多的是"标准件式"的人才培养观，研究生的个性、创新能力的培养往往被忽视。创新研究生教育观念，就要把研究能力和创新意识、创新精神作为研究生教育的指针和统领，并以此为依归改变教学、培养方法。这就要由注重学习和传授现成知识，转变为注重培养创新知识的能力；由研究生掌握的知识多少作为研究生教育质量评价标准，转变为把研究生的创新能力、创新素质、创新精神作为研究生教育的质量评价标准；由强调整齐划一的统一标准，转变为注重研究生的主体性的发挥及个性差异的培养和发展。第二，创新校园文化，形成适合研究生创新的学术环境。校园文化是研究生培养不可或缺的"空气"，是一种无时不在的"场"，是一种无处不在的环境。要培养研究生的创新意识和创新精神，就要努力构建和培育自由、平等、和谐、包容的教育环境，形成鼓励研究生提出新主张、尝试新方法、发表新观点的创新氛围，采用开拓型、发展型、创造型的教学模式，构建允许失败、包容失败、鼓励创新、引导创新的校园文化和培养环境。第三，搭建创新平台，为研究生创新精神形成提供更多机会。研究生多参加课堂教学以外的学术交流活动，可以突破思维模式，开阔学术眼界，触发创新灵感，形成创新欲望，培育创新思想和创新精神。因此培养单位要根据研究生不同专业特长，提供多元化的创新交流平台。如形成跨学科、跨院系、跨学校研究生学术交流机制，拓宽研究生创新视野；开展创新型成果展览、创新团队评比、创新项目竞标等，拓展创新能力培养空间等。第四，强化创新能力训练，把创新精神的培养贯穿到研究生培养的各环节。学科划分要改变过细过死现状，加强学科交叉渗透和学科间融会贯通，为研究生创新奠定学科基础；制订个性化的培养方案，重在挖掘研究生创新潜质，培养创新能力；建立高水平、创新意识强的导师队伍，形成平等、民主、和谐的师生关系，构建导师指导下的研究生创新团队；推进研究式教学，采用互动式、讨论式、辩论式等教学方法，在潜移默化中培养研究生创新能力和创新意识；加强理论研究与现实问题研究的结合，重视社会实践，在实践中强化研究生创新意识，磨炼创新精神；重视论文选题的创新性，把创新作为学位论文的重要评价指标，强化研究生培养创新导向。第五，注重创新品格形成，使创新精神成为研究生自觉、稳定的心理特征。要培养研究生主动获取知识的能力和独立思维能力；要引导研究生形成创新志向，使之自觉开展开创新活动，激发创造性思维，增强创造才能；要引导研究生逐步树立追求创新的价值取向，强化形成创新精神的内部动力。

总之，只有逐步培养并牢固树立科学精神，研究生的学术之路才能走得更远，才能实现科学理论的不断发展，才能为人类社会文明进步做出应有的贡献。

第九章　人文精神训练

　　包括社会科学在内的科学研究，毫无疑问要秉持科学精神。因为，科学研究作为一种科学活动，必须遵循科学规则，尊重科学规律。而科学研究探究科学规律，是为了利用规律提升人们生活水平，推动社会发展进步。让人们生活得更好，推动社会进步，仅靠利用冷冰冰的自然规律是不够的，还必须有深切的人文关怀。所以，科学研究又离不开人文精神，二者是密不可分的。一方面，科学精神离不开人文精神的指引。不仅人文学科要考虑人的发展和社会的需要，探索人类的理想和未来，科学技术同样源于人类的基本需要，是为了满足人类发展的需要。正是由于现代科学技术的巨大发展，才极大地改善了人们的生活水平。同时，也正是随着科学理性的发展，思想家们才逐步探索出人类社会组织结构和社会治理的合理方式，逐步实现人的自由和解放。因此，科学研究本身就包含着人文要求，科学精神本身就要体现人文精神。另一方面，人文精神离不开科学精神的支撑。人们正是因为有了科学的思维，才创造了灿烂的文明，从而培育了人文精神。而且科学作为一种社会活动，社会需求需要科学来满足；科学精神所体现的为人类的自由和解放而奋斗的精神，本身也是一种人文精神。因此，科学精神与人文精神是相通的：人文精神以尊重人的价值、维护人的尊严、关心人的利益为宗旨，它和科学精神一起，一个揭示自然规律，一个观照人类自身；一个追求真理，一个探索善美。[①] 二者相辅相成，互相融合，构成了人类文明，推动了人类社会不断向高级形态发展。

　　严格意义上讲，对科学研究来说，人文精神又与科学精神有不同的要求，二者侧重点不一样，不可混同。古希腊哲学既培育出了科学精神，也

---

① 参见郑念：《科学精神促进人类社会走向成熟》，《大众科技报》2001 年 4 月 29 日。

培育出了人文精神。古希腊早期自然哲学把"始基"当作解释万物的标准。但公元前 5 世纪中叶，以智者运动为标志，希腊哲学发生了所谓"人类学的转向"。这集中体现在普罗泰戈拉"人是万物的尺度"命题的提出。① 于是，正如德国哲学家文德尔班（Windelband，Wilhelm）所指出，"希腊科学从本质上说，走上了人类学的道路，或者说走上了主体性的道路：研究人们的内心活动，研究人们的观念力和意志力……"② 相对于以科学精神为底色的西方文化，中国传统文化以人文精神为显著特征。"人文精神"概念是哲学家牟宗三在 1952 年首先使用的，主要指在科学活动中体现美的理想和善的价值的精神。具体说来，就是使物的"物性"服务于人的"人性"，它意味着尊重人的审美需要，尊重人的价值、尊严与自由。所以，科学精神与人文精神一起，体现为真、善、美的统一。③ 而没有"善"和"美"的人文关怀，"真"就失去了实际意义。因此人文精神理应成为研究生学术训练的重要内容。

第一节　人文素养

人文素养，是对人类文化进步和文明成果的深刻洞悉与体现，是推进人类文化发展和文明进步的使命担当，是对人类文化演进、文明提升过程中凝结的人文精神和人文品格的崇尚与坚守，是科学研究中坚持以人为对象、以人为中心、以人为尺度的精神品质和素质修养。人文素养，是从事科学研究的必备素质，也是科学研究的灵魂。

一、独立精神和自由思想

科学研究要坚持以人为本和人性关怀，但是在现实中，自从私有制产生以来，人是隶属于不同的阶级、阶层的，因此人们的利益是分化的，甚至是对立的。各个时代把持意识形态话语权的统治阶级，由于阶级利益和阶级眼

---

① 　参见谭仲鹮：《希腊科学理性精神与人文精神探源》，《自然辩证法研究》1999 年第 4 期。
② 　[德] 文德尔班：《哲学史教程》上卷，罗达仁译，商务印书馆 1987 年版，第 97 页。
③ 　参见郑念：《科学精神促进人类社会走向成熟》，《大众科技报》2001 年 4 月 29 日。

光的局限，往往并不能代表全人类的利益，并不能代表先进生产力的前进方向，因而并不能始终遵循自然界的客观规律和人类社会的发展规律。以揭示自然规律和人类社会发展规律、服务人类和人类社会全面自由发展为使命的科学研究，就应当摆脱统治阶级的阶级局限，排除各种利益的羁绊，以坚持真理为生命、以全人类的利益为眼界、以人类的历史命运为境界，着眼于人的全面自由发展，着眼于全人类的福祉，着眼于人类社会的幸福、和谐和理性发展。这就要求科学研究具有独立精神和自由思想。这种独立精神和自由思想的培养，是要经过长期的学术训练和理论熏陶才能形成的，也是研究生培养和训练的基本内容。

那么，什么是"自由"呢？按德国哲学家马丁·海德格尔（Martin Heidegge）的说法，"自由乃是绽出的、解蔽着的让存在者存在""向着敞开域的可敞开者的自由让存在者成其所是。于是，自由便自行揭示为让存在者存在。"① 什么是科学研究中的独立自由精神呢？就是要求科学系统具有高度的自主性、独立性；科学组织享有高度自治权；坚持实事求是，坚持实践的检验标准；理性、客观、公正；反迷信，反权威，反教条；不唯名，不唯书，不唯上；反对行政干预，反对意识形态的涉入控制，反对以功利、短视的标准衡量科学的社会价值；允许有各种不同的思想、主义、理论、派别、观点的存在，允许各种学说的自然发展……② 这里说的"独立精神"和"自由思想"是对研究者个人的要求。而"自由精神"，则既是对研究者个人的要求，又是对学术环境的要求。毫无疑问，科学研究中坚持独立精神和自由思想，是科学研究的内在规律和基本要求。作为环境的独立自由精神是正常开展科学研究所必需的环境和氛围，而作为学者最可贵的就是要有自由思想和独立精神。因为，不同的理论、学说、思想、观点、流派只有在自由、平等的环境中互相竞争、互相借鉴、取长补短才能够进步，科学研究事业才能够不断发展。正因为如此，理论家、思想家们才对独立精神、自由思想孜孜以求，并对其内涵作了系统阐发。蔡元培毕生都在追求中国教育与科学事业的

---

① [德] 海德格尔：《路标》，孙周兴译，商务印书馆 2000 年版，第 221 页。

② 参见王骏：《自由精神与科学研究——纪念蔡元培先生诞辰 130 周年》，《自然辩证法研究》1998 年第 10 期。

自由精神，主张"对于各家学说，依各国人学通例，循思想自由原则，兼容并包"①。作为北京大学的校长，他推动北京大学成了近现代中国自由精神的圣地。在主持中央研究院期间，他把自由精神与科学研究联系在一起，强调"科学理论的研究工作应允许有最大限度的自由"。他认为，"科学研究之自由精神""即凭研究者自己之兴趣与见解决定动向，不受他人之限制之原则，仍应于合理范围内充分尊重之。盖学院自由正是学术进步之基础也。"②史学泰斗陈寅恪也指出，"士之读书治学，盖将以脱心志于俗谛之桎梏，真理因得以发扬。……唯此独立之精神，自由之思想，历千万祀，与天壤而同久，共三光而永光。"③也就是后人概括的以"独立之精神，自由之思想"为核心内容的学术精神。冯友兰将这种独立精神、自由思想概括为"违千夫之诺诺，作一士之谔谔"。

当然，"自由精神"与"自由主义""新自由主义"完全是两回事：自由精神是科学研究与学术活动中在客观规律面前的平等精神和在坚持真理上的自主精神，它是科学研究所要求的怀疑精神、批判精神、求真精神、创新精神的必然结论，这些精神正是自由精神的具体体现，因此自由精神是推动科学发展和学术进步的必要条件；自由主义或新自由主义则是资产阶级的意识形态，是反对政府管理，主张完全私有化、市场化、自由化，主张私人利益神圣不可侵犯、要求私人资本不受限制地自由扩张的经济、社会、政治权利要求，反映的是资产阶级的阶级私利。它和学术自由、科学研究中的自由精神，毫无共同之处。

由于科学研究是一种创造性的活动，而进行创造必须具有独立自由精神。独立、自由精神是科学和科学研究的灵魂。只有自由精神，才能保证研究者创造性的充分发挥，保护科学研究、科学探索的持久兴趣，保证科学事业的健康、长远发展。如果没有独立、自由精神，科学研究就失去了动力和活力，窒息了创新和进步，社会也会因此停滞不前。因此，自由精神既是创造型人才产生和培养的内在原动力又是外部必备条件。自由精神作为一种学

---

① 沙健孙：《漫谈"兼容并包"的思想——五四感言之一》，《文艺理论与批评》1999 年第 3 期。

② 《蔡元培文集（科学技术）》，（台湾）锦绣出版社 1995 年版，第 304、313 页。

③ 陈美延：《陈寅恪集·金明馆丛稿二编》，三联书店 2001 年版，第 246 页。

术空气，蕴含着对人才自由发展的首肯，蕴含着对创新人才的首创精神的尊重。如果没有对个人学术自由的尊重，没有学术民主的氛围，就很难培养出创新人才。所以，自由的学术环境和研究者的自由精神，对科学研究的发展同样不可或缺。

关于中国传统文化特别是传统思想理论中是否有独立、自由精神，不同的学者有不同的观点。有的学者认为，中国古代知识分子的荣辱浮沉、自由不自由、独立不独立，取决于他们与权力之间的关系，取决于权力对于他们的支配程度。在统治权力笼罩之下，一般地说，知识分子获得某种自由、独立状态只是相对的。只有当统治权力被分割、互相争夺统治权力或统治权力衰落不稳定从而失去控制能力时，知识分子才能表现出某种独立精神，获得较大的自由，出现百家群起、自由争辩的局面。而自从儒学独尊，特别是实行科举制度之后，知识分子们只能在被划定的圈子内行动，或者希望自己也能够挤进权力圈子里去，所谓"学而优则仕"。[1] 既然人格都不独立，就更谈不上独立精神和自由思想了。一些自由主义者甚至极端地认为，传统文化是自由的天敌，作为中国传统文化主流的儒家思想更是自由的枷锁、扼杀自由的罪魁祸首。[2] 在儒家文化以至包括道家在内的整个中国传统文化中一直未能形成严格意义上的权利意识，甚至未能贡献出与之含义相接近的概念。甚至连严复也发出"自由一词，为中国历代圣贤所深畏"的感叹。[3] 对这种言论要辩证地评判：现代意义上的"自由"思想是资产阶级革命时期反抗封建主义的要求，要求封建时代的中国传统文化蕴含这种意义上的"自由"思想，是一种不顾历史条件的学术教条主义。封建主义不论在中国还是在西方，都是以"专制"为特征的，都是与现代"自由"概念相对立的。当然，也有的学者认为，中国古代不乏自由思想，不论儒家、道家、佛教都包含着自由思想和自由精神，儒家追求的是"入世的自由"，道家追求的是"忘世

---

[1] 参见吴江：《自由思想"独立精神"小议》，《北京日报》2003 年 5 月 12 日。

[2] 参见黄玉顺：《中国传统的自由精神——简论儒道释的自由观》，《理论学刊》2001 年第4 期。

[3] 参见储昭华：《儒家文化的自由精神究竟何在——兼论儒家自由主义如何可能》，《江海学刊》2004 年第 4 期。

的自由"，佛教追求的是"出世的自由"。[1] 但无论"入世自由""出世自由"还是"忘世自由"，与现代意义上的"自由"概念，尤其是本处所探讨的学术上的"自由"，还是有着质的区别的。

现代意义上的"自由"理念与西方思想史上的"自由"概念有着内在的继承关系。古代自由思想经过在历史长河中的不断沉淀、凝练、提升，形成了推动历史进步的"活火"——自由精神。德谟克利特认为，"在一种民主制度中受贫穷，也比在专制统治下享受所谓幸福好，正如自由比受奴役好一样。"[2] 普罗泰戈拉提出"人是万物的尺度"论断，第一次肯定了人的自由和主体，开创了古希腊自由思想先河。苏格拉底强调，"哲学家的职责在于使灵魂脱离肉体而获得自由和独立"[3]。在经历了漫长的黑暗中世纪的沉沦后，18世纪，启蒙思想家们重新高举"自由"大旗反对封建专制和宗教束缚，"不自由，毋宁死"成为鼓舞人们反对封建专制主义、争取独立和自由的战斗口号，使自由思想深入西方政治、经济、文化、社会的每一个方面，成为基本价值观念。卢梭社会政治哲学的最高目的就是"自由"和"平等"，提出了"人是生而自由的"这一振聋发聩的革命口号，激励着资产阶级为"自由"和"平等"进行不懈斗争。1789年法国国民议会通过的《人权和公民权利宣言》的第一条就是"人们生来是、而且始终是自由平等的"。自由思想引领了资产阶级革命，为人类的自由进步奠定了思想和理论基础。"自由"概念同样构成了德国古典哲学的代表人物康德和黑格尔的哲学的核心概念，并在理论上得到了更深刻的揭示。康德把"自由"看作自己哲学体系"整个建筑的拱顶石"。他给自己哲学规定的两大任务是：在科学上反对蒙昧主义并论证科学规律的必然性，以实现人类理性在经验世界的自由；在道德上反对奴隶主义和利己主义，以实现人类在自我意志世界的自由。他还提出"人是目的，而不是手段"的命题。黑格尔把德国古典哲学的"自由"理念发展到了极致。他把"自由"规定为"绝对精神"的内在本质，认为"'精神'——人之所

---

[1]　参见黄玉顺：《中国传统的自由精神——简论儒道释的自由观》，《理论学刊》2001年第4期。

[2]　陈刚：《古希腊罗马的自由观——青年马克思的哲学史研究》，《学海》1994年第1期。

[3]　[古希腊]《苏格拉底的最后日子——柏拉图对话集》，余灵灵等译，上海三联书店1997年版，第130页。

为人的本质——是自由的"。他还把人类历史看作自由精神发展的历史，把历史看作人类"自由精神"展现自身的"舞台"，并把"自由"看作推动历史前进的动力和历史发展的最终目的，认为"历史是自由意识在必然性中的进步""整个世界的最后目的，……就是当作那种自由的现实"。① 而他所希望建立的最终的理想社会，就是"人人自由"的社会。② 那么，什么是"自由"呢？黑格尔认为，"自由"本质上是人依据对事物内在本质的认识而进行的理论活动和实践活动。③ 通过理论活动，人获得关于对象的普遍性知识；通过实践活动，人把自己的理想转变为现实。黑格尔还把人类"自由"的进步区分为少年、青年、成年、老年几个阶段：东方世界体现的时代精神是"萌发的自由意识"；古希腊体现的时代精神是"感性的自由意识"；古罗马帝国为代表的时代精神是"抽象的自由意识"；近代欧洲各民族体现的时代精神是"理性的自由意识"。可以看出，黑格尔对人类"自由"本质和人类"自由"进步的必然性等问题的理解，始终把"人类"而不是"原子式个人"的"自由"作为自己考察的中心。这就远远超过了前人，并给唯物主义历史观提供了丰富的思想资源。但是，黑格尔对"自由意识进步的必然性"问题并没有给出完全科学的结论。④ 正如恩格斯所批评指出的，黑格尔虽然提出了探求人们活动的思想动机背后的更深刻的原因的问题，但其解决的方式却是唯心的，即把哲学意识当作历史的动力引进了历史。⑤

　　黑格尔从人类的视角而不是从个人视角理解的"自由"本质，与我们本处探讨的以个性为特点的学术上的独立精神和自由思想，还是有一定出入的。而马克思所讲的"人的自由全面发展"思想，则在更深层次上揭示了独立精神和自由思想的深刻内涵。马克思以前的思想家关于人的自由全面发展的理念是建立在"人是生而自由的"这一抽象人性论的基础上的。马克思的

---

① 参见［德］黑格尔：《历史哲学》，三联书店1956年版，第56、58页。

② 参见李红波：《西方哲学的自由精神和马克思的"自由思想"》，《社会主义研究》2008年第3期。

③ 参见［德］黑格尔：《法哲学原理》，范扬等译，商务印书馆1961年版，第12—13页。

④ 参见金延：《历史：自由精神展现自身的舞台——黑格尔对历史本质的解读及对后世批评的反思》，《陕西师范大学学报》（哲学社会科学版）2010年第1期。

⑤ 参见恩格斯：《路德维希·费尔巴哈和德国古典哲学的终结》，人民出版社1972年版，第39页。

功绩是将这一理想建立在历史唯物主义基础上，并说明这是人类社会发展到现代的一种必然趋势。虽然马克思也从"类"上论证了人的自由本质，认为"自由""是人的本质""是全部精神存在的类本质"；①"自由的有意识的活动恰恰就是人的类特性"②。但马克思更重视个体的自由，把"每个人的自由发展是一切人的自由发展的条件"表述为"自由人的联合体"的本质特征，并且强调未来的共产主义社会是"以每一个个人的全面而自由的发展为基本原则的社会"③。可见，马克思关于"人的自由而全面发展"的思想实质是重视人的自由发展，因而充分体现了现代意义上的"自由精神"内涵。

独立精神和自由思想是学术研究的首要前提。但自由精神不会自发产生，它需要贯穿于研究生培养的过程中，在学术训练中通过教育逐渐培养形成。有的学者把这种教育功能称为"唤醒"。"唤醒"这一范畴是由德国文化教育学派代表人物斯普朗格（Eduard Spranger）最早提出来的。他认为，"教育的核心是人格心灵的唤醒"。④德国存在主义哲学家卡尔·西奥多·雅斯贝尔斯（Karl Theodor Jaspers）在《什么是教育》中也持类似的看法，他认为，"教育的原则，是通过现存世界的全部文化导向人的灵魂觉醒之本源的根基，而不是导向由原初派生出来的东西和平庸的知识（当然，作为教育基础的能力、语言、记忆内容除外）。"⑤当然，"唤醒"说认为人格先验地存在于人的灵魂中，是一种唯心主义。但其通过世界文化导向人的心灵的升华，是适合研究生独立精神和自由思想的培养的。也就是在研究生教学和培养过程中，不仅倡导教育中的自由，反对教育中的强制，强调人的主体性、创造性、自由精神，而且把自由和独立精神作为有创造性的自由意志，作为独立、自尊的人格力量去追求。只有具有了独立精神和自由思想，研究生才能在科学研究中有独到的见解，做出独有的贡献。

---

① 参见《马克思恩格斯全集》第4卷，人民出版社2012年版，第343页。

② 《马克思恩格斯选集》第1卷，人民出版社2012年版，第56页。

③ 《马克思恩格斯选集》第2卷，人民出版社2012年版，第267页。

④ 邹进：《现代德国文化教育学》，山西教育出版社1992年版，第190页。

⑤ ［德］雅斯贝尔斯：《什么是教育》，邹进译，生活·读书·新知三联书店1991年版，第3页。

二、文化珍视和文明敬畏

学术研究是一种文化活动，是总结文明、研究文明、创造文明的活动。因此，学术研究理应珍视作为人们不同生活方式的各种文化，理应敬畏作为不同时代人们改造自然、改造社会、改造自身成果的文明。为学术研究打基础的学术训练，必须以已有的人类文明成果为逻辑起点，以不同时代的文化现象为研究对象。所以，不论是学术研究还是学术训练，如果离开了已有文明成果就成了无源之水，如果无视文化现象就成了无的之矢。而且，各个不同时代的文明成果是人类提升自己、创造历史的成就积淀，依靠这些文明成果人类才艰难地走到了今天；不同时代文化成就是思想家们对各种文化现象的科学总结，有了这些文化成就的指引人类才能顺利走向未来。学术研究、学术训练如果不重视这些文化成就和文明成果，无异于离开人类文明大道而走不毛之地，无异于抛弃丰富的财富积累而白手起家，在学术研究上是不会有太大成绩的，对人类文明发展是不会有多少增益的。

1.文化的内涵与文化的本质。珍视文化，必须首先弄清楚什么是"文化"、在何种意义上使用"文化"概念。关于"文化"的内涵，不同时代、不同思想家、不同文化体系给出了不同的界定。

在中国古代，"文化"中的"文"和"化"最早是两个独立的词："文"原指"纹理"，逐步演变成"文字""文章""典籍""文学"之义，并引申出了"人文""修养"之义，而后又衍生出"美""善""德行"等语义；"化"本义为"化易""生成""变化""造化"等，即"改变""形成"之意，后引申出"文明""教化""教行迁善"之义。如《易传》所谓"观乎人文，以化成天下"，即"人文化成"之意。"文化"作为一个词来使用，为"文治""教化"之意。如汉代刘向《说苑·指武》所说："凡武之兴，为不服也，文化不改，然后加诛"；晋束广微《补亡诗·由仪》所谓"文化内辑，武功外悠"等。这里的"文化"，是与"武力征服"相对应的"文治""教化"，也就是用人伦仪则、道德秩序去规范和化易人民于"野蛮"，使之"开化"和"文明化"的过程。这种从精神"化易"层面来界定"文化"的认识，是中国古代沿袭的基本趋向，从汉唐一直影响到清代。如明末清初顾炎武在《日知录》中认为，"自身而至于家国天下，制之为度数，发之为音容，莫非文也"。

也就是说，文化对国家来说发挥着制度的作用，对个人来讲决定了个人行为、品行。可见，这是从"教化""化人"的层面来认识"文化"的。现代以来，特别是五四运动后，学界对"文化"的内涵进行了广泛的讨论，对"文化"的认识逐步深化，呈现多视角的特点。其中影响最大的是梁漱溟 1920年出版的《东西文化及其哲学》给"文化"下的定义："文化"是"人类生活的样法"，并把人类生活的"样法"区分为精神生活、物质生活和社会生活。而蔡元培在 1920 年的《何谓文化?》演讲中提出，"文化是人生发展的状况"，并列举了衣食住行、医疗卫生、政治、经济、道德、教育、科学等。梁启超在 1922 年《什么是文化?》一书中指出，"文化者，人类心能所开释出来有价值的共业也"；在《中国文化史口录》中，认为"文化"包括朝代、种族、政治、法律、教育、交通、国际关系、饮食、服饰、宅居、考工、农事等。1926 年，胡适在《我们对于西洋近代文化的态度》中指出，"文化是文明社会形成的生活的方式"。可见，以上的"文化"观都包括极为广泛的内容。然而，陈独秀却并不认同这种宽泛的文化定义。他在《文化运动与社会运动》一文中批评指出，"有一班人并且把政治、实业、交通都拉到文化里面了，我不知道他们因为何种心理看到文化如此广泛，以至于无所不包?"他认为，"文化"是"文学、美术、音乐、哲学、科学这一类的事"。[1]

在西方，作为"文化"对应的词汇，无论是英语"culture"、法语"kultur"，还是德语"kulture"，都来自拉丁语"colere"（动词）的派生词"cultura"（名词），原意指对土地的"耕作"和对作物的"培育"。到古罗马时期，"文化"一词引申出对人的"教育""培养""发展""尊重"等含义。如公元前 45 年，罗马政治活动家马库斯·图留斯·西塞罗（Marcus Tullius Cicero）在《图斯库卢姆谈话录》中把"文化"一词写作"cultura anima"，即"培育心灵"之意。经过文艺复兴"人文主义运动"，到 18 世纪启蒙运动时期，"文化"的人文主义纯粹精神意义不断得到强化，把"文化"与"人格""人性""能力"等人的素质内在地结合起来。如法国启蒙学者伏尔泰（Voltaire）、孔多

---

[1] 参见陈建新：《论文化的本质及其精神》，《阿坝师范高等专科学校学报》2001 年第 1 期；高飞乐：《论文化的本质规定》，《中共福建省委党校学报》2001 年第 5 期；邹广文：《文化、文化本质与文化变迁》，《中共天津市委党校学报》2004 年第 4 期；徐宗华：《文化本质的再探讨》，《平顶山学院学报》2007 年第 4 期。

塞（Condorcet）等，把"文化"的本质概括为"理性"，即人类从"未开化"到"开化"、人性从"野蛮性"到"合理性"的进化过程。德国哲学家康德更是把"文化"界定为"有理性的存在者为了一定的目的而进行的能力之创造"[①]。他认为，作为"文化"的"人类能力"包括认识能力、道德实践能力和审美判断能力等。19 世纪中叶以后，随着"人类学"特别是"文化人类学"的出现，"文化"被赋予了更广泛的含义，被看作人类知识、语言、风俗、习惯、行为方式、宗教信仰、思想观念、社会结构等的社会历史遗传。也正是在 19 世纪中叶，"文化"一词才成为一个完整体系的表达方式，成为专门的术语、概念。第一次给"文化"一个整体性概念，并且是最典型的"文化"概念的，是英国文化人类学家爱德华·伯内特·泰勒（Edward Burnett Tylor）。他在 1871 年写的《原始文化》一书中对"文化"所作的概括是："所谓文化乃是包括知识、信仰、道德、法律、习惯以及其他人类作为社会成员而获得的种种能力习性在内的一种复合整体。"[②]美国文化人类学者鲁斯·本尼迪克特（Ruth Benedict）则认为，"文化是通过某个民族的活动而表现出来的一种思维和行动方式，一种使这个民族不同于其他任何民族的方式"。[③]

从"文化"的内涵在东、西方的不同演进可以看出，在不同时代、不同的文明体系中，在不同的思想家那里，"文化"概念的内涵、外延、视角会是有所不同的。如上面梁启超把"文化"界定为"人类心能所开释的有价值的共业"，梁漱溟界定为"生活的样法"，蔡元培界定为"人生发展的状况"，胡适界定为"生活的方式"，还是康德界定为"能力之创造"，泰勒界定为"能力习性的复合整体"，本尼迪克特界定为"民族思维和行动方式"等。尽管不同的思想家、学者对"文化"认识的角度不同，从而对文化内涵的界定也不同，但总的来说，可以把这些概念划分为三类：一是指人类活动的结果、成就。苏联 1956 年出版的《现代俄语标准辞典》的定义是，"文化是人类社会生产中、社会生活和精神生活中所取得的成就的总和。包括物文化和精神

---

① [德] 康德：《判断力批判》下卷，韦卓民译，商务印书馆 1964 年版，第 95 页。

② [英] 泰勒：《文化的定义》，顾晓鸣：《多维视角的文化理论》，浙江人民出版社 1987 年版，第 98 页。

③ 参见高飞乐：《论文化的本质规定》，《中共福建省委党校学报》2001 年第 5 期；邹广文：《文化、文化本质与文化变迁》，《中共天津市委党校学报》2004 年第 4 期。

文化。"二是指人类的活动。如苏联学者马尔卡良认为，"文化是人类活动的手段，生存的手段。"三是"活动"和"结果"的综合。如我国出版的《辞海》和《苏联小百科全书》都把"文化"解释为"人类社会历史实践过程中所创造的物质财富和精神财富的总和"。当代美国社会学家戴维·波普诺（David Popenoe）认为，"文化是一个群体或社会所共同具有的价值观和意义体系，它包括这些价值和意义在物质形态上的具体化。……文化由三个重要因素组成：符号、意义和价值观；规范；物质文化。"①

　　思想家们之所以对"文化"的内涵有不同的界定，主要是因为：有的是从广义上概括的，有的是从狭义上认识的。《中国大百科全书》（哲学卷）对"文化"的界定是："广义的文化总括人类的物质生产和精神生产的能力、物质的和精神的全部产品。狭义的文化指精神生产能力和精神产品，包括一切社会意识形式，有时又专指教育、科学、文学、艺术、卫生、体育等方面的知识和设施，以与世界观、政治思想、道德等意识形态相区别。""社会学卷"的界定是，"广义的文化是指人类创造的一切物质产品和精神产品的总和。狭义的文化专指语言、文学、艺术及一切意识形态在内的精神产品。"可见，广义的"文化"包括人类意识及其所创造的一切，既涵盖精神层面，又涵盖物化层面。而狭义的"文化"仅指人类精神活动及其成果，也就是仅涵盖精神层面。英国文化人类学家马林诺夫斯基是从广义上来理解"文化"的，他认为，"文化是指对一种传统的器物、货品、技术、思想、习惯价值而言的，这一概念包容着及调节着一切社会科学。文化是一个组织严密的体系，同时它可以分成基本的两方面，器物和风俗，由此可进而再分成较细的部分或单位。"他把"文化"细分为"物质文化""精神文化""语言"和"社会组织"。②狭义的文化观理解的"文化"是相对于有形物质的人类各种精神现象或产物，是与"物质层面"相对应的"精神层面"。正如毛泽东在《新民主主义论》中所指出的，"一定的文化是一定社会的政治和经济在观念形态上的反映。"③黄楠森也认为，"狭义的文化现象就是精神现象，不包括客观现象或物质现

---

① 参见徐宗华：《文化本质的再探讨》，《平顶山学院学报》2007年第4期。

② 参见［英］马林诺夫斯基：《文化论》，费孝通等译，中国民间文艺出版社1987年版，第4—7页。

③ 《毛泽东选集》第二卷，人民出版社1991年版，第694页。

象。"① 有的学者把"文化"区分为"器物层""制度层"和"精神层"。并认为"广义文化"包括"器物""精神"和"制度层"所有内容;"中义的文化观"包括"制度层"和"精神层";"狭义的文化"只包括"精神层"。②

不同时代的不同思想家从不同层面概括了"文化"的内涵,也一定程度上从不同层面揭示了"文化"的本质。概括地讲,"文化"的本质可以从以下两个方面来界定:首先,"文化"的本质是"人化"。③ "个人怎样表现自己的生命,他们自己就是怎样。"④"文化"与"人"是同一的:"文化"是人的文化;"人"是文化的人——也就是说,正是由于人的文化,人才脱离动物界,才成其为"人"。"文化"是"人"的本质的表现,是"人"的能力的证明。"人"创造了"文化";"文化"塑造了"人"。因此,"文化"就是由"人"创造的、人又生活于其中的思想观念、意识形态、风俗习惯、道德伦理、制度规范、生活方式、生产方式等。"文化"是"人"的思想、能力的外化,是一种精神的存在,同时它本身也要借助一定媒介呈现出来。"文化"或者呈现为思想观念、意识形态、风俗习惯、道德伦理等精神的存在,或者呈现为法律、制度、规范等制度的存在,或者呈现为"人化"自然等物质的存在。事实上,一切人造物,包括一切非人造、但已"人化"了的物质存在,都打上了"人"的印记,都展示了"人"的能力和价值,从而都成为作为"人"的存在形式的"文化"的现实载体。正是从这个意义上,马克思指出,"工业的历史和工业的已经生成的对象性的存在,是一本打开了的关于人的本质力量的书,是感性地摆在我们面前的人的心理学"⑤。其次,"文化"本质上是人类实践创造的理性成果(包括其物化形态)的总和。人类为了生存,在改造物质世界和主观世界的过程中,逐渐创造了衣、食、住、行各种物质载体,创造出语言、思想、宗教、道德、习俗等,进而创造了日趋复杂的社会关系、生活体系、生活方式、社会形态、关系结构、法律体系、组织制度等。这些,就

① 黄楠森:《论文化的内涵与外延》,《北京社会科学》1997 年第 4 期。

② 徐宗华:《文化本质的再探讨》,《平顶山学院学报》2007 年第 4 期。

③ 参见周晓阳:《论文化的本质》,《南华大学学报》(社会科学版)2004 年第 2 期;邹广文:《文化、文化本质与文化变迁》,《中共天津市委党校学报》2004 年第 4 期。

④ 《马克思恩格斯选集》第 1 卷,人民出版社 2012 年版,第 147 页。

⑤ 《马克思恩格斯文集》第 1 卷,人民出版社 2009 年版,第 192 页。

是"文化"的不同形态。因此，"文化"是人类在社会实践中，利用改造自然、社会及人自身的持续过程中，积累的相对稳定的成果，是人类改造客观世界和主观世界的社会实践活动及其在实践发展过程中所形成的物质与精神成就的总和。[①]

2. 文明的内涵及其与文化的关系。"文明"一词在18世纪欧洲启蒙时期成为确切的概念，与"理性"概念一样被启蒙思想家看作人类发展或完善的象征。在卢梭、孟德斯鸠和"百科全书派"那里，"文明"象征良好的风尚和生活方式，是与未开化和野蛮状态相对立的生活风尚。虽然这主要是对中世纪向近代社会进步的描述，但其关于"社会进步"的基本含义一直被延续下来。到19世纪，形成了"文明"的基本定义，即指民族或国家在特定历史阶段中显示出来的进步特征的总和。在中国，康有为在《微言考》中也对"文明"的含义进行了诠释。他把"文明"作为与"野蛮""夷狄""草昧"的对应词、反义词来使用。如"野蛮为文明之敌，从野蛮则文明灭绝""人世宜由草昧而日进于文明"等。尽管康有为关于"文明—野蛮"的界定源于孔子的"中国—夷狄"概念，但其对"文明"内涵的诠释，与西方的"文明"概念基本上是相通的，即都指与"野蛮""落后"相对应的"社会进步""良好风尚"等，即摆脱野蛮低级状态的进步社会的成就，包括国家制度、交往方式、科学文化、社会风尚等。这些"进步成就""文明"的主要标志，被人类学家、考古学家柴尔德（G. Child）界定为"城市""国家""文字""劳动分工""科学工艺"等10项基本标准。[②] 因此，所谓"文明"，就是社会进步和开化的状态以及社会进步的成就与成果。"文明"可以区分为"物质文明"和"精神文明"。所谓"物质文明"，是人类改造自然的物质成果的总和，包括生产力的发展水平和状况、生产的规模和科学化水平、社会物质财富积累的程度、人们日常物质生活条件和生活水平等。所谓"精神文明"，是人类改造客观世界同时改造主观世界的精神成果的总和，是人类精神生产的发展水平及其积极成果的体现。"精神文明"包括两个方面：一是指社会的知识、

---

① 参见周晓阳：《论文化的本质》，《南华大学学报》（社会科学版）2004年第2期；高新民等：《论文化的本质、结构及其特点》，《甘肃高师学报》1999年第4期。

② 参见张荣华：《文明本质及其发展的探索与构造——康有为〈春秋笔削大义微言考〉述论》，《学术月刊》1994年第7期。

经验、智慧和技能的状况，人们在科学、教育、文学、艺术、卫生、体育等方面的素养和所达到的水平，也包括与此相关的物质设施、机构的规模和水平，如学校、卫生保健设施、文化体育活动的场所、博物馆、展览馆、宣传设施和机构、学术团体、出版物等的数量和质量。二是指社会的政治思想、道德面貌、社会风尚，人们的世界观、理想、信念、觉悟、情操以及组织性和纪律性等方面的状况。①

那么，"文明"和"文化"是什么关系呢？从宽泛的意义上讲，"文明"和"文化"在多数情况下可以通用。一方面，"文化"指相对于"野蛮"的"文治""教化"，用道德秩序去规范和化易人使之"开化"和"文明化"；"文明"也指与"野蛮""落后"相对应的"社会进步""良好风尚"等。另一方面，"文化"指人类的物质生产和精神生产的能力、物质的和精神的全部产品；"文明"也指人类社会实践中所创造的物质财富和精神财富的总和。应该说，对"文化"内涵的界定，具有逐步泛化的特点。如我国出版的《辞海》和《苏联小百科全书》都把"文化"解释为"人类社会历史实践过程中所创造的物质财富和精神财富的总和"。《中国大百科全书》（哲学卷）把"文化"界定为"广义的文化总括人类的物质生产和精神生产的能力、物质的和精神的全部产品"等。这都是在宽泛意义上界定"文化"概念的。相比较而言，梁启超把"文化"界定为"人类心能所开释的有价值的共业"，梁漱溟界定为"生活的样法"，蔡元培界定为"人生发展的状况"，胡适界定为"生活的方式"，康德界定为"能力之创造"，泰勒界定为"能力习性的复合整体"，本尼迪克特界定为"民族思维和行动方式"，波普诺界定为"一个群体或社会所共同具有的价值观和意义体系"等，是从严格意义上使用"文化"概念的。因此，从严格意义上讲，"文明"和"文化"是有所区别的。正如梁漱溟所概括的，"文化"是生活的"样法"，"文明"则是我们生活中的"成绩品"。② 也就是说，"文明"是"文化"中的积极内容、积极成果、积极成就。尽管"文化"也是人类在物质和精神方面的积累总和，但"文明"只是其中的积极部分和进步方面。具体说来，可以从以下两个方面把握"文明"和"文化"的区别：第一，

---

① 参见高新民等：《论文化的本质、结构及其特点》，《甘肃高师学报》1999 年第 4 期。

② 参见吕希晨：《中国现代文化哲学》，天津人民出版社 1983 年版，第 118 页。

"文化"是人类理性的现实存在方式，是过程，是进行时；"文明"是人类理性的成果、成就，是结果，是完成时。"文化"是人类生活形式、活动方式、思维程式、理性能力的总和，是人类创造性的历史活动的总体方式和动态过程，是人生活于其中、决定人们思维、塑造人们行为的知识形态、思维方式、意识形式、制度价值、风俗习惯、道德规范等精神存在及其物质载体，这种精神存在是一代一代前人创造、积淀、左右生活于其中的当代人的思维方式、价值观念、行为举止，又在当代人的思维方式、价值观念、行为举止中得以延续、继承、创新、发展。因此，文化不仅是一个精神过程，也是一种精神进程，是一种行进中的精神存在。当然，这种精神存在，经过人们的社会活动，不断地物化为现实制度或"器物"。而"文明"则是"文化"这一精神过程的结果、成果，是以完成形态存在的完整的、程式化的整体功能性固态。与人生活于文化之中不同，人可以与一定的文明形态脱离；与"文化"在当代人的行为举止中不断得以延续和发展不同，"文明"是前人创造、完成的精神成果。人可以从文明形态中学习、借鉴有益给养，可以复制、再造一定的文明形态，但不可以改变已经沉淀、完成形态的精神存在。当然，"文明"不是僵化的、一成不变的精神形态或物质固化，它也会在人们的精神创造中不断得到发展和提升。说"文明"是一种完成时态，是因为与"文化"作为过程、进程相比，它是作为文化进程的结果、成果、成就而存在的，是一种与处于流动、行进中的"文化"形态相对的相对稳定和集成的文化模式、文化形态、文化成果。第二，"文明"是"文化"结果中的积极部分、进步形态。"文明"作为"文化"的一个层次、一个部分，不是一般意义的层次、部分，而是其积极的层次、先进的部分；"文明"作为"文化"的结果，不是一般意义的结果，而是一种积极意义的、进步形态的成果、成就。"文化"作为一种现实的精神存在，有积极向上的层面也有消极颓废的层面，有进步上升的内容也有腐朽没落的内容，有科学合理因素的积淀也有无知粗陋因素的沉淀。而作为"文明"，只是其中积极的成绩、进步上升的成果、科学合理的成就。总之，"文明"是"文化"中的积极成果，标志着社会的进步成就和开化状态，表现为良好的生活方式与价值风尚。也就是说，如果说"文化"是生活方式和思维形式，那么"文明"就是思维形式的科学化和生活方式的道德化。

在强调"文明"与"文化"的区别的同时，还必须明确，二者在多数情况下是相互促进、相互统一、相互交融，不可分割的。

3.学术研究与学术训练必须珍视文化、敬畏文明。这里所说的"文化"并不是日常用语意义上的"文化水平"或"文化程度"，而是人类生活于其中的精神存在和人类所创造的物质财富和精神财富的总和；"文明"也不是日常用语意义上的"道德水准""行为举止"，而是认识、利用、改造自然、人类社会和人自身所取得的程式化、系统化、定型化的成果与成就。正因如此，学术研究作为研究人类理性和社会发展规律的科学，必须以前人的思想积淀为基础和平台；学术训练必须以既有的学术成果、思想成就为起点和基石。一句话，学术研究和学术训练都必须珍视文化、敬畏文明。其必要性可以从以下几个方面来认识。

第一，文化是人类在进化和发展过程中探索出的生活方式，文明是人类生活方式的成功经验和积极成就。只有珍视文化、敬畏文明，才能继承人类优秀文化和文明成果，使人类生活方式更加优化、科学化、道德化，使人类生活更加幸福，人类社会更加美好。

第二，文化是人类探索自然、改造社会、提升自身中对客观规律和主观价值的认识；文明是对这些宝贵认识的科学呈现、理性积淀。只有珍视文化、敬畏文明，才能把人类对客观规律的认识不断引向深入，把人类的理性思维水平提高到更高层次，为人类的和谐发展、永续发展找到理性道路，提供不竭动力。

第三，文化是人类在社会实践中所积累的自身能力在社会生活中的折射和展现；文明是人类理性能力的不断整合和积累。只有珍视文化、敬畏文明，才能在前人积累的基础上，不断提高人类的认识能力、思维能力、实践能力和把握未来的能力，科学解决人类面临的诸多问题，把人类社会引领到科学、理性、幸福的轨道。

在人类历史上，人类在认识自然、利用自然、改造自然的过程中，在构建社会、维护社会正常运转、推动社会进步进程中，在认识自我、审视自我、提升自我的过程中，探索出了一个又一个文化形态，创造了一个又一个文明成果。这些文化形态是人类社会发展的互相衔接、彼此联系、不可分割的链条。正是这些文化形态、文明成果，构成了人类生活的历史；正是在这些文化演进和文明更替中，人类社会才从蒙昧走向文明，从低级走向高级，从落后走向发达。正是由于这些文化形态和文明成果，我们才享受到作为历史延续和积累的现代物质文明、精神文明成果，而我们本身也是作为这些文化形态和文明成果的产物与载体存在的。在人类思想史上，每一个时代都产生了作为那个时代巨人的思想家、理论家。他们是人类文化和人类文明的传承者、传播者，又以新的理论、新的思想、新的学说，丰富、发展、推进了人类文化和人类文明的发展，从而推动了人类的进步和社会的发展。正是在他们的思想哺育下，我们才成其为文明的人；正是在他们的肩膀上，我们才提升了人类理性；正是在他们的思想引领下，我们才一步步走上了文明、富裕、进步的人类社会发展道路。因此，只有珍视文化、敬畏文明、敬仰每个时代的思想巨人，并把这些文化成就、文明成果、思想理论作为我们进一步发展的给养，才能不辱历史赋予的使命，把人类文化、人类文明传承好、传播好、发展好，为人类问题的解决找到合理的途径，把人类社会的发展置于理性的道路上。

三、文化素养和人文情怀

研究生教育作为最高的教育层次，不仅是培养一般的理论工作者或者一般学者，而是要把培养理论家、思想家作为办学目标。文化素养和人文情怀，是一个优秀的理论工作者、学者应该具备的素质，更是理论家、思想家必不可少的修养。因为科学研究是以人的需求、人的价值、人与自然界的关系、人类社会的发展规律为基本内容的。因此，科学研究必然以对人类文明成果的掌握即文化素养为基本前提，必然以对人类幸福生活的追求即人文情怀为基本内容。具体说来，"文化素养"中的"文化"，是人文文化与科学文化的总和。因此，"文化素养"就是具有较全面的知识体系，对人文文化、科学文化深入了解、研究、分析、掌握的技能，能够独立思考、剖析、总结并得出自己的世界观、价值观的能力和素质。它往往表现为能用优势文化中的习语、隐喻和非正式内容进行流利交谈的能力，在创造公众语言和群体思考上有广泛而深刻的理解力。文化素养需要理解文化的相互影响并作出反应。而"人文情怀"，也可以称为"人文主义情怀"，它是一种人文精神，是一个人的思想、学识、文化修养、人格情绪等的综合体现。表现为以人为本，承认人，尊重人，尤其将尊重人作为一种精神存在的价值。"人文情怀"中所说的"人"，不仅是以个人的兴趣、价值观和尊严为出发点，重视个人对人类的整体感受和体验，而且更重视超越个体、超越种族、超越国家，从人类整体的角度思考世界、思考人类社会、思考人类的命运和前途。同时，在人与人的关系上，强调互相尊重，互相平等，把和谐、容忍、无暴力和思想自由看作人与人相处的最重要原则。

　　文化素养从内在结构上可分为认知、情感、伦理道德、价值信仰4个层面。其一，认知。即对知识的掌握情况和对信息的接受、应用能力。知识、信息是文化对社会生活最直接的反映，对文化的发展影响广泛而深远。个人的知识量和知识面反映了个人的文化底蕴；个人获取、处理信息的能力，反映了个人的文化发展潜质。其二，情感。文化之所以能"化"人，就在于人不仅仅是知识的"储存器"或者信息的"处理器"，而在于人是有情感、有人性、有爱心的。"化"人，就是感动人、感化人、感召人。因此，情感是文化素养结构中承前启后、最重要的环节。人在知识积累的过程中，逐步培养起善良真挚的情感，逐步学会处理自我与他人、自我与社会等伦理关系，在此基础上，才有可能进一步去探求人生的终极追求，确立信仰和价值观。这是一个由浅入深、由低到高的文化过程。而情感正是这一过程的基础和关键。因为，真诚善良的情感是伦理道德、信仰价值的基础，所谓"道始于情"。缺乏真诚善良的情感，一切理想、信念都只是虚话和空言。其三，道德。伦理道德是一个群体的行为规范，它的实质是对人与人、人与社会、人与自然关系的约束和调节。这种"化"人，是在"类"的概念上对人的素养、文明程度的提升。其四，信仰。信仰及其价值观是人的精神支柱，包括从宇宙观到人生观、价值观一系列基本范畴，在文化体系中处于核心地位。信仰是人生的终极追求，也是人从内在精神到外在行为所体现出来的文化标尺。一个人的文化自觉，是由低到高、不断积累升华的过程。首先要有知识，有善良的、纯真的情感，有高尚的品质和崇高的道德，然后才懂得信仰和人生最高追求，从而确立科学的理想和价值观。[①] 这样，人的文化素养就不仅是

---

① 参见孙家正：《理论文化、文化素养及文化情怀——在中国文联团体会员负责人研修班上的讲话》，《中国艺术报》2013年6月3日。

完整的，而且是完善的；就不仅是丰富的，而且是丰满的；就不仅是有品位的，而且是有品质的。

文化素养表现在人的素养方面，具体包括科学文化素养、人文素养、文学艺术素养、道德伦理素养等。（1）科学文化素养。这一概念最早是美国的科学教育研究者赫德（Hurd）提出来的，他认为公民文化素养就是个人从自身角度对于科学文化基本的理解。国际经济合作组织把"科学文化素养"概括为：掌握一定的科学理论、科学方法，明确问题以及作出具有证据的结论，对于自然界的改变作出相应理解和解释的能力。总的来说，科学文化素养内涵主要有 3 个方面：对科学概念和科学理念的理解能力、对科学的认知能力、在个人生活和生产中运用科学文化的能力等。[①]（2）人文素养。尽管"文学素养"在人文素养中占有重要位置，但人文素养并不仅仅是文学素养。它甚至也不仅仅是一个人的涵养、品质、价值观以及看待事物的角度，或者一个人对人生的思考和态度。人文素养包括人文知识、人文方法、人文精神、人文社会关系等方面。"人文知识"是指文学、哲学、历史学、艺术、美学等关于人的学科知识；"人文方法"是指人们在学习人文知识、思考人文问题中形成的方式和方法；"人文精神"是指在社会发展过程中由获取的人文知识所形成的审美观、人生观；"人文社会关系"是指在社会人际交往过程中，人们相互之间的关系、人与社会所形成的关系的总和等。（3）文学艺术素养。这里所说的艺术素养不单纯是指艺术家所具备的艺术修养，而是经过社会的不断发展，人们所具备的基本审美意识、艺术鉴别能力、欣赏能力。它包括艺术基础知识和技能、艺术思维和艺术鉴别能力，和在此基础上所形成的并可以运用到实际生活中的人生观、价值观、创新理念等。[②]（4）道德伦理素养。这是指个人在道德上的自我锻炼、自我教育所达到的较高的道德水平和道德境界。道德伦理素养的养成，不仅需要家庭教育、学校教育、社会教育，而且更需要自我教育、自我提升、自我锻炼。[③]

---

① 参见刘书雁等：《关于公民科学素养的几点思考》，《科技创业月刊》2011 年第 2 期。

② 邓江等：《从科学和艺术的关系谈艺术素养对当代大学生的重要意义》，《中国校外教育》2011 年第 8 期。

③ 参见张喆：《我国公民文化素养研究》，硕士学位论文，齐鲁工业大学，2013 年，第 3—5、15—19 页。

要深刻理解"人文情怀"的内涵，必须对"人文"概念的历史和内涵有深入的了解。"人文"一词最早来源于拉丁语，最初的含义主要是指人道主义、慷慨仁爱、人类意识等方面。在欧洲文艺复兴时期，"人文"以古希腊思想及其思维方式为基础。在16世纪，思想领域中发生了对古典文学、个人主义精神和批判精神的复兴。一方面，"人文"是指人们对人文学科的热爱，对文学涵养、美学涵养的注重；另一方面，也是更重要的方面，"人文"主要是认为人和人的价值具有首要意义，对人关心、仁爱主义、人道主义、热衷于人类福利观念等构成其核心理念。由此形成了西方以人道主义、人文主义为核心的人文传统，到19世纪的欧洲出现了人文学科。当然，西方的人文主义在其发展过程中，出现了以人类为中心的学说和倾向，形成了与自然相对立的"人类中心主义"。这与我们这里所说的"人文情怀"是有着根本的区别的。"人文情怀"中的"人文"包含了人改造自然、适应自然、创造社会和思维过程中所形成的人类各种的社会文化现象，及其对这种文化现象的认知和体悟，它涵盖了人类生产、生活、生存、生息的自然形态和社会形态等各个方面。在深刻把握人与自然、人与社会的基础上，"人文情怀"更多的是对现实的人的命运观照的集中反映。人文情怀的具体表现是：在注重以人为中心的文化理念中，注重突出有关人的个人理想、内心信念、正确的价值观、审美观、文化品质和自我创造能力、创新精神等内在精神境界的重要性，倡导以在求真、求实基础上更加求善、求美为宗旨的人文精神内涵。因此，一个人具有人文情怀，一般表现为具有高尚的情操和崇高的道德责任感。从更深层次含义上讲，"人文情怀"更多的是从"人类"大概念而不是从个人主义的角度去关心人的命运的，实际上是对人类命运和前途的关心。这是"人文情怀"内涵的核心所在。人文素养反映的是人在系统掌握人文知识和在人文交流、人文实践基础上产生的人文体验，是通过自我认定、积淀、提升等过程而形成的、追求人全面发展和社会全面进步的精神态度。它追求高品质的价值境界和高层次的品行底蕴、人格修养，不仅善于认识自我、尊重他人、关爱社会、维护人与环境的和谐，而且能从人类的视角和高度关心人类问题与人类前途命运，关心社会发展和全人类的普遍幸福这样一种良好的心理品质。① 这也是理论工作者包括研究生理应具有的心理品质。

在研究生学术训练中强调文化素养和人文情怀的培养，这是由文化素养和人文精神的作用所决定的。第一，有助于研究生形成正确的世界观、人生观和价值观。因为，自然科学知识所揭示的客观世界规律蕴含着唯物思想和辩证法因素，文化知识包含着人类精神和智慧的结晶。研究生辩证唯物主义世界观的形成，科学健康人生观的确立，符合人类共同利益和长远利益的价值观的建立，都需要以对自然界和人类社会发展的一般规律的科学认识为基础，进而达到真理性的确信，变成自觉的信念。这就要求研究生具有相当的科学素养、文化素养和人文情怀。第二，有助于发展研究生的智慧和创造才能。优良的文化知识，优秀的艺术作品，进步的思想理论，不仅是当时社会的缩影，可以帮助人们深刻认识社会，而且蕴含着深刻的哲理思想和理论方法。因此，良好的文化素养可以使人具有广博的人文知识、深邃的哲理思想、较强的逻辑推理能力、生动的形象思维，从中得到科学的启迪和智慧。第三，有助于研究生树立高尚的道德观念和道德情操。道德是调整人与人之间，个人与集体、社会之间的行为规范的总和。是非、善恶、美丑、荣辱准则的建立，需要在长期的文化熏陶和理论训练中形成正向的价值坐标。因此，道德认识的建立就离不开文化素养和科学素养，离不开人文情怀。第四，有助于研究生适应科学技术和人文社会科学发展新趋势的要求。现代科学研究出现了综合化、整体化的趋势。自然科学、社会科学及其分支互相渗透，出现了新的边缘学科、综合学科。系统论、控制论、信息论等新兴学科，不仅应用于工程技术领域，也广泛应用于社会经济领域。如果没有一定的科学知识，没有丰富的人文社会科学知识和素养，要把这些学科应用于经济社会领域，显然是不可能的。② 第五，有助于提升研究生解释和解决现实问题的能力，提高社会责任感和使命感。人文社会科学的特点是，关注社会生活的价值和追寻人类生存的意义，是面向人们现实生活的研究。因此，具有文化素养和人文情怀，可以使研究生由对学科与专业知识的学习，转向关

---

① 参见张喆:《我国公民文化素养研究》，硕士学位论文，齐鲁工业大学，2013 年，第 17—18 页。

② 参见方遇顺:《加强大学生的文化素养和科学素养》，《上海高教研究》1982 年第 1 期。

注现实生活，关心现实问题，关注现实困境和社会诉求。这是理论研究不可或缺的重要素养，也是理论成熟的重要标志。换句话说，具有问题意识也就具备了人文情怀。而只有具备了关注现实困境的人文情怀，才会深入社会实践中去运用所学的专业知识与理论来解释和解决现实问题；才会克服各种困难去关心弱势群体的现实需求和应对时代提出的各种挑战；才会去履行作为一名研究者的社会责任和使命，为改善现实困境而贡献自己的智慧与才能。[①] 总之，正如顾明远教授所指出的，"人文科学教育之所以重要，是因为它告诉人们，人类的文明是怎样产生的；人类社会是怎样组织和发展的；人对自然、对社会、对他人、对自己应该有什么样的态度；什么是正义，什么是邪恶？什么是高尚，什么是卑劣？什么应该捍卫，什么应该摒弃？总之，人文科学可以使人们了解世界，了解自己，了解人对社会的责任。"[②]

　　强调研究生学术训练中文化素养和人文精神的培养，还是由人类面临的人文困境所决定的。第一，功利主义、实用主义成为基本价值追求，利益至上成为一般遵循。工业革命后，随着科学技术的发展，特别是由于利益的驱动，科学教育强调"实科"教育，把"实用"作为出发点，而且这种"实用"观念被强化到了某种极端的程度，从而助长了一种狭隘的一切以实用为目的的教育指导思想。这一方面推动了科技进步与科学教育的发展，另一方面形成了科学教育与人文教育的巨大反差，使人文教育逐渐失去了在大学乃至整个社会中的应有的地位。这种失落使功利主义、实用主义、利益主义成为主流价值，而人文精神则成为可有可无的东西。第二，利己主义持续膨胀，人类中心主义根深蒂固。一方面，市场经济使每个人都从自我利益出发，成为"理性"的利己主义者；另一方面，一些大学也正在培养高智商、世俗、老到、善于表演的"精致的利己主义者"，他们更善于利用体制达到自己的目的。令人不安的是，在每个人变成利己主义者的同时，人类也越来越表现出人作为"类"的整体的利己主义，即人类中心主义。在人的物欲驱动下对自然的掠夺式开发，使地球物种不断减少，资源环境

---

① 参见肖庆华：《论文科研究生的问题意识》，《学位与研究生教育》2013 年第 11 期。

② 顾明远：《人文科学教育在高等学校中的地位和作用》，《"第二次教育与社会进步中外学者研讨会"论文集》1995 年。

陷入危机，生态系统失去平衡，人类的处境不断恶化。这都是人文主义缺失的后果。第三，人们文化素养下降，人文学科后继乏人。以信息技术为核心的科技浪潮，促进了信息的广泛交流，也使社会形成了对信息的严重依赖。但是，信息不等于知识，知识不等于智慧，智慧不等于能力。信息只有经过"人化"，才能成为文化元素，起到"化人"的作用。但现实的情况是：由于对信息"快餐"的过度依赖，人们（也包括研究生）在语言文字修养、文学艺术修养、文明礼仪修养、伦理道德修养、历史哲学修养等方面的整体素质不断下滑。同时，由于人文学科不直接产生经济效益，文科老师经费尴尬，文科学生就业困难等，致使不少大学中的文科生源质量降低，文科优秀师资不断流失，人文学科与人文教育面临严峻的窘境。第四，人们精神失落现象普遍，精神疾病患者增加。由于私有制造成了人们利益的争夺，市场经济是一种促使社会财富向少数人集中的机制，于是造成了大多数人经济压力、生活压力、工作压力、精神压力巨大。于是人们面临着诸多困扰，人们活得好像并不那么自在，人们内心深处深深眷恋和产生归属感的东西似乎正在悄悄地远去，让人们感到温馨和踏实的元素仿佛正在慢慢地流失。人们在新奇事物的应接不暇中若有所失的情绪挥之不去，在眼花缭乱中感受到单调，在热闹和喧嚣中品尝寂寞，在经济和财富增长中经受贫困。正因为如此，患有精神方面疾病的人数不断增加。这与人文精神失落不无关系。第五，人性冷漠广泛存在，人类良知逐渐丧失。一方面由于利己主义的流行，另一方面由于人们生活压力的增大，使人们无暇顾及他人，关心他人，甚至有些人还会不择手段地坑害他人、蒙骗他人，致使人的关系异化，人类良知丧失。这些倾向也体现政治、经济、文化生活的各个方面。正如印度政治家、思想家莫罕达斯·卡拉姆昌德·甘地（Mohandas Karamchand Gandhi）在《年轻的印度》中所列举，世上有七大罪恶，即没有原则的政治；没有劳动的财富；没有道德的商业；没有人性的科学；没有奉献的信仰；没有品德的知识；没有顾及他人的追求享乐。而这些"罪恶"，在现实生活中并不少见。[①] 人类所面临的这些人文困境，急需

---

① 参见孙家正：《理论文化、文化素养及文化情怀——在中国文联团体会员负责人研修班上的讲话》，《中国艺术报》2013 年 6 月 3 日。

提高人们的文化素养和人文情怀。研究生作为未来的理论工作者和对人类问题负有理性思考责任的知识分子，更应提高文化修养，提升人文情怀。

研究生学术训练中强化文化修养、人文情怀的培养，应着重从以下几个方面入手：第一，树立科学的人才培养质量观，切实改变人才培养中重物质轻精神、重实用轻人文的现象。研究生具备高度的文化素养和高尚的人文情操，是研究生教育和研究生素质培养的重要内容，是保证并提高研究生培养质量的具体内涵和根本要求。培养单位应积极改变人才质量观，从思想上提高对文化素养和人文情怀重要性的认识，把应用型人才培养目标与人文情怀的培养结合在一起。应从研究生培养过程及其成效作全面考察，把心理素质、创新能力、文史哲知识和世界观、人生观、价值观以及道德修养等综合要素，作为对研究生培养质量进行衡量和评价的重要指标，实现对研究生的素养进行全面考察。第二，重视人文课程的设置和课程中人文因素的分量，彻底改变培养方案中重知识轻文化、重技能轻人性的现象。研究生的人文知识、人文素养课程，尽管从短期来看不像技能课那样立竿见影地显示实际效用，马上就能产生可见的实用价值，但是从长远看，它对一个人的人生和幸福指数的提升具有重要作用，对人类社会的发展进步会产生深远影响。因此，要通过严密而有特色的学科专业知识与技能传授，使大学生在思维方式和处世方式上，尽快体悟到文化传承创新的基本内核，将文化知识转化成为内在的文化素养和人生智慧。课程教学中，要结合各门学科介绍科学史、科学方法论和科学家的基本素养；要提倡启发式、探索式的授课，培养研究生的探索精神和独立工作的能力。第三，充分发挥导师在研究生文化素养和人文情怀提升中的作用，努力改变研究生学术训练中重"术"轻"学"、理论研究中重"理"轻"论"的现象。导师对研究生的培养至关重要，他们不仅是学生专业知识特别是学术理论的指导者、传授者，而且是他们模仿和崇拜的对象。导师应以自己的言行给学生作出表率，把自己对生活的感悟分享给学生，让学生用科学的人生观、世界观去看待身边的现象。因此，导师在言传身教的过程中，要坚持用德智并举以及严谨、勤奋、求变、不畏困难的治学态度和精神熏陶并感染着学生，让他们学会运用创造性的思维方式，更好更快地分析和解决问题。研究生导师要用自身的人文精神、人文情怀等去影响和培养研究生的文化素养。这就要求导师自身也有不断提升人文素养的任务。第四，重视学生的人文实践和文化创造经历，切实改变研究生培养中重理论轻实践、重传承轻创造的现象。研究生培养中，要搭建实践平台，培养学生的文化创造和文化积淀能力。通过激发学生的文化创造潜力，使学生敢于将自己的文化创意转化为文化创造。为此，应为学生提供广阔的舞台，倡导彰显个性的文化氛围。学生用亲身体验的故事之美、艺术之美、情感之美，抒发他们对于自然、人生与社会的感受，陶冶情操，提高审美格调和生活品位。同时，课外活动是研究生学术训练的广阔天地，要广泛地有领导地组织科技小组、兴趣小组，举行美学、艺术、科学讲座，举办百科知识比赛和诗歌、作文、演讲竞赛，举行优秀文学艺术作品欣赏介绍活动等，以丰富学生文化生活，增长人文知识，培养高尚情操，丰富人文情怀。第五，重视校园文化和大学精神的构建，确实改变学校环境中重建筑设施轻人文景观、重商业文化轻人文精神的现象。校园文化是以学生为主体、教师为主导，在特定的校园环境中创造，与社会和时代密切相关且具有校园特色的人文氛围。校园精神和生存环境，包括物质文化、制度文化和精神文化。良好的校园文化对于研究生文化素养的培养具有重要的作用。大学文化环境是校园文化建设之本。苏联教育家瓦西里·亚历山德罗维奇·苏霍姆林斯基（Васи́лий Алекса́ндрович Сухомли́нский）曾言，要让学校的每一面墙都会说话。清华大学老校长梅贻琦也认为，"所谓大学者，非谓有大楼之谓也，有大师之谓也。"因此，高校要在做好净化、美化和绿化校园工作的基础上，注重人文元素，体现文化精神，强调校园文化建设。学校不在大小，关键在于营造浓厚的学术氛围，精心营造独特的人文环境。独特的文化底蕴，让人身处其中感受岁月留下的大师足迹，感受大学应有的人文精神，用以哺育一届又一届不懈求学的学子们。[①] 研究生只有具有人文素养和人文情怀，才能成为人格健全的理论人才，才能发挥理性的精神引领作用，才能塑造人类美好未来。

---

① 参见梁传杰等：《研究生文化素养的层次差异性分析》，《华北电力大学学报》（社会科学版）2014 年第 5 期；杨东英等：《高校研究生人文情怀现状及对策的探究》，《课程教育研究》2012 年 7 月中旬刊。

第二节 人文关怀

人文关怀，就是从事科学研究必须立足于实现人的自由全面发展和推进社会全面进步，立足于对人类生存意义和价值的关怀，追求人生和社会美好的境界。它表现为对生命的尊重、对人性的观照、对人的价值的肯定、对人的尊严的维护、对人们美好生活的追求、对人类前途命运的关怀。

一、人生尊严和人类关怀

科学研究是关于"人"的理性思维活动。即使是自然科学，也以满足人的需要为最终目的。因此，从某种程度上说，"人"是科学研究的中心，一切科学都是"人学"。这就要求科学研究必须关心"人"的价值和尊严，关心人类的生存和发展。所以，对"人"的尊重和对人类前途的尊重，也是研究生学术训练的基本内容和基本要求。

1.科学研究和学术训练必须贯彻对人生尊严的坚守。所谓"人生尊严"，就是由于长久维护，使"人"这种生命结构和精神造像成为社会中一种不可轻侮的高贵存在。① 这不仅是对作为"人"的个人的敬重，而且是对作为"类"的人类的敬重。这里所讲的"人生尊严"，包括人的生命的尊严、生活的尊严、生存发展的尊严，包括人类的"万物之主"的尊严、繁衍生息的尊严、发展进步的尊严。一方面，学术研究要赋予作为生命个体的"人"的尊严。这个个体，是"你"，是"我"，是"他"（"她"），是人的类存在的每一个个体，是"人"的哲学抽象，是哲学抽象的"人"，总之是没有歧视、没有等级、没有类别的平等的每一个自我。人的本质是社会关系的总和，因此，作为个体的"人"的尊严，是相对于其他人的应有尊严，是社会关系的一个方面。离开了社会关系的单独的个人，无所谓尊严。"尊严"是自尊，也是他尊，更是互尊，总之是作为"人"的平等的个体的相互承认、相互尊重、相互维护。"尊严"，在某种程度上也就是美国著名人本心理学家亚伯拉罕·H. 马斯洛（Abraham H.Maslow）所说的"尊重的需要"这种社会性高级需要。

---

① 参见余秋雨：《人生尊严——〈人生哲言〉节选》，《读和写》2007 年第 4 期。

学术研究体现人生尊严的要求，就是要重视人的平等关系、尊重人的自由、努力促进人的自由全面发展；就是要分析造成人们不平等、不自由的经济社会根源，研究人们自由、平等、发展的现状，努力探寻促进人们自由、平等、全面自由发展的条件。另一方面，学术研究要赋予作为"类"的人的尊严。这里的"人"是相对于"物"的"人"，是相对于动物的人类，是相对于自然界的人类社会。这种作为"类"的人的"尊严"，是对相对于"物"的客体性的"人"的主体性的肯定，是对人对客观世界的拥有、使用、价值获取权的认可，是对相对于其他动物的人的优越性、高贵属性、支配地位的承认。正如金岳霖先生所指出的，人类作为具有目的和意识的动物诞生在宇宙的某一时刻或进化不是偶然的，也不是最终的，恰恰这样，人类被赋予了必不可少的尊严；"整个人类的生命正像个体人的生命一样，盛大铺设的葬礼并不能给个人生命以尊严，真正给他以尊严的是他的生活方式。"[①] 学术研究中体现人生尊严的要求，就是要努力破除"拜物教"，消除"物"对"人"的统治，坚持"以人为本"；就是要在保证人与自然的和谐中，实现人类社会的可持续发展；就是要在尊重动物生存权的前提下，实现人类的价值需求和价值目标。

当然，强调学术研究要贯彻人生尊严的要求，绝不是说仅仅用诗一样的语言来讴歌人生，用唯美的词句来赞美生活，用阳春白雪来美化罪恶。也不是仅仅诉诸文学的构思、哲学的思辨、经济的分析、法学的规定、道德的呼吁，而是要进行生产方式的分析、生产关系的分析、经济结构和经济关系的分析、阶级结构和阶级关系的分析。譬如说，在奴隶社会，奴隶主贵族享有尊严，奴隶成了被剥夺了尊严的"牲畜"。在封建社会，尊严具有等级性，人的社会等级愈高，人愈有尊严。皇帝是至尊天子，具有至上的尊严。农民被视为小百姓、处于受凌辱的社会最底层。"君主政体的原则总的说来就是轻视人，蔑视人，使人非人化"[②]；近代资产阶级思想家首先提出了"人的尊严"的理性口号，表达了新兴资产阶级蔑视封建贵族、以人的尊严取代神的尊严，争取平等、自由、个性解放的要求和呼声。然而，在资本主义社

---

① 胡军编：《金岳霖选集》，吉林人民出版社 2005 年版，第 297 页。
② 《马克思恩格斯全集》第 47 卷，人民出版社 2004 年版，第 59 页。

会里，人从神的奴役中解放出来，却陷入了资本统治的囚笼。人的尊严实际成了金钱、商品、资本的尊严，谁有钱，谁就"值得尊敬"，就属于上等人，就"有势力"，而且在他那个圈子里在各方面都是领头的。这成为判断人的尊严的一种逻辑公式。资产者有钱，因而有人的尊严。工人丧失了生产资料的占有权，也就丧失了作为人应有的尊严，只不过是为资本家创造财富的机器，工人只有仇恨资产阶级和反抗资产阶级，才能获得自己的人的尊严。①这些历史现象表明，私有制度扼杀着劳动者的人格尊严。因此，学术研究体现人生尊严的要求，就是要对具体制度进行具体的生产关系分析、经济关系分析、阶级关系分析，总之就要进行政治经济学分析。只有这样，只有放在具体的社会关系中，才能找到使人们"贫困、劳动折磨、受奴役、无知、粗野和道德堕落"的根源，才能找到使人们普遍拥有尊严、普遍过上尊贵生活的途径。

2. 科学研究和学术训练必须把对人类的关怀作为立足点、出发点和落脚点。对人生尊严，特别是对作为"类"的"人"的尊严的强调，必然得出"人类关怀"的结论。人类有不同的需要，因此也就有不同的关怀：对应物质的需要，需要有物质上的关怀；对应精神需要，需要有精神上的关怀；对应有形的需要，需要有有形的关怀；对应无形的需要，需要有无形的关怀。衣、食、住、行、性等，是人类最基本的需要。这种需要还不是人类区别于动物的需要，因此是基本的需要，是初级的需要。对这方面需求的关怀是最基本的关怀，是初级关怀。同时，作为区别于动物的"人"的人类，还有精神的需要、爱的需要、尊严的需要，及人生意义和人生价值的追问，以及人类美好生活、人类社会发展进步和人类光明未来的关切。对这种需要、追问、关切的关怀，是高级关怀，是终极关怀。

对"终极关怀"的内涵有不同的回答。其一，"终极关怀"是对死亡这一"终极苦恼"的超脱和安慰。这种观点认为，人类的终极关怀导源于人类的"终极苦恼"，而"终极苦恼"就是对死亡不可避免的苦恼、对生命短暂的苦恼。各种宗教往往许诺一个来世、一个极乐世界、一个伊甸园、一个天堂，来表达人们对死亡恐惧的"终极关怀"。被誉为"当代神学大师"的美

---

① 参见陈金海：《人生形象与人格尊严》，《浙江大学学报》1993 年第 4 期。

籍德国宗教哲学思想家、神学家保罗·蒂利希（Paul Tillich），虽然呼吁给人类以"终极关怀"，但这也是表达这种"关怀"的"文化神学"，也只能是"上帝—存在本身"这样的关怀。其二，"终极关怀"是对生命的磨砺和自我实现。德裔美国哲学家、符号学美学家苏珊·朗格（Susanne K.Langer）在她的《情感与形式》一书否定了否定死亡终极性的尝试，否定在死亡之外还有一种继续的存在（复活、轮回、超生），否定从"现世"超度到"没有死亡的世界"（涅槃、阴曹地府、天国）的可能。她认为，这种对死亡恐惧的安抚的"终极关怀"最终必然归于失败。而"最有启发性"的"终极关怀"，是对生命历程的理解，即"在生与死之间尽量寻找尽可能多的生活"，也就是"生命的磨砺或自我实现"。这样，与宗教的、唯心主义的"终极关怀"不同，苏珊·朗格提出了唯物的科学的"终极关怀"。其三，"终极关怀"是个人的终极目的、终极目标和终极理想。崔秋锁等认为，"终极"，并不意味着时间和空间上的最终极限，也不等于可望而不可即的彼岸世界，它只不过是借用宗教神学的这一术语，来表达人生价值追求的总体目的、根本目标和最高理想。作为人的终极关怀对象的人的总体目的和最高理想，构成人的价值观念中决定其他一切观念的核心价值观念，形成人的价值目标中制约其他一切目标的最高价值目标，也是衡量、评价一切事物价值的最终评价尺度。[1] 其四，"终极关怀"是承认人本身和人的价值追求。康德认为，"必须预先假定有世界的最后目的，然后与之发生关系，对于世界的沉思才可以有其价值"；[2] "世界的绵延只是当其中的理性生命能符合他们存在的终极目的时才有价值"。[3] 也就是说，承认"终极关怀"是人生命的意义所在，对于人类生存发展是极其重要的。那么什么是"终极关怀"呢？康德认为，"人作为道德的世界上有理性的存在者，他的存在，在其自身，就是含有最高目的。人就是创造的最后目的。因为没有人，一连串的一个从属一个的目的就没有其完全的根据。"[4] 也就是说，如果没有人类，整个世界就会成为没有最后目的、没有归宿的荒野。因此，"人"是一切价值追求的最终目的；任何"终极关怀"归根到底

---

① 参见崔秋锁等：《新世纪价值哲学的终极关怀》，《长白学刊》2002年第5期。

② ［德］康德：《判断力批判》下卷，商务印书馆1964年版，第109页。

③ ［德］康德：《历史理性批判文集》，何兆武译，商务印书馆1990年版，第84页。

④ ［德］康德：《判断力批判》下卷，商务印书馆1964年版，第100页。

都指向"人"本身。其五，"终极关怀"是人类生命存在的终极价值，是人类生存的终极意义。有人认为，人类生命存在的"终极价值""终极意义"，是世间万物中只有人才苦苦追问的一个至大、至深、至玄的根本精神问题。因为它关系着人为什么而活着，即人类生存的根据问题。人与动物的最大区别，是动物的生命由本能所支配，为活着而活着，活着就是一切；而人则不但活着，还要追问活着的理由、活着的根据，即寻求生存的意义。可见，生命的意义是人类生存的最基础、最必要的精神支撑，是人类安身立命之本。明白了生命的意义，就活得踏实、平静，就有幸福感；否则就惶恐不安，人就成了精神的漂泊者。丧失了意义的支撑、精神支撑，人和动物就没有了质的区别。① 因此，"终极关怀"是对人这种精神上的需求给予关怀和满足，给人以生存的意义和价值的世界。对于"终极关怀"的理解，可以说仁者见仁、智者见智。而我们这里所说的"人类关怀""人类终极关怀"，是对人类前途命运的关注、关心、关怀、关切、观照。毫无疑问，它包括对个人的关怀，但更强调对人类整体命运和前途的关怀。也就是说，"终极关怀指的是整体的、无限的、最终的、普遍的人文关怀。"②

学术研究和学术训练要体现人类关怀，是由人类在自然界中的主体地位决定的，是由人类自身的局限性决定的，也是由人类面临困境的破解任务所决定的。首先，从人在自然界中的地位来说，人是万灵之长，理应得到"终极"的价值关怀。人产生于自然界，而由于人在劳动中进化出了高级智力活动，又认识、掌握和利用了自然规律，摆脱了自然的束缚，脱离了动物界；由于人的精神生活、精神追求，又体现了人与动物的质的区别；由于人具有高级智慧和理性，在利用自然的同时又保护自然，在开发自然的同时又合理规制、引导自然的进化，从而使自然的演进更加有序，使社会的发展更加理性。因此，价值哲学和学术研究，理应关怀自然界唯一具有高级智慧的人类的价值追求和物质、精神需要。其次，人类自身的局限性，激发了人类的"终极关怀"。人类是万灵之长，但不是说人类是万能的。恰恰相反，由于相

---

① 　参见胡山林：《文艺学应多一点对人类的终极关怀精神》，《河南大学学报》（社会科学版）2003 年第 5 期。

② 　王珉：《论蒂利希的终极关怀思想》，新华出版社 2000 年版，第 8 页。

对于整个宇宙的"年龄",人类从诞生到现在还只是"一瞬",人类还处于幼年时期。因此,尽管经过几千年的文明积淀,人类在认识能力和思维水平方面取得了重大发展,但相对于无限的宇宙和无限的时空,人们的思维能力和实践能力还相当有限,再加上不合理的社会制度和私有制的存在,人们还处于自然规律和社会发展规律的束缚与规制中,人们的价值追求和价值目标还总是不能完全实现。人类的这种局限和限制,一方面说明了"终极关怀"的必要性,另一方面说明了"终极关怀"的可能性。因为,正是这种局限和限制,激发了人类无限追求、无限超越的内驱动力。正如德国哲学家雅斯贝尔斯所指出的,人的本质特征就在于人对自我和现实有限性的超越,及对无限和永恒的渴望与追求。也就是说,人的有限性使人渴望超越这种有限,以趋于无限和永恒。正是人类对无限和永恒的追求,才使得人成为"人",从而赋予了人生以终极意义、终极价值,赋予了人的生命存在以终极关怀。因此,"终极关怀"导源于人的有限而企盼无限的矛盾,正是这种永不停息的追求,推动人类社会的不断发展。最后,人类的现实困境,说明人类需要"终极关怀"。私有制的存在和资产阶级意识形态随着经济全球化传播与扩张,使绝大多数人由"道德人"变成了"经济人",因此造成了物欲横流、拜金主义泛滥,造成了人们的自私和贪婪、冷酷和残忍,"仁""爱""善""正义"等价值观丧失殆尽。由此造成了信仰危机。与信仰危机相伴随的,是道德危机。"一切从个人出发,一切以自我为中心,一切服从于自我价值的价值标准和评价体系";在"自我为中心的道德价值观念中,一切都被置于从属的手段或工具性的地位"[①]。随之而来的是精神危机。表现在人们的精神空虚、精神懈怠、精神恐慌,"吸毒""性自由""集体自杀"泛滥,"邪教""极端组织"猖獗,全球人文精神整体性衰败。此外,私有制造成的人的贪婪除了造成了人与人之间的各种危机外,还在人与自然的关系上造成了环境危机和能源危机。这些危机的消除,都需要人类的终极关怀。否则,人类将在进化中退化、在进步中退步、在发展中倒退。

3. 人生尊严的呵护和人类关怀的坚守,是各个学科的一致目标,是所有思想家的共同责任。科学是在人的实践中发展起来的理性和探索活动及其理

---

① 万俊人:《寻求普世伦理》,商务印务馆 2001 年版,第 22 页。

论与实践成果，学科是进行科学研究的门类。因此可以说，科学和学科都离不开"人"的存在，各门科学都是关于"人"或为了"人"的科学，每个学科都是关于"人"或为了"人"的学科。第一，哲学从世界的本源、思维的至上性、人生的终极价值上，体现了对人生尊严、人类关怀的坚守。正如德国思想家恩斯特·卡西尔（Ernst Cassirer）在《人论》中所指出的："认识自我乃是哲学探究的最高目标——这看来是众所公认的。"① 也就是说，哲学研究的根本主体是"人"，其最终目的是要为"人"服务，否则哲学就失去了意义。进一步讲，哲学不仅要认识、研究"人"，还要对"人"的问题作出回答，对"人"的自身生存价值进行思考，对"人"的需求予以关怀。而"终极关怀指的是人对自身存在及其意义的关注和思考，并在深刻思考基础上所作的生活实践"②。换句话说，"终极关怀"是人的生存意义与真正价值，是价值哲学的实质与核心。第二，伦理学从人的道德行为规范、社会秩序和"正义""善"的价值上，体现了对人生尊严、人类关怀的坚守。正如黑格尔所指出："道德学的意义，就是主体由自己自由地建立起善、伦理、公正等规定。"③ 所以，道德是"人自己为自己立法"的过程。关于道德的伦理学不仅关心人的现实性存在，更关怀人的精神、心灵，关心人存在和发展的意义，确立人生的终极价值，高扬人存在和发展的理想性与超越性。譬如说，孔子强调"仁"为终极价值目的；孟子把"义"作为人生的最高目标；柏拉图强调"至善""正义"为人的最高行为准则；亚里士多德强调"合乎比例的不平等"为社会公平等，都是借助德性伦理的超越性确立人生正确的价值目标，提升生活品格和生命价值。④ 第三，政治学从政治文明、政治价值、政治伦理方面，体现对人生尊严和人类关怀的坚守。正如亚里士多德所指出的："城邦的长成出于人类'生活'的发展，而其实际的存在都是为了'优良的生活'。"⑤ 因此，对希腊人来说，政治是一种新的生活方式、新的思想方式，是一种新的价值追求，是走向"优良的生活"的途径。正因为如

①　[德] 恩斯特·卡西尔：《人论》，甘阳译，上海译文出版社 2004 年版，第 3 页。

②　王珉：《论蒂利希的终极关怀思想》，《学术月刊》2000 年第 3 期。

③　[德] 黑格尔：《哲学史讲演录》第 2 卷，贺麟译，商务印书馆 1959 年版，第 42—43 页。

④　参见李兰芬等：《德性伦理：人类的自我关怀》，《哲学动态》2005 年第 12 期。

⑤　[古希腊] 亚里士多德：《政治学》，吴寿彭译，商务印书馆 1965 年版，第 7 页。

此，古希腊人将政治视为自己的生命。在漫长的发展过程中，人类在空寥的荒野上，逐步建立起了政治文明。如在近现代法权制度框架下，资本主义创造了人民主权原理、代议制原理、法治原理、政府职能有限原理、政党政治原理、政治监督原理、正当法律程序原理等现代政治文明成果；而社会主义则为人的解放和全面发展开辟了广阔的途径，把人类解放作为政治文明的终极价值关怀。① 第四，政治经济学从资源的开发和利用、财富的创造和分配、人的需求的保障和满足等方面，体现了对人生尊严和人类关怀的坚守。英国古典经济学家亚当·斯密指出："一国国民每年的劳动，本来就是供给他们每年消费的一切生活必需品和便利品的源泉。"② 亚当·斯密将财富增长看作经济发展的基石，这也是后来的政治经济学长期坚持的观点。尽管政治经济学把"经济人"假设作为经济学的理论前提，由此造成了强调人的工具性的物本主义，从而造成了人的劳动的异化，并使人沦为机器的附属物，但经济学强调财富的增长，毕竟为人的需求的满足和人的发展奠定了物质基础，对于促进人类社会的生存和发展具有积极意义。而马克思主义政治经济学把对人的关注和关怀贯穿经济学发展全过程，以人为核心，既把人看作社会进步和社会发展的根本动力，又把人类自身发展作为经济发展的目的，作为社会发展的条件，因而体现了政治经济学的人文关怀。况且，发展到"人类发展经济学"阶段的政治经济学，努力在人类解放的终极关怀和发展指数的现实关注之间寻找平衡。如印度经济学家阿玛蒂亚·森（Amartya Sen）的"以自由看待发展"理念，就把"自由的扩张"（expansion of freedom）作为人的实质自由，作为经济发展的最终目标。他由此奠定的"人类发展理论"，使"人类发展经济学"把以人为核心、促进人的全面自由发展作为自己的理论内核，真正实现了政治经济学的转型，体现了对人生尊严的尊重和对人类的关怀。其他，如艺术以艺术的形象、形象的艺术，或者围绕人生的价值、生命的意义等人的生存最根本的终极问题，或者揭露社会的不公、揭露生活的黑暗；或者讴歌伟大的人性、展示人类光明的未来等，来实现对人生尊严

① 参见刘闽：《论政治文明的终极价值关怀——人类解放》，《新疆社科论坛》2009 年第 5 期。
② ［英］亚当·斯密：《国民财富的性质和原因研究》（上），郭大力等译，商务印书馆 1972 年版，第 9 页。

的维护和对人类命运的关怀。甚至连宗教、神学，也以承认"上帝"、许诺"来世"、描摹"天堂"、宣布"永生"的方式，表达对人生不幸的安慰、对人类苦难的超脱，从而实现对人生尊严的肯定和对人类幸福的关怀。所以，各个学科都是关于"人"、为了"人"的科学。

对人生尊严和人类关怀的坚守，不仅是各门学科的共同出发点，也是不同思想家的共同学术责任。古希腊时期，普罗泰戈拉强调："人是万物的尺度，是存在者存在的尺度，也是不存在者不存在的尺度"①；苏格拉底要求"认识你自己"；柏拉图认为"每个人必须在国家里执行一种最适合他天性的职务"②才是"正义"的；亚里士多德强调"公正是为正义的准绳"等，都体现了思想家们对人生尊严的思考和对人类关怀的努力。即使是古罗马的奥古斯丁、中世纪的托马斯·阿奎那等神学家，也都强调"上帝面前人人平等"，致力于人的"救赎"和"救助"。文艺复兴时期，艺术家和思想家们，更是高举"人文"大旗，关注人的价值，赞美人生的意义。如文艺复兴的巨匠薄伽丘在《十日谈》中力倡"人类是天生一律平等的"理念，反对封建和宗教压迫，维护人的尊严和人的权利。资产阶级启蒙思想家霍布斯、孟德斯鸠、洛克、卢梭、杰斐逊、潘恩等，更是宣扬"天赋人权"，把"自由""平等""博爱"宣布为社会的基本价值，并以"自然法""社会契约论"来解释、规制社会，探讨人类社会的组织构建、制度构架，把人类的前途命运作为思想理论的基本追寻。这种对人的"自由""平等"的尊重，对人类普遍"博爱"的信守，成为西方思想家的基本学术传统。例如，英国历史学家阿诺尔德·J.汤因比（Arnold Joseph Toynbee）更是在其鸿篇巨制《历史研究》中，提出了对人类的"终极关怀"思想。中国古代思想家，从孔子、孟子，直到程颢、程颐、朱熹，无不强调人的内省，强调人与人的伦理，强调"内圣外王"，既关心人的精神世界，又关心人类社会的长治久安。

与以往的思想家相比，马克思、恩格斯更加表现出对人生尊严的尊重和对人类关怀的关切；与以往的思想相比，马克思主义更加具有对人生尊

---

① 北京大学哲学系外国哲学史教研室编译：《古希腊罗马哲学》，三联书店 1957 年版，第 138 页。

② ［古希腊］柏拉图：《理想国》，郭斌和等译，商务印书馆 1986 年版，第 168 页。

严和人类关怀的特质；与以往的理论相比，马克思主义关于人生尊严和人类关怀的理论更具科学性。因为，以往的哲学对人生尊严和人类关怀的表达往往停留在形而上的思辨上；马克思主义则依据实践的观点，科学揭示了造成人的异化和人类困境的原因。以往的伦理学对人生尊严和人类关怀的表达停留在"正义""至善"等抽象的概念上，马克思主义则根据生产方式分析的方法，科学揭示了实现人生尊严和人类关怀的现实条件和基本途径。以往的政治经济学把人作为增殖财富的工具；马克思主义则把物质财富的增长作为实现人的自由全面发展和人类全面进步的物质条件。以往的宗教对人许诺了一个来世的"天国"；马克思主义则指出了实现人的解放的现实道路。具体说来，马克思主义关于人生尊严和人类关怀理论的合理性，表现在以下几个方面：第一，马克思主义从人的自由全面发展和社会全面进步的高度科学揭示了实现人的尊严和人类幸福的条件、途径与目标。马克思主义是以人的自由全面发展为根本内容的关于人的解放的学说。正如马克思、恩格斯在《共产党宣言》中所指出的："代替那存在着阶级和阶级对立的资产阶级旧社会的，将是这样一个联合体，在那里，每个人的自由发展是一切人的自由发展的条件。"[1] 这是对未来社会最精练的概括，也说明马克思、恩格斯把人的自由全面发展作为他们全部理论和学说的根本出发点和落脚点，作为他们所理想的社会的本质规定，也反映了他们对人和人类的终极关怀。马克思主义比以往理论科学的地方在于：它没有仅仅许诺一个虚无的美好社会，没有把人类的解放仅仅停留在哲学思辨的层面上，没有仅仅停留在道德的呼吁上，而是通过对人类社会发展一般规律和一般趋势的分析，尤其是对资本主义基本矛盾及其发展态势和最终命运的分析，揭示了人类解放的一般条件和基本途径。那就是，变革造成人的异化的私有制，用真正能保证人的平等和自由全面发展的社会主义公有制代替一极是财富的积累、一极是贫困和受奴役的积累的资本主义私有制。[2] 这样，就把对人生尊严和人类关怀的理论置于科学的基础之上。第二，马克思主义从全球视野和全人类的眼界深刻阐释了人生尊严和人类关怀的内容与表现。

---

① 《马克思恩格斯选集》第 4 卷，人民出版社 2012 年版，第 647 页。
② 参见《马克思恩格斯全集》第 42 卷，人民出版社 2016 年版，第 665 页。

马克思主义对人的关怀超越了资产阶级"个人主义"的立场，对人类的关怀超越"民族国家"（实际上是扩大了的"个人主义"）的范畴，把对人生尊严与人类关怀的视野拓展到全球的范围和全人类的层面，因而是更加彻底和更加纯粹的理论。正如马克思在《关于费尔巴哈的提纲》中所指出的："旧唯物主义的立脚点是市民社会，新唯物主义的立脚点则是人类社会或社会的人类。"① 一方面，在马克思看来，人类解放是以"世界历史"为条件和场域的，必须把人的尊严和人类关怀放到"世界历史"这一人类文明一般进程中来把握；另一方面，马克思所关注的人和人类的解放并不是特定民族国家、特定区域的人，而是整个人类的解放和自由全面发展的问题，因而是超越民族国家的普遍性人类关怀。而且，"世界历史"和"全球视野"是统一的，体现了马克思主义关于人和人类关怀的普遍性与永恒性。② 第三，马克思主义从人与人类社会的辩证统一关系上科学论证了人生尊严的维护与人类关怀的统一性。在马克思主义的观点看来，人有作为"类"的"人"，有作为"个体"的"人"。对"人"不能仅理解为"类"，也不能仅理解为"个人"，而是"类"的"人"和"个体"的"人"的统一。因此，在探究"人生尊严和人类关怀"时，就不能仅仅归结为不包含"个体"的空洞的"类"，也不能仅仅归结为排斥"类"整体的单纯"个人"。因为两者之间，排斥任何一方都会造成相互依存的另一方的消失。也就是说，讲人的尊严和人类关怀，必须从"类"和"个人"的统一意义上来理解。正因为如此，马克思才指出："一个人的发展取决于他直接或间接进行交往的其他一切人的发展。"③ 总之，马克思主义把"人生尊严"放到全人类的视野中来理解，把"人类关怀"放到对每一个"人"的关怀中来把握，既避免了"个人"与"人类"的对立和割裂，也实现了个人尊严与人类解放的内在一致和统一。这是研究生在学术训练中必须努力养成的历史唯物主义立场和必须努力掌握的科学研究辩证方法。

---

① 《马克思恩格斯选集》第1卷，人民出版社2012年版，第136页。

② 参见石玉：《马克思的"全球视野"与"人类关怀"》，《中国民族报》2013年11月1日。

③ 《马克思恩格斯全集》第46卷（上），人民出版社1979年版，第109页。

二、以人为本和人性观照

科学研究虽然是以客观规律为研究对象，但研究的目的不是为了规律而规律，发现规律的目的是为了利用规律，以提高人们的生活水平，推进人类文明进步和社会健康发展，提升人的素养、修养和促进人的自由全面发展。因此，科学研究从来都是以人为本的，充满了对人的关怀，即人性关怀。科学研究如果不能以人为本，那它就没有什么价值；如果离开对人的关怀，科学研究就失去了意义。科学研究以人为本和人性关怀的特质，是由研究者所体现和践行的。而研究生作为科学研究事业的承接者，应该通过系统的学术训练，牢固树立以人为本的情怀和人性关怀的修养。

所谓"以人为本"，就是要把人当作主体、目的和尺度，表现出对人的终极关怀。具体说来，就是把人当作主体，确立人在世界中的主体地位；就是把人的发展作为目的，把人的潜能、能力的发展作为目标；就是致力于人类社会发展和个人发展的和谐统一，使人类社会朝着有利于个人发展和个人朝着有利于人类社会进步的方向健康发展。因此，"以人为本"是人们处理和解决问题时的态度、方式、方法，即指人们抱着以人为根本的态度、方式、方法来处理问题；是一种对人在社会历史发展中的主体作用与地位的肯定，强调人在社会历史发展中的主体作用与目的、地位。它是一种价值取向，强调尊重人、解放人、依靠人和为了人；它是一种思维方式，是在分析和解决一切问题时，既要坚持历史的尺度，也要坚持人的尺度。[1] 由此可见，所谓"以人为本"，就是对人性的尊重、关怀，它充满了人情味，激荡着人性美，它提倡高尚的人文精神。所以，"以人为本"实际上就是"人性关怀"。所谓"人性关怀"，就是尊重、关心、爱护和理解人的内在需要，关怀、关注、促进和实现人的全面发展。也就是说，"人性关怀"和"以人为本"在精神实质上是一致的。

不少学者认为，中国古代就有了"以人为本"的思想，认为"以人为本"是中华民族传统文化中的一个基本理念。如夏禹时期就有了口传的"民惟邦

---

① 参见黄楠森：《马克思主义与"以人为本"：回答以人为本研究中的几点疑问》，《北京日报》2004 年 3 月 1 日；韩庆祥：《论以人为本》，《前线》2006 年第 1 期。

本"的训诫。最早对人的价值予以肯定的文字记载见《尚书·泰誓》，其中周武王强调："唯天地万物父母，唯人万物之灵。"孔子提出了"仁者爱人"的思想，孟子倡导"民贵君轻"的理念，认为"天地之性人为贵"。直接使用"以人为本"说法的，最早见于《管子·霸言》："夫霸王之所始也，以人为本。"毫无疑问，这些思想中都贯穿着"天地万物，唯人为贵""人贵物贱"的理念，也就是说包含了现代意义上的"以人为本"思想的部分内涵。但是必须明确，这种所谓的"以人为本"概念，实质上是"以民为本"思想。主要是强调在国家治理中，要注意民心向背，以达到巩固政权的目的。因此，说到底是以"民"为手段，而不是以"民"为目的，目的是维护阶级统治。这与以尊重人、关心人、依靠人、为了人、发展人为核心理念的现代意义上的"以人为本"理念，是有本质区别的。

　　人文主义传统在西方源远流长，也在一定程度上体现了"以人为本"的含义。如古希腊时期，政治家伯里克利就提出，"人是第一重要的"；智者普罗泰戈拉更是强调"人是万物的尺度，是存在者存在的尺度，也是不存在者不存在的尺度"。这标志着作为主体的人的自我意识的觉醒。可以说，普罗泰戈拉开创了古希腊人本哲学的先河。苏格拉底更是把人的问题在哲学中凸显出来，从而把哲学从天上带到人间，真正开创了古希腊人学。柏拉图和苏格拉底一样，也把人和人的自我意识、人的生命和价值等作为研究对象。[1]14—16世纪的欧洲文艺复兴高举人文主义大旗，坚持以世俗的"人"为中心，以"人"为衡量一切事物的标准，发扬人道主义精神，歌颂"人"的伟大，赞扬"人"的价值，维护"人"的尊严，追求"人"的解放，是针对封建主义的一次伟大思想解放。17—18世纪的启蒙运动进一步发扬了文艺复兴的人文主义传统，把它提升成为以"自由、平等、民主"为核心的人权要求。西方人本主义的最典型代表是费尔巴哈的"人本学"。费尔巴哈宣称，他的宗教改革的目的，就是要创立人本学。他在批判黑格尔的宗教神学和基督教神学中，提出"人"的问题才是哲学的中心问题；认为"人化"了的哲学才是真正的哲学。认为哲学的任务是将哲学从僵死的精神境界重新引

---

[1]　参见李春红：《马克思的"以人为本"思想与西方人本主义思潮——马克思的"以人为本"思想对费尔巴哈人本学的超越》，硕士学位论文，吉林大学，2007年，第5页。

导到活生生的现实世界，并称自己的哲学为"人本学"。他说："我的学说或观点可以用两个词来概括，这就是自然界和人""新哲学将人同作为人的基础的自然当作唯一的、普遍的、最高的对象——因而也将人本学连同自然当作普遍的科学"。① 他把理解人看作理解自然的一把钥匙，把人提到第一位，当作他整个哲学的出发点和立足点。② 纵观西方思想史，一般认为，古希腊的人文思想是一种"人道主义"（Humanitarianism），文艺复兴倡导的是一种"人文主义"（Humanism），启蒙思想家也是以"人道主义"作为理论工具的，而费尔巴哈则代表了"人本主义"（Anthropology）。但从宽泛意义上讲，人道主义、人文主义、人本主义在本质上都是相通的，都强调人的主体地位，把人的价值放到首位，主张关怀人、尊重人，弘扬了人性与人权，维护人的尊严和权利，因此，都贯穿着"以人为本"的精神实质。

费尔巴哈的人本主义虽然强调"人"的第一地位，强调"人"是哲学研究的中心。但他说的"人"是一种抽象的人，是离开人的社会性、现实性和历史性的孤立的个体，是永远不变的、先于社会而存在的"一般人"，是人的"类"存在，即"一种内在的、无声的、把许多个人纯粹自然地联系起来的普遍性"③；"是从一神教的神羽化而来的，所以他也不是生活在现实的、历史地发生和历史地确定了的世界里面"。④ 马克思、恩格斯吸收了费尔巴哈人本学的合理成分，又克服并超越了人本主义的局限，认为人的本质是社会关系的总和，把"现实的人"作为出发点，把物质实践活动看作人的存在的基本方式，把人的需要特别是生存需要看作社会发展的起点，把人的解放和自由全面发展看作历史进步的尺度与归宿，强调"每个人的自由发展是一切人的自由发展的条件"⑤ 和"以每个人的全面而自由的发展为基本原则"⑥，把人本主义理念立于科学的世界观和方法论上，显示了马克思主义以人为本

---

① ［德］路德维希·费尔巴哈：《费尔巴哈哲学著作选集》上卷，荣震华等译，商务印书馆1984年版，第184页。

② 参见李春红：《马克思的"以人为本"思想与西方人本主义思潮——马克思的"以人为本"思想对费尔巴哈人本学的超越》，硕士学位论文，吉林大学，2007年，第7页。

③ 《马克思恩格斯选集》第1卷，人民出版社2012年版，第139页。

④ 《马克思恩格斯选集》第4卷，人民出版社2012年版，第243页。

⑤ 《马克思恩格斯选集》第1卷，人民出版社2012年版，第422页。

⑥ 《马克思恩格斯选集》第2卷，人民出版社2012年版，第267页。

的特质和对人性的终极关怀。

"以人为本"和"人性关怀"是与"物本主义"相对应的。由于私有制的存在，不仅造成了人与人关系的异化，而且造成了人与物关系的异化。也就是说，"物"本应是人发展、完善自己的手段，在私有制条件下却成了奴役人、控制人的手段；"人"与"物"、人与自然本来应该是统一的、相互促进的，在私有制条件下却造成了"人"与"物"的对立和割裂。这种异化关系在资本主义时代发展到了更高的程度，以至于形成了"为了生产而生产"现象和"见物不见人"的发展观。这种异化关系以隐蔽的形式存在着，以至于造成了"拜物教"的存在。强调"以人为本"和"人性关怀"，正是对物本主义造成的异化关系的匡正。

科学研究之所以要坚持以人为本和人性关怀，是因为科学研究是为了揭示自然和社会发展的规律，以为人所利用，推进人的全面发展和社会的全面进步。也就是说，在整个科学研究中，人、人的尺度、人的价值、人的需要始终处于中心地位。正如马克思所揭示的，有生命的个体存在是人类社会历史的第一个前提，历史是人活动的历史，人是社会发展的主体，是社会历史的主体。因此，追求一定目的、进行着实践活动的人们在人类历史中扮演着更重要的角色，有了人，才有了我们的历史；人创造了历史，是历史的前提和基础。换句话说，历史的发展是为人，人的发展就是社会历史的发展，人是历史的目的。总之，以推动历史进步的人为本，始终坚持对人的终极关怀，是唯物史观的必然要求。

科学研究中坚持以人为本和人性关怀，要做到以下几个方面：第一，要关心人的需求和需要。人都是有需求的，以人为本和人性关怀，就是要尽力去满足人的正当需求。人的需求是全面的、综合性的。首先要满足的是人对物质生活资料的需要，在此基础上，还应当理解为满足人的精神、文化、心理等各方面的需求。第二，要维护人的权利。这不仅包括人作为人所生而具有的基本权利，如生存权、发展权，而且包括社会、政治生活中应当享有的权利，即法律规定的人身权利、财产权利、名誉权利、政治权利等。第三，要尊重人的价值。人的价值，不仅是指人生存、生活的意义，而且意味着人是自然界和人类社会发展的尺度。因此，尊重人的价值，一方面要表现出对人的终极关怀，使人生活得有意义、有尊严、有价值；另一方面，又要使自然界的存在满足人类的长远生存、可持续发展的需要，使人类社会的演进满足最大多数人全面、自由发展的需要。第四，要维护人的尊严。人的尊严，不仅表现在人要体面地生活，要获得与经济社会发展水平相适应的物质、文化、精神享受，而且表现在人在自然面前成为主人，不应当成为"物"的奴隶，在人的面前成为平等的成员，不应当使一部分人成为另一部分人的主人、多数人成为少数人的附庸。维护人的尊严，就要保障联合的"人"对"物"的利用权和人与人的平等权利。第五，要致力于人的幸福。幸福不仅指物质生活的富庶这种低层次的满足，而且指家庭成员、人际关系的和睦、和谐、和美这种中层次的愉悦，也指个人兴趣的满足、个人精神生活的愉悦、个人发展的完满这种精神层面的高层次的完美，即人格的完满。致力于人的幸福的实现，就不仅要满足人的物质生活需要，促进人的关系的和谐，而且要促进人的精神生活完美和人格的完善。第六，要着眼于人的全面、自由发展。人的存在不能仅仅停留在物质生活这种低层次的满足，而且要着眼于人自身能力和素质的提升与完善。因为历史的进步和社会的发展，就在于和表现在人的提升与发展上。而人的发展，又是一种全面的发展，一种自由的境界。所谓自由、全面发展，就是说人不能被迫长期甚至终生从事一种社会局部职能，成为工具，而应当成为社会的主人；也就是说，不应当造成人的性格、人格的畸形，成为单向度的人，而应当达到性格、人格、智慧的全面发展、充分发展；也就是说，人不应当成为"物"的奴役、人的压迫、制度桎梏的牺牲品，而应当达到人的自由个性的全面张扬。

当然，坚持以人为本和人性关怀，要区分几个界限。一是要区分以人为本、人性关怀与人本主义的本质区别。这里说的"人本主义"不是美国心理学家 A.H. 马斯洛创立、C. R. 罗杰斯（C. R. Rogers）等为代表的作为心理学流派或胡塞尔（埃德蒙德·古斯塔夫·阿尔布雷希特·胡塞尔，Edmund Gustav Albrecht Husserl）的现象学的"人本主义"，而是以德国哲学家费尔巴哈和俄国哲学家车尔尼雪夫斯基（尼古拉·加夫里诺维奇·车尔尼雪夫斯基，НиколайГаврилович Чернышевский）为代表的"人本主义""人本学"。以费尔巴哈和车尔尼雪夫斯基为代表的"人本主义"所指的"人"，只是生物学意义上的自然"人"，只是抽象的、一般的"人"，而不是社会的人。这种"人"恰恰是冷冰冰的、概念的、干瘪的、毫无人性、毫无人情味的"人"。这种脱离了具体历史、社会实践和社会性的、抽象的、作为"类"概念的"人",同"以人为本"和"人性关怀"所强调的作为社会的人、人的发展和社会发展辩证统一的"人"毫无共同之处。二是要区分以人为本、人性关怀与"人类中心主义"的本质区别。"人类中心主义"作为一种与"自然中心主义"相对应的价值尺度,把人类的利益作为价值原点和道德评价的依据,认为只有人类才是价值判断的主体。康德最早提出"人是目的"这一命题,被认为是"人类中心主义"在理论上完成的标志。"人类中心主义"的核心观点是:在人与自然的价值关系中,只有拥有意识的人类才是主体,自然是客体,价值评价的尺度掌握在人类手中,"价值"是指"对于人的意义";在人与自然的伦理关系中,人是目的;人类的一切活动都是为了满足自己的生存和发展的需要,不能达到这一目的的活动是没有任何意义的,一切应当以人类的利益为出发点和归宿。英国科学家理查德·道金斯(Richard Dawkins)的《自私的基因》,试图从遗传学的角度对"人类中心主义"和人的自私本性提供理论依据。美国哲学家诺顿(S.C.Nordon)1984 年出版的《环境伦理学与弱式中心主义》一书,把"人类中心主义"区分为"强式人类中心主义"(也称为"绝对人类中心主义")和"弱式人类中心主义"(也称为"相对人类中心主义")。尽管"弱式人类中心主义"强调应该对人的需要作某些限制,在承认人的利益的同时肯定自然存在物有内在价值,但在本质上与"强式人类中心主义"一样强调人类的生存和发展的需要,把自然界看作一个供人任意索取的原料仓库。这与强调人与自然和谐统一、可持续发展的"人本主义""人性关怀"理念,同样没有共同之处。三是区分以人为本、人性关怀与我国古代"民本"思想的本质区别。尽管我国古代就有了"以人为本"的概念,但这里的"人"实际上是与"君"相对应的"民",其典型概括是"民惟邦本,本固邦宁"。由此看出,强调"民惟邦本"的目的是为了"本固邦宁",也就是为了国家治理的安宁。这种作为封建帝王"驭民""治民"术的"民本"思想,是作为维护君主专制统治的手段而提出的。它与强调满足人的需要、维护人的尊严、实现人的价值、促进人的全面自由发展的"以人为本""人性关怀"的理念有质的区别。

研究生教育作为培养从事科学研究工作者的事业,担负着解放人、发展人、实现社会发展和文明进步的使命,理应把"以人为本"和"人性关怀"

作为一种价值观，作为一种思维方式，贯穿于研究生培养和学术训练的各个环节。

三、人类理想和对美好社会的探求

学术是对自然规律和人类社会发展规律及其发展趋势的研究。自然科学通过对自然规律的探索，探寻利用自然的方法，为人类生活的改善提供技术手段；社会科学通过对社会发展一般规律的研究，探寻走向美好社会的可能途径。因此，学术研究必须致力于对人类美好生活的探究和走向美好社会的途径的探寻。美好社会作为一种为了人类幸福的社会形态，在很大程度上是作为一种理想状态和目标追求存在的。因此，学术研究不能、也不应该无视对人类理想和美好社会的追求。而这也必须贯穿于作为学术起点的学术训练之中。

1. 人类理想的重要性和必要性。毫无疑问，自然界有其自身发展的规律，人类社会也遵循自身所必然具有的内在规律，不以人的意志为转移，是一个"自然的历史进程"。正如马克思所指出："任何人类历史的第一个前提无疑是有生命的个人的存在"；而"这是一些现实的个人，是他们的活动和他们的物质生活条件，包括他们已有的和由他们自己的活动创造出来的物质生活条件"①。人类意识、人类思想是由这些"物质生活条件"所决定的，而不是人的意识决定这些"物质生活条件"。人类理想作为人类意识的一种形式，也是由这些物质条件所限制和决定的；人类对美好社会的向往，也不能脱离这些物质条件，否则就会陷入空想。也就是说，人们的思想活动必然受不以人的意志为转移的客观规律的制约。每一时代的人，只能在前人积累的、不以其意志为转移的既定物质条件下生活、思维并谋划未来。

但是，同样毫无疑问的是，物质对意识、社会存在对社会意识的决定作用，丝毫也不否定意识对物质、社会意识对社会存在的反作用，丝毫也不否定人的主观能动性和人在历史面前的主体性，反而以此为条件。也就是说，人正是在自觉的、主动的感性活动中进行社会实践的；人就是在一定的客观历史条件下，有目的地、能动地、自觉地表现和创造自己的生活的。人类理

---

① 《马克思恩格斯选集》第 1 卷，人民出版社 2012 年版，第 146 页。

想和人类对美好社会的追求，正是人们有目的地、能动地、自觉地掌握自己生活的一种方式，是人们关于人生和社会的一种总的价值追求，是人们向往并探求外部世界使之能够满足自身需要、按自己的意愿改变外部世界和社会发展趋势的一种主动体现。正因为有理想和有追求，人类才能够有意识地根据自己的需要提出目标，规划未来，并充分利用既有的客观历史条件达到这些目标，改善人类生活，推进社会发展，推动历史进步。因此从一定意义上说，整个人类历史进程，就是人类不断追求美好社会的过程，就是人类理想不断实现的过程。

理想和对美好生活的追求之所以重要，是因为它是使人类区别于动物界、彰显自己能力、尊严和存在感、实现感的一种标识。人类在进化和发展过程中创造了人类文明，创造了大量物质和精神财富，促进了人类的进步。但同时，由于私有制的存在，每个历史时代的人们都有自己与生俱来的困惑、困境，包括饥饿、贫困、利益争夺、剥削压迫，总之包括物质的贫困和精神的枷锁。为了走出这些困境，为了走向美好未来，人类总是以社会理想的形式追求着美好社会，以期重建意义世界，以寻求生活的改善和富足，以实现人与人的平等与和谐，以揭示人生的价值和意义，以展现人性的尊严和崇高。因此，人类总是在实践中，在既有的物质条件下，努力发挥自己的主观能动性，去追求符合自己意图的应有的美好生活、美好社会。这就是人类理想。

人类理想的重要作用可以从以下几个方面来认识：第一，人类理想是人类区别于动物界，彰显人的尊严的标志和标识。人类理想是在实践中产生的、面向人类未来的理性构想，是人类依靠自然和社会来发展与完善自身的美好设想和愿望。由于人类有理想，有对目标的设定、对信念的追求和有为目标与信念去奋斗的行动，才使人类高出动物世界并与动物世界区别开来，从而体现人的崇高性和尊严感。第二，人类理想是人类理性发展水平的表现和尺度。人类与动物的根本区别在于人具有理性。人类理想就是人借助理性而超越自我、追求美好生活的情景设定。人类理想是有不同层次的；不同层次的理想正是人们对自然规律和社会规律不同理解水平的呈现，是人们理性思维水平和发展程度的标识。因此，一定时代的理想的科学性所达到的水平，体现了那个时代人们理性思维所达到的发展程度，体现了那个时代的人们对客观世界和主观世界认识的深度、高度与广度。第三，人类理想是对人生价值和人类终极意义的思量与追问。基于人类实践活动的人类理性思维，总是渴求在最深层次上或最完整的意义上把握世界、解释世界和确认人在世界中的地位与价值，并据此形成认识和评价尺度，来构建人类的理想世界，建构人类社会自身的完美形象，建立理想的世界。这种渴求，是一种指向终极性的理性追求，或者说其本身就是一种终极性的关怀。① 第四，人类理想是人类创造本性的释放和张扬。人类不仅区别于动物，而且也不会在物质的决定面前被动接受，而是表现出能动性、主动性和主体性。这种能动性、主动性、主体性在社会生活方面，就表现在自主的选择、决定方面，包括对生产对象、生产活动的选择，也包括对自身需要、目的的选择。而且这些选择，往往以对美好生活的期待为特征，以一定的社会理想为指导。最后，还要通过物质力量，在实践中将理想变成现实，一定程度上使社会生活更加美好。不论是方式的选择，还是理想的实现，都需要人的创造性。因此，人类理想的树立和实现，都体现了人的探索精神和创造精神。第五，人类理想是人类创造能力的表现和展现。理想的实现，对美好生活的追求，不仅需要创造精神，更需要创造能力和实现能力。不仅人类理性的构建需要人的理性思维能力，而且理性的实现也需要人的高度智慧和科学的实践能力。因此，人类理想不仅展现了人类思维的创造力和人类心灵的无穷力量，也展示了人类精神的无限超越性。这种超越是以"类"的形态展现的，它超越了个体的有限生命界限，以"人类"形式展现出时空无限的扩展和能力的无限拓展。正是有了这种创造力，人类才不再仅仅本能地适应自然法则，而是在自然世界之外开辟出一个崭新的理性世界。在这个世界里，理性为人类的意志立法，甄别什么样的生活才是真正的善的生活、什么样的社会是美好的社会。同时，人类理性还试图为自然立法，用自然法则为人类理想的实现提供物质的保障。正是这种"立法"，才使人在自然面前确立了人的尊严，彰显了人的创造力。第六，人类理想是激励人们不断奋斗的精神支撑和思想动力。人类理想是一种指向未来、高于现实的理性目标，而人类自身却是生活于一定历史时代、受

---

① 参见宋清华：《略论人类理想的本体论基础》，《浙江社会科学》2011 年第 3 期。

制于现实物质条件的一代一代具体的人。因此，从现实走向理想未来需要付出艰辛的努力，有漫长的征途要跋涉。在这个艰苦的过程中，如果没有美好的未来召唤，没有崇高的理想指引，人类就会在现实面前迷惑，在困难面前退缩，在征途上迷失。所以，理想作为一种应然的状态，给了人类奋斗以方向，给了人类毅力以保障，给了人类追求以希望。有了社会理想，有了对美好生活的向往，就为心灵世界树立了一个坐标，人们就会产生内驱力，就会树立不屈的信念，就会产生不移的力量，就会唤起不屈的意志，以全部的热情引导着意志走向理想的世界。正是由于社会理想具有的以上作用，在人类历史上，每一代人才具有了创造自己美好生活、推动人类社会发展的社会理想。人类历史、人类文明、人类生活的崇高意义，正是在一代又一代人的理想追求中被创造出来的。没有伟大理想，没有每一代人对理想目标的不懈追求，人类绝不会创造出今天的文明，人类社会绝不会取得今天的伟大成就。

2. 人类理想和美好社会是不同时代思想家的不懈追求。不论是西方还是东方，不同时代的思想家都用自己发达的理性思维和超人的智慧对人类理想与美好社会进行了阐述，为人类指明了前进的道路。

中国古代绝大多数思想家都对人类理想的美好社会进行过描绘，但影响最深远的还是儒家的社会理想，尤其是孔子提出的"大同世界"理想。他在《礼记·礼运》中指出："大道之行也，天下为公，选贤与能，讲信修睦。故人不独亲其亲，不独子其子；使老有所终，壮有所用，幼有所长，矜寡、孤独、废疾者皆有所养；男有分，女有归。货，恶其弃于地也，不必藏于己；力，恶其不出于身也，不必为己。是故谋闭而不兴，盗窃乱贼而不作；故外户而不闭。是谓大同。"孟子提出的"老吾老以及人之老，幼吾幼以及人之幼"的"仁政"社会理想模式，以及"父子有亲，君臣有义，夫妇有别，长幼有序，朋友有信"的社会理想，与此是相通的。这种民族目标分解到每个人，就必然推定出"修身、齐家、治国、平天下"的家国情怀和历史担当。这种以"天下为公"为最高追求的社会理想，在中国几千年的发展中，成为中华民族的心理依归、美好愿望和远大理想，也成为各个历史时代先进人们反抗社会不平等的思想武器，成为激励中华儿女前赴后继地为之奋斗的崇高目标。由此，才有了近代思想家康有为在《大同书》里设计的"至平、至公、至仁、治之至"的"大同"理想社会，和孙中山"民有、民治、民享"的共和国理想。

在西方，不同时代的思想家也以不同的方式论述了理想社会的模型，引领了社会的发展方向。古希腊时期，柏拉图描述了由"哲学王"治理、有等级划分、实行公有制、人人各司其职的乌托邦式"城邦"——"理想国"，把"正义""至善""富庶""众人的幸福"作为理想社会的标志。基督教承诺了一个"上帝面前选民平等"、人的尊严得到保障、逃离苦难、可以永生的"来世"王国，一个到处开满鲜花、树上结满食物、河流里流淌着牛奶的不用劳动、尽享快乐的"伊甸园"。近代，霍布斯、洛克、卢梭等思想家力倡民主理念，强调三权分立，把"自由""平等""博爱"作为基本价值遵循，努力构建民主、共和的资产阶级"理性王国"。空想社会主义思想家，更是以描述理想社会而著名。16 世纪，莫尔的《乌托邦》一书设想了一个没有私有财产、没有剥削、人人平等、闪现出"共产主义思想的微光"的乌托邦社会。其他的如康帕内拉的"太阳城"、巴贝夫的"共产主义公社"等，都以建立"人人平等""普遍幸福"的社会作为理想。而 19 世纪三大空想社会主义者圣西门、傅立叶、欧文，更是试图用"法郎吉""新和谐公社"等社会实验，推动理想社会——"社会主义"或"共产主义"社会的建立。

马克思、恩格斯也对共产主义作了科学分析和系统论证。由于人们往往把"共产主义"看作未来的理想社会，因此，人们也往往把"共产主义"看作马克思、恩格斯许诺给人类的最高社会理想。这甚至在国内外学界也是一种普遍的认识和结论。如美国学者约翰·P.伯克（John P. Burke）等编著《马克思主义与美好社会》一书就是一个典型的例子。事实上，对美好未来社会的追求和描述，是从古代以来就为不同时代的思想家所热衷，而空想社会主义者们更是把未来社会称为"社会主义"或"共产主义"。所以，在这方面，马克思、恩格斯并没有比以前的思想家做得更多、许诺更多。马克思、恩格斯比之前的思想家进步的地方，并不在于他们给人类许诺了一个"共产主义"的未来美好社会——这是以前思想家的做法，而是他们分析了走向美好社会的历史必然性，并指出了走向共产主义社会的根本途径，即消灭私有制。也就是说，马克思、恩格斯通过对人类社会发展一般规律和资本主义社会基本矛盾的科学分析，发现了私有制特别是资本主义私有制的种种弊端及其相对于生产力发展要求的保守性和落后性，以及由于生产力的发展和社会的进步而退出历史舞台的必然性与确定性。其结论就是，只有变革资本主义私有制，实现生产资料的社会所有，才是实现未来美好社会——共产主义——的前提和途径；而"共产主义"的基本特征是"人的自由全面发展"。正是这一奠定在"唯物史观"和"剩余价值学说"两个理论"基石"上的结论，才使"社会主义"从空想变成了科学，才使马克思主义理论相对于以往的学说而具有了科学性和严密性。与以往的思想家相比，马克思和恩格斯在论证社会理想方面是相当谨慎和严肃的，指出："实际上，事情是这样的：人们每次都不是在他们关于人的理想所决定和所容许的范围之内，而是在现有的生产力所决定和所容许的范围之内取得自由的。"① 当然，这丝毫不否定马克思、恩格斯对美好社会理想的追求，反而说明他们对社会理想更加重视，对社会理想的态度更加严肃，对社会理想的论证更加科学。尽管他们强调物质对意识、社会存在对社会意识的决定作用，但他们更加重视人的主观能动性和主体作用的发挥。因此，他们并没有把对人类理想的追求看作唯心主义。正如恩格斯所指出的："如果一个人只是由于他追求'理想的意图'并承认'理想的力量'对他的影响，就成了唯心主义者，那么任何一个发育稍稍正常的人都是天生的唯心主义者了，怎么还会有唯物主义者呢？"② 所以，马克思、恩格斯是坚定的历史唯物主义者，也是严肃、科学的理想主义者。"他们并不向人们凭空作出甜言蜜语般的许诺，也从不抽象地奢谈人类未来应当如此这般。他们的任务是向人们揭示，在一定的客观现实条件下，人们必须怎样行动。马克思主义者不是从想象出发，而是从现实出发去想象'应有'的状况。这种想象由于扎根现实，反映现实发展的必然趋势而必将成为未来的现实。并且，共产主义社会理想的最终实现，从一种现实可能性最终转变为现实，还需要千百万人民群众的艰苦实践，需要运用现实的手段，一步一步地完成现有条件下能够完成的任务。这是马克思主义关于未来社会理想的一个根本之点。"③

---

① 《马克思恩格斯全集》第 3 卷，人民出版社 1960 年版，第 507 页。
② 《马克思恩格斯全集》第 28 卷，人民出版社 2018 年版，第 340 页。
③ 张鸣：《理想与人类文明》，《学术月刊》1987 年第 3 期。

任何时代，追求美好生活的社会理想，都是激励人们去奋斗、推动社会发展的强大精神动力。毛泽东继承了中国古代"大同社会"的理想，又接受了马克思主义的共产主义理论，形成了以共产主义为远大理想、又找到了立足中国现实走向未来的途径——新民主主义。这一包括新民主主义革命和社会主义革命在内的理论，既构成了毛泽东思想这一马克思主义新发展的理论成果，也成功指导了中国革命和社会主义建设，显示了社会理想的强大精神引领作用。应当指出的是，社会理想不仅仅是哲学家、社会学家、政治学家的理性追求，也往往是自然科学家的精神家园。在《钱学森书信》中，钱学森把人类社会分为四个阶段：从 200 万年前人类出现到原始公社开始的漫长阶段，由于没有生产活动，因此不能称为"人类社会"。从第一次产业革命（大约相当于新石器时代）开始有了生产活动，才真正进入人类社会。而相继出现的奴隶社会、封建社会、资本主义社会、社会主义社会，都属于人类社会的第一阶段。作为人类社会的理想，钱学森描绘了第二阶段的图景：大约 200 年后，人类进入共产主义社会，实现世界大同——最终消灭了战争，国家没有了，国界没有了，全世界出现真正的一体化；实行按需分配，消灭三大差别，智力大发展，人们可以遨游于太空；人们完全自觉地利用自然规律和社会规律创造历史。此外，人类社会还会有第三阶段、第四阶段。[①] 尽管这些描述没有作太精确的科学论证，钱老对人类社会的理想概括，的确让人们看到了美好前途和无限希望。同样，国外学者也对"美好社会""社会理想"等进行了描述和畅想。美国经济学家约翰·肯尼斯·加尔布雷斯（John Kenneth Galbraith）在《美好社会——人类议程》将"美好社会"定义为"可行的社会，而非完美无缺的社会"。"美好社会"的轮廓应该是：人人有工作并有改善自己生活的机会；有可靠的经济增长以维持就业水平；青年人在走向社会之前能够享受教育和得到家庭的温暖；为弱者建立一个安全网；人人都有根据自己的能力和抱负取得成功的机会，损人利己的致富手段受到禁止；消除通货膨胀对人们的威胁；在外交上体现合作和同情精神。"美好社会"的本质是"每一个成员不论性别、种族或族裔来源，都能过一种有价值的生

---

① 参见《钱学森书信·致钱学敏》第六卷，国防工业出版社 2007 年版，第 92—93 页。

活"①。因此，"美好社会"必须致力于公共利益的建设，实现全体社会的自由民主；必须有一个强有力的国际关系，只有这样才能与其他国家保持势力均衡，从而实现世界和平。可见，对美好社会的期盼、对社会理想的追求，普遍是思想家、科学家们的学术兴趣点，是他们理论研究的重要组成部分。

3. 学术研究和学术训练应致力于美好社会的探求，努力探寻实现社会理想的路径。学术研究无非是从事自然科学或社会科学的研究；学术训练无非是通过规范的训练，使人具有从事学术研究的能力和素养。而无论是自然科学还是社会科学，都力图探求自然界或人类社会的基本原理，试图对自然界和人类社会作出终极的解释。这种对原理的探求、对客观规律的解释，是通过思维或理性来实现的。而关于思维或理性能否完全揭示客观规律，也就是思维或理性的"至上性"和"非至上性"问题。恩格斯认为，思维的至上性和非至上性是辩证统一的，即"按它的本性、使命、可能和历史的终极目的来说，是至上的和无限的；按它的个别实现情况和每次的现实来说，又是不至上的和有限的"②。也就是说，思维或理性的"非至上性"，是指就个人来说，由于生命的时限，每个人的认识能力、认识的深度、广度是有限的；就人类整体来说，人们在一定时期、一定阶段对客观世界的认识都是对客观真理一定程度的揭示，都是对整体世界的一部分的认识。思维或理性的"至上性"，是就生生不息的人类来说，人类对客观世界的认识是无限演进的，人类对客观规律的认识是无限接近的。因此，学术研究的使命和理性思维的本性是一致的，也就是说，都是致力于揭示客观世界的根本规律，指向世界的终极存在，对世界进行终极的解释，探求人类社会的终极价值，实现对人类的终极关怀。学术训练作为对人的思维和理性能力的训练，必然要顺应学术研究的这一使命和理性思维的这一特性。

世界的终极存在、世界的终极解释、人类社会的终极价值、对人类的终极关怀，是现在的认识、现在的条件还没有达到的状态和存在，因此是以人类理想的形式呈现的，是以对美好社会的追求为依归的。也就是说，终极存

---

① [美] 约翰·肯尼思·加尔布雷思：《美好社会：人类议程》，王中宝等译，江苏人民出版社 2009 年版，第 20 页。

② 《马克思恩格斯选集》第 3 卷，人民出版社 2012 年版，第 463 页。

在、终极解释、终极价值、终极关怀，构成了人类理想主义最深邃的思想根源。[①] 人类之所以通过人类理性构建人类理想这一超越现实的理性目标，一方面是因为人们必须在不尽满意的现实中看到希望，在平实无华的生活中保持生机勃勃的求真意识、向善意识和审美意识，保持自我批判的能力、自我超越的空间和自我奋斗的精神；另一方面，建立在对客观规律认识基础上、以人类发展的历史经验和教训为前提、以理性形式存在的人类理想，也的确在一定程度上消除人类自身所存在的不足、缺陷和劣根，使人类免去更多的困惑、曲折和迷茫，引领人类走上富足、和谐、有尊严的发展道路。因此，作为对世界的终极存在、终极解释，对人类社会的终极价值、终极关怀为目标的学术研究，必然把人类理想和对美好社会的追求作为自己的责任；作为学术研究的基础和前提的学术训练，必须从一开始就把人类理想和美好社会的追求作为学术责任与学术使命来坚守。这是研究生学术训练的题中应有之义。

---

① 参见宋清华：《略论人类理想的本体论基础》，《浙江社会科学》2011 年第 3 期。

结　语

　　"我们至今多少还在黑暗中摸索，而且我相信今后将永远如此……我们的身后不乏光明之处，前方却仍漆黑一团。"①"黑夜给了我一双黑色的眼睛，我却用它来寻找光明。"研究生的使命是促进理论创新，促进思想发展，促进文明进步，实现经济社会发展，破解人类发展困境，为人类开辟美好前程。他们的胸怀要博大，头脑要睿智，眼界要高远，意志要坚定。研究生要做夸父，追逐并摘下太阳，把光明放到人们的心中；研究生要做后裔，射掉炙烤人间的烈日，还人类以禾木葱荣；研究生要做精卫，填平欲望之海，带给人间海晏河清；研究生要做愚公，移除贪婪之山，实现社会公平公正；研究生要做人间的普罗米修斯，为人类取到奥林匹斯山的活火，给人类带来温暖和光明。他们要拔除哲学贫困的智障，打破历史终结的神话，戳穿人性自私的谎言，探寻终极真理的恢宏。他们的目光可以越过高山，去凝视太阳的绚烂，但他们的双脚必须脚踏实地，去跋涉沼泽的泥泞。他们要理想远大，胸怀天下，面向未来，但他们又要勇敢面对现实社会的不堪和峥嵘。

一

　　正如马克思所指出，人类离开野蛮的动物界并没走出多远，人类还没有进入没有剥削、没有掠夺、没有倾轧、没有欺凌、没有压迫、没有奴役、人人自由而全面发展的真正人的社会。"人类分成为若干特定的动物种属，决定他们之间的联系的不是平等，而是不平等，法律所确定的不平等。"人类生活在的"是精神的动物王国，是被分裂的人类世界"。在这里，"一种人靠

---

① ［美］亚伯拉罕·弗莱克斯纳：《现代大学论》，徐辉等译，浙江教育出版社2001年版，第12页。

另一种人为生，而最终是靠那种水螅一样附在地上的人为生，后一种人只有许多只手，专为上等人攀摘大地的果实，而自身却靠尘土为生。"因为在自然的动物王国，是工蜂杀死不劳而食的雄蜂，而在精神的动物王国恰恰相反，是不劳而食的雄蜂杀死工蜂——用劳动把它们折磨死。"之所以如此，是因为私有制的存在，是因为私人利益的横行。"私人利益总是怯懦的，因为那种随时都可能遭到劫夺和损害的身外之物，就是私人利益的心和灵魂。""'当他害怕的时候，他是可怕的。'这句格言可以作为一切自私自利的和怯懦的立法的写照。"①"私人利益把自己看作是世界的最终目的。"② 私有制把劳动这一解放人的手段变成了奴役人的手段，因而制造成了劳动的异化。"异化劳动使人自己的身体，同样使在他之外的自然界，使他的精神本质，他的人的本质同人相异化。"③

"私有制是万恶之源"，这是从古希腊以来一切时代的有学术良知的思想家的一致结论。柏拉图认为私有制造成的人类贪欲膨胀是社会腐败、堕落、专制的重要原因，因此主张"公产、公妻、公餐、公育"。在他的"理想国度"里，"一个国家最大多数的人，对同样的东西，能够同样地说'我的'、'非我的'"，"有福应该同享，有难应该同当"，"必须妇人公有，儿童公有，全部教育公有。……这里的一切都是大家公有，没有什么是私人的。"④ 法国启蒙思想家卢梭（让—雅克·卢梭，Jean-Jacques Rousseau）认为，生产的发展和私有制的产生，使人类脱离了"自然状态"，产生了贫富不均的社会现象。因此，私有制是社会不平等的起源和根源。随着私有制产生的国家，确立了财产私有的制度，使人类的不平等更加日益加深。空想社会主义者圣西门、傅立叶、欧文等认为，私有制造成的无政府状态是"一切灾难中最严重的灾难"，不仅造成了"羊吃人"，而且把人变成了"两足兽"，把雇佣劳动制度变成了"恢复了的奴隶制度"，把工厂变成了"温和的监狱"。德裔美籍当代哲学家赫伯特·马尔库塞认为，以资本主义私有制为基础的当代发达

---

① 以上见《马克思恩格斯全集》第 1 卷，人民出版社 1995 年版，第 248、249、255—256、256 页。

② 《马克思恩格斯全集》第 1 卷，人民出版社 1995 年版，第 272—273 页。

③ 《马克思恩格斯全集》第 3 卷，人民出版社 2002 年版，第 274 页。

④ [古希腊] 柏拉图：《理想国》，郭斌和等译，商务印书馆 1986 年版，第 197、198、312 页。

工业社会是一个实现了社会一体化、失去其内在否定性而只剩下维护现存制度肯定性一面的"单向度的社会"；作为发达工业社会产物的现代哲学思想，成为受技术理性和统治逻辑制约的、只有"肯定"向度没有批判向度、并奴役一切人的意识形态的"单向度的思想"；发达工业社会的不合理性和压抑人的自由发展的实质造就了社会压抑下的"单向度的人"。"单向度的人"批判意识已消失殆尽，个人已丧失了合理的批判社会现实的能力。为了打破这种"单向度社会"，马尔库塞提出通过"设计"改造现实人类存在方式、实现自己的"理想社会"的设想。[1] 当代法国经济学家托马斯·皮凯蒂（Thomas Piketty）对自 18 世纪工业革命以来的财富分配数据进行了分析，得出的结论是：自由市场经济并不能完全解决财富分配不平等的问题，不加制约的资本主义导致了财富不平等的加剧；贫富差距是资本主义的固有现象，发达国家贫富差距还会持续拉大；只有通过民主制度制约资本主义，才能有效降低财富不平等现象。[2]

　　所以，正是由于私有制的存在，才有印度政治家、思想家甘地所批判的"世上七大罪恶"，即没有原则的政治、没有劳动的财富、没有道德的商业、没有人性的科学、没有奉献的信仰、没有品德的知识、没有顾及他人的追求享乐。[3] 正是由于私人利益的横行，世界才变成了德国思想家马克斯·舍勒描绘的景象：在现代性社会中，世界不再是精神的"家园"，"而是冷静计算的对象和工作进取的对象，世界不再是爱和冥思的对象，而是计算和工作的对象"。[4] 这就是研究生在踏上学术旅途伊始面对的社会现实，这就是研究生要破解的人类进步难题和发展困境。

二

　　一个国家，只有认识到自己的短板，才能找到努力的方向；一个民族，

---

[1]　参见［美］赫伯特·马尔库塞：《单向度的人：发达工业社会意识形态研究》，刘继译，上海译文出版社 2006 年版。

[2]　参见［法］托马斯·皮凯蒂：《21 世纪资本论》，巴曙松等译，中信出版社 2014 年版。

[3]　参见孙家正：《理论文化、文化素养及文化情怀——在中国文联团体会员负责人研修班上的讲话》，《中国艺术报》2013 年 6 月 3 日。

[4]　参见刘小枫：《现代性社会理论绪论》，三联书店 1998 年版，第 20 页。

只有看到自己的不足，才有进步的可能。我国传统文化哺育了中华民族，创造了灿烂的文明成果，也为人类文明进步做出了杰出贡献。但也必须承认，我国传统文化也有自己的缺陷与不足。

一是理性精神不张，逻辑思维不发达。源于古希腊的"理性精神"构成了西方文化的显著特征。苏格拉底提出"人的理性是万物的尺度"；柏拉图开创了西方理性主义传统；亚里士多德宣布"人是理性的动物"，把理性思维规则看作人类获得对客观世界真知的必要工具。经过文艺复兴，理性主义传统在西方得到进一步发展和强化。18 世纪启蒙思想家更是高举理性大旗，用理性精神启迪人们，消除蒙昧；康德的"历史理性"、黑格尔的"绝对理性"，使"理性"和"理性思维"成为西方文化的特质。理性的内核是逻辑，理性主义开启了寻求普遍"逻各斯"的逻辑进程，构建起了由纯粹思维、概念和精神所构成的理念王国。

中国古代文化缺乏理性和理性精神，这是造成中国科学技术落后的重要原因。尽管先秦诸子中也有人重视论证的逻辑问题，如《墨辩》已经触及了形式逻辑的同一律、排中律和矛盾律等；先秦时代的《易传》已经涉及对立统一原理。所以，李约瑟说："当希腊人和印度人很早就仔细考虑形式逻辑的时候，中国人则一直倾向于发展辩证逻辑。"[①] 尽管辩证逻辑是比形式逻辑更复杂的逻辑系统，但没有形式逻辑的严密，不足以哺育科学思维的发展。在文化演进中，形式逻辑的严密推理思维方式没有发展成中国文化的传统，相反，通过神秘的"玄览""直观""内省"方法接近真理的思维方式成为传统文化的主要特征。所以梁漱溟指出："当知中国人所用的有所指而无定实的观念，是玄学的态度；西方人所用的观念要明白而确定，是科学的方法。"[②]

二是求是精神不强，求真品格不完备。"求是"是探求客观规律；"求真"是探求真理。二者是一回事。古希腊哲学把"智慧"与"真理"关联在一起，高扬了求真精神。苏格拉底为在哲学中寻求"真知"献出了高贵的生命；柏

---

① ［英］李约瑟：《中国科学技术史》第 1 卷第 1 分册，翻译小组译，科学出版社 1975 年版，第 3 页。

② 梁漱溟：《东西文化及其哲学》，商务印书馆 1999 年版，第 39 页。

拉图说："你还能发现什么东西比真理更亲近于智慧呢？"亚里士多德坚持"吾爱吾师，吾尤爱真理"等，这些都成为求真精神的典范。正是求是精神和求真品格，促成了近代西方科学技术的重大发展。所以竺可桢说："开普勒、牛顿等人，凭自己之良心，甘冒不韪，而真理卒以大明。……当时一般人尚信人类是上帝所造，而主张进化论的达尔文、赫胥黎等为举世所唾骂，但是他们有那不屈不挠的'求是'精神，卒能得最后的胜利。"①

中国传统文化也不乏"求是精神"。如老子探究"道"；孔子坚持"每事问"；荀子注重物之"理"。"道"和"理"都是客观事物的法则，即客观真理。荀子还强调，"大天而思之，孰与物畜而制之？从天而颂之，孰与制天命而用之？望时而待之，孰与应时而使之。"（《荀子·天论》）就是说要探究客观规律，利用客观规律。这显然是求是精神、求真精神。但与西方文化的探求知识的"求真"特征相比，中国哲学一直强调对大自然真情的"悟"，不是靠对大自然本身的观察、研究，不是对知识、规律的探求。如孟子认为，"尽其心者，知其性也；知其性，则知天矣"（《孟子·尽心上》）；董仲舒强调"天人感应"；张载强调"天人合一"；朱熹认为为学就是"穷天理、明人伦，讲圣言，求世故"等，都没有把探求自然知识、事物逻辑、客观规律作为为学的主要目的。

三是批判精神不足、创新意识不强烈。怀疑和批评是学术发展的动力。西方文化历来有怀疑和批评的传统。亚里士多德认为"思维是从疑问和惊奇开始的"；黑格尔把"怀疑"看作"一种有教养的意识"；爱因斯坦从少年时就"对所有权威怀疑，对任何社会环境里都会存在的信念完全抱一种怀疑态度"②巴甫洛夫认为"怀疑，是发现的设想，是探索的动力，是创新的前提"；马克思的箴言是"怀疑一切"。这种怀疑态度孕育了西方的批判精神。苏格拉底倡导具有批判精神的质疑性对话法——"苏格拉底对话法"；"现代哲学之父"笛卡尔开启了学术批判先河；康德是公认的"批判哲学家"；黑格尔、马克思都是批判思维大师。西方哲学发展和学术成就的取得，是与这种怀疑态度和批评精神分不开的。

①　竺可桢：《求是精神与牺牲精神》，《语文世界》（中学生之窗）2011年第11期。
②　《爱因斯坦文集》第1卷，许良英等编译，商务印书馆1976年版，第2页。

中国古代思想家也推崇怀疑精神，如孔子认为"疑，思之始，学之端"；《中庸》强调"博学之，审问之，慎思之，明辨之，笃行之"；宋代哲学家朱熹指出："读书，始读，未知有疑；其次，则渐渐有疑，中则节节有疑，过了这一番，疑渐渐释，以致融会贯通，都无所疑，方始是学。"[①]明代学者陈献章强调："学贵知疑，小疑则小进，大疑则大进。疑者，觉悟之机也。"[②]这说明中国传统文化不乏怀疑、批判精神。但比这更突出的特点，是稽古、述古、信古、好古、崇古、尚古、泥古、复古的保守思想特点。孔子说："吾非生而知之者，好古，敏以求者也"，"述而不作，信而好古"，强调："生今之世，志古之道；居今之俗，服古之服"，甚至提出"克己复礼"的主张等，足见孔子"信古""好古""尚古"的思维特点。《礼记·中庸》说："仲尼祖述尧舜，宪章文武"；《淮南子·要略》称："孔子修成康之道，述周公之训"。说明，孔子是这么说的，也是这么做的。董仲舒把儒学绝对化为"纲常名教"，其"罢黜百家、独尊儒术"主张被汉代推行后，"以孔子之是非为是非"成为唯一评判标准；宋代以来把儒学变为"理学"的僵化说教。与经典不相符的观点、学说被看成"离经叛道"、异端邪说。于是形成了"非先王之法服不敢服，非先王之法言不敢言，非先王之德行不敢行"（《孝经·卿大夫》）的思维习惯。这种引经据典、因循守旧的思维方式，显然与批判精神是背道而驰的。尽管孔子也强调"多闻阙疑""多见阙殆""无征不信"，但尚古保守的精神气质由于后人的不断强化，成为中国传统文化的一个特点。

四是实证精神不够，科学品质不健全。西方从古希腊时期就形成了从客观世界寻找万物本原的传统。关于万物的本原，泰勒斯把它归于"水"、阿那克西米尼归于"气"、赫拉克利特归于"火"，都体现了实证精神。罗杰·培根把实验的检验程序看作实验科学的"第一特性"，成为实验科学的先驱。弗兰西斯·培根在此基础上系统归纳提炼了社会科学方法，成为实验科学的创始人，伽利略则是实验科学方法的直接实践者。以孔德为代表的实证主义哲学家进一步将自然科学实证精神贯彻于社会现象研究中，确立了实证主义

---

① 朱梅梵：《论科学怀疑方法的认识论价值》，《华中农业大学学报》（社会科学版）2009年第3期。

② 《陈献章集》（上），中华书局1987年版，第168页。

研究方法。实证精神和理性精神一样，成为西方哲学的又一特点。

早在先秦时期，中国就形成了有机论自然观，如"元气"说、"原子"说、"阴阳五行"说等，注重观察和思考自然界的整体性以及事物之间的内在联系，形成了有特色的科学技术思想，在科技上做出了伟大贡献。正如李约瑟所指出："中国在公元三世纪到十三世纪之间保持一个西方所望尘莫及的科学知识水平"，科学发现和发明"往往远远超过同时代的欧洲，特别是十五世纪之前更是如此。"①但是，由于中国学术思想重治国安邦、经世致用，科学技术被斥为"雕虫小技""奇技淫巧"，所以以实证研究为内核的科学技术研究始终不张。朱熹认为，"今为学而不穷天理、明人伦，讲圣言，求世故，乃兀然存心于草木器用之间，此是何学问！如此而望有所得，是炊沙而欲其成饭也。"（《朱子语类》卷五）朱论就是中国传统文化的典型写照。因此，尽管《大学》中提到了"格物致知"的学术方法，但胡适认为，"格物致知"后被当成"反身内求"的修养方法，并不是字面上呈现的实验科学。因为，"格"不是"验""做"，而是"想""参"，是观察外物反思内省而修圣贤之德。所以胡适认为，"中国的士大夫从来没有研究自然的风气，从来没有实验科学的方法，所以虽然有'格物致知'的理想，终不能建立科学"。②尽管这一说法有些极端，但中国传统学术中缺乏实证精神和科学品质，却也基本是事实。

近代史上，在学术先贤和思想家们的艰苦努力下，我国的文化特质、思维方式实现了现代化转向，以理性逻辑、求真品格、批判思维、创新意识、实证品质为特征的科学精神，逐步成为中国哲学文化的重要特征。鸦片战争中，以"礼教至上"为特征的"中学"在与以科学技术为内核的西方"实学"交锋中不堪一击，中国传统学术的缺陷暴露无遗。思想家们痛定思痛，思想观念开始发生变化。康有为以中国学术传统为根本，吸收西方现代社会科学观念，明确坚持理性精神和实证精神的科学研究方法。梁启超提出了"不为古人所欺，不为世法所挠"的批判思想和"我物我格""我理我穷"的理性精神，

---

① [英] 李约瑟：《中国科学技术史》第 1 卷第 1 分册，翻译小组译，科学出版社 1975 年版，第 3 页。

② 林初学：《管理决策呼唤科学实证精神》，《学习时报》2006 年 10 月 2 日。

倡导"除心奴"、反"依傍"的学术独立精神。陈独秀明确表示，"我们现在认定只有（德、赛）这两位先生，可以救治中国政治上、道德上、学术上、思想上一切的黑暗。若因为拥护这两位先生，一切政府的压迫，社会的攻击笑骂，就是断头流血，都不推辞。"① 胡适力倡实验方法和科学方法，"拿证据来"是其实证精神的基本标识。以这些思想理念转向为基础，陈独秀等一大批革命思想家推动的五四运动真正开启了中国的民智，促成科学精神在民族意识中生根、发芽。而真正使科学精神与实证精神成为中国学者普遍的自觉思维方法和科学研究自觉遵循的，还是毛泽东。他的《矛盾论》《实践论》从认识论和方法论上科学阐释了以理性精神与实证精神为内核的科学品质、科学精神。而他大力倡导的调查研究成为中国共产党的基本工作方法，也是"实践是检验真理的唯一标准"这一科学精神的精髓，成为中国人民思想认识的一般遵循。

尽管实现了这种哲学文化、思维方式的现代转向，但必须承认，作为学术研究、科学技术发展根本支柱的"理性精神""实证精神"，毕竟是中国传统文化的"基因缺陷"。在民族文化哺育中成长起来的研究生，不可避免地存在理性精神不足、科学精神不强的先天不足。通过严格的学术训练，提升理性思维和实证品质，并用科学精神修复民族文化"基因"，这是中国研究生的学术责任和学术使命。

三

社会责任是研究生的使命，学术责任是研究生的本分。学术责任除了促进学术发展外，还要抵制学术腐败、维护学术生态清明。

学术道德失范问题，依然是学术环境中的顽瘴痼疾。这不仅包括学术不当、学术不端等失范行为，也包括学术腐败等丑恶学术现象。"学术不当行为"包括实验不可靠、数据不准确、定量不精确、定性不真实、引文不规范、一稿两投多投、重复发表成果、杜撰参考文献、随意增减署名、隐匿他人贡献等。"学术不端行为"包括伪造科研数据、篡改文献资料、编造引文注释、捏造科研事实、虚报研究成果、夸大科研数据、篡改原始记录、引用

---

① 陈独秀：《〈本志〉罪案之答辩书》，《新青年》1919 年第 6 卷，第 1 号。

不加标注、剽窃他人成果、隐瞒科学发现、伪造专家鉴定、虚开用稿通知、妄作虚假陈述、收费发表论文、妨碍他人科研、破坏学术设备、骗取科研经费、滥用科研资源等。"学术腐败行为"包括提供虚假信息、学历职称造假、影响学术评价、买卖学术论文、代写学术文章、学术行贿受贿、权钱权色交易、利益输送交换、打击报复举报、收超高版面费、捞取学术荣誉、垄断学术权利、攫取学术地位等。学术失范是学术事业上的毒瘤，严重破坏了学术生态，严重影响了学术事业健康发展。

学术道德失范是学术问题，也是社会问题。研究生出现学术道德失范问题，实质上是学术研究中的功利主义，表现为讨巧取巧、心浮气躁、粗制滥造，以至于科学意识、科学精神、学术品格、学术道德、学术自律式微。根本原因是研究生知识积累不够，理论储备不足，创新意识欠缺，创新能力薄弱。之所以如此，主要是研究生学术训练不够，科学操守不强，致使学术道德意识和学术自律能力欠缺。这是主观原因。就客观原因来说，包括学校和社会两个方面。学校环境方面，主要是行政权力介入科研，学术机构行政转向；师门裙带关系蔓延，学术圈子文化泛滥；培养目标过于单一，评价机制不够合理；学术规范要求不高，学术道德教育缺失；学术训练重视不够，科研能力培育不足；导师作用不够充分，道德规范指导欠缺；监管机制不够健全，学术失范惩治不力。社会环境方面，由于利益驱使与市场经济等价交换原则向科研领域渗透，科学研究、学术活动变成了实现个人利益的手段和工具；经济欺诈、社会腐败向学校和学术领域渗透，造成学术欺诈、学生腐败问题频发；科研和学术主管部门渗透甚至攫取学术权利、学术职位，造成学术资源、学术机会、学术荣誉为少数行政领导所得而私；国家学术道德法规、学术失范惩治法律不健全，致使学术失范、学术腐败惩治无法可依。

学术道德建设是学校的责任，也是社会的责任。上面关于社会和学校方面存在的问题，其实也是解决问题的途径。各职能部门、各管理机构负起责任，循名责实，解决存在的问题，学术生态就能有一个大的改观，学术水平就能有一个大的提振。至于作为研究生教育主体、学术训练主角的研究生，要不断提高科研能力，不断提升科学品质，不断强化学术敬畏，同时还要不断增强学术道德自律，真正养成学术道德意识，把学术道德要求变为内在的绝对学术道德律令，实现学术道德自觉。更重要的是，研究生要努力提高学术责任和学术使命意识，肩负起传承文明成果、创新思想理论的历史使命，肩负起净化学术环境、整饬社会风气的时代责任，肩负起醒世、治世、美世的天降大任。

研究生学术训练不仅是学生的事也是导师的事，不仅是师生的事也是学校的事，不仅是学校的事也是社会的事，不仅是社会的事也是国家的事。"将爱倾注到一座房子上，你便会拥有一个家；将正义赋予一座城市，你便拥有了社会；将真理灌注到一堆砖瓦上面，你便拥有了一所学校；将信仰灌输到一座最简陋的建筑物上，你便拥有了一座教堂；将公正注入成千上万人的努力当中，你便拥有了文明。"①梅贻琦指出："所谓大学者，非谓有大楼之谓也，有大师之谓也。""大学之使命有二：一曰学生之训练，一曰学术之研究。"②当我们将注意力从建造高楼大厦转向培养思想巨擘、学术大师，将学术能力、科学精神、人文素养、济世情怀赋予了研究生，我们就拥有了国家强盛、民族复兴。

---

① ［美］亚力山大·辛德勒（Alexander M.Schindler）：《人生的两条真理》（Two Truths to Live），https://www.cnblogs.com/kgb250/articles/2641470.html。

② 梅贻琦：《致全体校友书》，杨东平：《大学精神》，辽海出版社 2000 年版，第 358 页。

主要参考文献

一、马列著作

《马克思恩格斯选集》第 1、2、3、4 卷，人民出版社 2012 年版。

《马克思恩格斯选集》第 1、2、3、4 卷，人民出版社 1995 年版。

《马克思恩格斯全集》第 3 卷，人民出版社 2002 年版。

《马克思恩格斯全集》第 13 卷，人民出版社 1962 年版。

《马克思恩格斯全集》第 19 卷，人民出版社 1963 年版。

《马克思恩格斯全集》第 20 卷，人民出版社 1965 年版。

《马克思恩格斯全集》第 28 卷，人民出版社 2018 年版。

《马克思恩格斯全集》第 23 卷，人民出版社 1972 年版。

《马克思恩格斯全集》第 31 卷，人民出版社 1972 年版。

《马克思恩格斯全集》第 42 卷，人民出版社 2016 年版。

《马克思恩格斯全集》第 47 卷，人民出版社 2004 年版。

《马克思恩格斯文集》第 1、2、3、4 卷，人民出版社 2009 年版。

《列宁全集》第 28 卷，人民出版社 2017 年版。

《列宁全集》第 55 卷，人民出版社 2017 年版。

《毛泽东选集》第一、二卷，人民出版社 1991 年版。

《毛泽东文集》第七卷，人民出版社 1999 年版。

二、中文著作

北京大学哲学系外国哲学史教研室编译：《西方哲学原著选读》，商务印书馆 1981 年版。

北京大学哲学系编：《古希腊罗马哲学》，商务印书馆 1982 年版。

《蔡元培全集》，中华书局 1984 年版。

《蔡元培文集（科学技术）》，（台湾）锦绣出版社 1995 年版。

陈美延：《陈寅恪集·金明馆丛稿二编》，三联书店 2001 年版。

陈崧：《五四前后东西文化问题论战文选》，中国社会科学出版社 1989 年版。

《陈献章集》，中华书局 1987 年版。

《辞海·语词分册》，上海辞书出版社 1977 年版。

符娟明主编：《比较高等教育》，北京师范大学出版社 1987 年版。

高平叔编：《蔡元培全集》第四卷，中华书局 1984 年版。

高平叔编：《蔡元培教育论集》，湖南教育出版社 1987 年版。

顾明远主编：《教育大辞典》第十卷，上海教育出版社 1991 年版。

顾明远主编：《中国教育大系·历代教育制度考》，湖北教育出版社 1994 年版。

郭玉贵：《美国和苏联学位制度的比较研究》，复旦大学出版社 1991 年版。

胡适：《中国哲学史大纲》，商务印书馆 1987 年版。

《胡适文存》一、二集，黄山书社 1996 年版。

《胡适文集》第二、三卷，人民文学出版社 1998 年版。

华中师院教科所主编：《陶行知全集》，湖南教育出版社 1985 年版。

胡军编：《金岳霖选集》，吉林人民出版社 2005 年版。

李秉德：《教育科学研究方法》，人民教育出版社 1986 年版。

梁启超：《饮冰室合集》（文集之九），上海古籍出版社 2001 年版。

梁漱溟：《东西文化及其哲学》，商务印书馆 1999 年版。

刘小枫：《现代性社会理论绪论》，三联书店 1998 年版。

吕希晨：《中国现代文化哲学》，天津人民出版社 1983 年版。

孟宪承：《中国古代教育文选》，人民教育出版社 1996 年版。

潘慧玲：《教育研究的取经：概念与应用》，华东师范人学出版社 2005 年版。

庞维国：《自主学习——学习与教的原理和策略》，华东师范大学出版社 2003 年版。

钱学森：《创建系统学》，山西科学技术出版社 2001 年版。

《钱学森书信·致钱学敏》第六卷，国防工业出版社 2007 年版。

舒新城编：《中国近代教育史资料》中册，人民教育出版社 1981 年版。

苏新宁等：《组织的知识管理》，国防工业出版社 2004 年版。

孙利天：《让马克思主义哲学说中国话》，武汉大学出版社 2010 年版。

万俊人：《寻求普世伦理》，商务印务馆 2001 年版。

王大珩、于光远：《论科学精神》，中央编译出版社 2001 年版。

王珉：《论蒂利希的终极关怀思想》，新华出版社 2000 年版。

王伟光：《创新与中国社会发展》，中共中央党校出版社 2003 年版。

王育殊主编：《科学伦理学》，南京工学院出版社 1988 年版。

魏所康：《创新教育论》，江苏人民出版社 2002 年版。

韦政通：《中国的智慧》，吉林文史出版社 1988 年版。

夏书章：《知识管理导论》，武汉出版社 2003 年版。

熊十力：《体用论·赘语》，中华书局 1994 年版。

徐民山等：《科学研究艺术》，解放军出版社 1994 年版。

杨玉圣等主编：《学术规范导论》，高等教育出版社 2004 年版。

叶继元：《学术规范通论》，华东师范大学出版社 2005 年版。

张大均：《教育心理学》，人民教育出版社 2004 年版。

张君劢、丁文江：《科学与人生观》，山东人民出版社 1997 年版。

赵国璋等：《文献学大辞典》，广陵书社 2005 年版。

《中国教育年鉴（1949—1981）》，中国大百科全书出版社 1984 年版。

周洪宇主编：《学位与研究生教育史》，高等教育出版社 2004 年版。

竺可桢：《看风云舒卷》，百花文艺出版社 1998 年版。

朱有瓛主编：《中国近代学制史料》第 2、3 辑上册，华东师范大学出版社 1987、1990 年版。

邹进：《现代德国文化教育学》，山西教育出版社 1992 年版。

杨丽珠：《教育科学研究方法》，辽宁师范大学出版社 1995 年版。

三、译著

《爱因斯坦文集》第 1 卷，许良英等编译，商务印书馆 1976 年版。

［奥］K.波普尔：《猜想与反驳》，傅季重等译，上海译文出版社 1986 年版。

［德］恩斯特·卡西尔：《人论》，甘阳译，上海译文出版社 2004 年版。

［德］费希特：《论学者的使命》，梁志学等译，商务印书馆 1984 年版。

［德］路德维希·费尔巴哈：《费尔巴哈哲学著作选集》上卷，荣震华等译，商务印书馆 1984 年版。

［德］弗·鲍尔生：《德国教育史》，滕大春等译，人民教育出版社 1986 年版。

［德］海德格尔：《路标》，孙周兴译，商务印书馆 2000 年版。

［德］黑格尔：《精神现象学》，贺麟等译，商务印书馆 1962 年版。

［德］黑格尔：《历史哲学》，王造时译，商务印书馆 1963 年版。

［德］黑格尔：《法哲学原理》，范扬等译，商务印书馆 1961 年版。

［德］黑格尔：《小逻辑》，贺麟译，三联书店 1954 年版。

［德］黑格尔：《哲学史讲演录》第 2 卷，贺麟译，商务印书馆 1959 年版。

［德］霍克海默：《批判理论》，李小兵等译，重庆出版社 1990 年版。

［德］康德：《未来形而上学导论》，庞景仁译，商务印书馆 1997 年版。

［德］康德：《判断力批判》下卷，韦卓民译，商务印书馆 1964 年版。

［德］康德：《历史理性批判文集》，何兆武译，商务印书馆 1990 年版。

［德］叔本华：《作为意志和表象的世界》，石冲白译，商务印书馆 1982 年版。

［德］文德尔班：《哲学史教程》上卷，罗达仁译，商务印书馆 1987 年版。

［德］雅斯贝尔斯：《什么是教育》，邹进译，生活·读书·新知三联书店 1991 年版。

［法］孔德：《论实证精神》，黄建华译，商务印书馆 1996 年版。

［法］托马斯·皮凯蒂：《21 世纪资本论》，巴曙松等译，中信出版社 2014 年版。

［古希腊］《苏格拉底的最后日子——柏拉图对话集》，余灵灵等译，上海三联书店 1997 年版。

［古希腊］亚里士多德：《政治学》，吴寿彭译，商务印书馆 1965 年版。

［美、瑞］爱因斯坦等：《物理学的进化》，周肇威译，上海科技出版社

1962 年版。

[美] 伯顿·克拉克：《探究的场所——现代大学的科研和研究生教育》，王承绪译，浙江教育出版社 2001 年版。

[美] E.拉兹洛：《用系统论的观点看世界》，闵家胤译，中国社会科学出版社 1985 年版。

[美] 赫伯特·马尔库塞：《单向度的人：发达工业社会意识形态研究》，刘继译，上海译文出版社 2006 年版。

[美] G.萨顿：《科学的历史研究》，刘兵等译，科学出版社 1990 年版。

[美] 克拉克·克尔：《高等教育不能回避历史——21 世纪的问题》，王承绪译，浙江教育出版社 2001 年版。

[美] L.劳丹：《进步及其问题》，方在庆译，上海译文出版社 1991 年版。

[美] 马尔库塞：《现代文明与人类的困境》，李小兵译，三联书店 1989 年版。

[美] 米哈伊·奇凯岑特米哈伊：《创造性：发现和发明的心理学》，夏镇平译，上海译文出版社 2001 年版。

[美] 莎兰·B.麦瑞尔姆：《质化方法在教育研究中的应用：个案研究的扩展》，于泽元译，重庆大学出版社 2008 年版。

[美] 亚伯拉罕·弗莱克斯纳：《现代大学论》，徐辉等译，浙江教育出版社 2001 年版。

[美]约翰·肯尼思·加尔布雷思：《美好社会：人类议程》，王中宝等译，江苏人民出版社 2009 年版。

[美] 约翰·S.布鲁贝克：《高等教育学哲学》，王承绪等译，浙江教育出版社 2002 年版。

[日] 外山兹比古：《思考的整理术》，王丹丹译，北京科学技术出版社 2010 年版。

[日] 野中郁次郎：《知识管理——〈哈佛商业评论〉精粹译丛》，杨开峰译，中国人民大学出版社 2004 年版。

[日] 竹内弘高、野中郁次郎：《知识创造的螺旋——知识管理理论与案例研究》，李萌译，知识产权出版社 2006 年版。

[苏] 库兹明：《马克思理论和方法论中的系统性原则》，王炳文等译，

三联书店出版社 1980 年版。

[匈] 艾伯特·拉斯洛·巴拉巴西：《爆发》，马慧译，中国人民大学出版社 2012 年版。

[英] 卡尔·皮尔逊：《科学的规范》，李醒民译，华夏出版社 1999 年版。

[英] 李约瑟：《中国科学技术史》第 1、3 卷，翻译小组译，科学出版社 1975 年版。

[英] 马林诺夫斯基：《文化论》，费孝通等译，中国民间文艺出版社 1987 年版。

[英] 迈克尔·波兰尼：《个人知识——迈向后现代知识》，许泽民译，贵州人民出版社 2000 年版。

[英] 泰勒：《文化的定义》，载顾晓鸣：《多维视角的文化理论》，浙江人民出版社 1987 年版。

[英] 亚当·斯密：《国民财富的性质和原因研究》（上），郭大力等译，商务印书馆 1972 年版。

四、学术论文

[奥] 贝塔朗菲：《一般系统论导论》，《自然科学哲学问题丛刊》1979 年第 2 期。

陈传钊：《阿伦特两论》，《中国图书评论》2007 年第 1 期。

陈德荣：《主体性发展与创新精神培养》，《中国教育学刊》1999 年第 6 期。

陈独秀：《〈本志〉罪案之答辩书》，《新青年》1919 年第 6 卷，第 1 号。

陈刚：《古希腊罗马的自由观——青年马克思的哲学史研究》，《学海》1994 年第 1 期。

陈金海：《人生形象与人格尊严》，《浙江大学学报》1993 年第 4 期。

陈先达：《问题意识与怀疑精神》，《光明日报》2014 年 8 月 25 日。

陈小野：《潜在的逻辑：非理性思维形式的理性本质》，《中国中医基础医学杂志》1996 年第 1 期。

陈新权：《理性思维应有三个阶段》，《哲学研究》1984 年第 4 期。

陈永灿：《启发式教学培养学生批判性思维与探索精神》，《中国教育报》2006 年 6 月 9 日。

陈智：《毛泽东的社会调查方法》，《四川师范大学学报》（社会科学版）1994 年第 3 期。

陈志利：《质量话语下的研究生学习的价值追求》，《中国研究生》2012 年第 5 期。

储昭华：《儒家文化的自由精神究竟何在——兼论儒家自由主义如何可能》，《江海学刊》2004 年第 4 期。

崔秋锁等：《新世纪价值哲学的终极关怀》，《长白学刊》2002 年第 5 期。

范达人：《比较史学撮述》，《国外社会科学动态》，1983 年第 3 期。

方遇顺：《加强大学生的文化素养和科学素养》，《上海高教研究》1982 年第 1 期。

高红：《弘扬理性精神：中国社会现代化的必由之路》，《南京师大学报》（社会科学版）2001 年第 1 期。

韩庆祥：《论以人为本》，《前线》2006 年第 1 期。

胡山林：《文艺学应多一点对人类的终极关怀精神》，《河南大学学报》（社会科学版）2003 年第 5 期。

胡泽洪：《社会科学研究中的数学方法》，《湖南师大社会科学学报》1988 年第 2 期。

胡兆欣：《以培养批判性思维促教师学术能力的发展》，《教育教学论坛》2014 年第 24 期。

黄楠森：《论文化的内涵与外延》，《北京社会科学》1997 年第 4 期。

黄楠森：《马克思主义与"以人为本"：回答以人为本研究中的几点疑问》，《北京日报》2004 年 3 月 1 日。

黄玉顺：《中国传统的自由精神——简论儒道释的自由观》，《理论学刊》2001 年第 4 期。

贾岩等：《试论学术论文的评价标准》，《学报编辑论丛》2006 年第 14 集。

季子林等：《科学抽象的动态深化和基本原则》，《曲阜师范大学学报》1987 年第 1 期。

金延：《历史：自由精神展现自身的舞台——黑格尔对历史本质的解读及对后世批评的反思》，《陕西师范大学学报》（哲学社会科学版）2010 年第 1 期。

景怡光等：《论自主学习实质的准确把握》，《教育评论》2007 年第 2 期。

敬志伟：《非逻辑方法的科学创造价值》，《山东社会科学》1994 年第 5 期。

李德顺：《学科与学说：价值研究的层面》，《哲学动态》2002 年第 10 期。

李红波：《西方哲学的自由精神和马克思的"自由思想"》，《社会主义研究》2008 年第 3 期。

李衍柱：《比较研究方法与中国比较文学的兴起》，《山东师大学报》（哲学社会科学版）1985 年第 5 期。

李建珊：《谈科学理论评价的标准》，《天津师大学报》1988 年第 3 期。

李捷：《求真务实与实事求是》，《思想理论教育导刊》2004 年第 5 期。

李坤：《常见统计分析方法浅析》，《市场研究》2013 年第 8 期。

李兰芬等：《德性伦理：人类的自我关怀》，《哲学动态》2005 年第 12 期。

李习彬：《一般系统方法论》，《系统工程理论与实践》1992 年第 4 期。

李玉琪：《元认知开发与数学问题解决》，《教育研究》1996 年第 1 期。

李醒民：《实证精神和理性精神是科学精神的两大支柱》，《人民日报》2010 年 5 月 4 日。

李志英：《"科玄论战"与科学实证精神》，《科学与无神论》2006 年第 6 期。

劳凯声：《人文社会科学研究的问题意识、学理意识和方法意识》，《北京师范大学学报》（社会科学版）2009 年第 1 期。

林初学：《管理决策呼唤科学实证精神》，《学习时报》2006 年 10 月 2 日。

凌立坤：《略谈"反逻辑方法"》，《江汉论坛》1983 年第 10 期。

刘端直：《试论科学抽象形式及相对论的创立》，《大自然探索》1987 年第 2 期。

刘放桐：《西方哲学的近现代转型与马克思主义哲学和当代中国哲学的发展道路（论纲)》，《天津社会科学》1996 年第 3 期。

刘锋：《对科学意识的哲学思考》，《探索与争鸣》1986 年第 6 期。

刘国柱：《发生社会科学研究方法初探》，《大家》2012 年第 10 期。

刘明家：《辩证逻辑与形式逻辑研究对象的比较分析》，《湖北社会科学》2007 年第 3 期。

刘少杰：《康有为的实证精神及其制度社会学——依据康有为〈实理公法全书〉和〈大同书〉的讨论》，《社会科学研究》2010 年第 5 期。

刘忠政：《论教育比较研究法》，《海南大学学报》（人文社会科学版），

2008 年第 1 期。

罗清旭：《论大学生批判性思维的培养》，《清华大学教育研究》2000 年第 4 期。

马来平：《弘扬中华民族的求真精神》，《山东社会科学》1990 年第 4 期。

潘苏东等：《作为"质的研究"方法之一的个案研究法的发展》，《全球教育展望》2002 年第 8 期。

彭大均等：《系统方法论和唯物辩证法》，《上海大学学报》（社会科学版）1995 年第 5 期。

彭明：《论五四时期的理性精神》，《历史研究》1989 年第 3 期。

戚文藻：《西方哲学的理性精神和现代非理性主义哲学的兴起》，《福建师范大学学报》（哲学社会科学版）1988 年第 2 期。

曲永岗：《研究生创新能力培养浅谈》，《江苏高教》2001 年第 6 期。

沈浩等：《大数据助力社会科学研究：挑战与创新》，《现代传播》2013 年第 8 期。

沈关宝等：《社会调查方法问答》（一、二、三、四），《社会》1982 年第 2 期、第 3 期；1983 年第 1 期、第 3 期。

石国兴：《创新精神、创造性人格及其培养》，《河北师范大学学报》（教育科学版）2002 年第 3 期。

宋清华：《略论人类理想的本体论基础》，《浙江社会科学》2011 年第 3 期。

孙明贺等：《论社会科学研究的计算机实验方法》，《东华大学学报》（社会科学版）2006 年第 2 期。

孙慕天：《论科学意识》，《自然辩证法研究》1991 年第 10 期。

谭仲鹬：《希腊科学理性精神与人文精神探源》，《自然辩证法研究》1999 年第 4 期。

陶雄军：《论研究生课题研究中的三个时间坐标》，《学术论坛》2014 年第 5 期。

陶柱标：《大科学时代呼唤全方位的科普战略》，《改革与战略》2007 年第 2 期。

田心铭：《论求真务实》，《高校理论战线》2004 年第 2 期。

童然星：《求是书院与求是精神》，《华夏文化》1999 年第 3 期。

王际海：《课题研究能力是新时期教研员的基本功》，《当代教育科学》2011 年第 18 期。

王庆：《个人知识管理视角下的研究生知识创新》，《高教论坛》2014 年第 2 期。

王骏：《自由精神与科学研究——纪念蔡元培先生诞辰 130 周年》，《自然辩证法研究》1998 年第 10 期。

王艳荣等：《试论比较研究法在教学中的应用》，《学周刊》2011 年第 5 期。

吴春玲等：《研究生自主学习能力的培养模式探索》，《前沿》2012 年第 16 期。

吴昊等：《关于复兴中华民族创新精神的思考》，《华南师大学报》（社会科学版）2000 年第 3 期。

吴宇：《论建立研究生学术道德和学术规范教育的长效机制》，《中国研究生》2012 年第 3 期。

乌杰：《系统科学方法论与科学发展观》，《系统辩证学学报》2005 年第 3 期。

武永江：《论导师与研究生批判共同体的构建》，《学位与研究生教育》2013 年第 3 期。

夏凌翔：《元分析及其在社会科学研究中的应用》，《西北师大学报》（社会科学版）2005 年第 5 期。

肖庆华：《论文科研究生的问题意识》，《学位与研究生教育》2013 年第 11 期。

薛广洲：《论实事求是精神的历史底蕴》，《浙江大学学报》1996 年第 4 期。

杨德广：《人文教育就是做人的教育》，《江苏高教》2003 年第 3 期。

杨建华：《理性的困境与理性精神的重塑》，《浙江社会科学》2014 年第 1 期。

杨寿堪：《论科学中的怀疑精神》，《学术研究》2002 年第 12 期。

杨晓明：《梁启超的理性精神与学术态度》，《四川大学学报》（哲学社会科学版）2002 年第 2 期。

姚本先：《论学生问题意识的培养》，《教育研究》1995 年第 10 期。

叶上雄：《素质教育的重点：培养创新精神和实践能力》，《中国教育学刊》2000 年第 2 期。

叶志雄等：《论大学教师学术创新力的基础：学术批判反思能力》，《比较教育研究》2011 年第 7 期。

叶海智等：《基于默会知识论的研究生创新能力培养策略》，《中国高教研究》2008 年第 1 期。

余秋雨：《人生尊严——〈人生哲言〉节选》，《读和写》2007 年第 4 期。

袁运开：《再论培养学生发展性学力与创造性学力的内涵及意义》，《华东师范大学学报》（教育科学版）1999 年第 1 期。

詹文杰：《论求真精神与希腊哲学之成型》，《哲学研究》2007 年第 3 期。

詹先明：《"学术共同体"建设：学术规范、学术批评与学术创新》，《江苏高教》2009 年第 3 期。

张军：《计算实验在社会科学研究中的作用》，《实验室研究与探索》2009 年第 6 期。

张君劢：《人生观》，《清华周刊》1923 年第 272 期。

张扣林：《弘扬怀疑精神，培养创新人才》，《扬州大学学报》（高教研究版）2001 年第 1 期。

张鸣：《理想与人类文明》，《学术月刊》1987 年第 3 期。

张世珊：《试论理性思维的阶段性》，《求索》1982 年第 2 期。

张荣华：《文明本质及其发展的探索与构造——康有为〈春秋笔削大义微言考〉述论》，《学术月刊》1994 年第 7 期。

张镇寰等：《求是务实是中国传统文化与马克思主义的契合点》，《云南社会科学》2001 年增刊。

张之沧：《科学理论评价的标准和尺度》，《自然辩证法研究》2002 年第 6 期。

赵亚男等：《开放的复杂巨系统方法论研究》，《科技进步与对策》2001 年第 2 期。

郑若玲：《论自然科学方法向社会科学研究的渗透》，《社会科学》1995 年第 6 期。

钟海荣等：《构建研究生创新实践能力的全程渐进式培养模式探析》，《高等教育研究学报》2012 年第 1 期。

钟明：《论系统方法论的结构》，《江海学刊》1997 年第 5 期。

周晓阳：《论文化的本质》，《南华大学学报》(社会科学版)2004 年第 2 期。

竺可桢：《科学之方法与精神》，《思想与时代》1941 年第 1 期。

竺可桢：《求是精神与牺牲精神》，《语文世界》2011 年第 11 期。

盛昭瀚：《计算实验：社会科学研究的新方法》，《光明日报》2012 年 4 月 11 日。

五、外文文献

Bacon, F. *Novum organum*, London, George Routledge & Sons, 1993.

Erie Ashby, *Technology and the Academics: An Essay on Universities and the Scientific Revolution*, London: New York: MacMillan, 1958.

Drucker, *The New Society of Organizations*, Havard Business Review, 1992（70）.

Hastings Rashdall, *The Universities of Europe in the Middle Ages*（2）, edited by F. M.Powicke and A.B.Emden, New York: Oxford University Press Inc., 1936（1）.

James Brian Quinn, Philip Anderson, Sydney Finkelstein.*Managing Professional Intellect: Making the Most of the Best*, Harvard Business Review, 1996, 74（2）.

Michael Polanyi, *Knowing and Being*, Routledge, 1969.

Ricky K.F.Cheong, Eric Tsui, *The roles and values of personal knowledge management: an exploratory study*, VINE, Vol.40,（2010）Iss.2.

Robert H.Ennis, *"A Taxonomy of Critical Thinking Dispositions and Abilities" in Teaching Thinking Skills: Theory and Practice*, tied by J.Baron, R.Sternberg, New York: W.H.Freeman, 1987.

后 记

　　研究生教育是提升民族素质、促进科学发展、实现民族复兴的国之大器。新中国成立后，特别是改革开放以来，我国的学位与研究生教育取得了长足发展，为我国的经济腾飞、社会发展和国际地位的跃升提供了强大的智力支撑和人才资源保证。同时，也不得不承认，我国的研究生教育还有不少短板，研究生培养还不够科学、规范。

　　本人在中央党校研究生院长期从事研究生教育和管理工作，经常参加教育主管部门的举办各种培训和交流，也到"北清人师"（北京大学、清华大学、中国人民大学、北京师范大学）、中国社会科学院研究生院、中国人民解放军国防大学研究生院等顶级研究生培养单位进行过实地考察和经验交流，应该说对我国的研究生教育的情况有较全面的了解，对研究生培养存在的问题有较深的感悟。我国学位与研究生教育存在的主要问题是研究生教育大学化的倾向，也就是研究生的培养形式和本科生培养区别不大，主要是大班上课、集体培养、重知识灌输、轻学术训练等。硕士培养，一切围着学分转，缺乏系统的学术训练；博士培养，一篇学位论文定成败，缺乏严格的科研历练。这不仅没有很好地体现研究生教育的"知识再造、思想增益、学术创新"本质，而且造成研究生科研能力不强、学术素养不高、科学精神缺失、人文意识缺乏。

　　研究生素质不高，与社会主义现代化强国建设和民族伟大复兴的要求还有很大差距，制约了我国国际地位的提升，尤其是国际话语权的掌握，也影响了有中国特色、中国风格、中国气派的哲学社会科学的构建。经过中国人民 180 年的抗争，经过中国共产党 100 年的奋斗，经过中华人民共和国 70 年的建设，经过改革开放 40 多年的跃升，我国的经济总量已跃居世界第二，综合国力已经有了全面提升，中华民族从来没有像今天这样如此接近伟大复兴。但我们依然受制于人，依然任重道远，依然困难重重。强国已跨千复水，复兴待越万重山。我们虽然实现了经济跨越，技术也正在赶超，但是我们依然缺原创理论、原创思想、原创人才，更缺理论大家、思想大师、学术巨擘。与经济富裕并存的是思想贫困。我们实现了从"站起来"到"富起来"的跨越，但离"强起来"还有一段路要走。只有有一天我们能够为世界提供思想引领、为世界制定科学标准、为世界制定游戏规则，我们才真正强大，才真正实现了民族伟大复兴。

把多年从事研究生教育和管理的感悟作一个总结，写一本有关研究生教育和研究生学术训练的书，以对我国研究生教育的改进和发展有所助益，是我早就有的想法。得益于中央党校对教学、科研项目的支持，本人 2013 年得以立项中共中央党校重点科研项目"学位研究生学术训练的内容和形式研究"（No.2013022），获得了重点资助。以此为契机，本人开始潜心研究研究生教育的发展史和研究生学术训练的基本内容。经过几年的研究、总结，本书终于成型。

本项目之所以能立项，本成果之所以能完成，首先要感谢中央党校科研部原主任梁言顺教授，他通过努力争取到的国家开发银行对中央党校科研资助，极大地提升了中央党校的教学科研资助力度，提高了中央党校的教学科研水平，本项目就是其中之一。在项目立项过程中，得到了中央党校一级教授、副教育长、原研究生院院长韩庆祥教授的悉心指导。本书成稿后，著名法学家、中央党校副教育长、原研究生院院长卓泽渊教授亲自给作序，是对本人的极大鼓励和支持。研究、写作过程中，还得到了原研究生院院长史金龙同志、赵振华教授的大力支持，在此一并表示感谢！

由于水平有限，本书中定有诸多不足甚至错误，真诚期待同行专家给予批评指正，也希望拙作能对读者有所启发，引出更多、更优秀的研究成果面世。投石问路砖引玉，且作榆荚衬芳菲。